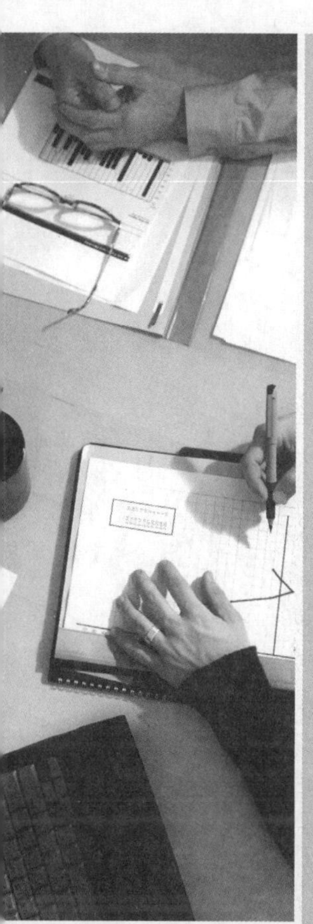

全国商业职业教育教学指导

工业和信息化高职高专“十三五”
高等职业教育财经类**名师精品**规划教材

ENTERPRISE FINANCIAL ACCOUNTING

企业财务会计
（微课版）

陈强 主编
李莉 陈圆 副主编

人民邮电出版社
北京

图书在版编目（CIP）数据

企业财务会计 : 微课版 / 陈强主编. -- 北京 : 人民邮电出版社, 2019.2
高等职业教育财经类名师精品规划教材
ISBN 978-7-115-49804-5

Ⅰ. ①企… Ⅱ. ①陈… Ⅲ. ①企业管理－财务会计－高等职业教育－教材 Ⅳ. ①F275.2

中国版本图书馆CIP数据核字(2018)第241067号

内 容 提 要

本书在编写过程中充分考虑学生初级专业技术资格考证和未来工作岗位的需要，以新的会计和税收法律法规为依据，内容通俗易懂，满足以学生为中心、能力为导向的教学需要。

全书共十四个项目，以会计信息生成为主线，以完成实际会计工作任务的逻辑顺序为依据，整合、序化教学项目。其中项目一为财务会计基础，项目二至项目十三为六大会计要素确认与计量，项目十四为财务报表编制。书中每个项目的开篇均设有项目引入及要求，每一任务开始设有任务调研，中间穿插小提示、即问即答等，项目最后是项目训练。

本书既可作为高等职业教育学生财务会计课程的教材，也可作为学生报考初级会计专业技术资格考试用教材，还可作为财会工作者和经营管理人员的参考书。

◆ 主　　编　陈　强
副 主 编　李　莉　陈　圆
责任编辑　李育民
责任印制　焦志炜

◆ 人民邮电出版社出版发行　　北京市丰台区成寿寺路 11 号
邮编　100164　　电子邮件　315@ptpress.com.cn
网址　http://www.ptpress.com.cn
三河市中晟雅豪印务有限公司印刷

◆ 开本：787×1092　1/16
印张：19.75　　2019 年 2 月第 1 版
字数：547 千字　　2019 年 2 月河北第 1 次印刷

定价：52.00 元

读者服务热线：(010)81055256　印装质量热线：(010)81055316
反盗版热线：(010)81055315
广告经营许可证：京东工商广登字 20170147 号

前言

Preface

“企业财务会计”是高职高专院校财经类专业的重要专业核心课程。本书的编写充分考虑“大智移云物区”时代学生初级专业技术资格考证和未来工作岗位的需要，以新的会计和税收等法律法规为依据，满足以学生为中心、能力为导向的教学需要，内容通俗易懂，能满足职业学校学生自主学习的需要，力求更好地为高素质技术技能型人才培养服务。

本书是在学完“基础会计”课程，并掌握会计的基本理论和基本方法之后，对财务会计理论和方法的进一步深化。因此，本书旨在承前启后，成为从“基础会计”走向“会计专业”课程的一座桥梁。

本书配有《企业财务会计学习指导与全真实训》，内容包括财经人物介绍、主要参考法规、主要经济业务处理归纳总结，以及随教学而展开的与会计职业岗位能力相配套的工作性学习任务的全真实训。这一渐进式的练习、总结与实训可使学生为将来应对职业生涯的可持续发展做好充分准备。

本书提供了教、学、做、证、评所需的丰富教学资源，有助于学生自主学习和教师实施课堂教学。

本书由浙江商业职业技术学院的陈强教授任主编，四川商务职业学院的李莉教授和浙江商业职业技术学院的陈圆副教授担任副主编。浙江经济职业技术学院的王茜教授和谢冰老师、廊坊职业技术学院的刘晓宇副教授和浙江商业职业技术学院的李崧岳老师共同参与了本书的编写。另外，本书在编写过程中，得到了相关院校领导、相关企业高级会计师的大力支持，并借鉴了财务会计等方面的书籍和杂志的有关观点、会计法规辅导讲解资料，以及会计专业技术资格考试辅导用书等资料，在此一并表示感谢！

由于编者水平有限，书中难免存在错误和不妥之处，敬请广大读者批评、指正。

编 者

2018 年 11 月

目录
Contents

项目一 财务会计基础

学习要点

- 财务会计的目标
- 财务会计信息质量要求
- 反映财务状况的 3 大要素：资产、负债和所有者权益的确认与特征
- 反映经营成果的 3 大要素：收入、费用和利润的确认与特征
- 财务会计规范体系

关键术语

- 财务会计（Financial Accounting）
- 财务报告目标（Financial Reporting Objectives）
- 会计确认（Accounting Recognition）
- 会计计量（Accounting Measurement）
- 会计报告（Accounting Reports）
- 会计基本假设（Basic Assumptions of Accounting）
- 权责发生制（Accrual Basis of Accounting）
- 会计信息质量要求（Quality of Accounting Information）
- 会计要素（Accounting Elements）
- 资产（Assets）、负债（Liabilities）、所有者权益（Equity）
- 收入（Income）、费用（Cost）、利润（Profit）
- 会计规范（Accounting Standards）

【项目引入及要求】

1．项目引入

众所周知，经济与会计的关系越来越密切，尤其是世界经济一体化的趋势让全世界会计准则制定机构走上了会计准则的国际趋同与等效之路，而我国的会计改革紧跟我国经济和世界经济发展的步伐。任何企业的生存与发展都离不开财务会计。企业的会计人员在会计原则的指导下，用具体的技术和方法将经济活动处理为会计语言，并加工成有用的决策信息。会计必然通过它的服务——提供财务报表等决策信息来接受社会的评判。因此，财务会计记载了企业的过去，监督则体现了企业的现在，不断预测和调整企业的未来，使企业获得更多的盈利。对会计语言理解、运用得越好，企业的财务管理活动也就越成功。

在现代经济社会中，财务会计是一个使用普遍、出现频繁的概念，它已被公认为现代企业经营管理中不可缺少的重要组成部分。财务会计是特定社会经济环境的产物，社会经济环境的变化会引起会计的职能及其内容的变化。

2．项目要求

（1）请根据本项目内在知识点的逻辑关系，制作本项目思维导图。

（2）请搜集与本项目有关反映当前经济和社会热点问题的真实案例。

任务一　财务会计认知

任务调研：请了解当代财务会计的发展现状及趋势。

一、财务会计的特点

财务会计最先出现在美国，逐步成为一门系统的学科大概是在1939～1965年。20世纪50年代以来，随着现代科学技术的发展，传统会计逐步发展形成了财务会计和管理会计两大分支，共同服务于市场经济下的现代企业。财务会计，是以货币为主要计量单位，依据会计规范，运用若干普遍接受的会计惯例，通过确认、计量和报告等程序，对企业或其他主体范围内的大量的、日常的业务数据进行加工，把数据转换为有助于决策和合乎其他目标的有用信息，旨在向企业或其他外部主体提供以会计信息为主的经济信息系统。管理会计，是利用财务会计提供的财务信息及其他生产经营活动中的有关资料，运用数学、统计等方面的一系列方法，通过整理、计算、对比、分析等手段的运用，向企业内部各级管理人员提供用以短期和长期经营决策、制订计划、指导和控制企业经营活动的信息。

提示　财务会计与管理会计两者所处的工作环境相同，共同为实现企业管理目标和经营目标服务。它们相互分享部分信息，管理会计所需的许多资料来源于财务会计系统，其主要工作内容是对财务会计信息进行深加工和再利用，因而受到财务会计工作质量的约束。管理会计信息有时也使用一些与财务会计并不相同的方法来记录、分析和预测企业的经营状况。总之，两者相互依存、相互制约、相互补充，而且财务会计的改革有助于管理会计的发展。随着人工智能时代下财务机器人、财务共享中心、云计算的逐渐兴起，企业会计正由财务会计向管理会计转型。

二、财务会计的目标

财务会计的目标也称财务报告目标或财务报表目标，是财务会计基本理论的重要组成部分，是财务会计理论体系的基础，即期望会计达到的目的或境界。整个财务会计理论体系和会计实务是建立在财务会计目标的基础之上的。

现代企业是以所有权和经营权相分离为特征的，投资者将资产交给经营者经营，最关心的是企业的财务状况、经营成果和现金流量，需要有用的信息用于决策。而承担这一信息载体和功能的便是企业编制的财务报告，它是财务会计确认和计量的最终成果，是沟通企业管理层与外部信息使用者之间的桥梁和纽带。我国《企业会计准则——基本准则》将财务会计目标定位在以下两个方面。

1. 向财务报告使用者提供决策有用的信息

企业编制财务报告的主要目的是满足财务报告使用者的信息需要，有助于财务报告使用者做出经济决策。因此，向财务报告使用者提供决策有用的信息是财务报告的基本目标。财务报告使用者数量众多、结构复杂、目的各异，包括国家宏观管理部门、企业投资者、企业债权人、民间审计机构、企业职工、企业内部管理人员，以及证券交易所、律师、立法机构、财务报刊、网络、企业研究人员、教师、学生和社会大众等。

2. 反映企业管理层受托责任的履行情况

在现代公司制下企业所有权和经营权相分离，企业管理层是受委托人委托经营管理企业及其各项资产，负有受托责任，即企业管理层所经营管理的各项资产基本上由投资者投入的资本（或者留存收益作为再投资）和向债权人借入的资金组合而成，企业管理层有责任妥善保管并合理、有效地使用这些资产。因此，财务报告应当反映企业管理层受托责任的履行情况，有助于评价企业的经营管理责任，以及资源使用的有效性。

财务会计的目标是什么？

三、财务会计的主要内容

财务会计的主要内容就是对资产、负债、所有者权益、收入、费用和利润这 6 大会计要素的确认与计量以及财务报告的编制。

1. 会计确认

（1）会计确认的概念。会计确认是指某一会计事项作为资产、负债、所有者权益、收入、费用和利润等会计要素正式加以记录和列入财务报表的过程。会计确认是要明确某一经济业务涉及哪个会计要素的问题。某一会计事项一旦被确认，就要同时以文字和数据加以记录，其金额包括在报表总计中。

会计确认实际上是分两次进行的：第一次解决会计的记录问题；第二次解决财务报表的披露问题。前者称为初始确认，后者称为再确认。

（2）会计确认的基础。会计确认的基础主要是确认的时间基础，即对资产负债来说，是否及时确认；对收入费用来说，是否在发生的当期确认。为了更加真实、公正地反映特定会计期间的财务状况和经营成果，我国《企业会计准则——基本准则》明确规定：企业应当以权责发生制为基础进行会计确认、计量和报告。权责发生制是指对以盈利为直接目的的经济组织的各项业务，应当以权利、责任的发生作为确认收入和费用的标准。凡是当期已经实现的收入和已经发生或应

当负担的费用，不论款项是否收付，都应作为当期的收入和费用处理；凡是不应归属当期的收入和费用，即使款项已经在当期收付，也都不应作为当期的收入和费用。

会计基础的确认和计量针对的是利润表中收入和费用的确认和计量。

与权责发生制相对应的一种会计基础是收付实现制，它是以收到或支付的现金作为确认收入和费用等的依据。目前，我国的行政单位会计采用收付实现制，事业单位会计除经营业务可以采用权责发生制外，其他大部分业务采用收付实现制。

即问即答

会计确认的基础是什么？

2. 会计计量

（1）会计计量的概念。会计计量是为了将符合确认条件的会计要素登记入账，并列报于财务报表而确定其金额的过程。会计计量是确定会计确认中用以描述某一交易或事项金额的会计程序。它的关键是计量单位的确定与计量属性的选择。会计计量必须以货币为计量单位。我国会计核算应当以人民币为记账本位币。业务收支以外币为主的企业，也可以采用某种外币作为记账本位币，但向国家有关方面报送会计报表时，必须折算为人民币反映。而计量属性，是指被计量的对象具有的某方面的特征或外在表现形式，即被计量对象予以数量化的特征。

（2）会计计量属性的构成。从会计角度看，计量属性反映的是会计要素金额的确定基础，主要包括历史成本、重置成本、可变现净值、现值和公允价值等。

① 历史成本，又称“实际成本”，是指取得或制造某项财产物资时所实际支付的现金或者其他等价物。历史成本是会计计量中最重要和最基本的计量属性，其一直是国际和我国惯例中的基础性计价标准。

② 重置成本，又称“现行成本”，是指企业按照当前市场条件，重新取得与其所拥有的某项资产相同或与其功能相当的资产需要支付的现金或现金等价物。实务中，重置成本应用于盘盈固定资产的计量等。

③ 可变现净值，又称“预期脱手价值”，是指在正常生产经营过程中以预计售价减去进一步加工成本和销售所必需的预计税金、费用后的净值。实务中，可变现净值通常应用于存货资产减值情况下的后续计量。

④ 现值，是“未来现金流量的现值”的简称，指对未来现金流量以恰当的折现率进行折现后的价值，是考虑货币时间价值因素等的一种计量属性。实务中，现值通常应用于非流动资产可收回金额和以摊余成本计量的金融资产价值的确定等。

市价与现值之间的区别是什么？从本质上讲，两者是一回事吗？

⑤ 公允价值，是指市场参与者在计量日发生的有序交易中，出售一项资产所能收到或者转移一项负债所需支付的价格。实务中，公允价值主要应用于交易性金融资产、可供出售金融资产的计量等。

（3）各种计量属性之间的关系。在各种会计计量属性中，历史成本通常反映的是资产或负债过去的价值，而重置成本、可变现净值、现值和公允价值通常反映的是资产或者负债的现时成本或者现时价值。

重置成本、可变现净值、现值和公允价值是与历史成本相对应的计量属性，但它们之间仍具有密切联系。一般来说，历史成本可能是过去环境下某项资产或负债的公允价值，而在当前环境下某项资产或负债的公允价值也许就是未来环境下某项资产或负债的历史成本。公允价值可以是重置成本，也可以是可变现净值和以公允价值为计量目的的现值。

（4）会计计量属性的应用原则。《企业会计准则——基本准则》明确规定，企业在对会计要素进行计量时，以历史成本为主要计量属性，但又不限于历史成本。在某些情况下为了提高会计信息质量，实现财务报告目标，企业会计准则允许采用重置成本、可变现净值、现值和公允价值计量的，应当保证所确定的会计要素金额能够取得并可靠地计量，如果这些金额无法取得或者可靠地计量，则不允许采用其他计量属性。考虑到中国市场发展的现状，新企业会计准则体系中主要在金融工具、投资性房地产、非共同控制下的企业合并、债务重组和非货币性交易等方面采用了公允价值。

要实现财务会计的目标，最佳的计量属性是什么？

3．会计报告

会计报告，又称财务报告或财务会计报告，是指企业对外提供的反映企业某一特定日期的财务状况和某一会计期间的经营成果、现金流量等会计信息的文件。财务报告包括财务报表和其他应当在财务报告中披露的相关信息和资料。财务报表至少应当包括资产负债表、利润表、现金流量表、所有者权益（或股东权益）变动表及其附注。小企业编制的财务报表可以不包括现金流量表。

财务报告是对会计要素确认与计量结果的披露，是将会计信息传递给投资人等会计信息使用者的载体和桥梁。投资人等信息使用者主要是通过充分披露的财务报告，了解企业的财务状况、经营成果和现金流量，判断企业的内在价值，预测企业未来的发展趋势，从而做出投资决策等。

提示　在实施会计要素确认、计量和报告的会计核算的全过程中，需要运用设置账户、复式记账、填制和审核凭证、登记会计账簿、成本计算、财产清查以及编制财务报表等一系列会计核算方法。其会计核算工作程序如图 1-1 所示。

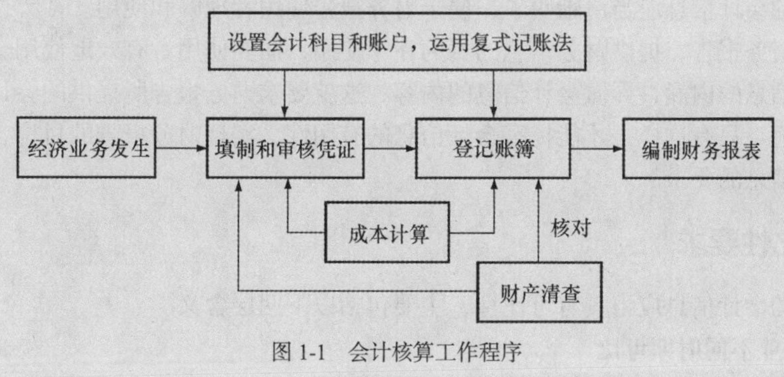

图 1-1　会计核算工作程序

任务二　财务会计信息质量要求

任务调研：请了解某企业财务会计信息要求执行情况。

财务会计的目标之一就是要为信息使用者提供对决策有用的信息，这就提出了“决策有用性”的质量要求，但会计目标不会自动地实现这种要求。只有通过具体的会计准则、程序和方法，最终提供有助于决策的会计信息才能实现。在此过程中，必须建立对会计目标具体化的可供选择和

评价会计准则、程序和方法的标准，即建立具体的会计信息质量要求才能有助于财务会计目标的实现。为了统一企业会计标准，规范会计行为，保证会计信息质量，我国《企业会计准则——基本准则》根据几十年来会计实践的经验，同时借鉴国际惯例，规定了会计信息的 8 条质量要求。

一、可靠性要求

企业应当以实际发生的交易或者事项为依据进行会计确认、计量和报告，如实反映符合确认和计量要求的各项会计要素及其他相关信息，保证会计信息真实可靠、内容完整。

可靠性要求具体包括以下内容：一是企业应当以实际发生的交易或事项为依据进行会计确认、计量和报告；二是企业应当如实反映其所反映的交易或者事项，将符合会计要素定义及其确认条件的资产、负债、所有者权益、收入、费用和利润等如实反映在财务报表中，准确反映企业的财务情况；三是企业应当在符合重要性和成本效益原则的前提下，保证会计信息的完整性，其中包括编制的报表及其附注内容等应当保持完整，与使用者决策相关的有用信息都应当充分披露。

二、相关性要求

企业提供的会计信息应当与财务会计报告使用者的经济决策需要相关，有助于财务会计报告使用者对企业过去、现在或者将来的情况做出评价或者预测。

会计信息的价值，关键在于其与使用者的决策需要是否相关，是否有助于决策或者提高决策水平。相关的会计信息应当有助于使用者评价企业过去的决策，证实或者修正过去的有关预测，因而具有反馈价值；还应当具有预测价值，有助于使用者根据财务报表所提供的会计信息预测企业未来的财务状况、经营成果和现金流量。

为了满足会计信息质量的相关性要求，企业应当在确认、计量和报告会计信息的过程中，充分考虑使用者的决策模式和信息需要。当然，对于某些特定目的或者用途的信息，财务报告可能无法完全提供，企业可以通过其他形式予以提供。

三、可理解性要求

企业提供的会计信息应当清晰明了，便于财务报告使用者理解和使用。

企业编制财务报告、提供财务信息的目的在于使用，而要使用者有效地使用会计信息，应当让其了解会计信息的内涵，弄懂会计信息的内容，这就要求财务报告所提供的会计信息应当清晰明了，易于理解。只有这样，才能提高会计信息的有用性，实现财务报告的目标，满足使用者对提供决策有用信息的要求。

四、可比性要求

企业提供的会计信息应当具有可比性，主要包括以下两层含义。

1. 同一企业不同时期可比

为了便于投资者等财务报告使用者了解企业财务状况、经营成果和现金流量的变化趋势，比较企业在不同时期的财务报告信息，全面、客观地评价过去、预测未来，从而做出决策，会计信息质量的可比性要求提出同一企业对于不同时期发生的相同或者相似的交易或者事项，应当采用一致的会计政策，不得随意变更。但是，满足会计信息可比性要求，并非表明企业不得变更会计政策，如果按照规定或者在会计政策变更后可以提供更可靠、更相关的会计信息，则可变更会计政策。有关会计政策变更的情况，应当在附注中予以说明。

2. 不同企业相同会计期间可比

为了便于投资者等财务报告使用者评价不同企业的财务状况、经营成果和现金流量及其变动情况，会计信息质量的可比性要求发生于不同企业的相同或者相似的交易或者事项，应当采用规定的会计政策，确保会计信息口径一致、相互可比，即对于相同或者相似的交易或者事项，不同企业应当采用一致的会计政策，以使不同企业按照一致的确认、计量和报告基础提供有关会计信息。

五、实质重于形式要求

企业应当按照交易或者事项的经济实质进行会计确认、计量和报告，不应仅以交易或者事项的法律形式为依据。

实质是指业务的经济实质，形式是指业务的法律形式。有时，经济业务的外在法律形式并不能真实地反映其实质内容。要真实反映企业的财务状况和经营结果，就不能仅仅根据经济业务的外在形式来进行核算，而要反映其经济实质。实质重于形式要求实际上强调的是经济实质重于法律形式。实质重于形式要求是指企业应当按照交易的经济实质进行会计核算，而不应当仅将其法律形式作为会计核算的依据。遵循实质重于形式要求，体现了对经济实质的尊重，能够保证会计核算信息与客观经济事实相符。

六、重要性要求

企业提供的会计信息应当反映与企业财务状况、经营成果和现金流量等有关的所有重要交易或者事项。

重要性要求是要求企业的会计人员在具体的实务中，要考虑经济业务本身的性质和规模，根据特定的经济业务对经济决策影响的大小，来选择合适的会计方法和程序。

对重要的项目要单独反映，不重要的项目可以简化。例如，在会计核算中，虽然买笔、墨、纸张这些办公用品，其使用期限不限于一个会计期间，但根据重要性要求允许将这些项目的成本在发生时即作为费用处理。

七、谨慎性要求

企业对交易或者事项进行会计确认、计量和报告应当保持应有的谨慎，不应高估资产或者收益，低估负债或者费用。

谨慎性要求又称稳健要求，它是随着企业外部经济环境的剧烈变化和复杂化而出现的必然产物。

提示 本书涉及的对资产计提减值准备或跌价准备等都是基于谨慎性要求。谨慎性要求并不意味着企业可以设置秘密准备，如本年全额计提坏账准备计入当期损益，下一年收回应收账款时作为收益就属于一个典型的设置秘密准备的例子。如果企业故意低估资产或者收益，或者故意高估负债或者费用，将不符合会计信息的可靠性和相关性要求，损害会计信息质量，扭曲企业实际的财务状况和经营成果，从而对使用者的决策产生误导，这是企业会计准则所不允许的。

八、及时性要求

企业对于已经发生的交易或者事项，应当及时进行会计确认、计量和报告，不得提前或者延后。

在会计确认、计量和报告的过程中贯彻及时性，一是要求及时收集会计信息，即在经济交易或者事项发生后，及时收集整理各种原始单据或者凭证；二是要求及时处理会计信息，即按照会

计准则的规定，及时对经济交易或者事项进行确认或者计量，并编制出财务报告；三是要求及时传递会计信息，即按照国家规定的有关时限，及时地将编制的财务报告传递给财务报告使用者，便于其及时使用和决策。

任务三 财务会计要素

任务调研：请了解政府财务会计要素，企业财务会计与政府财务会计的异同。

会计要素也称为财务报告要素，是财务会计工作的具体对象，是反映财务状况、确定经营成果的因素。我国于 1992 年发布，并于 2014 年修订的《企业会计准则——基本准则》，把财务报告要素分为反映企业财务状况的会计要素，如资产、负债和所有者权益，以及反映企业经营成果的会计要素，如收入、费用和利润。这是了解会计实务的一个非常重要的切入点。

提示 对会计要素的规定，各国之间存在差异。1970 年美国会计原则委员会（Accounting Principles Board，APB）公布的第 4 号公告中，第一次提出会计要素的概念，并划分了 6 个基本会计要素，即资产、负债、业主产权、收入、费用及净收益（净损失）。后来的美国财务会计准则委员会（Financial Accounting Standards Board，FASB）对会计要素进行了细化，在 1980 年 12 月公布的《企业财务报表的要素》概念公告中提出了 10 个财务报表要素，即资产、负债、产权、业主投资、派给业主款、全面收益、收入、费用、利得和损失。1989 年，国际会计准则委员会（International Accounting Standards Committee，IASC）发布的《关于编制和提供财务报表的框架》中，把会计要素确定为资产、负债、产权、收益和费用。

一、反映财务状况的要素：资产、负债、所有者权益

资产负债表反映企业某一时日的财务状况，构成资产负债表的资产、负债和所有者权益 3 个会计要素即称为财务状况要素或资产负债表要素。

1. 资产

资产，是指企业过去的交易或者事项形成的，企业拥有或者控制的，预期会给企业带来经济利益的资源。一个企业从事生产经营活动，必须具备一定的物质资源，或者说物质条件。

资产具有 3 个特征：一是由过去的交易或事项形成；二是必须由企业拥有或控制；三是包含未来经济利益。

资产只有在符合规定的资产定义的资源，与该资源有关的经济利益很可能流入企业，且该资源的成本或者价值能够可靠地计量时，才能确认为资产，列入资产负债表；符合资产定义但不符合资产确认条件的项目，不应列入资产负债表。资产中所包含的未来的经济利益，是指直接或间接地增加流入企业的现金或现金等价物的潜力，这种潜力在某些情况下可以单独产生净现金流入，而在某些情况下则需要与其他资产结合起来才可能在将来直接或间接地产生净现金流入。

任何企业要进行正常的经营活动，都必须拥有一定数量和结构的资产。为了正确反映企业的财务状况，通常将企业的全部资产按其流动性分为流动资产和非流动资产。当资产满足下列条件之一时，应当归类为流动资产：一是预计在一个正常营业周期中变现、出售或耗用；二是主要为交易目的而持有；三是预计在资产负债表日起 1 年内（含 1 年，下同）变现；四是在资产负债表日起 1 年内，交换其他资产或清偿负债的能力不受限制的现金或现金等价物。流动资产主要包括货币资金、交易性金融资产、应收票据、应收账款、预付账款、应收利息、应收股利、其他应收

款和存货等。

流动资产以外的资产应当归类为非流动资产，并应按其性质分类列示。非流动资产主要包括长期股权投资、固定资产、在建工程、工程物资、无形资产和开发支出等。

2. 负债

负债，是指企业过去的交易或者事项形成的，预期会导致经济利益流出企业的现时义务。现时义务是指企业在现行条件下已承担的义务，而未来发生的交易或者事项形成的义务，不属于现时义务，不应当确认为负债。负债只有在符合规定的负债定义的义务，与该义务有关的经济利益很可能流出企业，且未来流出的经济利益的金额能够可靠地计量时，才能确认为负债。符合负债定义和负债确认条件的项目，应当列入资产负债表。

负债具有以下特征：一是过去的交易和事项形成的现时义务；二是义务包括法定义务和推定义务；三是义务的履行必须会导致经济利益的流出。

3. 所有者权益

所有者权益，是指企业资产扣除负债后由所有者享有的剩余权益，是所有者在企业资产中享有的经济利益，其金额为资产减去负债后的余额。所有者权益包括企业投资人对企业的投入资本、资本公积、其他综合收益和留存收益等。其中，留存收益又包括盈余公积和未分配利润。

所有者权益具有以下特征：一是所有者权益不像负债那样需要偿还，除非发生减资、清算，企业不需要偿还其所有者；二是企业清算时，负债往往优先清偿，而所有者权益只有在清偿所有的负债之后才返回给所有者；三是所有者权益能够分享企业实现的利润，而负债则不能参与企业利润的分配，只能按照预先约定的条件取得利息收入。

二、反映经营成果要素：收入、费用、利润

利润表用以反映企业一定期间的经营成果，构成利润表的收入、费用、利润 3 个要素被称为经营成果要素。

1. 收入

收入，是指企业在日常活动中形成的，会导致所有者权益增加的，与所有者投入资本无关的经济利益的总流入。

收入具有以下特征：一是收入是从企业的日常活动中产生的，如销售商品所获得的收入，收入不是从偶发的交易或事项中产生的，如处置固定资产获得的收益；二是收入可能表现为企业资产的增加或负债的减少，或二者兼而有之。

2. 费用

费用，是指企业在日常活动中发生的，会导致所有者权益减少的，与向所有者分配利润无关的经济利益的总流出。

费用具有以下特征：一是费用是企业在日常活动中发生的经济利益的总流出；二是费用会导致企业所有者权益的减少；三是费用与向所有者分配利润无关。

3. 利润

利润，是指企业在一定会计期间的经营成果，也就是收入与费用相抵后的差额。收入大于费用的净额为利润，如收入小于费用，其净额则为亏损，包括收入减去费用后的净额与直接计入当期利润的利得和损失等。直接计入当期利润的利得和损失，是指应当计入当期损益的，会导致所有者权益发生增减变动的，与所有者投入资本或者向所有者分配利润无关的利得或者损失。

利润具有以下特征：一是利润代表企业在一定会计期间取得的最终和综合的经营成果；二是利润包括营业利润、投资收益、营业外收支净额、资产减值损失和公允价值变动损益等；三是利

润的大小由收入减去费用后的差额确定；四是利润的许多特点都体现在收入要素上，同时也要考虑作为收入减项的费用要素的特点。

以上 6 大财务报告要素相互影响、密切联系，全面、综合地反映了企业的经济活动。

任务四　财务会计规范

任务调研：请了解我国政府会计准则体系，我国企业会计准则与政府会计准则的异同。

一、财务会计规范体系

财务会计规范，是会计人员正确处理工作所要遵循的行为标准，是指导和约束会计行为向着合法化、合理化和有效化方向发展的路标。为了保证会计信息的真实性、完整性和可比性，目前我国通过各种法律、财经法规和制度、企业会计准则、会计制度等予以规范。

我国会计的标准化经过将近 20 年的改革，已经基本完成，会计法规体系的建设已初步形成。该会计法规体系从立法的规划来看，大体有以下几个层次。

第一个层次是会计法律，指由国家最高权力机关——全国人民代表大会及其常务委员会经过一定立法程序制定的有关会计工作的法律，包括《中华人民共和国会计法》（以下简称《会计法》）和《仲裁会计师法》。《会计法》是我国会计工作的根本大法，也是我国进行会计工作的基本依据。它在我国会计法规体系中处于最高层次，居于核心地位，是其他会计法规制定的基本依据。其他会计法规都必须遵循和符合《会计法》的要求。

微课：会计法律制度

第二个层次是会计的行政法规，指由国家最高行政管理机关——国务院制定并发布，或者国务院有关部门拟定并经国务院批准发布，调整经济生活中某些方面会计关系的法律规范。其制定的依据是《会计法》，它通常以条例、办法、规定等具体名称出现。目前，会计的行政法规主要是 1990 年发布的《总会计师条例》，在新的形势下，对于总会计师、财务总监的地位，以及人员要求等内容需要补充。另外，2000 年发布、2001 年实行的《企业财务会计报告条例》，作为《会计法》的配套法律，对于企业会计的 6 大会计要素，进行了重新定义。

第三个层次是国家统一会计制度，指由国务院财政部根据《会计法》制定的关于会计核算、会计监督、会计机构和会计人员，以及会计工作管理的制度，包括规章和规范性文件。会计规章如《财政部门实施会计监督办法》《会计从业资格管理办法》《代理记账管理办法》《企业会计准则——基本会计准则》等。会计规范性文件如《小企业会计制度》《会计基础工作规范》《会计档案管理办法》《企业会计准则——具体准则》《企业会计准则——应用指南》等。

第四个层次是地方性会计法规，指由各省、自治区、直辖市人民代表大会及其常务委员会在与宪法和会计法律、行政法规不相抵触的前提下制定发布的会计规范性文件，也是我国会计法律制度的重要组成部分。例如，计划单列市、经济特区的人民代表大会及其常务委员会制定的会计法规，如《深圳市会计条例》。

二、财务会计规范的具体内容

以下主要介绍会计核算方面的法规，包括《中华人民共和国会计法》《企业财务会计报告条例》及新《企业会计准则》等。

1.《中华人民共和国会计法》

会计法是调整会计关系的规范，用来规范会计机构、会计人员在办理会计事务过程中以及国家管理会计工作过程中的经济权利和义务。我国于1985年首次颁发实施《会计法》，全称《中华人民共和国会计法》，1993年12月，经第八届全国人民代表大会第五次会议决定修正，1999年10月，再经第九届全国人民代表大会第十二次会议修正，由国家主席下令公布，于2000年7月1日起施行。

1999年修订后的《会计法》共7章52条，称为新《会计法》。新《会计法》具有以下会计特征：强调了会计信息的真实、完整，严禁弄虚作假；突出单位负责人对会计信息的真实责任；特别关注公司、企业的会计核算；要求各单位强化会计监督。

2.《企业财务会计报告条例》

企业对外财务信息通常以财务会计报告的形式出现，为了规范企业财务会计报告，保证财务会计报告的真实性和完整性，我国于2000年6月21日依据《会计法》，由国务院制定和颁布了《企业财务会计报告条例》(以下简称《条例》)。在《条例》中明确了会计要素的确认和计量标准，规范了财务会计报告的内容构成、编制基础、编制依据、编制原则和方法。该条例于2001年1月1日起施行。

3.《企业会计准则》

我国多年来一直重视会计准则的建设，尤其是自改革开放以来，会计制度不断改革创新。财政部于2006年2月15日发布了包括《企业会计准则——基本准则》(以下简称《基本准则》)和38项具体准则在内的企业会计准则体系；2006年10月30日，又发布了《企业会计准则——应用指南》，并自2007年1月1日起在上市公司施行，逐步扩大到其他企业。

提示　最近几年发布了《企业会计准则——公允价值》等准则，并对《企业会计准则——金融工具确认和计量》等相关准则进行了修订。现行企业会计准则的施行，标志着我国构建了一套涵盖各类在中华人民共和国境内设立的企业（小企业除外）各项经济业务，独立实施的会计准则体系；标志着适应我国市场经济发展要求、与国际惯例趋同的新企业会计准则体系得到正式建立，这是我国会计发展史上新的里程碑。本次改革的指导思想是：尽力趋同、允许差异和积极创新。

我国企业会计准则体系由基本会计准则、具体会计准则、会计准则应用指南和会计准则解释公告等组成。

(1) 基本会计准则。基本会计准则在整个准则体系中起到统驭的作用。一方面，它是“准则的准则”，指导具体会计准则的制定；另一方面，当出现新的业务，具体会计准则暂未涵盖时，应当按照基本会计准则所确立的原则进行会计处理。基本会计准则规定了整个准则体系的目的、假设和前提条件、基本原则、会计要素及其确认与计量、会计报表的总体要求等内容。

(2) 具体会计准则。具体会计准则是指确认、计量和报告某一会计主体的具体业务对财务状况和经营成果的影响时所应遵循的准则。具体会计准则是根据基本会计准则的要求，针对具体的交易或者事项会计处理的规范。在我国企业会计准则体系中，具体会计准则包括存货、长期股权投资、投资性房地产、固定资产等会计准则。按其所规范的内容可以将其分为以下3类。

一是一般业务准则，主要规范各类企业普遍适用的一般经济业务的确认和计量，如存货、投资、固定资产、无形资产、资产减值、借款费用、收入、外币折算等准则项目。

二是特殊行业的特定业务准则，主要规范特殊行业中特定业务的确认和计量，如石油天然气开采、农业、金融工具和保险合同等准则项目。

三是报告准则，主要规范普遍适用于各类企业通用的报告类的准则，如现金流量表、合并财务报告、中期财务报告、分部报告等准则项目。

（3）会计准则应用指南。会计准则应用指南是为促进新企业会计准则的顺利实施，对会计准则正文的进一步解释、说明，对具体准则的一些重点、难点问题做出的操作性规定，指导企业会计处理。它对于全面贯彻执行新会计准则具有重要的指导作用，对于为投资者提供更加有价值的信息具有全面的保障作用，对于建设与国际趋同的新准则具有划时代的重要意义。

（4）会计准则解释公告。会计准则解释公告是随着企业会计准则的贯彻实施，就实务中遇到的实施问题而对准则做出的具体解释。

提示

本书主要以新企业会计准则说明一般企业财务会计的基本理论和方法。

【拓展阅读】

《中华人民共和国会计法》《企业会计准则——基本准则》《企业会计准则——应用指南》《会计基础工作规范》。

项目训练

一、单项选择题

1\. 下列有关会计主体的表述不正确的是（　　）。

A. 会计主体可以是营利组织，也可以是非营利组织

B. 会计主体必须要有独立的资金，并独立编制财务报告对外报送

C. 企业的经济活动应与投资者的经济活动相区分

D. 会计主体可以是独立的法人，也可以是非法人

2\. 下列关于权责发生制的表述中不正确的是（　　）。

A. 凡是当期已经实现的收入和应当负担的费用，无论款项是否收付都应当作为当期的收入和费用

B. 凡是不属于当期的收入和费用，即使款项已在当期收付，也不应当作为当期的收入和费用

C. 款项已收到，但销售并未实现，收到款项时确认收入

D. 费用已经发生，但款项并没有支付，费用发生时确认费用

3\. 确定会计核算空间范围的基本前提是（　　）。

A. 持续经营　　B. 会计主体　　C. 货币计量　　D. 会计分期

4\. （　　）不是企业会计确认计量和报告选择货币计量的原因。

A. 货币是商品的一般等价物　　B. 货币是衡量一般商品的共同尺度

C. 只能从一个侧面反映企业的生产经营情况　　D. 货币是价值尺度和流通手段

5\. 企业将劳动资料划分为固定资产和低值易耗品，是基于（　　）会计核算质量要求。

A. 可比性　　B. 谨慎性　　C. 可理解性　　D. 重要性

6\. 下列（　　）属于企业购买商品或接受劳务形成的财务关系。

A. 企业与供应商之间的财务关系　　B. 企业与债务人之间的财务关系

C. 企业与客户之间的财务关系　　D. 企业与受资者之间的财务关系

7\. 确定会计核算空间范围的基本前提是（　　）。

A. 持续经营　　B. 会计主体　　C. 货币计量　　D. 会计分期

8. 各企业单位处理会计业务的方法和程序在不同会计期间要保持前后一致，不得随意变更，这符合（　　）。

A. 有用性要求　　B. 可比性要求　　C. 相关性要求　　D. 重要性要求

9. 企业提供的会计信息应有助于财务会计报告使用者对企业过去、现在或者未来的情况做出评价或者预测，这体现了会计核算质量要求中的（　　）。

A. 相关性要求　　B. 可靠性要求　　C. 可理解性要求　　D. 可比性要求

10. 下列事项中，会引起资产总额增加的是（　　）。

A. 收回应收账款　　B. 以现购方式外购的固定资产

C. 从银行借款　　D. 发出库存商品

二、多项选择题

1. 利润最大化目标与每股收益最大化目标的相同缺陷是（　　）。

A. 没有考虑货币时间价值　　B. 没有考虑风险因素

C. 没有考虑利润与资本的关系　　D. 容易导致短期行为

2. 下列关于会计分期的描述正确的有（　　）。

A. 会计分期就是企业生产周期

B. 会计分期是指将一个企业持续经营的生产经营活动划分为一个个连续的、长短相同的期间

C. 会计分期假设的主要作用在于使不同类型的会计主体有了记账的基准

D. 折旧和摊销的会计处理体现了会计分期假设

3. 下列组织可以作为一个会计主体进行核算的有（　　）。

A. 母公司　　B. 非单独核算的分公司

C. 销售门市部　　D. 学校

4. 按权责发生制原则要求，下列收入或费用应归属本期的有（　　）。

A. 对方暂欠的本期销售产品的收入　　B. 预付明年的保险费

C. 本月收回的上月销售产品的货款　　D. 尚未付款的本月借款利息

5. 下列各项中，属于直接计入所有者权益的有（　　）。

A. 出租无形资产取得的收益

B. 投资者的出资额大于其在被投资单位注册资本中所占份额的金额

C. 可供出售金融资产公允价值上升，差额计入“其他综合收益”

D. 对于被投资单位实现的其他所有者权益变动，在持股比例不变的情况下，企业按照持股比例计算应享有或承担的部分，调整长期股权投资的账面价值，同时记入“其他综合收益”的金额

6. 下列属于负债特征的有（　　）。

A. 负债是企业承担的现时义务

B. 负债的清偿预期会导致经济利益流出企业

C. 负债是由企业过去或现时的交易或事项形成的

D. 未来流出的经济利益的金额能够可靠地计量

7. 下列各项中，属于企业资产范围的有（　　）。

A. 委托代销商品　　B. 经营方式租出的设备

C. 盘亏的存货　　D. 经营方式租入的设备

8. 下列属于会计信息质量要求的有（　　）。

A. 可靠性要求　B. 可比性要求　C. 相关性要求　D. 谨慎性要求

9. 根据谨慎性要求，对企业可能发生的损失和费用，做出合理预计，通常做法有（　　）。

A. 对应收账款计提坏账准备

B. 存货期末采用成本和可变现净值孰低计价

C. 固定资产计提减值准备

D. 对长期投资提取跌价准备

10. 在有不确定因素情况下做出判断时，下列事项符合谨慎性做法的是（　　）。

A. 合理估计可能发生的损失和费用　B. 充分估计可能取得的收益和利润

C. 不要高估资产和预计收益　D. 设置秘密准备

11. 下列项目中不应作为负债确认的有（　　）。

A. 因购买货物而暂欠外单位的货款

B. 按照购货合同约定以赊购方式购进货物的货款

C. 计划向银行借款 1 000 000 元

D. 因经济纠纷导致的法院尚未判决且金额无法合理估计的赔偿

12. 下列经济业务事项中，体现了重要性会计信息质量要求的是（　　）。

A. 对主营业务核算时，设置的会计科目有"主营业务收入""主营业务成本""税金及附加""销售费用"

B. 对其他业务核算时，设置的会计科目有"其他业务收入""其他业务支出"

C. 将购买的价值不大的办公用品支出直接计入"管理费用"

D. 销售商品发出货物后，发现购买方财务状况恶化，故没有确认收入

三、判断题

1. 在实务中，为了满足会计信息质量的及时性要求，可能在有关的交易或事项的信息全部获取之前就进行了会计处理，这样可能会影响会计信息的可靠性。（　　）

2. 会计是以货币为主要计量单位，反映和监督一个单位经济活动的一种经济管理工作。（　　）

3. 所有的法律主体都是会计主体，但会计主体不一定都具有法人资格。（　　）

4. 财务报告使用者包括投资者、债务人、政府及其有关部门和社会公众。（　　）

5. 企业会计确认、计量和报告应当以持续经营为前提。（　　）

6. 谨慎性要求企业对交易或者事项进行会计确认、计量和报告时应当保持应有的谨慎，应充分估计资产和收益。（　　）

7. 费用的流出包括向所有者分配的利润。（　　）

8. 一般情况下，对于会计要素的计量，应当采用历史成本计量属性。（　　）

9. 工业企业处置固定资产的收入构成企业的收入。（　　）

10. 财务报表至少应当包括资产负债表、利润表、现金流量表和所有者权益（或股东权益）变动表及其附注。小企业编制的财务报表可以不包括现金流量表。（　　）

项目二
货币资金核算

学习要点

- 货币资金的内容
- 库存现金的管理
- 库存现金业务的核算
- 银行各种结算方式的特点及适用范围
- 银行存款业务的核算
- 其他货币资金业务的核算
- 货币资金项目的列示

关键术语

- 货币资金（Currency Funds）
- 库存现金（Cash）
- 银行存款（Bank Deposit）
- 其他货币资金（Other Monetary Funds）
- 票据（Bills）

【项目引入及要求】

1. 项目引入

2019 年 1 月，假设您到甲公司出纳岗位进行顶岗实习。该公司 2019 年 1 月银行存款月初余额为 120 000 元，库存现金余额为 10 000 元。甲公司 2 月发生如下经济业务。

（1）3 日，开出现金支票，从银行提取现金 30 000 元。

（2）5 日，采购员张某出差到天津购买材料，预借差旅费 3 000 元，开出现金支票支付。

（3）6 日，厂部管理人员参加市内业务会议，报销交通费 80 元。

（4）10 日，开出转账支票付给某工厂材料款共 7 020 元，其中材料价款 6 000 元，增值税 1 020 元。

（5）15 日，厂部报销购买办公用品费用 3 500 元，以现金支付。

（6）19 日，通过银行汇款至武汉 15 000 元，开立采购专户。

（7）23 日，银行转来委托收款结算收款通知，收到湖南某公司支付的货款 23 400 元，其中价款 20 000 元，增值税 3 400 元。

（8）24 日，开出现金支票 40 000 元，支付职工工资。

（9）25 日，采购员张某报销差旅费 2 700 元，余款退回。

（10）27 日，银行转来自来水公司托收承付结算凭证付款通知和有关凭证，支付厂部耗用水费 1 200 元。

（11）31 日，工厂以银行存款支付电话费 1 800 元。

2. 项目要求

（1）请熟悉本项目内容在资产负债表中的位置。

货币资金，是指企业生产经营过程中处于货币形态的资金，包括库存现金、银行存款和其他货币资金。在流动资产中，货币资金的流动性最强，并且是唯一能直接转化为其他任何资产形态的流动性资产，也是唯一能代表企业现实购买力水平的资产，企业应加强货币资金的内部管理与控制，严格岗位责任制度，实行岗位轮换，执行授权批准制度，同时加强票据印章管理，实施内部稽核，及时发现货币资金管理中存在的问题，及时改进对货币资金的管理控制。本项目内容在资产负债表中的位置，如表 2-1 所示。

表 2–1　　货币资金项目在资产负债表上的信息列示　　单位：元

资产	期末余额	年初余额	负债和所有者权益	期末余额	年初余额
流动资产：			流动负债：		
货币资金					
……					

（2）请根据本项目内在知识点的逻辑关系，制作本项目思维导图。

（3）请搜集与本项目有关的企业真实案例。

（4）学完本项目，请完成项目引入中甲公司上述应收款项业务的账务处理，掌握应收款项业务的核算。

（5）学完本项目，请了解资产负债表中“货币资金”项目是如何填列的。

任务一　库存现金核算

现金是流动性最强的一种货币性资产，可以随时用其购买所需的物资，支付有关费用，偿还债务，也可以随时存入银行。现金的定义有狭义和广义之分。企业的库存现金，是指存放于财会部门、由出纳人员经管的货币，它是狭义的现金。广义的现金是指除了库存现金外，还包括银行存款和其他符合现金定义的票证等。

任务调研：请了解库存现金收支业务是如何产生的，相关的业务处理程序是怎样的。

一、库存现金管理

现金结算，是指在商品交易、劳务供应等经济往来中，直接使用现金进行应收应付款结算的一种行为，在我国主要适用于单位与个人之间的款项收付，以及单位之间的转账结算起点金额以下的零星小额收付。根据国务院发布的《现金管理暂行条例》的规定，现金管理制度主要包括以下内容。

1. 库存现金的使用范围

根据国家现金管理制度和结算制度的规定，企业收支的各种款项必须按照国务院颁发的《现金管理暂行条例》的规定办理，在规定的范围内使用现金。允许企业使用现金结算的范围如下。

（1）职工工资、津贴。这里所说的职工工资是指企事业单位和机关、团体、部队支付给职工的工资和工资性津贴。

（2）个人劳务报酬。这是指由于个人向企事业单位和机关、团体、部队等提供劳务而由企事业单位和机关、团体、部队等向个人支付的劳务报酬。

（3）根据国家规定颁发给个人的科学技术、文化艺术、体育等各种奖金。

（4）各种劳保、福利费用，以及国家规定的对个人的其他支出。

（5）向个人收购农副产品和其他物资的价款。

（6）出差人员必须随身携带的差旅费。

（7）结算起点以下的零星支出。

（8）中国人民银行确定需要支付现金的其他支出。

结算起点的调整，由中国人民银行确定，报国务院备案。除上述（5）、（6）两项外，开户单位支付给个人的款项，超过使用现金限额的部分，应当以支票或者银行本票支付；确须全额支付现金的，经开户银行审核后，予以支付现金。除上述情况可以用现金支付外，其他款项的支付应通过银行转账结算。

根据《现金管理暂行条例》的规定，下列经济业务中，可以使用现金支付的是（　　）。

A. 支付职工奖金 1 050 元　　B. 支付零星办公用品购置费 1 200 元

C. 支付物资采购货款 9 300 元　　D. 支付出差人员必须随身携带的差旅费 5 000 元

2. 库存现金的限额

现金限额，是指国家为加强现金管理，保证各单位现金的安全，促使货币回笼，规定由开户银行给各单位核定的允许留存现金用于日常零星支出的最高数额。现金的限额由开户单位提出申请，由开户银行根据开户单位的实际需要和距离银行远近等情况核定，其限额一般按照开户单位3～5 天日常零星开支所需现金确定。边远地区和交通不便地区的开户单位，其库存现金限额可以适当放宽到 5 天以上，但最多不超过 15 天的日常零星开支需要量。日常零星开支需要量不包括企业每月发放工资和不定期差旅费等大额现金支出。库存限额一经核定，要求企业必须严格遵守，不能任意超过，超过限额的现金应及时存入银行；库存现金低于限额时，可以签发现金支票从银行提取现金，补足限额。

3. 库存现金收支的规定

企事业单位应当按照中国人民银行的现金管理办法和财政部关于各单位货币资金管理和控制的规定，办理有关现金收支业务。办理现金收支业务时，应当遵守以下几项规定。

（1）各单位的现金收入应于当日送存开户银行，当日送存困难的，由开户银行确定送存时间。

（2）各单位支付现金，可以从本单位库存现金限额中支付或从开户银行提取，不得从本单位的现金收入中直接支付，即不得“坐支”现金，因特殊情况需要“坐支”现金的，应当事先报经开户银行审查批准，由开户银行核定坐支范围和限额。各单位应在核定的“坐支”范围和限额内进行，同时应定期向银行报送“坐支”金额和使用情况。

（3）各单位从开户银行提取现金时，应如实写明提取现金的用途，由本单位财会部门负责人签字、盖章，并经开户银行审查批准后予以支付。

（4）单位因采购地点不确定、交通不便、抢险救灾以及其他特殊情况必须使用现金的，应向开户银行提出书面申请，由本单位财会部门负责人签字，并经由开户银行审查批准后予以支付。

（5）按照《现金管理暂行条例》及其实施细则规定，企事业单位和机关团体、部队的现金管理应遵循以下“八不准”原则：不准用不符合制度的凭证顶替库存现金，即不得“白条顶库”；不准单位互相借用现金；不准谎报用途套取现金；不准用银行账户代其他单位和个人存入或支取现金；不准将单位收入的现金以个人名义存入，即不得“公款私存”；不准保留账外公款，不得设置“小金库”；不准发行变相货币；不准以任何票券代替人民币在市场上流通等。银行对于违反上述规定的单位，将按照违规金额的一定比例予以处罚。

二、库存现金业务的核算

为了总括反映企业库存现金的收入、支出和结存情况，企业应当设置“库存现金”科目，借方登记企业库存现金的增加，贷方登记企业库存现金的减少，期末借方余额反映企业实际持有的库存现金的金额。企业内部各部门周转使用的备用金，可以单独设置“备用金”科目进行核算。

为了全面、连续地反映和监督库存现金的收支和结存情况，企业应当设置“现金日记账”，按照现金业务发生的先后顺序逐笔序时登记。每日终了，应根据登记的“现金日记账”结余数与实际库存数进行核对，做到账款相符。每月月末，“现金日记账”的余额必须与“库存现金”总账科目的余额核对相符。

1. 现金收入业务的核算

各单位的现金收入主要有两条渠道：一是从银行提取的现金；二是日常业务收入的现金。

（1）从银行提取现金。要从银行提取现金，出纳人员首先要签发现金支票，签发时应认真填写出票日期、出票行名称、出票人账号、收款人、大小写金额、款项用途等，然后请会计人员或财务负责人在出票签章处加盖预留银行印鉴。因提取现金给自己使用，即收款单位就是本单位，还应在支票背面加盖预留银行的印鉴，然后由出纳人员持现金支票到银行提取现金。并借记“库存现金”科目，贷记“银行存款”科目。

（2）日常业务收入现金。日常业务收入的现金包括单位或职工交回的差旅费剩余款、赔偿款、备用金退回款；收取不能转账的单位或个人的销售收入；不足转账起点（起点为 100 元）的小额收入等。收到现金时，应借记“库存现金”科目，贷记资产、负债、收入类科目。

2. 现金支出业务的核算

现金支出业务是各单位在其生产经营过程和非生产经营过程中向外支付现金的业务，包括各单位向外购买货物、接受劳务而支付现金，对内发放工资、报销费用以及向有关部门支付备用金等。此外，把现金送存银行也是一种特殊的现金支出业务。

（1）对外支付现金业务。各单位向外购买货物、接受劳务而支付现金时，应借记相关的费用、负债、资产等科目，贷记“库存现金”科目。

（2）对内支付现金业务。对内发放工资、报销费用以及向有关部门支付备用金时，应借记“应付职工薪酬”、相关费用、“其他应收款”等科目，贷记“库存现金”科目。

（3）现金送存业务。各单位必须按开户银行核定的库存限额保管、使用现金，收取的现金和超出库存限额的现金，应及时送存银行。送款时，先整点票币，然后填写现金缴款单，向银行提交现金及缴款单后，根据银行退回的加盖“现金收讫”章的现金缴款单回单联，借记“银行存款”科目，贷记“库存现金”科目。

3. 库存现金溢缺业务的核算

对库存现金要及时进行盘点与核对，出纳人员每日终了应进行现金账款核对，清查小组应进行定期或不定期的现金盘点、核对。对发现的有待查明原因的现金短缺或溢余，都应通过“待处理财产损溢”科目进行核算。

（1）现金长款。

① 发现长款时。当库存现金大于账面余额时，属于现金溢余，按实际溢余的金额，借记“库存现金”科目，贷记“待处理财产损溢——待处理流动资产损溢”科目。

② 处理结果。

情况一：属于应支付给有关人员或单位的，应借记“待处理财产损溢——待处理流动资产损溢”科目，贷记“其他应付款——应付现金溢余（××个人或单位）”科目。

情况二：属于无法查明原因的现金溢余，经批准后，借记“待处理财产损溢——待处理流动资产损溢”科目，贷记“营业外收入——现金溢余”科目。

（2）现金短款。

① 发现短款时。当库存现金小于账面余额时，属于现金短缺，应按实际短缺的金额，借记“待处理财产损溢——待处理流动资产损溢”科目，贷记“库存现金”科目。

② 处理结果。

情况一：属于应由责任人赔偿的部分，借记“其他应收款——应收现金短缺款（××个人）”或“库存现金”等科目，贷记“待处理财产损溢——待处理流动资产损溢”科目。属于应由保险公司赔偿的部分，借记“其他应收款——应收保险赔款”科目，贷记“待处理财产损溢——待处理流动资产损溢”科目。

情况二：属于无法查明的其他原因，根据管理权限，经批准后处理，借记“管理费用——现金短缺”科目，贷记“待处理财产损溢——待处理流动资产损溢”科目。

任务二 | 银行存款核算

任务调研：请了解银行存款收支业务是如何产生的，相关业务处理程序是怎样的。

微课：单位存款核算

一、银行存款管理

1. 银行存款开户有关规定

银行存款，是指企业存放在银行或其他金融机构，可以随时支取的货币资金。按照《人民银行结算账户管理办法》的规定，企业应当在当地银行或其他金融机构开立银行结算账户，用以办理存款、取款和转账等结算。银行结算账户，是指存款人在经办银行开立的办理资金收付结算的人民币活期存款账户。单位银行结算账户按用途分为基本存款账户、一般存款账户、临时存款账户和专用存款账户。基本存款账户，是企业办理日常结算和现金收付的账户，企业的工资、奖金等现金的支取，只能通过基本存款账户办理。一般存款账户，是企业在基本存款账户以外的银行借款转存，与基本存款账户的企业不在同一地点的附属非独立核算单位的账户，企业可以通过本账户办理转账结算和现金缴存，但不能办理现金支取。临时存款账户，是企业因临时经营活动需要开立的账户，企业可以通过本账户办理转账结算和根据国家现金管理的规定办理现金收付。专用存款账户，是企业因特定用途需要开立的账户，企业通过本账户只能办理具有特定用途的款项的存取和转账。

提示　企业可以自主选择银行，银行也可以自愿选择存款人。但是，一个企业只能在一家银行的一个营业机构开立一个基本存款账户，不得在多家银行机构开立基本存款账户，国家另有规定的除外；不得在同一家银行的几个分支机构开立一般存款账户。

企业在银行开立账户后，可到开户银行购买各种银行往来使用的凭证（如送款单、进账单、现金支票、转账支票等），用以办理银行存款的收付款项。

2. 银行结算纪律

企业通过银行办理支付结算时，应当认真执行国家各项管理办法和结算制度。《支付结算办法》规定了结算原则和结算纪律，保证结算活动的正常运行。结算原则为：恪守信用，履约付款；谁的钱进谁的账，由谁支配；银行不垫款。结算纪律有：单位和个人办理支付结算，不准签发没有资金保证的票据或远期支票，套取银行信用；不准签发、取得和转让没有真实交易和债权债务的票据，套取银行和他人资金；不准无理拒绝付款，任意占用他人资金；不准违反规定开立和使用账户。

3. 及时核对银行账户

企业应当及时核对银行账户，确保银行存款账面余额与银行对账单相符。对银行账户核对过程中发现的未达账项，应查明原因，及时处理。

二、银行结算方式

结算方式，是指用一定的形式和条件来实现企业间或企业与其他单位和个人间货币收付的程序和方法。它分为现金结算和支付结算两种。支付结算，是指单位、个人在社会经济活动中使用票据、信用卡和汇兑、托收承付、委托收款等结算方式进行货币给付及其资金清算的行为。企业除按规定的范围使用现金结算外，大部分货币收付业务应使用支付结算。根据中国人民银行有关支付结算办法的规定，目前，企业发生的货币资金收付业务可以采用以下几种银行结算方式。

1. 银行汇票

银行汇票，是汇款人将款项交存当地出票银行，由出票银行签发的，由其在见票时按照实际结算金额无条件支付给收款人或持票人的票据。单位和个人的各种款项结算均可使用银行汇票。银行汇票可以用于转账，填明“现金”字样的银行汇票也可以用于支取现金。银行汇票的付款期限为自出票日起 1 个月。银行汇票的收款人可以将银行汇票背书转让给他人，背书转让以不超过出票金额的实际结算金额为限，未填写实际结算金额或实际结算金额超过出票金额的银行汇票不得背书转让。

企业支付购货款等款项时，应向出票银行提交“银行汇票申请书”，填明申请日期、申请人、收款人、金额等事项并签章，签章为申请人预留银行的印鉴。银行受理“银行汇票申请书”，收妥款项后签发银行汇票，并用压数机压印出票金额，然后将银行汇票和解讫通知一并交给申请人。申请人即可持银行汇票向填明的收款单位办理结算。收款企业在收到付款单位送来的银行汇票时，应在出票金额以内根据实际需要的款项办理结算，并将实际结算金额和多余金额准确、清晰地填入银行汇票和解讫通知的有关栏内，银行汇票的实际结算金额低于出票金额的，其多余金额由出票银行退交申请人。收款企业还应填写进账单并在汇票背面“持票人向银行提示付款签章”处签章，签章应与预留银行的印鉴相同，然后，将银行汇票和解讫通知、进账单一并交开户银行办理结算，银行审核无误后办理转账，款项当即转入收款企业账户，收款企业根据银行盖章退回的进账单收账通知联编制银行存款收款凭证。银行汇票结算的基本流程如图 2-1 所示。

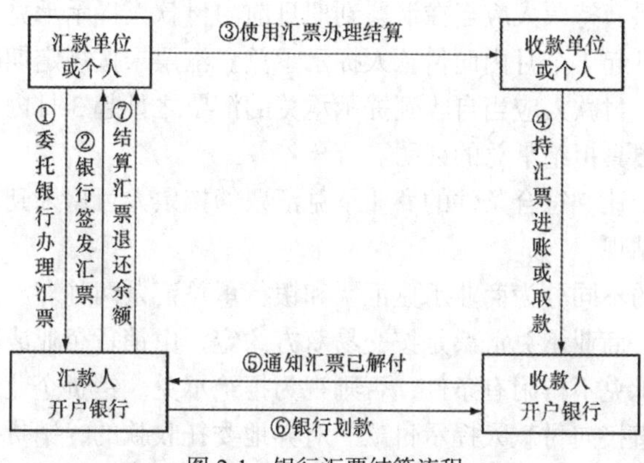

图 2-1　银行汇票结算流程

2. 银行本票

银行本票，是银行签发的，承诺自己在见票时无条件支付确定的金额给收款人或者持票人的票据。无论单位或个人，在同一票据交换区域支付各种款项都可以使用银行本票。银行本票分定额本票和不定额本票。定额本票面值分别为 1 000 元、5 000 元、10 000 元和 50 000 元。银行本票的付款期限为自出票日起最长不超过 2 个月，在付款期内银行本票见票即付。超过提示付款期限不获付款的，在票据权利时效内向出票银行做出说明，并提供本人身份证或单位证明，可持银行本票向银行请求付款。

企业支付购货款等款项时应向银行提交“银行本票申请书”，填明收款人名称、申请人名称、支付金额、申请日期等事项并签章。申请人或收款人为单位的，银行不予签发现金银行本票。出票银行受理银行本票申请书后，收妥款项签发银行本票。不定额银行本票用压数机压印出票金额，出票银行在银行本票上签章后交给申请人。申请人取得银行本票后，即可向填明的收款单位办理结算。收款企业在收到银行本票时，应该在提示付款时在本票背面“持票人向银行提示付款签章”处加盖预留银行印鉴，同时填写进账单，连同银行本票一并交开户银行转账。收款单位可根据需要在票据交换区域内背书转让银行本票。银行本票结算的基本流程如图 2-2 所示。

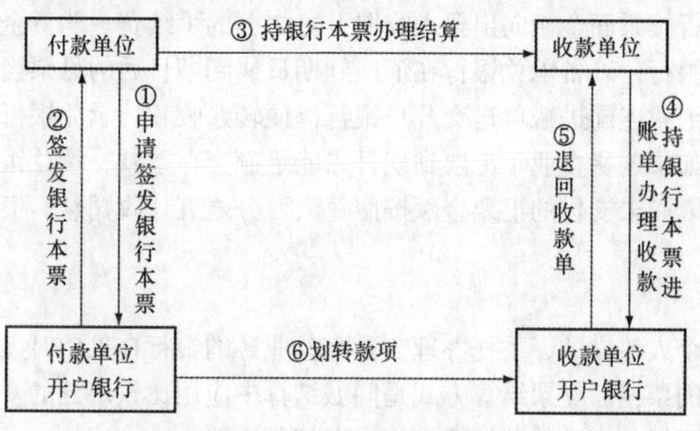

图 2-2　银行本票结算流程

3. 商业汇票

商业汇票，是出票人签发的，委托付款人在指定日期无条件支付确定的金额给收款人或者持票人的票据。在银行开立存款账户的法人以及其他组织之间须具有真实的交易关系或债权债务关系，才能使用商业汇票。商业汇票的付款期限由交易双方商定，最长不得超过6个月。商业汇票的提示付款期限自汇票到期日起10日内。

商业汇票可以由付款人签发并承兑，也可以由收款人签发交由付款人承兑。定日付款或者出票后定期付款的商业汇票，持票人应当在汇票到期日前向付款人提示承兑；见票后定期付款的汇票，持票人应当自出票日起1个月内向付款人提示承兑。汇票未按规定期限提示承兑的，持票人丧失对其前手的追索权。付款人应当自收到提示承兑的汇票之日起3日内承兑或者拒绝承兑。付款人拒绝承兑的，必须出具拒绝承兑的证明。

商业汇票可以背书转让。符合条件的商业承兑汇票的持票人可持未到期的商业承兑汇票连同贴现凭证，向银行申请贴现。

商业汇票按承兑人的不同分为商业承兑汇票和银行承兑汇票两种。

（1）商业承兑汇票。商业承兑汇票是按交易双方约定，由销货企业或购货企业签发，由购货企业承兑的一种汇票。承兑不得附有条件，否则视为拒绝承兑。销货企业应在提示付款期限内通过开户银行委托收款或直接向付款人提示付款。对异地委托收款的，销货企业可匡算邮程，提前通过开户银行委托收款。汇票到期时，如果购货企业的存款不足以支付票款，开户银行应将汇票退还销货企业，银行不负责付款，由购销双方自行处理。商业承兑汇票的结算流程如图2-3所示。

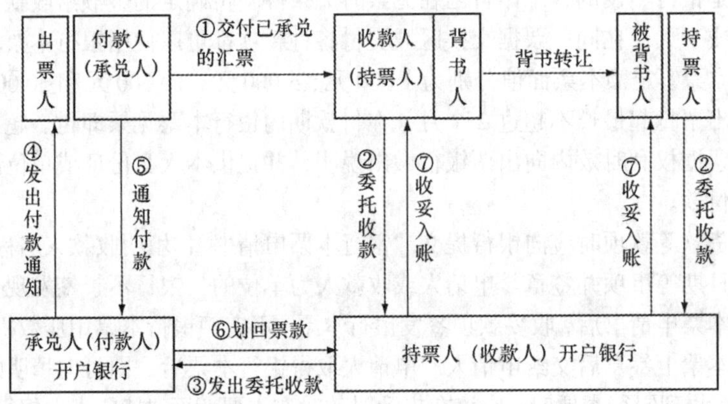

图2-3 商业承兑汇票结算流程

（2）银行承兑汇票。银行承兑汇票是由银行承兑，由在承兑银行开立存款账户的存款人签发的一种汇票。承兑银行按票面金额向出票人收取万分之五的手续费。购货企业应于汇票到期前将票款足额交存其开户银行，以备承兑银行在汇票到期日或到期日后的见票当日支付票款。销货企业应在汇票到期时将汇票连同进账单送交开户银行以便转账收款。承兑银行凭汇票将承兑款项无条件转给销货企业，如果购货企业于汇票到期日未能足额交存票款，承兑银行除凭票向持票人无条件付款外，对出票人尚未支付的汇票金额按照每天万分之五计收罚息。银行承兑汇票的结算流程如图2-4所示。

4. 支票

支票，是单位或个人签发的，委托办理支票存款业务的银行在见票时无条件支付确定的金额给收款人或者持票人的票据。支票结算方式是同城结算中应用比较广泛的一种结算方式。单位和个人在同一票据交换区域的各种款项结算，均可以使用支票。

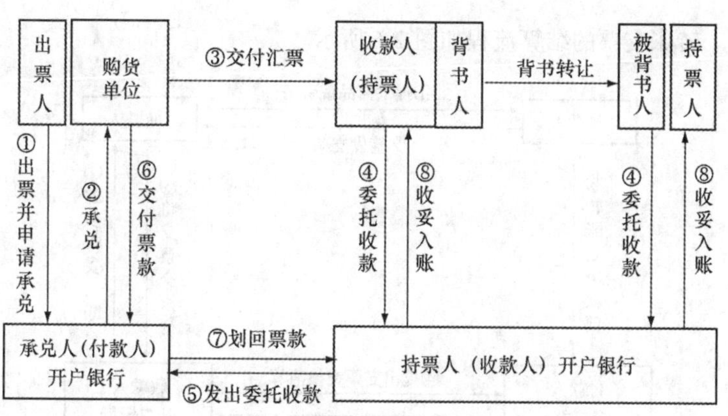

图 2-4　银行承兑汇票结算流程

支票由银行统一印制，支票上印有“现金”字样的为现金支票；印有“转账”字样的为转账支票，转账支票只能用于转账；未印有“现金”或“转账”字样的为普通支票，普通支票可用于支取现金，也可用于转账。在普通支票左上角划两条平行线的为划线支票，划线支票只能用于转账，不得支取现金。

支票的提示付款期限为自出票日起 10 日内，中国人民银行另有规定的除外。超过提示付款期限的，持票人开户银行不予受理，付款人不予付款。转账支票可以根据需要在票据交换区域内背书转让。

签发支票时，应使用蓝黑墨水或碳素墨水，将支票上的各要素填写齐全，并在支票上加盖其预留银行印鉴。出票人预留银行的印鉴是银行审核支票付款的依据。银行也可以与出票人约定使用支付密码，作为银行审核支付支票金额的条件。企业财会部门在签发支票之前，出纳人员应该认真查明银行存款的账面结余数额，防止签发超过存款余额的空头支票。对于签发空头支票，银行除退票外，还按票面金额处以 5%但不低于 1 000 元的罚款。持票人有权要求出票人赔偿支票金额 2%的赔偿金。

（1）现金支票结算。开户单位用现金支票提取现金时，由本单位出纳人员签发现金支票并加盖银行预留印鉴后，到开户银行提取现金；开户单位用现金支票向外单位或个人支付现金时，由付款单位出纳人员签发现金支票并加盖银行预留印鉴和注明收款人后交收款人，收款人持现金支票到付款单位开户银行提取现金，并按照银行的要求交验有关证件。现金支票的结算流程如图 2-5 所示。

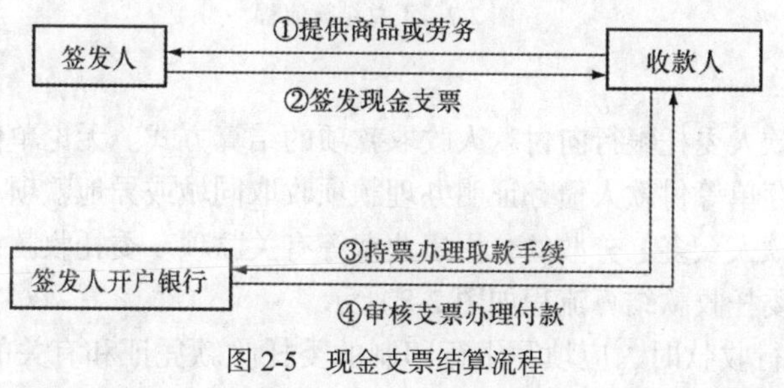

图 2-5　现金支票结算流程

（2）转账支票结算。付款单位签发转账支票后交收款人，收款人或被背书人收到转账支票时，经审核无误后应做委托收款背书，在支票背面背书人签章栏签章，填写“委托收款”字样、背书日期，在被背书人栏记载收款人开户银行名称。然后将该转账支票连同填制的一式两联“进账单”送交开户银行办理转账。经银行审查无误后，在进账单回单上加盖银行印章退回收款人，作为收

款人入账的凭据。转账支票的结算流程如图 2-6 所示。

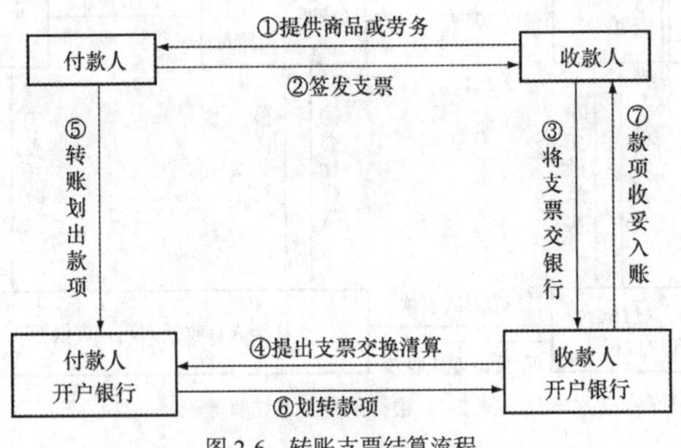

图 2-6　转账支票结算流程

5. 汇兑

汇兑，是汇款人委托银行将其款项支付给收款人的结算方式。异地之间的单位和个人各种款项的结算，均可使用汇兑结算方式。汇兑分为信汇和电汇两种。信汇是指汇款人委托银行通过邮寄方式将款项划转给收款人；电汇是指汇款人委托银行通过电报将款项划给收款人。这两种汇兑方式由汇款人根据需要选择使用。

采用这一结算方式，付款单位汇出款项时应填写银行印发的汇款凭证，列明收款单位名称、汇款金额及用途等项目，送达开户银行，委托银行将款项汇往收汇银行。收汇银行将汇款收进单位存款户后，向收款单位发出收款通知。汇兑结算流程如图 2-7 所示。

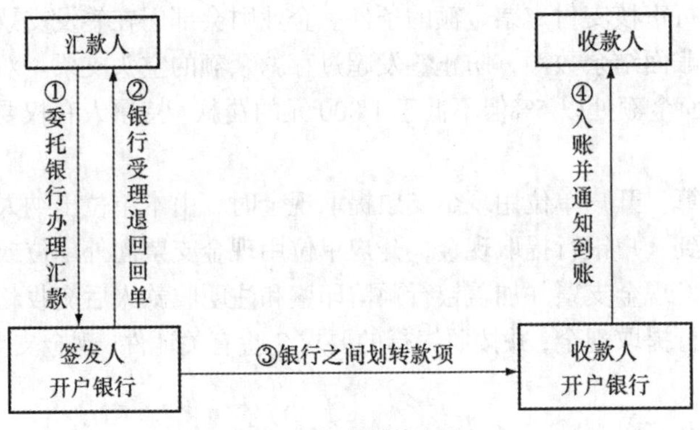

图 2-7　汇兑结算流程

6. 委托收款

委托收款，是收款人委托银行向付款人收取款项的结算方式。无论单位还是个人都可凭已承兑商业汇票、债券、存单等付款人债务证明办理款项收取同城或异地款项。委托收款还适用于收取电费、电话费等付款人众多、分散的公用事业费等有关款项。委托收款结算款项划回的方式分为邮寄和电报两种。委托收款结算流程如图 2-8 所示。

企业委托开户银行收款时，应填写银行印制的委托收款凭证和有关的债务证明。在委托收款凭证中写明付款单位的名称、收款单位的名称、账号及开户银行、委托收款金额的大小写、款项内容、委托收款凭据名称及附寄单证张数等。企业的开户银行受理委托收款后，将委托收款凭证寄交付款单位开户银行，由付款单位开户银行审核，并通知付款单位。付款单位收到银行交给的委托收款凭证及债务证明，应签收并在 3 天之内审查债务证明是否真实，是否是本单位的债务，确认之后通知银行付款。付款单位应在收到委托收款的通知次日起 3 日内，主动通知银行是否付款。如果不通知银行，银行视同企业同意付款，并在第 4 日从单位账户中付出此笔委托收款款项。付款人在 3 日内审查有关债务证明后，认为债务证明或与此有关的事项符合拒绝付款的规定，应出具拒绝付款理由书和委托收款凭证第五联及持有的债务证明，向银行提出拒绝付款。

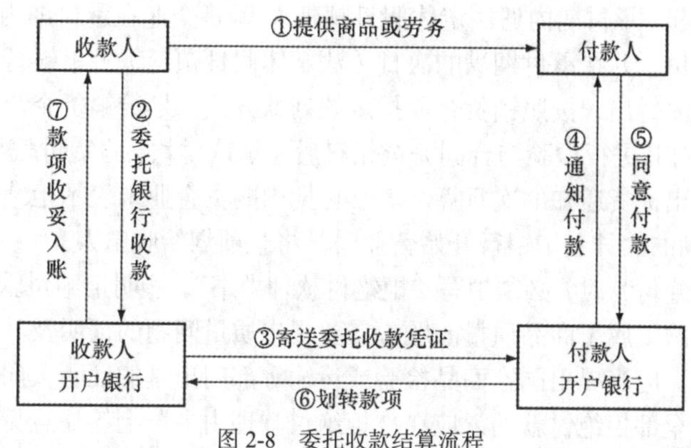

图 2-8　委托收款结算流程

7. 托收承付

托收承付，是根据购销合同由收款人发货后委托银行向异地付款人收取款项，由付款人向银行承认付款的结算方式。使用托收承付结算方式的收款单位和付款单位，必须是国有企业、供销合作社以及经营管理较好，并经开户银行审查同意的城乡集体所有制工业企业。办理托收承付结算的款项，必须是商品交易以及因商品交易而产生的劳务供应的款项，代销、寄销、赊销商品的款项，不得办理托收承付结算。

托收承付款项的划回方式分为邮寄和电报两种，由收款人根据需要选择使用。收款单位办理托收承付，必须具有商品发出的证件或其他证明。托收承付结算每笔的金额起点为 10 000 元；新华书店系统每笔金额起点为 1 000 元。采用托收承付结算方式时，购销双方必须签有符合《中华人民共和国合同法》的购销合同，并在合同上写明使用托收承付结算方式。托收承付结算流程如图 2-9 所示。

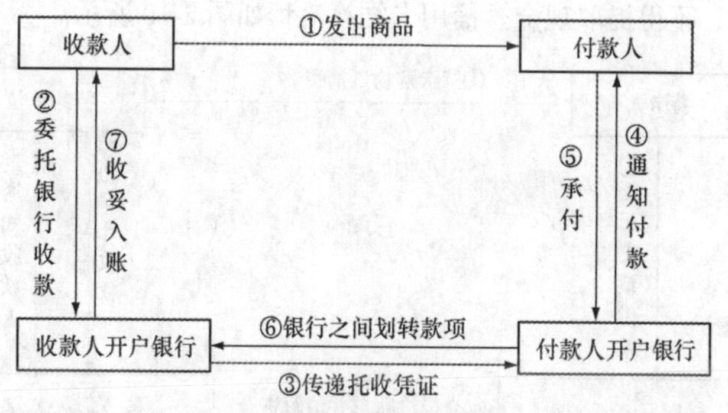

图 2-9　托收承付结算流程

销货企业按照购销合同发货后，填写托收承付凭证，盖章后连同发运证件（包括铁路、航运、公路等运输部门签发运单、运单副本和邮局包裹回执）或其他符合托收承付结算的有关证明和交易单证送交开户银行办理托收手续。销货企业开户银行接受委托后，将托收结算凭证回单联退给企业，作为企业进行账务处理的依据，并将其他结算凭证寄往购货单位开户银行，由购货单位开户银行通知购货单位承认付款。购货企业收到托收承付结算凭证和所附单据后，应立即审核是否符合订货合同的规定。

按照《支付结算办法》的规定，承付货款分为验单付款与验货付款两种，这在双方签订合同时约定。验单付款是购货企业根据经济合同对银行转来的托收结算凭证、发票账单、托运单及代垫运杂费等单据进行审查无误后，即可承认付款。验单付款承付期为 3 天，从付款人开户银行发出承付通知的次日算起（承付期内遇法定休假日顺延）。购货企业在承付期内，未向银行表示拒绝付款，银行即视为承付，并在承付期满的次日（法定休假日顺延）上午银行开始营业时，将款项主动从付款人的账户内付出，按照销货企业指定的划款方式，划给销货企业。验货付款是购货企业待货物运达企业，对其进行检验与合同完全相符后才承认付款，验货付款承付期为 10 天，从运输部门向购货企业发出提货通知的次日算起。承付期内购货企业未表示拒绝付款的，银行视为同意承付，于 10 天期满的次日上午银行开始营业时，将款项划给收款人。

购货企业提出拒绝付款时，必须填写“拒绝付款理由书”，注明拒绝付款理由，涉及合同的应引证合同上的有关条款。属于商品质量问题，需要提出质量问题的证明及其有关数量的记录；属于外贸部门进口商品，应当提出国家商品检验或运输等部门出具的证明，向开户银行办理拒付手续。银行同意部分或全部拒绝付款的，应在“拒绝付款理由书”上签注意见，并将“拒绝付款理由书”、拒付证明、拒付商品清单和有关单证邮寄至收款人开户银行转交销货企业。

8. 银行卡

银行卡，是指经批准由商业银行（含邮政金融机构）向社会发行的具有消费信用、转账结算、存取现金等全部或部分功能的信用支付工具。银行卡按使用对象分为单位卡和个人卡；按信誉等级分为金卡和普通卡。单位或个人申领信用卡，应按规定填制申请表，连同有关资料一并送交发卡银行。符合条件并按银行要求交存一定金额的备用金后，银行为申领人开立信用卡存款账户，并发给信用卡。

凡在中国境内金融机构开立基本存款账户的单位可申领单位卡。单位卡可申领若干张，持卡人资格由申领单位法定代表人或其委托的代理人书面指定和注销，持卡人不得出租或转借信用卡。单位卡账户的资金一律从其基本存款账户转账存入，在使用过程中需要向其账户续存资金的，也一律从其基本存款账户转账存入，不得交存现金，不得将销货收入的款项存入其账户。单位卡一律不得用于 10 万元以上的商品交易、劳务供应款项的结算，不得支取现金。销户时单位卡账户余额转入基本存款账户，不得提取现金。信用卡结算流程如图 2-10 所示。

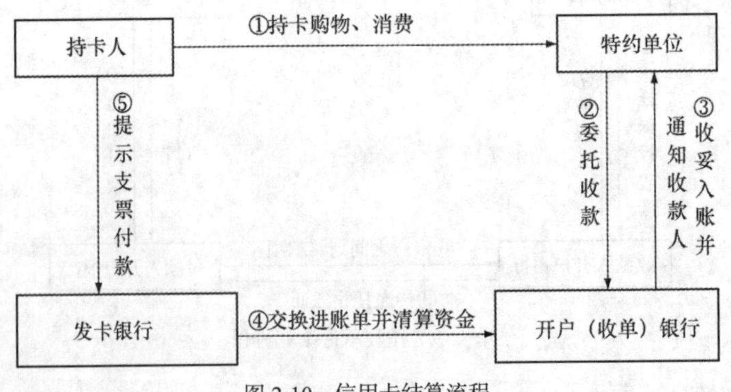

图 2-10 信用卡结算流程

同一持卡人单笔透支发生额，单位卡不得超过 5 万元人民币，此外，单位卡不得超过发卡行对该单位综合授信额度的 3%；无综合授信额度可参照的单位，其月透支余额不得超过 10 万元人民币。准贷记卡的透支期限最长为 60 天。贷记卡的首月最低还款额不得低于其当月透支余额的 10%。超过规定限额或规定期限，并且经发卡银行催收无效的透支行为称为恶意透支，持卡人使用信用卡不得发生恶意透支。

9. 信用证

国内信用证（简称信用证），是指开证银行依照申请人（购货方）的申请向受益人（销货方）开出的有一定金额、在一定期限内凭信用证规定的单据支付款项的书面承诺。国内信用证结算方式只适用于国内企业之间商品交易产生的货款结算，并且只能用于转账结算，不得支取现金。开证行在决定受理时，应向申请人收取不低于开证金额 20%的保证金，并可根据申请人的资信情况要求其提供抵押、质押或由其他金融机构出具保函。信用证的有效期为受益人向银行提交单据的最终期限，最长不得超过 6 个月。议付仅限于延期付款信用证。信用证到期不获付款的，议付行可从受益人账户收取议付金额。申请人交存的保证金和其存款账户余额不足支付的，开证行仍应在规定的付款时间内进行付款，对不足支付的部分做逾期贷款处理。信用证结算流程如图 2-11 所示。

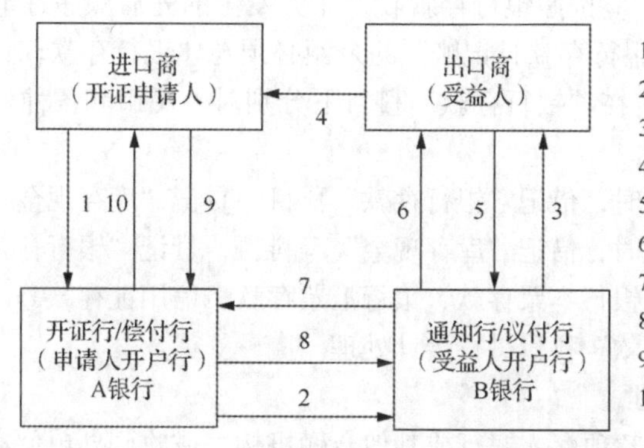

图 2-11　信用证结算流程

采用信用证结算方式的，收款单位收到信用证后即备货装运，签发有关发票账单，连同运输单据和信用证送交银行，根据退还的信用证等有关凭证编制收款凭证；付款单位在接到开证行的通知时，根据付款的有关单据编制付款凭证。

10. 网上支付

网上支付是电子支付的一种形式，是指电子交易的当事人包括消费者、商户、银行或者支付机构，使用电子支付手段通过信息网络进行的货币支付或资金流转。网上支付主要有网上银行和第三方支付两种。

网上银行，也称网络银行，简称网银，就是银行在互联网上设立虚拟银行柜台，使传统银行服务不再通过物理的银行分支来实现，而是借助于网络与信息技术手段在互联网上实现。按照不同的标准，网上银行可以分为不同的类型，如企业网上银行和个人网上银行；分支型网上银行和单纯网上银行；零售银行和批发银行。

狭义的第三方支付，是指具备一定实力和信誉保障的非银行机构，借助通信、计算机和信息安全技术，采用与各大银行签约的方式，在用户与银行支付结算系统间建立连接的电子支付模式。在手机端进行的互联网支付，又称为移动支付。广义的第三方支付是指非金融机构作为收、付款人的支付中介所提供的网络支付、预付卡发行与受理、银行卡收单以及中国人民银行确定的其他支付服务。第三方支付包括线上支付方式和线下支付方式两种。按照行业分类有金融型支付企业和互联网支付企业两类模式。第三方支付交易流程有其自己的特点。

提示　目前企业银行服务是网上银行服务中最重要的部分之一。“网上银行”系统是银行业务服务的延伸，客户可以通过互联网方便地使用商业银行核心业务服务，完

成各种非现金交易结算业务。网上银行又称网络银行、在线银行，是指银行利用 Internet 技术，通过 Internet 向客户提供开户、查询、对账、行内转账、跨行转账、信贷、网上证券、投资理财等传统服务项目，使客户可以足不出户就能够安全、便捷地管理活期和定期存款、支票、信用卡及个人投资等。可以说，网上银行是在 Internet 上的虚拟银行柜台。网上银行又被称为“3A 银行”，因为它不受时间、空间限制，能够在任何时间、任何地点，以任何方式为客户提供金融服务。

目前在小额支付领域，形成了微信支付、支付宝和银联支付三足鼎立的局面。

三、银行存款业务的核算

企业应当设置银行存款总账和银行存款日记账，分别进行银行存款的总分类核算和明细分类核算。企业的“银行存款日记账”应按照银行存款收付业务发生的先后顺序逐笔序时登记，每日终了应结出余额。月末终了，“银行存款日记账”的余额必须与“银行存款”总账科目的余额核对相符。有外币业务的企业，应在“银行存款”科目下分别对人民币和各种外币设置明细账进行核算。

企业将款项存入银行等金融机构时，借记“银行存款”科目，贷记“库存现金”等科目；提取或支付在银行等金融机构中的存款时，借记“库存现金”等科目，贷记“银行存款”科目。企业在银行的其他存款，如外埠存款、银行本票存款、银行汇票存款、信用证存款等，在“其他货币资金”科目核算，不通过“银行存款”科目进行会计处理。

1. 银行存款收入业务的账务处理

银行存款收入业务，指企业将款项存入银行或其他金融机构，或收到外单位支付的货款等时，借记“银行存款”科目，贷记“库存现金”等科目。

2. 银行存款支出业务的账务处理

银行存款支出业务，指企业提取或支付在银行等金融机构中的款项，借记“库存现金”等科目，贷记“银行存款”科目。

3. 银行存款的清查

为防止记账发生差错，正确掌握银行存款的收支及结存情况，“银行存款日记账”应定期与“银行对账单”核对，至少每月核对一次。月度终了，企业账面余额与银行对账单余额之间如有差额，主要由以下两方面的原因造成：一是记账错误，即企业或银行在会计处理中发生错误，此类错误应由出错方在查明原因后及时更正；二是存在未达账项。

所谓未达账项，指对同一经济业务，企业与开户行由于凭证的传递和入账时间不一致而发生的一方已经登记入账，而另一方尚未登记入账的款项。企业与银行之间存在的未达账项，具体有以下 4 种情况：企业已收款入账，银行尚未收款入账；企业已记付款，银行尚未记付款；银行已收款入账，企业尚未收款入账；银行已记付款，企业尚未记付款。

即问即答

以下情形会导致未达账项的有（　　）。

A. 企业已收款入账，银行尚未收款入账

B. 企业已付款入账，银行尚未付款入账

C. 银行已收款入账，企业尚未收款入账

D. 银行已付款入账，企业也已付款入账

提示　未达账项一般通过编制“银行存款余额调节表”进行调节。编制银行存款余额调节表的步骤如下。

第 1 步，企业收到银行对账单后，应以企业银行存款日记账的账面收支数为基础，与银行对账单的收支数逐笔核对，过滤出未达账项。

第 2 步，将银行存款日记账的余额填入银行存款余额调节表的左边第一行，将银行对账单的余额填入银行存款余额调节表的右边第一行。

第 3 步，将未达账项按 4 种类型分别填入银行存款余额调节表的相应栏目。

第 4 步，将记录的 4 种未达账项按类型分别计算双方的余额，将结果填入表中底下的两边。

如果两者相等，则表明企业和银行双方记账无误。否则应对未达账项逐笔进行清查，直到查出原因为止。编制银行存款余额调节表调整所得的余额就是企业银行存款应有的实际余额。

【例 2-1】 甲公司 2018 年 8 月 31 日银行存款日记账的账面余额为 465 000 元，银行对账单上企业存款余额为 468 500 元，经逐笔核对，发现以下未达账项。

（1）公司开出一张金额为 2 000 元的转账支票，持票人尚未到银行办理转账。

（2）公司送存转账支票 6 400 元，银行尚未入账。

（3）银行划转公司银行借款利息 600 元，尚未通知公司。

（4）公司委托银行代收款项 10 000 元，银行已收款入账，但尚未通知公司。

（5）银行代公司支付电话费 1 500 元，尚未通知公司。

要求：根据以上资料编制银行存款余额调节表。

经核对分析后，编制银行存款余额调节表如表 2-2 所示。

表 2–2

银行存款余额调节表

2018 年 8 月 31 日

单位：元

项目	金额	项目	金额
银行存款日记账余额	465 000	银行对账单余额	468 500
加：银行已收款入账，企业未入账款项	10 000	加：企业已收款入账，银行未入账款项	6 400
减：银行已付款入账，企业未入账款项	600 1 500	减：企业已付款入账，银行未入账款项	2 000
调节后余额	472 900	调节后余额	472 900

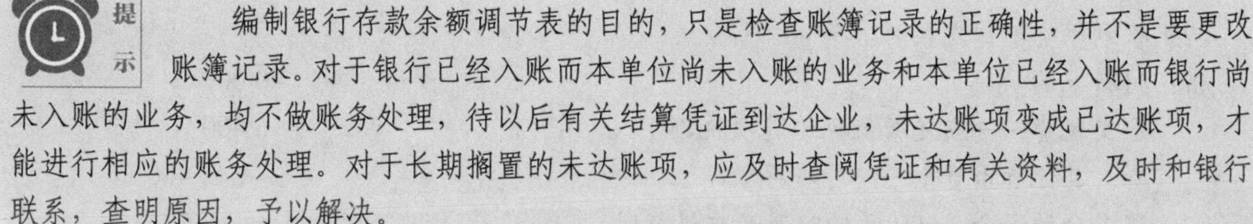

提示　编制银行存款余额调节表的目的，只是检查账簿记录的正确性，并不是要更改账簿记录。对于银行已经入账而本单位尚未入账的业务和本单位已经入账而银行尚未入账的业务，均不做账务处理，待以后有关结算凭证到达企业，未达账项变成已达账项，才能进行相应的账务处理。对于长期搁置的未达账项，应及时查阅凭证和有关资料，及时和银行联系，查明原因，予以解决。

企业应加强对银行存款的管理，并定期对银行存款进行检查，如果有确凿的证据表明存在银行或其他金融机构的款项已经部分或者全部不能收回的，如吸收存款的单位已宣告破产，其破产财产不足以清偿的部分，或者全部不能清偿的，应当作为当期损失，冲减银行存款，借记“营业外支出”科目，贷记“银行存款”科目。

任务三　其他货币资金核算

任务调研：请了解其他货币资金业务是如何产生的，相关的业务处理程序是怎样的。

一、其他货币资金概述

在企业的经营资金中，有些货币资金的存款地点和用途与库存现金和银行存款不同，如外埠存款、银行汇票存款、银行本票存款、信用证保证金存款、信用卡存款、存出投资款等，这些除库存现金、银行存款以外的各种货币资金在会计核算上统称为“其他货币资金”。

企业应设置“其他货币资金”账户。“其他货币资金”账户为资产类账户，可按“外埠存款”“银行汇票”“银行本票”“信用卡”“信用证保证金”“存出投资款”设置明细账进行核算。

二、其他货币资金业务的核算

1. 外埠存款

外埠存款，是指企业到外地进行临时或零星采购时，汇往采购地银行开立采购专户的款项。企业汇出款项时，须填写汇款委托书，加盖“采购资金”字样。汇入银行对汇入的采购款项，以汇款单位名义开立采购账户。采购资金存款不计利息，除采购员差旅费可以支取少量现金外，一律转账。采购专户只付不收，付完结束账户。

企业将款项委托当地银行汇往采购地开立专户时，根据汇出款项凭证编制付款凭证，进行账务处理，借记“其他货币资金——外埠存款”科目，贷记“银行存款”科目。外出采购人员报销用外埠存款支付材料的采购货款等款项时，企业应根据供应单位发票账单等报销凭证，编制付款凭证，借记“在途物资”“应交税费——应交增值税（进项税额）”等科目，贷记“其他货币资金——外埠存款”科目。采购员完成采购任务，将多余的外埠存款转回当地银行时，应根据银行的收款通知，编制收款凭证。

【例 2-2】 甲公司于 2018 年 5 月 7 日为临时采购需要在南京工商银行开设外埠存款账户，存入 50 000 元，5 月 15 日，采购员交来供货单位发票，货物金额为 40 000 元，增值税为 6 800 元，货物尚未收到，8 月 20 日将多余的资金 3 200 元转回原开户银行。

甲公司应做账务处理如下。

（1）开设外埠存款账户，存入款项时。

借：其他货币资金——外埠存款　　50 000
　　贷：银行存款　　50 000

（2）收到供货单位发票时。

借：材料采购　　40 000
　　应交税费——应交增值税（进项税额）　　6 400
　　贷：其他货币资金——外埠存款　　46 400

（3）将多余的资金 3 600 元转回原开户银行时。

借：银行存款　　3 600
　　贷：其他货币资金——外埠存款　　3 600

2. 银行汇票存款

银行汇票存款，是指企业为取得银行汇票，按照规定存入银行的款项。企业向银行提交“银行汇票委托书”并将款项交存开户银行，取得汇票后，根据银行盖章的委托书存根联，编制付款凭证，借记“其他货币资金——银行汇票”科目，贷记“银行存款”科目。

企业使用银行汇票支付款项后，应根据发票账单及开户行转来的银行汇票有关副联等凭证，经核对无误后编制会计分录，借记“在途物资”“应交税费——应交增值税（进项税额）”等科目，贷记“其他货币资金——银行汇票”科目。银行汇票使用完毕，应转销“其他货币资金——银行汇票”账户。如实际采购支付后银行汇票有余额，多余部分应借记“银行存款”科目，贷记“其他货币资金——银行汇票”科目。汇票因超过付款期限或其他原因未曾使用而退还款项时，应借记“银行存款”科目，贷记“其他货币资金——银行汇票”科目。

3. 银行本票存款

银行本票存款，是指企业为取得银行本票，按照规定存入银行的款项。企业向银行提交“银行本票申请书”并将款项交存银行，取得银行本票时，应根据银行盖章退回的申请书存根联，编制付款凭证，借记“其他货币资金——银行本票”科目，贷记“银行存款”科目。企业用银行本票支付购货款等款项后，应根据发票账单等有关凭证，借记“在途物资”“应交税费——应交增值税（进项税额）”等科目，贷记“其他货币资金——银行本票”科目。如企业因本票超过付款期等原因未曾使用而要求银行退款时，应填制进账单（一式两联），连同本票一并交给银行，然后根据银行收回本票时盖章退回的一联进账单，借记“银行存款”科目，贷记“其他货币资金——银行本票”科目。

对于企业取得的银行本票，银行只办理全额结算，不退回多余款项，结算后仍有多余款项，可采用支票、现金等其他方式退回企业。

4. 信用证保证金存款

信用证保证金存款，是指采用信用证结算方式的企业为开具信用证而存入银行信用证保证金专户的款项。企业向银行申请开出信用证用于支付供货单位购货款项时，根据开户银行盖章退回的“信用证委托书”回单，借记“其他货币资金——信用证存款”科目，贷记“银行存款”科目。企业收到供货单位信用证结算凭证及所附发票账单，经核对无误后进行会计处理，借记“在途物资”“应交税费——应交增值税（进项税额）”等科目，贷记“其他货币资金——信用证存款”科目。如果企业收到未用完的信用证存款余款，应借记“银行存款”科目，贷记“其他货币资金——信用证存款”科目。

【例 2-3】 甲公司委托中国银行开出 1 000 美元信用证，2018 年 8 月 26 日开出信用证时，外汇牌价为 1 美元兑换 6.40 元人民币，6 月 8 日购买商品动用信用证存款共计金额 500 美元，然后将未用完的信用证存款及时转回银行账户。

甲公司应做账务处理如下。

（1）委托中国银行开出信用证时。

借：其他货币资金——信用证存款　　6 400

　　贷：银行存款——美元户　　6 400

（2）购买商品时（进口增值税、关税略）。

借：材料采购　　3 200

　　贷：其他货币资金——信用证存款　　3 200

（3）将未用完的信用证存款转回银行账户时。

借：银行存款——美元户　　3 200

　　贷：其他货币资金——信用证存款　　3 200

5. 银行卡存款

银行卡存款，是指企业为取得银行卡而存入银行银行卡专户的款项。企业申领信用卡，按照有关规定填制申请表，并按银行要求交存备用金，银行开立银行卡存款账户，发给信用卡。企业根据银行盖章退回的交存备用金的进账单，借记“其他货币资金——银行卡存款”科目，贷记“银行存款”科目。企业收到开户银行转来的银行卡存款的付款凭证及所附发票账单，经核对无误后进行会计处理，借记“管理费用”等科目，贷记“其他货币资金——银行卡存款”科目。

【例2-4】甲公司在中国建设银行申请领用信用卡，按要求于5月8日向银行交存备用金50 000元，10日使用信用卡支付2月的电话费3 000元。

甲公司应做账务处理如下。

（1）存入中国建设银行开立信用卡时。

借：其他货币资金——银行卡存款　　50 000

　　贷：银行存款　　50 000

（2）支付电话费时。

借：管理费用　　3 000

　　贷：其他货币资金——银行卡存款　　3 000

6. 存出投资款

存出投资款，是指企业已存入证券公司但尚未进行投资的货币资金。企业向证券公司划出资金时，应按实际划出的金额，借记“其他货币资金——存出投资款”科目，贷记“银行存款”科目；购买股票、债券等时，根据持有金融资产的目的，按实际发生的金额，借记“交易性金融资产”或“可供出售金融资产”科目，贷记“其他货币资金——存出投资款”科目。

详细介绍参见本书项目五金融资产核算任务一相关内容。

【项目列报】

本项目货币资金核算在资产负债表上是以“货币资金”这一总括项目信息列示的，如表2-3所示。

表2-3　货币资金项目在资产负债表上的信息列示　单位：元

资产	期末余额	年初余额	负债和所有者权益	期末余额	年初余额
流动资产：			流动负债：		
货币资金（=“库存现金”+“银行存款”+“其他货币资金”）					
……					

【拓展阅读】

《中华人民共和国现金管理暂行条例》《人民币银行结算账户管理办法》《支付结算办法》《国内信用证结算办法》《中华人民共和国票据法》《票据管理实施办法》《银行卡业务管理办法》《企业会计准则——基本准则》《企业会计准则第22号——金融工具确认和计量》《企业内部控制应用指引第6号——资金活动》。

项目训练

一、单项选择题

1. 根据《现金管理暂行条例》的规定，下列经济业务中，一般不应用现金支付的是（　　）。

A. 支付物资采购货款1 200元　　B. 支付零星办公用品购置费850元

C. 支付职工差旅费2 000元　　D. 支付职工奖金8 000元

2. 企业在进行现金清查时，查出现金溢余，并将溢余数记入“待处理财产损溢”科目。后经进一步核查，无法查明原因，经批准后，正确的会计处理方法是（　　）。

A. 将其从“待处理财产损溢”科目转入“管理费用”科目

B. 将其从“待处理财产损溢”科目转入“营业外收入”科目

C. 将其从“待处理财产损溢”科目转入“其他应付款”科目

D. 将其从“待处理财产损溢”科目转入“其他应收款”科目

3. 企业现金清查中，经检查仍无法查明原因的现金短缺，经批准后应计入（　　）。

A. 财务费用　B. 管理费用　C. 销售费用　D. 营业外支出

4. 企业现金清查中，对于现金短缺，如果经查明应由相关责任人赔偿的，经批准后应计入（　　）。

A. 管理费用　B. 营业外支出　C. 财务费用　D. 其他应收款

5. 下列业务中会导致企业银行存款日记账的账面余额小于银行对账单余额的是（　　）。

A. 企业开出商业汇票，对方尚未到银行提示承兑

B. 企业送存支票，银行尚未入账

C. 银行代收款项，企业尚未接到收款通知

D. 银行代付款项，企业尚未接到付款通知

6. 下列各项会导致银行存款日记账余额高于对应日期银行对账单余额的是（　　）。

A. 企业已收款入账，银行尚未收款入账

B. 企业已付款入账，银行尚未付款入账

C. 银行已收款入账，企业尚未收款入账

D. 企业误将存款 5 920 元记录为 5 290 元，但银行未记错

7. 企业 3 月月末银行存款日记账余额为 150 万元，与银行对账单对比，发现企业 14 日收到货款 10 万元，银行没有收到通知，银行 30 日代缴水电费 2 万元，企业未收到通知，则调节后的银行存款日记账余额为（　　）万元。

A. 148　B. 142　C. 162　D. 158

8.（　　）是指企业为了到外地进行临时或者零星采购，而汇往采购地银行开立采购专户的存款。

A. 信用卡存款　B. 信用证保证金存款　C. 外埠存款　D. 存出投资款

9. 企业存放在银行的银行汇票存款，应通过（　　）科目进行核算。

A. “其他货币资金”　B. “银行存款”　C. “货币资金”　D. “库存现金”

10. 下列项目中，不通过“其他货币资金”科目核算的是（　　）。

A. 银行汇票存款　B. 银行本票存款　C. 信用卡存款　D. 银行承兑汇票

二、多项选择题

1. 下列各项中，属于其他货币资金的有（　　）。

A. 银行汇票存款　B. 信用证保证金存款　C. 信用卡存款　D. 外埠存款

2. 下列有关现金的说法，正确的是（　　）。

A. 向个人收购农副产品或其他物资，超过 30 000 元，就不能使用现金

B. 单位留存现金的最高数额为 10 000 元

C. 现金短缺，经批准由责任人赔偿的，计入其他应收款

D. 现金溢余，属于应该支付给有关人员的，计入其他应付款

3. 下列关于企业现金清查的说法中，正确的有（　　）。

A. 现金清查一般采用实地盘点法

B. 对于现金清查结果，应编制现金盘点报告单

C. 对于无法查明的现金短缺，经过批准后应计入营业外支出

D. 对于超限额留存的现金应及时送存银行

4. 以下对现金收支规定的说法中，正确的有（　　）。

A. 因采购地点不确定、交通不便、抢险救灾以及其他特殊情况必须使用现金的单位，应向开户银行提出书面申请，由本单位财会部门负责人签字盖章，经开户银行经审查批准后予以支付

B. 开户单位从开户银行提取现金时，应如实写明提取现金的用途，由本单位财会部门负责人签字盖章，开户银行经审查批准后予以支付

C. 开户单位支付现金，可以从本单位库存现金限额中支付或从开户银行提取，还可以从本单位的现金收入中直接支付

D. 不准用不符合国家统一会计制度的凭证顶替库存现金；不准谎报用途套取现金

5. 企业的银行存款日记账和银行的对账单可能不一致，即存在未达账项，具体有（　　）。

A. 企业已收款入账，银行尚未收款入账　　B. 企业已付款入账，银行尚未付款入账

C. 银行已收款入账，企业尚未收款入账　　D. 银行已付款入账，企业尚未付款入账

6. 有关银行存款的描述中，不正确的是（　　）。

A. 银行存款日记账应定期与银行对账单核对，至少每季度核对一次

B. 银行存款账面余额必须与银行对账单余额保持一致

C. 银行存款应当设置银行存款总账和银行存款日记账，分别进行银行存款的总分类核算和明细分类核算

D. 银行存款余额调节表不仅能核对账目，而且能作为调节银行存款账面余额的记账依据

7. 编制银行存款余额调节表时，下列未达账项中，会导致企业银行存款日记账的账面余额小于银行对账单余额的有（　　）。

A. 企业开出支票，银行尚未支付　　B. 企业送存支票，银行尚未入账

C. 银行代收款项，企业尚未接到收款通知　　D. 银行代付款项，企业尚未接到付款通知

8. 下列关于货币资金的管理规定中，说法不正确的是（　　）。

A. 开户单位现金收入应于当日送存开户银行

B. 不准谎报用途套取现金

C. 不准用银行账户代替其他单位和个人存入或支取现金

D. 向个人收购农副产品和其他物资的价款大于1 000元的需要通过银行存款支付

9. 以下对其他货币资金的表述中，正确的有（　　）。

A. 银行本票分为不定额本票和定额本票两种

B. 银行汇票丧失，失票人可以凭人民法院出具的其享有票据权利的证明，向出票银行请求付款或退款

C. 信用卡按是否向发卡银行交存备用金分为贷记卡和准贷记卡两类

D. 信用证保证金存款是指采用现金结算方式的企业为开具信用证而存入银行信用证保证金专户的款项

10. 下列各项关于银行存款业务的表述中，不正确的有（　　）。

A. 企业单位信用卡存款账户可以存取现金

B. 企业信用证保证金存款余额不可以转存其开户行结算户存款

C. 企业银行汇票存款的收款人不得将其收到的银行汇票背书转让

D. 企业外埠存款除采购人员可从中提取少量现金外，一律采用转账结算

三、判断题

1. 其他资产是指除货币资金、交易性金融资产、应收及预付款项、存货、固定资产、无形资产以外的资产，如长期待摊费用、长期股权投资等。（　）

2. 企业因业务需要支付现金时，不得从本企业的现金收入中直接支付。（　）

3. 现金盘亏，无法查明原因的，经批准后记入“营业外支出”科目的借方。（　）

4. 企业现金清查中，对于无法查明原因的现金溢余，经过批准后应计入的会计科目是“管理费用”。（　）

5. 银行汇票是指银行签发的，承诺自己在见票时无条件支付确定的金额给收款人或持票人的票据。（　）

6. 银行存款余额调节表不仅可以用来核对账目，还可以作为调整银行存款账面余额的原始凭证。（　）

7. 未达账项是指企业与银行之间由于记账的时间不一致，而发生的一方已登记入账，另一方未能入账形成的账款。（　）

8. 某企业收到对方以转账支票形式支付的货款，记入“其他货币资金”科目中。（　）

9. 企业向银行申请开出信用证用于支付供货单位购货款项时，根据开户银行盖章退回的“信用证委托书”回单，借记“其他货币资金——信用证存款”科目，贷记“银行存款”科目。（　）

10. 采购资金存款不计利息，除采购员差旅费可以支取少量现金外，一律转账。采购专户只付不收，付完结束账户。（　）

四、实务题

1. 完成“项目引入”中涉及经济业务的账务处理，开设并逐笔登记库存现金日记账和银行存款日记账。

2. 某工厂发生如下经济业务。

（1）工厂委托银行开出银行汇票 50 000 元，有关手续已办妥，采购员方明持汇票到外地 A 市采购材料。

（2）工厂派采购员张山到外地 B 市采购材料，委托银行汇款 100 000 元到 B 市开立采购专户。

（3）方明在 A 市采购结束，增值税专用发票上列明的材料价款为 45 000 元，增值税 7 200 元，货款共 52 200 元。工厂已用银行汇票支付 50 000 元，差额 2 200 元即采用汇兑结算方式补付，材料已验收入库。

（4）张山在 B 市的采购结束，增值税专用发票上列明的材料价款为 80 000 元，增值税 12 800 元，款项共 92 800 元，材料已验收入库。同时接到银行多余款收账通知，退回余款 7 200 元。

（5）工厂委托银行开出银行本票 20 000 元，有关手续已办妥。

（6）工厂购买办公用品花费 2 300 元，用信用卡付款。收到银行转来的信用卡存款的付款凭证及账单，经审核，无误。

（7）工厂采购材料，增值税专用发票上列明的材料价款为 15 800 元，增值税 2 528 元，款项共 18 328 元，使用银行汇票支付款项。

要求：根据以上经济业务进行相应的账务处理。

项目三
应收及预付款项核算

学习要点

- 应收票据的性质
- 应收票据业务的核算
- 应收账款业务的核算
- 预付账款业务的核算
- 应收款项减值业务的核算
- 应收款项项目的列示

关键术语

- 应收账款（Accounts Receivable）
- 应收票据（Notes Receivable）
- 商业汇票（Commercial Draft）
- 商业承兑汇票（Commercial Acceptances）
- 银行承兑汇票（Bank Acceptances）
- 贴现（Discount）
- 预付账款（Prepayments）
- 其他应收款（Other Receivables）
- 应收款项减值（Impairment of Receivables）
- 备抵法（Allowance Method）

【项目引入及要求】

1. 项目引入

2019年1月，假设您到甲企业进行顶岗实习。甲企业为增值税一般纳税人，增值税税率为16%。2018年12月1日，甲企业“应收账款”科目借方余额为1 000万元，“坏账准备”科目贷方余额为50万元，企业通过对应收款项的信用风险特征进行分析，确定计提坏账准备的比例为期末应收账款余额的5%。12月，甲企业发生如下经济业务。

（1）12月5日，向乙企业赊销一批商品，按商品价目表标明的价格计算的金额为2 000万元（不含增值税），由于是成批销售，甲企业给予乙企业10%的商业折扣。

（2）12月9日，一客户破产，根据清算程序，有应收账款80万元不能收回，确认为坏账。

（3）12月11日，收到乙企业的货款1 000万元，存入银行。

（4）12月21日，收到2018年已转销为坏账的应收账款20万元，存入银行。

（5）12月30日，向丙企业销售一批商品，增值税专用发票上注明的售价为200万元，增值税税额为32万元。甲企业为了尽早收回货款在合同中规定的现金折扣条件为2/10，1/20，*n*/30。

（6）12月31日，计提本期的坏账准备。假定现金折扣不考虑增值税。

2. 项目要求

（1）请熟悉本项目内容在资产负债表中的位置。

应收款项是企业流动资产的重要组成部分，在资产负债表中按其流动性列于货币资金、交易性金融资产之后。本项目内容在资产负债表中的位置，如表3-1所示。

表3–1　　应收及预付款项项目在资产负债表中的信息列示

资产	期末余额	年初余额	负债和所有者权益	期末余额	年初余额
流动资产：			流动负债：		
……			……		
应收票据及应收账款			应付票据及应付账款		
预付款项			预收款项		
……			……		
其他应收款					
……					

（2）请根据本项目内在知识点的逻辑关系，制作本项目思维导图。

（3）请搜集与本项目有关的企业真实案例。

（4）学完本项目，请完成项目引入中甲企业应收款项业务以及年末计提坏账准备业务的账务处理，掌握应收款项业务的核算。

（5）学完本项目，请了解资产负债表中“应收票据及应收账款”“预付账款”“其他应收款”项目是如何填列的。

任务一　应收票据核算

任务调研：请了解企业应收票据业务是如何产生的，相关的业务处理程序是怎样的。

一、应收票据概述

1. 应收票据的确认

应收票据，是指企业持有的未到期、尚未兑现的票据。在我国，应收票据是指商业汇票，包括商业承兑汇票和银行承兑汇票，不包括支票、本票和银行汇票。应收票据按是否载明利率，分为不带息应收票据和带息应收票据。

2. 应收票据的初始计量

商业汇票的付款期限最长不得超过 6 个月，利息金额相对来说不大，用未来现金流量的现值入账不但计算麻烦，而且其折价还要逐期摊销，过于烦琐。所以我们根据重要性信息质量要求简化了核算。对于应收票据一般按其面值予以计量，但对于带息应收票据，应在期末按面值和利率计算利息，计入应收票据账面价值。这里主要介绍不带息应收票据业务的核算。

提示 要计算票据的期限，首先必须确定到期日，然后从出票日至到期日即为票据的期限。应收票据到期日应按不同的约定方式来确定。

方法一：约定按日计算，则应以足日为准，采用票据签发日与到期日“算头不算尾”或“算尾不算头”的方法，按实际天数计算到期日。例如，3 月 20 日出票，为期 120 天，其到期日为 120-（31-20）-30-31-30=18，即到期日为 7 月 18 日。

方法二：约定按月计算，即票据到期日以签发日数月后的对日计算，而不论各月是大月还是小月。例如，3 月 20 日出票，为期 4 个月，其到期日为 7 月 20 日。如果票据签发日为某月的最后一天，则到期日为若干月后某月的最后一天。例如，1 月 31 日签发、1 个月到期的商业汇票，到期日为 2 月 28 日或 29 日；若为两个月到期的商业汇票，到期日为 3 月 31 日；若是 3 个月到期的商业汇票，到期日为 4 月 30 日，依此类推。

3. 应收票据业务核算的科目设置

企业为核算因销售商品、提供劳务等而收到的商业汇票，应当设置“应收票据”科目。“应收票据”是资产类科目，借方反映取得商业汇票的面值，贷方反映到期收回的商业汇票或到期前向银行贴现的商业汇票以及背书转让的商业汇票的面值，期末余额在借方，反映企业持有的商业汇票的票面金额。本科目可按开出、承兑商业汇票的单位进行明细核算。

企业应当通过设置“应收票据备查簿”记录所收商业汇票的基本信息。在“应收票据备查簿”中，应逐笔登记商业汇票的种类、号码、出票日、票面金额、交易合同号和付款人、承兑人、背书人的名称、到期日、背书转让日、贴现日、贴现率、贴现净额等信息。当商业汇票到期结清票款或退款后，应在备查簿中予以注销。

二、应收票据业务的核算

1. 应收票据的取得

企业取得应收票据的原因不同，其账务处理亦有所区别。因企业销售商品、提供劳务等而收到开出、承兑的商业汇票，借记“应收票据”科目，贷记“主营业务收入”“应交税费——应交增值税（销项税额）”等科目。商业汇票到期收回款项时，应按实际收到的金额，借记“银行存款”科目，贷记“应收票据”科目；因债务人抵偿前欠货款而取得的应收票据，借记“应收票据”科目，贷记“应收账款”科目。

【例 3-1】 丙公司于 2018 年 6 月 27 日销售一批商品给 M 公司，商品价款为 100 000 元，增值税税额为 16 000 元。M 公司开出期限为 120 天、面值为 116 000 元的商业承兑汇票 1 张，用于支付丙公司货款。

丙公司应做账务处理如下。

借：应收票据——商业承兑汇票（M公司） 116 000

贷：主营业务收入 100 000

应交税费——应交增值税（销项税额） 16 000

即问即答

若丙公司收到F公司寄来的1张3个月期的商业承兑汇票，面值为200 000元，抵付产品货款，请问丙公司该如何进行账务处理？

2. 应收票据到期

企业应收票据到期的原因不同，其账务处理也有所区别。应收票据到期收回票面金额，存入银行时，应按票据面值借记“银行存款”科目，贷记“应收票据”科目；票据到期时付款人无力支付票款，企业收到银行退回的商业承兑汇票、委托收款凭证、未付票款通知书或拒绝付款等证明时，应按应收票据的账面余额借记“应收账款”科目，贷记“应收票据”科目。

【例3-2】 承接【例3-1】，上述商业承兑汇票到期，M公司如期办理委托收款手续后，款项如数收回。

丙公司应做账务处理如下。

借：银行存款 116 000

贷：应收票据——商业承兑汇票（M公司） 116 000

即问即答

若M公司无款支付，丙公司未能按期收到款项，则丙公司根据银行退回的相关单据如何进行账务处理？

3. 应收票据背书转让

根据《支付结算办法》的规定，企业可以将持有的商业汇票背书转让，用于购买所需要的商品物资。

提示

背书，是指在票据背面或粘单上记载有关事项并签章的票据行为。背书人对背书转让的票据承担责任。票据背书转让时，背书人在票据背面签章，并记载被背书人名称和背书日期。被拒绝付款或超过付款期限的票据不得背书转让。

企业将持有的应收票据背书转让，以取得所需物资时，按应计入取得物资成本的价值，借记“材料采购”或“原材料”“库存商品”等科目，按专用发票上注明的增值税，借记“应交税费——应交增值税（进项税额）”科目，按应收票据的账面余额，贷记“应收票据”科目，如有差额，借记或贷记“银行存款”等科目。如为带息应收票据，还应按尚未计提的利息，贷记“财务费用”科目，按应收或应付的金额，借记或贷记“银行存款”等科目。

【例3-3】 丙公司2018年6月11日收到客户B公司开出的30日后付款、面值100 000元、带息3%的商业承兑汇票1张。因采购原材料将其背书转让给N公司，原材料价值110 000元，增值税税率为16%，差额以银行存款支付。

丙公司应做账务处理如下。

借：原材料 110 000

应交税费——应交增值税（进项税额） 17 600

贷：应收票据——商业承兑汇票（B公司） 100 000

银行存款 27 600

4．应收票据贴现

企业收到商业汇票，如在未到期前急需资金，可持未到期的商业汇票经过背书后向其开户银行申请贴现。

提示　贴现，是指企业将未到期的票据转让给银行，由银行按票据的票面金额扣除贴现日至票据到期日的利息后，将余额付给企业的融资行为，是企业与贴现银行之间就票据权利所做的一种转让。

应收票据贴现所得的计算可分为以下两个步骤。

贴现息=票据到期价值×贴现率×贴现期

贴现所得=票据到期价值-贴现息

（1）不带追索权票据业务的核算。由于银行不享有对票据的追索权，申请贴现的企业持未到期的商业汇票向银行贴现，应按实际收到的金额（即减去贴现息后的净额），借记“银行存款”等科目，按贴现息部分，借记“财务费用”等科目，按商业汇票的票面金额，贷记“应收票据”科目。

提示　所谓追索权，是指企业转让应收票据后，接受方在应收票据遭到拒付或逾期支付时，向应收票据转让方索取应收金额的权利。不带追索权贴现时，票据一经贴现，企业将应收票据上的风险和未来经济利益全部转让给银行，企业贴现所得收入与票据账面价值之间的差额，计入当期损益。

【例 3-4】 丙公司将于5月10日开具面值50 000元、为期90天的不带息银行承兑汇票，于6月9日交银行贴现，贴现率为12%。银行不享有追索权。

计算贴现净额如下。

到期日：90-（31-10）-30-31=8，即为8月8日。

贴现天数=22+31+8-1=60（天）。

贴现息=50 000×12%×60÷360=1 000（元）。

贴现所得=50 000-1 000=49 000（元）。

丙公司应做账务处理如下。

借：银行存款　　49 000
　　财务费用　　1 000
　　贷：应收票据——银行承兑汇票　　50 000

（2）带追索权票据业务的核算。带追索权的票据贴现时，由于银行享有对票据的追索权，就意味着如果债务人未能按期偿还，申请贴现的企业负有向银行还款的责任，也就是说，贴负企业因背书而在法律上负有连带偿债责任。尽管这种责任可能发生，也可能不发生；可能部分发生，也可能全部发生，但是，这种可能性的存在，说明企业将票据贴现后，相关的风险和报酬并未转移。从某种角度上说，此类票据贴现业务类似于以应收票据为质押取得的借款，根据“实质重于形式”的要求，上述业务发生时，应贷记“短期借款”科目。

企业持未到期的商业汇票向银行贴现，应按实际收到的金额（即减去贴现息后的净额），借记“银行存款”等科目，按贴现息部分，借记“财务费用”等科目，按商业汇票的票面金额，贷记“短期借款”科目。

【例 3-5】 承接【例 3-4】，若对于丙公司申请贴现的这张应收票据，银行享有追索权。

丙公司应做账务处理如下。

借：银行存款　　49 000
　　财务费用　　1 000
　　贷：短期借款　　50 000

如上述已贴现的票据到期，承兑人按期承兑，则丙公司应做账务处理如下。

借：短期借款　　50 000
　　贷：应收票据　　50 000

即问即答

若上述已贴现的票据到期，承兑人未能按期承兑，则丙公司如何进行账务处理？

提示

企业对持有的应收票据不得计提坏账准备，待到期不能收回的应收票据转入应收账款后，再按规定计提坏账准备。但是，如有确凿证据表明企业所持有的未到期应收票据不能够收回或收回的可能性不大，则应将其账面余额转入应收账款，并计提相应的坏账准备。

任务二　应收账款核算

任务调研：请了解企业应收账款业务是如何产生的，相关的业务处理程序是怎样的。

微课：宝洁公司应收账款管理模式

一、应收账款概述

1. 应收账款的确认

应收账款，是指企业由于销售商品、提供劳务等业务，应向购货单位或个人收取的款项。它是企业经营活动所形成的债权。企业发生的各种应收款项，必须是在进行商品交易、提供劳务等经营活动中所形成的债权，不包括应收的其他款项、长期债权和其他存出保证金。

企业应收账款的确认一般应与收入实现的确认同步进行。对于收入实现的具体条件将在项目十二收入与费用核算中详细介绍，这里不再赘述。

2. 应收账款的初始计量

应收账款的入账价值，根据《企业会计准则》的规定，“应收及预付款项应当按实际发生额记账”。而应收账款的入账价值即指应向客户收取的款项，包括销售货物或提供劳务的价款、增值税以及代购货方垫付的运杂费等。在确认应收账款的入账价值时，应考虑有关的折扣、折让因素。折扣包括商业折扣和现金折扣两种。

（1）商业折扣，是企业根据市场需求，或针对不同的客户，在商品标价上给予的扣除。商业折扣是企业最常用的促销方式之一。企业为了扩大销售范围、占领市场，对于批发商往往给予商业折扣，采用销量越多、价格越低的促销策略，也就是我们通常所说的“薄利多销”，如购买 5 件，享销售价格 10%折扣；购买 10 件，享 20%折扣等。

提示

由于商业折扣通常在交易时发生，并有确定的金额，对应收账款的入账价值不会产生实质性影响，因此，在有商业折扣的情况下，企业发生的应收账款应按扣除商业折扣后的金额入账。

即问即答

下列各项，构成应收账款入账价值的有（　　）。

A. 赊销商品的价款　　B. 代购货方垫付的保险费

C. 代购货方垫付的运杂费　　D. 销售货物发生的商业折扣

（2）现金折扣，是债权人为鼓励债务人在规定的期限内付款而向债务人提供的折扣，一般用符号"折扣/付款期限"表示。现金折扣的实质是销货企业为了鼓励顾客在一定期限内及早偿还货款而从发票价格中给顾客一定数额的优惠，它通常在赊销商品、提供劳务的交易后发生。在现金折扣下，其应收账款入账金额的确认有两种方法，即总价法和净价法。

提示

总价法，是以未扣除现金折扣前的发票金额作为实际售价，并作为销售收入和应收账款的入账价值。由于是按总价入账，对于卖方而言，若客户在折扣期限内付款，应将给予客户的现金折扣视为融资过程中的理财费用，记入当期财务费用；对于买方而言，若在折扣期内按时付款，则认为企业享受的现金折扣是该企业在节约使用资金活动中的理财收益，冲减当期财务费用。因此，在总价法下，现金折扣不会影响应收账款入账价值的确定。我国《企业会计准则》规定，现金折扣采用总价法。

净价法，是以扣除现金折扣后的金额作为实际售价，并作为应收账款的入账价值，即不管以后是否会发生现金折扣，在销售时先考虑折扣因素进行处理，如果以后不发生现金折扣，则将扣除的折扣视为提供信贷获得的收入。因此，在净价法下，现金折扣会影响应收账款入账价值的确定。

3. 应收账款业务核算的科目设置

为了总括反映和监督企业应收账款的发生和收回情况，企业应设置"应收账款"科目进行总分类核算。该科目属于资产类科目，借方登记赊销发生的应收账款金额，贷方登记客户归还、已结转坏账损失或转作商业汇票结算方式的应收账款金额。期末余额在借方，表示尚未收回的应收账款金额。该科目应按债务单位名称设置明细科目，进行明细核算。

二、应收账款业务的核算

当企业销售商品、提供劳务发生应收账款时，分别按应收的货款以及增值税专用发票上注明的增值税税额借记"应收账款"科目，按实现的营业收入贷记"主营业务收入"科目，按增值税专用发票上注明的增值税税额贷记"应交税费——应交增值税（销项税额）"科目；企业代垫的各种费用应借记"应收账款"科目，贷记"银行存款"等科目；企业收回款项时，借记"银行存款"等科目，贷记"应收账款"科目。

【例 3-6】 丙公司向C公司销售产品一批，售价为125 000元，购货方享受20%的商业折扣，规定的现金折扣条件是2/10，*n*/30（按不含税金额计算），适用增值税税率为16%。该批商品成本为8 000元。购货方C公司在10天内向丙公司支付了上述款项。

丙公司应做账务处理如下。

（1）确认销售收入时。

借：应收账款——C公司　　116 000

　　贷：主营业务收入　　100 000

　　　　应交税费——应交增值税（销项税额）　　16 000

（2）发出商品，结转销售成本时。

借：主营业务成本　　8 000

贷：库存商品 8 000

（3）10 天内收到款项时。

借：银行存款 114 000

财务费用 2 000

贷：应收账款——C 公司 116 000

（4）如果 C 公司超过 10 天向甲公司付款，则不能享受现金折扣，收到货款时。

借：银行存款 116 000

贷：应收账款——C 公司 116 000

任务三 预付账款及其他应收款核算

任务调研 1：请了解企业预付账款业务是如何产生的，相关的业务处理程序是怎样的。

一、预付账款业务的核算

预付账款，是指企业按照购货合同或劳务合同的规定，预先支付给供货方或劳务方的款项。预付账款按实际付出的金额入账，如预付的材料、商品采购货款，必须预先发放的在以后收回的农副产品预购定金等。对购货企业来说，预付账款是一项流动资产。

企业应设置“预付账款”科目，核算企业按照购货合同规定预付给供应单位的款项。“预付账款”科目期末借方余额，反映企业实际预付的款项；期末如为贷方余额，则反映企业尚未补付的款项。“预付账款”科目应按供应单位设置明细账，进行明细核算。

提示 预付款项情况不多的企业，也可以将预付的款项直接记入“应付账款”科目的借方，不设置“预付账款”科目。

企业因购货而预付的款项，借记“预付账款”科目，贷记“银行存款”科目。收到所购物资时，根据发票账单等列明应计入购入物资成本的金额，借记“物资采购”或“原材料”“库存商品”等科目，按专用发票上注明的增值税税额，借记“应交税费——应交增值税（进项税额）”科目，按应付金额，贷记“预付账款”科目。补付的款项，借记“预付账款”科目，贷记“银行存款”科目；退回多付的款项，借记“银行存款”科目，贷记“预付账款”科目。

提示 企业的预付账款在性质上不同于应收账款和其他应收款，其收不回的可能性很小，一般不计提坏账准备，但如有确凿证据表明其不符合预付账款性质，或者因供货单位破产、撤销等原因已无望再收到所购货物的，应将原计入预付账款的金额转入“其他应收款”，并按其他应收款计提坏账准备的方法估计坏账。除转入“其他应收款”科目的预付账款外，其他预付款也不得计提坏账准备。

【例 3-7】2018 年 8 月 11 日，丙公司根据购销合同，预付给供货方 N 公司饲料款共计 20 000 元。丙公司应做账务处理如下。

借：预付账款——N 公司 20 000

贷：银行存款 20 000

2018 年 8 月 20 日，收到材料和专用发票，货物已验收入库，全部货款为 20 000 元，增值税为 3 200 元，应补付 3 200 元。丙公司应做账务处理如下。

借：原材料　　20 000
　　应交税费——应交增值税（进项税额）　　3 200
　　贷：预付账款　　23 200

补付货款时。

借：预付账款——N 公司　　3 200
　　贷：银行存款　　3 200

即问即答

如果收到的发票上注明饲料价款为 17 000 元，增值税税额为 2 720 元，则丙公司应如何进行账务处理？

任务调研 2：请了解企业其他应收款业务是如何产生的？相关的业务处理程序是怎样的。

二、其他应收款业务的核算

其他应收款，是指企业除应收票据、应收账款、预付账款、应收股利、应收利息等以外的其他各种应收及暂付款项。其他应收、暂付款主要包括以下内容。

（1）应收的各种赔款、罚款，如因职工失职造成一定损失而应向该职工收取的赔款，或因企业财产等遭受意外损失而应向有关保险公司收取的赔款等。

（2）应收出租包装物租金。

（3）应向职工收取的各种垫付款项，如为职工垫付的水电费、应由职工负担的医药费、房租费等。

（4）备用金（为企业各职能科室、车间、个人周转使用等拨出的备用金）。

（5）存出保证金，如租入包装物支付的押金。

（6）预付账款转入。

（7）其他各种应收、暂付款项。

企业应设置“其他应收款”科目，用于核算企业除应收票据、应收账款、预付账款等以外的其他各种应收、暂付款项，反映其他应收款的增减变化及结存情况。“其他应收款”为资产类科目，借方登记其他应收款的增加数，贷方登记其他应收款的回收数，期末借方余额反映企业尚未收回的其他应收款项。对于“其他应收款”科目应按其他应收款的项目分类，并按不同的债务人设置明细账。

另外，应收股利，是指企业应收取的现金股利和应收取其他单位分配的利润。为了反映和监督应收股利的增减变动及其结存情况，企业应设置“应收股利”账户。“应收股利”账户的借方登记应收股利的增加数，贷方登记收到的现金股利或利润，期末余额一般在借方，反映企业尚未收到的现金股利或利润；应收利息，是指根据合同或协议规定应向债务人收取的利息。为了反映和监督应收利息的增减变动及其结存情况，企业应设置“应收利息”账户。“应收利息”账户的借方登记应收利息的增加数，贷方登记收到的利息，期末余额一般在借方，反映企业尚未收到的利息。其账务处理详见本书项目五的相关内容。

即问即答

下列项目应通过“其他应收款”科目核算的有（　　）。

A. 应收出租包装物的租金　　B. 应收的各种罚款

C. 收取的各种押金　　D. 应向职工收取的各种垫付款项

任务四 应收款项减值

任务调研：请了解企业应收款项减值业务是如何产生，相关的业务处理程序是怎样的。

一、应收款项减值的概述

微课：安凯客车应收账款减值吞噬利润

1．应收款项减值损失的确认

企业应当在资产负债表日对应收款项的账面价值进行检查，有客观证据表明该应收款项发生减值的，应当确认减值损失，计提坏账准备。

表明应收款项发生减值的客观证据，是指应收款项初始确认后实际发生的，对该应收款项的预计未来现金流量有影响，且企业能够对该影响进行可靠计量的事项。应收账款发生减值的客观证据主要包括以下内容。

（1）债务人发生严重财务困难。

（2）债务人违反了合同条款，如发生违约或逾期等。

（3）债权人出于经济或法律等方面因素的考虑，对发生财务困难的债务人做出让步。

（4）债务人很可能倒闭或进行其他财务重组。

提示 对企业已确认为坏账的应收款项，并不意味着企业放弃其追索权，一旦重新收回，应及时入账。

2．应收款项减值损失的计量

确定应收款项减值有两种方法，即直接转销法和备抵法。我国《企业会计准则》规定，确定应收款项的减值只能采用备抵法，不得采用直接转销法。需要采用一定的方法估计应收款项减值损失。

对于应收账款减值损失的计量，一般企业对于单项金额重大的应收款项，应当单独进行减值测试。有客观证据表明，其发生了减值的，应当根据其未来现金流量现值低于其账面价值的差额，确认减值损失，计提坏账准备。

对于单项金额非重大的应收账款可以单独进行减值测试，确定减值损失，计提坏账准备；也可以与经单独测试后未减值的应收账款一起按类似信用风险特征划分为若干组合，再按这些应收账款组合在资产负债表日余额的一定比例计算确定减值损失，计提坏账准备。根据应收账款组合余额的一定比例计算确定的坏账准备，应当反映各项目实际发生的减值损失，即各项组合的账面价值超过其未来现金流量现值的金额。

企业应当以以前年度与之相同或相类似的，具有类似信用风险特征的应收账款组合的实际损失率为基础，结合现实情况确定本期各项组合计提坏账准备的比例，据此计算本期应计提的坏账准备。

当期坏账准备可按以下公式计算。

当期应提取（或调整）的坏账准备=当期按应收账款计算的应提坏账准备金额-（或+）调整前“坏账准备”账户的贷方（或借方）余额

提示 企业可以选用的应收款项减值损失的估计方法有 3 种，即应收款项余额百分比法、账龄分析法和个别认定法。应收款项减值损失的估计方法一经确定，不得随意变更。

（1）应收款项余额百分比法，即根据期末应收款项余额和估计的坏账率，估计应收款项减值损失，计提坏账准备的方法。坏账率可以参照以往的数据资料确定。其基本计算公式如下。

当期按照应收款项计算的坏账准备期末余额=期末应收款项余额×估计的坏账率

（2）账龄分析法，即根据应收账款账龄的长短以及当前的具体情况，估计坏账损失的方法。账龄是指客户所欠账款逾期的时间。通常情况下，账龄长短与发生坏账的可能性是成正比的。

采用账龄分析法，应先将企业应收账款按账龄长短划分为若干区段，计列各个区段上应收账款的金额，并为每一个区段估计一个坏账损失的百分比，在此基础上，进行坏账损失的估计。表 3-2 所示为丙公司 2018 年 12 月 31 日的应收账款账龄分析及坏账估算表，该公司估计的坏账金额总计 63 000 元。

表 3–2　　丙公司 2018 年 12 月 31 日应收账款账龄分析及坏账估算表

应收账款账龄	应收账款期末余额（元）	估计坏账率（%）	估计坏账金额（元）
未过信用期	700 000	1	7 000
过期 1 个月	500 000	2	10 000
过期 2 个月	800 000	3	24 000
过期 3 个月	200 000	5	10 000
过期 3 个月以上	150 000	8	12 000
合计	23 500 000		63 000

提示

账龄分析法中对“账龄”计算的新规定

采用账龄分析法计提坏账准备时，收到债务单位当期偿还的部分债务后，对账龄的确定如下：①剩余的应收账款不应改变其账龄；②在存在多笔应收账款账龄不同的情况下，应当逐笔认定收到的是哪一笔应收账款；③确实无法认定的，按照先发生先收回的原则确定。

（3）个别认定法，即根据每一应收账款的情况来估计坏账损失的方法。在采用账龄分析法、应收账款余额百分比法等方法的同时，能否采用个别认定法，应当视具体情况而定。如果某项应收款项的可收回性与其他各项应收款项存在明显的差别（如债务单位所处的特定地区等），导致该项应收款项如果按照与其他应收款项同样的方法计提坏账准备，将无法真实地反映其可收回金额的，可对该项应收款项采用个别认定法计提坏账准备。在同一会计期间内运用个别认定法的应收款项应从用其他方法计提坏账准备的应收款项中剔除。

提示

计提坏账准备的方法由企业自行确定，并且一经确定，不得随意变更；若需要变更，必须按规定程序获得批准，并在报表中加以披露。预付账款、应收票据不能计提坏账准备，若有证据表明不符合其性质或不能收回，应分别转入其他应收款、应收账款后，再计提相应的坏账准备。

3．应收款项减值损失核算的科目设置

企业应当设置“坏账准备”和“信用减值损失”两个科目，进行应收账款减值的核算。“坏账准备”科目核算应收款项的坏账准备计提、转销等情况，借方登记实际发生的坏账损失金额和冲减的坏账准备金额，贷方登记本期计提的坏账准备金额和已确认的坏账收回数，期末贷方余额反映企业已计提但尚未转销的坏账准备。“坏账准备”科目可按应收款项的类别进行明细核算。

学生考试通过率高达 60%！

院校名师主讲

刘水林：从事初级会计师考证培训 8 年时间。理论基础殷实，实务经验及考试辅导经验丰富，对初级会计职称考试的考试特点及命题规律有较深的研究。

李兆慧：讲授经济法、财经法规与会计职业道德、初级会计师考证等课程十余年，擅长将零散的知识点体系化、将只需机械背诵的考点口诀化、将需要案例应用的法律规定法理化，例题讲解一针见血。

配套资源丰富

- 每章练习题（2 套）
- 全真模拟题（6 套）
- 考试真题（6 套）
- 配套讲课 PPT
- 全套讲解资料汇编

专家直播答疑

购买课程的学员，可定期参加培训讲师的在线直播答疑，全程保障，服务零距离！

[扫码学习课程]

学习方式

1. 微信扫码直接学习
2. 关注公众号“人邮考试培训”进行学习
3. 电脑端登录 http://www.rykaoshi.com 进行学习

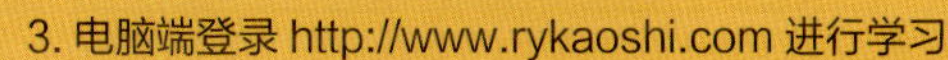

[关注公众号]

下列各项中，应记入“坏账准备”科目借方的有（　　）。

A. 提取坏账准备　　B. 冲回多提坏账准备

C. 收回以前确认并转销的坏账　　D. 备抵法下实际发生的坏账

“信用减值损失”科目属于损益类科目，核算企业按照《企业会计准则第 22 号——金融工具确认和计量》（2017 年修订）的要求计提的各项金融工具减值准备所形成的预期信用损失，企业应按照金融资产减值损失的项目进行明细核算。其借方登记发生的减值应减记的金额；贷方登记企业计提的坏账准备，相关资产的价值又得到恢复，在原已计提的减值准备金额内登记的恢复增加的金额；期末，将余额转入“本年利润”科目后“信用减值损失”科目无余额。

二、应收款项减值损失业务的核算

1. 计提坏账准备业务的核算

在资产负债表日，应收款项发生减值的，按应减记的金额，借记“信用减值损失”科目，贷记“坏账准备”科目。冲减多计提的坏账准备时，借记“坏账准备”科目，贷记“信用减值损失”科目。

【例 3-8】 2018 年 12 月 31 日，丙公司对应收 A 公司 1 000 000 元的应收账款情况进行减值测试。丙公司根据 A 公司的资信情况确定按 8%计提坏账准备，“坏账准备”科目贷方余额为 50 000 元。

2018 年 12 月 31 日丙公司应做账务处理如下。

借：信用减值损失——坏账损失　　30 000

　　贷：坏账准备　　30 000

提示

平时“坏账准备”科目可能出现借方余额，也可能出现贷方余额，但“坏账准备”科目年末余额一定为贷方余额，即为本年年末采用一定测试确定的坏账损失。因此，企业应将各期估计的坏账损失同账面上原有的“坏账准备”科目余额进行比较，并调整“坏账准备”科目，使之与估计的本期坏账准备相符。结合本例，说明以后年度计提坏账准备的方法。在做题时始终分为 3 个步骤。

第 1 步，坏账准备贷方（即贷方余额）应保持的数额。坏账准备贷方要保持的数额=当年应收账款的年末余额×计提比例。

【例 3-8】中，2018 年年末“坏账准备”科目的年末余额=当年应收账款的年末余额×计提比例= 1 000 000×8%=80 000（元）。

第 2 步，看计提准备已经有了多少，找出计提前“坏账准备”科目的余额（即本年年末计提前的“坏账准备”科目的余额）。

【例 3-8】中指出，计提前“坏账准备”科目的贷方余额为 50 000 元。

第 3 步，比较第 1 步和第 2 步得出的结果，确定本年年末应计提或应冲销的坏账准备金额。

当期应计提或冲销的坏账准备=应收款项的期末余额×估计比例-“坏账准备”调整前账户余额（若为借方余额则减负数）

【例 3-8】中的当期应计提的坏账准备=“坏账准备”的期末余额-“坏账准备”调整前科目余额=80 000-50 000=30 000（元）。

即问即答　若【例 3-8】中“坏账准备”科目贷方余额为 90 000 元，则 2013 年 12 月 31 日丙公司对 A 公司应计提或冲销的坏账准备金额是多少？应如何做账务处理呢？

2. 发生坏账业务的核算

对于确实无法收回的应收款项，按管理权限报经批准后作为坏账，转销应收款项，借记“坏账准备”科目，贷记“应收账款”“其他应收款”“长期应收款”等科目。

【例 3-9】 承接【例 3-8】，丙公司 2019 年 8 月 20 日对 A 公司的应收账款实际发生坏账损失 30 000 元。

丙公司应做账务处理如下。

借：坏账准备　　30 000

　　贷：应收账款——A 公司　　30 000

3. 收回已确认坏账业务的核算

已被确认为坏账的应收款项以后又收回的，应当按照实际收到的金额，借记“应收账款”“其他应收款”等科目，贷记“坏账准备”科目，以增加坏账准备的账面余额。同时，借记“银行存款”科目，贷记“应收账款”“其他应收款”等科目。

【例 3-10】 承接【例 3-8】和【例 3-9】，2020 年 1 月 20 日，丙公司收到 2014 年已经转销的 A 公司坏账 30 000 元，款项已经存入银行。

丙公司应做账务处理如下。

借：应收账款——A 公司　　30 000

　　贷：坏账准备　　30 000

借：银行存款　　30 000

　　贷：应收账款——A 公司　　30 000

【项目列报】

本项目应收及预付款项核算内容在资产负债表上的列示如表 3-3 所示。

表 3–3　　应收及预付款项项目在资产负债表上的信息列示

资产	期末余额	年初余额	负债和所有者权益	期末余额	年初余额
流动资产：					
……					
			……		
应收票据及应收账款[=应收票据（=“应收票据”）+应收账款（=“应收账款”和“预收账款”所属各明细科目的期末借方余额合计）-（“应收票据”和“应收账款”相应计提的“坏账准备”金额）]			应付票据及应付账款[（=应付票据（“应付票据”）+应付账款（=“应付账款”和“预付账款”所属各明细科目的期末贷方余额合计）]		
预付款项（=“应付账款”和“预付账款”所属各明细科目的期末借方余额合计-“预付账款”相应的“坏账准备”金额）			预收款项（=“应收账款”和“预收账款”所属各明细科目的期末贷方余额合计）		
……			……		

续表

资产	期末余额	年初余额	负债和所有者权益	期末余额	年初余额
其他应收款[=应收利息（=“应收利息”-相应的“坏账准备”金额）+应收股利（=“应收股利”-相应的“坏账准备”金额）+其他应收款（=“其他应收款”-“坏账准备”之对应部分）]					
……					

【拓展阅读】

《企业会计准则——基本准则》《企业会计准则第 22 号——金融工具确认和计量》《企业会计准则——应用指南》《企业内部控制应用指引第 9 号——销售业务》。

项目训练

一、单项选择题

1. 以下关于应收票据的说法中不正确的是（　　）。

A. 商业汇票到期结清票款或退票后，在备查簿中应予注销

B. 付款人提前收到由其承兑的商业汇票，应通知银行于汇票到期日付款

C. 商业汇票的付款期限，最长不得超过 6 个月

D. 商业汇票的提示付款期限为自汇票到期日起 1 个月

2. “应收票据”在取得时的入账价值应为（　　）。

A. 票据面值　　B. 票据到期价值

C. 票据面值加应计利息　　D. 票据贴现额

3. 企业支付包装物押金时，应借记（　　）科目。

A. “应收账款”　　B. “应收票据”　　C. “其他应收款”　　D. “预付账款”

4. 甲公司 2019 年 1 月 6 日销售产品一批，货款为 2 000 万元，增值税税率为 16%，该公司为增值税一般纳税人。销售当日甲公司收到购货方寄来的一张 3 个月到期不带息商业承兑汇票，则甲公司应收票据的入账金额是（　　）万元。

A. 2 068　　B. 1 660　　C. 2 320　　D. 2 000

5. 下列各项中，在确认销售收入时不影响应收账款入账金额的是（　　）。

A. 销售价款　　B. 增值税销项税额

C. 现金折扣　　D. 销售产品代垫的运杂费

6. 某企业在 2019 年 1 月 8 日销售商品 100 件，该商品单价为 150 元，增值税税率为 16%，该企业给购货方 10%的商业折扣，购货方尚未支付货款，则该企业应收账款的入账价值是（　　）元。

A. 17 550　　B. 17 400　　C. 15 660　　D. 17 250

7. 某企业于 2019 年 3 月 1 日销售商品一批，增值税专用发票上标明的价款为 200 万元，适用的增值税税率为 16%，合同规定的现金折扣条件为 2/10，1/20，n/30（计算现金折扣时不考虑增值税），2019 年 3 月 9 日收到购货方支付的货款。该企业销售商品时确认的应收账款为（　　）万元。

A. 200　　B. 203　　C. 237　　D. 232

8. 某企业不单独设置“预收账款”科目，期初应收账款的余额为 0。2019 年 5 月 10 日销售产品一批，销售收入为 10 000 元，增值税税率为 16%，款项尚未收到。2019 年 5 月 30 日，预收货款 10 000 元。2019 年 5 月 31 日应收账款的余额为（　　）元。

A. 10 000　　B. 11 700　　C. 21 700　　D. 1 600

9. 甲公司为增值税一般纳税企业，适用的增值税税率为 16%，2019 年 8 月 8 日甲公司向乙公司销售商品一批，不含税价格为 200 000 元，因属于批量销售，甲公司同意给乙公司 10%的商业折扣；同时为了鼓励乙公司及早还款，甲公司规定的现金折扣条件（按含增值税的售价计算）为 2/10、1/20、*n*/30。假定甲公司 8 月 15 日收到该笔销售价款（含增值税），则实际收到的价款为（　　）元。

A. 210 600　　B. 227 360　　C. 206 388　　D. 234 000

10. 预付货款不多的企业，可以将预付的货款直接记入（　　）的借方，而不单独设置“预付账款”科目。

A. “应收账款”科目　　B. “其他应收款”科目

C. “应付账款”科目　　D. “应收票据”科目

11. 下列各项，不应通过“其他应收款”科目核算的是（　　）。

A. 租入包装物支付的押金　　B. 为职工垫付的房租

C. 应收的出租包装物租金　　D. 收取的租出包装物押金

12. 采用一定的方法按期估计坏账损失，计入当期费用，同时建立坏账准备，待坏账实际发生时，冲销已计提的坏账准备和相应的应收款项，这种处理应收款项减值的方法为（　　）。

A. 成本法　　B. 直接转销法　　C. 备抵法　　D. 间接法

13. 企业在连续提取坏账准备的情况下，“坏账准备”科目在期末结账前如为贷方余额，反映的内容是（　　）。

A. 企业已提取但尚未转销的坏账准备数额

B. 上年年末坏账准备的余额小于本年确认的坏账损失部分

C. 已经发生的坏账损失

D. 本年提取的坏账准备

14. 2019 年年末某企业应收 A 公司的应收账款余额为 500 万元，已提坏账准备 30 万元，经单独减值测试，确定该应收账款的未来现金流量现值为 410 万元，则年末该企业应确认的该资产减值损失为（　　）万元。

A. 90　　B. 60　　C. 40　　D. 30

15. 某企业根据对应收款项收回风险的估计，决定对应收账款和其他应收款按其余额的 5%计提坏账准备，对应收票据不计提坏账准备。2019 年 12 月 1 日，“坏账准备”科目借方余额为 30 000 元。2019 年 12 月 31 日，“应收账款”科目借方余额为 700 000 元，“应收票据”科目借方余额为 200 000 元，“其他应收款”科目借方余额为 100 000 元。该企业 2019 年 12 月 31 日应补提的坏账准备是（　　）元。

A. 10 000　　B. 65 000　　C. 70 000　　D. 80 000

16. A 企业通过对应收款项的风险进行分析，决定按应收款项余额的一定比例计提坏账准备。“坏账准备”科目的年初贷方余额为 4 000 元，“应收账款”和“其他应收款”科目的年初借方余额分别为 30 000 元和 10 000 元。当年，不能收回的应收账款 2 000 元被确认为坏账损失。“应收账款”和“其他应收款”科目的年末借方余额分别为 60 000 元和 10 000 元，假定该企业年末确定的坏账提取比例为10%。该企业年末应提取的坏账准备为（　　）元。

A. 1 000　　B. 3 000　　C. 5 000　　D. 7 000

二、多项选择题

1. 应收票据取得时可以按（　　）入账。

A. 到期日价值　　B. 面值　　C. 面值加应计利息　　D. 贴现额

2. 按现行制度规定，需要在“应收票据”科目下核算的票据包括（　　）。

A. 银行汇票　　B. 银行本票　　C. 商业承兑汇票　　D. 银行承兑汇票

3. 以下各会计科目中，其相关交易不可在“应收账款”科目中反映的有（　　）。

A. 预付账款　　B. 预收账款　　C. 应付账款　　D. 应收票据

4. 下列各项中，构成应收账款入账价值的是（　　）。

A. 确认商品销售收入时尚未收到的价款　　B. 代购货方垫付的包装费

C. 代购货方垫付的运杂费　　D. 销售货物发生的商业折扣

5. 会引起应收账款账面价值变动的有（　　）。

A. 支付手续费方式下发出委托代销商品　　B. 计提坏账准备

C. 代购货方垫付的包装费　　D. 租入包装物支付的押金

6. 下列各种情况，进行会计处理时，应记入“坏账准备”科目贷方的有（　　）。

A. 企业经过分析首次按“应收账款”科目期末余额计算提取坏账准备

B. 收到过去已确认并转销的坏账

C. 期末计算出的坏账准备总额大于计提前坏账准备余额

D. 发生坏账

7. 关于现金折扣，下列说法中正确的是（　　）。

A. 现金折扣不影响商品销售收入的确认　　B. 现金折扣不影响商品销售成本的结转

C. 现金折扣不影响商品销售时应收账款的确认　　D. 现金折扣实际发生时，计入财务费用

8. 下列关于销售方以现金折扣方式销售商品的处理中，表述正确的有（　　）。

A. 按照扣除现金折扣后的净价确认销售收入

B. 按照商品总价确认销售收入

C. 给予购货方的折扣实际发生时被确认为财务费用

D. 给予购货方的折扣实际发生时被确认为销售费用

9. 关于“预付账款”科目，下列说法中正确的有（　　）。

A. “预付账款”属于资产性质的科目

B. 预付货款不多的企业，可以不单独设置“预付账款”科目，将预付的货款记入“应付账款”科目的借方

C. “预付账款”科目贷方余额反映的是应付供应单位的款项

D. “预付账款”科目只核算企业因销售业务产生的往来款项

10. 下列项目中应通过“其他应收款”核算的有（　　）。

A. 实行定额备用金制的企业日常报销　　B. 应收的各种罚款

C. 收取的各种押金　　D. 应向职工收取的各种垫付款项

11. 以下应收款项减值一般不采用直接转销法的理由中，合理的有（　　）。

A. 直接转销法会导致各期收益不实

B. 直接转销法会在一定程度上歪曲企业期末的财务状况

C. 直接转销法不符合企业会计的权责发生制原则

D. 直接转销法不符合收入与费用相配比的会计原则

12. 下列各项中，应计提坏账准备的有（　　）。

A. 应收账款　　B. 应收票据　　C. 预付账款　　D. 其他应收款

13. A 企业于 2019 年 3 月 1 日销售一批商品给 B 企业，售价是 500 万元（不含税），增值税税率是 16%，A 企业鉴于 B 企业购买的数量比较多，所以给予 10%的商业折扣，同时给予的现金折扣条件（现金折扣的计算不考虑增值税）为 2/10，1/20，*n*/30，3 月 15 日，A 企业收到 B 企业支付的货款，下列各项中正确的有（　　）。

A. A 企业在 2019 年 3 月 1 日确认的应收账款的金额是 522 万元

B. A 企业在 2019 年 3 月 15 日确认的主营业务收入的金额是 450 万元

C. B 企业享受的现金折扣是 4.9 万元

D. A 企业在 2019 年 3 月 15 日收到的货款是 522 万元

14. "坏账准备"科目贷方登记（　　）。

A. 实际发生的坏账损失　　B. 冲减的坏账准备金

C. 当期计提的坏账准备　　D. 收回已确认并转销的应收款项

三、判断题

1. "应收票据"科目可按照开出、承兑商业汇票的单位进行明细核算，并设置"应收票据明细账"，逐笔登记商业汇票的种类、号数和出票日、背书转让的情况等资料。（　　）

2. 商业承兑汇票的付款人收到开户银行的付款通知，应在 5 日内通知银行付款。（　　）

3. 对于票据贴现，企业通常应按实际收到的金额，借记"银行存款"科目，按贴现息部分，借记"应收利息"科目，按应收票据的票面价值，贷记"应收票据"科目。（　　）

4. 企业销售商品时应收账款应该以扣除商业折扣和现金折扣后的净额入账。（　　）

5. 销售商品发生的商业折扣，也应该计入应收账款的入账价值中。（　　）

6. 企业收到销售存货的款项，借记"应收账款"科目，贷记"主营业务收入"科目。（　　）

7. 当预付账款小于采购货物所需支付的款项，收到货物时，差额部分记入"应付账款"贷方。（　　）

8. 预付账款属于企业的资产，核算的是企业销售货物预先收到的款项。（　　）

9. 企业支付的包装物押金和收取的包装物押金均应通过"其他应收款"科目核算。（　　）

10. 企业为职工垫付的水电费、应由职工负担的医药费、房租费等应该在企业的"应收账款"科目核算。（　　）

11. 已确认并转销的应收账款以后又收回时，可以按照实际收回的金额，借记"银行存款"科目，贷记"坏账准备"科目。（　　）

12. 在备抵法下，应收账款的预计未来现金流量与其现值的差额，在确认相关减值损失时，都要对其预计未来现金流量进行折现。（　　）

13. 企业应当定期或者至少于每年年度终了时，对其他应收款进行检查，预计其可能发生的坏账损失，并计提坏账准备。（　　）

14. 由于企业应收及预付款项均属于债权，因此，都存在发生坏账损失的风险，按现行制度规定企业都可以提取一定比例的坏账准备。（　　）

15. 企业确实无法收回的应收款项经批准作为坏账损失时，一方面冲减应收款项，另一方面确认资产减值损失。（　　）

四、不定项选择题

甲企业为增值税一般纳税人，增值税税率为16%。2018年12月1日，甲企业“应收账款”科目借方余额为1 000万元，“坏账准备”科目贷方余额为50万元，企业通过对应收款项的信用风险特征进行分析，确定计提坏账准备的比例为期末应收账款余额的5%。

12月，甲企业发生如下经济业务。

（1）12月5日，向乙企业赊销商品一批，按商品价目表标明的价格计算的金额为2 000万元（不含增值税），由于是成批销售，甲企业给予乙企业10%的商业折扣。

（2）12月9日，一客户破产，根据清算程序，有应收账款80万元不能收回，确认为坏账。

（3）12月11日，收到乙企业的货款1 000万元，存入银行。

（4）12月21日，收到2015年已转销为坏账的应收账款20万元，存入银行。

（5）12月30日，向丙企业销售商品一批，增值税专用发票上注明的售价为200万元，增值税税额为32万元。甲企业为了尽早收回货款在合同中规定的现金折扣条件为2/10，1/20，*n*/30。假定现金折扣不考虑增值税。

要求：根据上述资料，回答下列（1）～（6）题（答案中的金额单位用万元表示）。

（1）对于销售货物时的商业折扣，正确的会计处理是（　　）。

A. 直接抵减确认的收入金额

B. 先按全额入账，期末再单独对商业折扣做处理

C. 销售商品时不做处理

D. 销售商品时确认的增值税销项税额按扣除商业折扣后的金额计算

（2）对于销售货物时的现金折扣，正确的会计处理是（　　）。

A. 现金折扣与商业折扣的处理一致　　B. 现金折扣在实际发生时冲减收入

C. 现金折扣在确认收入时直接抵减收入　　D. 现金折扣在实际发生时计入当期费用

（3）业务（2）中，应收账款账面价值的影响金额为（　　）万元。

A. 0　　B. 80　　C. 160　　D. −80

（4）下列关于业务的处理中，不正确的是（　　）。

A. 12月11日，应确认收入

B. 12月11日，应冲减应收账款1 000万元

C. 12月21日，收回坏账应冲减资产减值损失

D. 12月21日，收回坏账应增加坏账准备金额

（5）12月30日向丙企业销售商品，若次年1月5日收到货款，那么应确认财务费用为（　　）万元。

A. 4.68　　B. 4　　C. 230　　D. 229.32

（6）根据上述资料，本期应计提的坏账准备是（　　）万元。

A. 100　　B. 120　　C. 207.6　　D. 72

五、实务题

1. 南方某工厂某月发生以下经济业务。

（1）向甲公司销售产品一批，价款50 000元，增值税8 000元，采用托收承付结算方式结算，产品发运时，以支票支付代垫运杂费400元，已向银行办妥托收手续。

（2）上月应收乙单位货款65 000元，经协商改用商业汇票结算。工厂已收到乙单位交来的一张3个月期的商业承兑汇票，票面价值为65 000元。

（3）向丙单位销售产品一批，价款100 000元，增值税为16 000元，付款条件为2/10，1/20，

n/30。

（4）接银行通知，应收甲公司的货款 58 900 元已收妥入账。

（5）上述丙单位在第 10 天交来转账支票一张，支付货款 114 660 元。

要求：根据以上经济业务做相应的账务处理。

2. 南方工厂采用预付款项的方式采购材料。

（1）6 月 3 日，向甲企业采购材料，开出转账支票一张，预付材料款 100 000 元。

（2）6 月 25 日，收到甲企业的材料及有关结算单据，材料价款为 100 000 元，增值税为 16 000 元，材料已验收入库。同时开出转账支票一张，补付材料款 16 000 元。

要求：根据上述经济业务做相应的账务处理。

3. 完成不定项选择题中涉及经济业务的账务处理。

项目四 存货核算

学习要点

- 存货的确认
- 存货的初始计量
- 发出存货的计价
- 成本与可变现净值孰低法
- 原材料采用实际成本计价业务的核算
- 原材料采用计划成本计价业务的核算
- 工业企业库存商品业务的核算
- 商品流通企业库存商品业务的核算
- 低值易耗品与包装物业务的核算
- 委托加工物资业务的核算
- 存货盘盈与盘亏业务的核算
- 存货项目的列示

关键术语

- 原材料（Raw Materials）
- 实际成本（Actual Cost）
- 存货（Inventory）
- 计划成本（Cost of the Project）
- 库存商品（Merchandise Inventory）
- 委托加工物资（Commission Processing Materials）
- 周转材料（Overturning Materials）
- 低值易耗品（Low Value Consumables）
- 包装物（Wrappage）
- 永续盘存制（Perpetual Inventory Measurement System）
- 实地盘存制（Physical Inventory Measurement System）
- 存货清查（Inventory Checkup）
- 成本与可变现净值孰低法（Lower of Cost and Net Realizable Value Method）

【项目引入及要求】

1. 项目引入

2019 年 1 月，假设您即将到丁公司进行顶岗实习。该公司为增值税一般纳税人，原材料按实际成本计价核算，采用加权平均法作为发出存货的计价方法。该公司 2019 年 1 月有关资料如下。

（1）“原材料”科目月初余额为 39 500 元，数量为 3 590 千克。“在途物资”科目月初借方余额为 10 600 元（上述科目核算的均为甲材料）。

（2）1 月 5 日，企业上月已付款的甲材料 1 000 千克如数收到，已验收入库。

（3）1 月 15 日，从外地 A 公司购入甲材料 6 000 千克，增值税专用发票上注明的材料价款为 59 000 元，增值税 9 440 元，企业已用银行存款支付上述款项，材料尚未到达。

（4）1 月 20 日，从 A 公司购入的甲材料到达，验收入库时发现短缺 40 千克，经查明为途中定额内自然损耗。按实收数量验收入库。

（5）1 月 31 日，汇总本月发料凭证，本月共发出甲材料 7 000 千克，全部用于产品生产。

2. 项目要求

（1）请熟悉本项目内容在资产负债表中的位置。

存货，是企业在日常活动中持有以备出售的产成品或商品、处在生产过程中的在产品、在生产过程或提供劳务过程中耗用的材料和物料等。制造业，以加工或生产产品为主，故其存货的构成最为复杂。为了加强对存货的管理，企业分别设置了相应的科目进行核算。而对外提供的会计报表要求提供的是总括的会计信息，是以“存货”这一总括项目列示的，本项目内容在资产负债表中的位置如表 4-1 所示。

表 4–1　　存货项目在资产负债表中的信息列示　　单元：元

资产	期末余额	负债和所有者权益（或股东权益）	期末余额
流动资产：			
……			
其他应收款			
存货			
持有待售的非流动资产或持有待售的处置组中的资产			
……			

（2）请根据本项目内在知识点的逻辑关系，制作本项目思维导图。

（3）学完本项目，请完成项目引入中丁公司上述原材料业务的账务处理，掌握存货业务的核算。

（4）学完本项目，请了解资产负债表中“存货”项目是如何填列的。

任务一　存货认知

任务调研：请了解企业存货包括哪些内容。

一、存货的概念与确认条件

1. 存货的概念及其特征

存货，是指企业在日常活动中持有以备出售的产成品或商品、处在生产过程中的在产品、在生产过程或提供劳务过程中耗用的材料和物料等。

存货作为企业生产制造及销售过程中关键的基础物料，在企业中的重要地位不言而喻。其不仅占用的资金多，而且品种繁多。与其他类型的资产相比，存货具有下列特征：一是流动性强、周转快；二是存在形式经常发生变化，但总会以某种形式存在，人们可通过盘点和计量确认其数量；三是存货存在于企业生产经营全过程，某些存货还会随着工艺过程的深入而发生有规律的变化。

2. 存货的确认

根据《企业会计准则——存货》的规定，存货只有在符合存货定义，并同时满足以下两个条件时，才能被确认。

（1）与该存货有关的经济利益很可能流入企业。资产最重要的特征是预期会给企业带来经济利益。如果某一项目预期不能给企业带来经济利益，就不能被确认为企业的资产。存货是企业的一项重要的流动资产，因此，对存货的确认，关键是判断其是否很可能给企业带来经济利益或其所包含的经济利益是否很可能流入企业。通常，拥有存货的所有权是与该存货有关的经济利益很可能流入企业的一个重要标志。企业在判断与该存货有关的经济利益能否流入企业时，通常应结合考虑该存货所有权的归属，而不应当仅仅看其存放的地点等。

（2）该存货的成本能够可靠计量。成本或者价值能够可靠计量是资产确认的一项基本条件。存货作为企业资产的组成部分，要被确认也必须使企业能够对其成本进行可靠计量。存货的成本能够可靠计量必须以取得的确凿证据为依据，并且具有可验证性。如果存货成本不能可靠计量，则不能被确认为存货。

二、存货的分类

不同行业的企业，存货的内容和分类有所不同。为了加强对存货的管理，提供有用的会计信息，应当对存货进行适当的分类。

1. 按企业的性质、经营范围及用途分类

（1）制造业存货。制造业，以加工或生产产品为主，故其存货的构成最为复杂。以工业企业为例，存货按经济用途可做分为以下几类。

① 原材料：是工业企业的主要存货，是企业用于制造产品并构成产品实体的购入物品及购入后供生产耗用但不构成产品实体的辅助性物品，具体包括原料及主要材料、辅助材料、外购半成品、修理用备件及燃料等。

② 在产品及自制半成品：指已经过一定生产过程，但尚未全部完工、在销售以前还要进一步加工的中间或正在加工中的产品。

③ 产成品：指已由工业企业加工完成并验收入库，可以按合同规定的条件向相关单位予以交货，或者可以对外销售的产品。

④ 周转材料：指企业能够多次使用、逐渐转移其价值但仍保持原有形态不确认为固定资产的材料。周转材料主要包括低值易耗品、包装物，以及企业（建造承包商）的钢模板、木模板、脚手架等。

提示 为建造固定资产等各项工程而储备的各种材料，虽然也具有存货的某些特征，但它们并不符合存货的概念，因此不能作为企业的存货被核算。企业的特种储备以及按国家指令专项储备的资产也不符合存货的概念，因而也不属于企业的存货。

（2）商品流通企业存货。商品流通企业主要是在商品流通过程中，从事商品批发、商品零售

或者批发零售兼营的企业。其存货主要包括商品、材料物资、周转材料等。其中，商品是商品流通企业的主要存货，它是指企业为销售而购入的物品。商品在销售之前，其原有的实物形态保持不变。

（3）其他行业存货。服务性企业，如旅馆、律师事务所、证券公司、美容室等，既不生产产品，也不经销产品。这些单位一般存有各种物料用品，如办公用品、家具用具等供业务活动时使用，这些货品就被视为存货处理。

2. 按存货地点分类

在生产经营过程中，企业不断购进、耗用和销售存货，因此存货分布于供、产、销各个环节，按其存放地点可进行以下分类。

（1）在途存货，指正在运输途中的存货，包括运入在途存货和运出在途存货。运入在途存货是指已经支付货款正在运输途中或已经运到但尚未验收入库的存货；运出在途存货是指按合同已经发出但尚未转让所有权也未确认销售收入的存货。

（2）在库存货，指已运达企业，并已验收入库的各种存货。

（3）在制存货，指企业自行生产加工及委托外单位加工但尚未完成加工的各种存货。

（4）在售存货，指已发运给购货方但不能完全满足收入确认条件，因此仍应作为销货方存货的发出商品、委托代销商品等。

3. 按取得方式分类

存货按取得方式，可以分为外购存货、自制存货、委托加工存货、投资者投入的存货、以非货币性资产交换取得的存货、通过债务重组取得的存货、通过企业合并取得的存货、盘盈的存货等。本书主要介绍外购存货、委托加工存货、投资者投入的存货、盘盈的存货核算。而投资者投入的存货将在项目十一所有者权益核算中介绍。

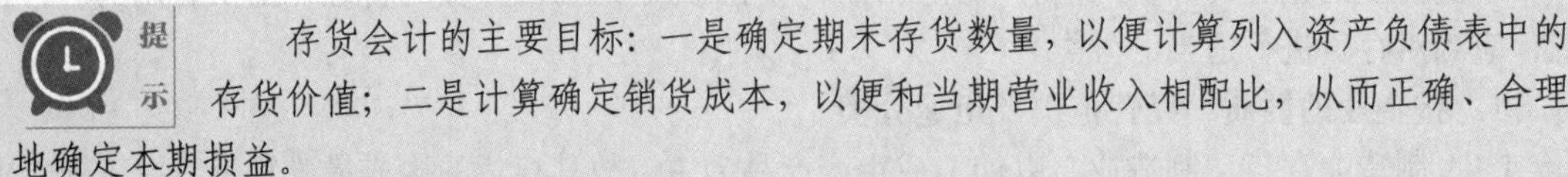

提示　存货会计的主要目标：一是确定期末存货数量，以便计算列入资产负债表中的存货价值；二是计算确定销货成本，以便和当期营业收入相配比，从而正确、合理地确定本期损益。

任务二　存货计量

任务调研：请了解企业存货实际采购成本的构成是怎样的。

存货计量包括取得存货时的计量、发出存货的计价和期末存货的计量。

一、取得存货的计量

微课：仓管员与存货账的故事

取得存货的计量，是指确定企业取得的各项存货的价值。正确估价存货是企业正确计算损益的重要前提。《企业会计准则——存货》中规定，对于各种存货应当以其成本进行初始计量。不同存货的成本构成内容不同。存货成本包括采购成本、加工成本和其他成本。

提示　企业在日常核算中可以采用实际成本计价，也可以采用计划成本计价。通过计划成本法核算的存货成本，实质上也是存货的实际成本。例如，采用计划成本法，通过“材料成本差异”或“产品成本差异”科目将材料或产成品的计划成本调整为实际成本。

采购成本，主要是指企业外购存货所发生的各类合理、必要的相关支出，一般包括购买价款、相关税费、运杂费运输途中的合理损耗、入库前的挑选整理费用以及其他可归属于存货采购成本的费用。

（1）购买价款，是指企业购买货物发票账单上列明的价款，但不包括按规定可以抵扣的增值税。一般来讲，企业购入存货应根据发票金额确认购货价格。在某些情况下，发票金额与实际付款不一致，存在折扣。购货价格，指已扣除商业折扣而包含现金折扣的金额。现金折扣不得抵减有关项目的成本，而应作为理财收益，冲减当期财务费用。

（2）相关税费，是指企业购买货物发生的进口关税、消费税、资源税和不能抵扣的增值税进项税额，以及相应的教育费附加等应计入存货采购成本的税费，详见本书项目九流动负债核算任务二的相关内容。

（3）运杂费，包括运输费、装卸费、保险费、包装费、仓储费等费用。这里的运输费、装卸费，是指一般纳税人获得的货物运输业增值税发票上的金额。

（4）运输途中的合理损耗。有些物资在运输途中会发生一定的短缺和损耗，除合理的损耗应当被计入物资的采购成本外，能确定由过失人负责的，应向责任单位或过失人索取赔偿，不计入进货成本。至于因自然灾害而发生的意外损失，减去保险赔偿款和可以收回的残值作价后的净损失，应作为营业外支出处理，不得计入进货成本。属于无法收回的其他损失，计入管理费用，也不得被计入进货成本。总之，超定额损耗不计入外购存货的成本中。

（5）入库前的挑选整理费用，主要包括挑选整理中发生的工资、费用支出和必要的损耗，并扣除回收的下脚废料价值。

（6）其他费用，是指除采购成本之外的，使存货达到目前场所和状态所发生的其他必要支出。为简化核算，购进存货的市内运费不计入存货成本，直接计入管理费用。如果是大宗物资的市内运费，属于其他费用，计入存货成本。

下列费用应当在发生时被确认为当期损益，不得被计入存货成本。

（1）非正常损耗的直接材料、直接人工和制造费用。

（2）仓储费用（不包括在生产过程中为达到下一个生产阶段所必需的费用，如某种酒类产品生产企业为使生产的酒达到规定的产品质量标准，而必须发生的仓储费用，应计入酒的成本，而不应计入当期损益）。

（3）不能归属于使存货达到目前场所和状态的其他支出。

上述购入存货的入账价值的确定方法适用于制造业。商品流通企业以购进商品的进价以及应计入商品成本的税金作为实际成本。在采购商品过程中发生的运输费、装卸费、保险费以及其他可归属于存货采购成本的费用等进货费用，应当计入存货采购成本，也可以先进行归集，期末根据所购商品的存销情况进行分摊。

下列项目中，应计入企业存货成本的有（　　）。

A. 进口原材料支付的关税　　B. 自然灾害造成的原材料净损益

C. 原材料入库前的挑选整理费用　　D. 原材料入库后的保管费用

至于加工成本，是指存货在加工过程中发生的追加费用，包括直接人工和按照一定方法合理分配的制造费用。其中，直接人工，是指企业在生产产品的过程中，直接从事产品生产的工人工资、奖金、津贴等工资性支出和福利费；制造费用，是指企业为生产产品和提供劳务而发生的各项间接费用。企业应当根据制造费用的性质，合理地选择制造费用的分配方法。在同一生产过程中，同时生产两种或两种以上的产品，并且每种产品的加工成本不能直接区分的，对于其加工成

本，企业应当按照合理的方法在各种产品之间进行分配。而其他成本，是指除采购成本以外的，使存货达到目前场所和状态发生的其他支出，如为特定客户设计产品所发生的设计费用。

提示　原材料、商品、周转材料等通过购买而取得的存货的成本由采购成本构成；产成品、在产品及自制半成品、委托加工物资等通过进一步加工而取得的存货的成本，由采购成本、加工成本及使存货达到目前场所和状态所发生的其他成本构成。

即问即答　M 企业为增值税小规模纳税人，本月购入材料 2 060 千克，每千克单价（含增值税）50 元，另外支付运杂费 3 500 元，运输途中发生合理损耗 60 千克，入库前发生挑选整理费用 620 元。该批材料入库的实际单位成本为每千克（　　）元。

二、发出存货的计价

发出存货计价的实质是将存货的取得成本在本期发出存货和期末结存存货之间进行分配。如果存货的单位成本是固定不变的，对发出存货的计价就十分简单，用发出存货的数量乘以该项存货的单位成本就是该项发出存货的价值。事实上，同一存货通常是分次分批从不同渠道购入的，即使是自制存货，各批完工存货的生产成本往往也各不相同。因此，每次入库的存货，其单位成本也不同，存货的耗用或销售也是分批进行的。这样，企业在发出存货时，就必须按一定的方法计算确定发出存货的单位成本，以便计算发出存货的实际成本，从而计算期末结存存货的实际成本。

提示　企业应当根据各类存货的实物流转方式、企业管理的要求、存货的性质等实际情况，合理地确定发出存货成本的计算方法，以及当期发出存货的实际成本。对于性质和用途相同的存货，应当采用相同的成本计算方法确定发出存货的成本。在实际成本核算方式下，企业可以采用的发出存货成本的计价方法包括先进先出法、月末一次加权平均法、移动加权平均法和个别计价法等。

1. 先进先出法

先进先出法，是以先购入的存货应先发出（销售或耗用）这样一种存货实物流转假设为前提，对发出存货进行计价的。采用这种方法，先购入的存货成本在后购入的存货成本之前转出，据此确定发出存货和期末存货的成本。采用先进先出法时，期末结存存货成本接近现行的市场价值。其优点是企业不能随意挑选存货的计价以调整当期利润。其缺点是比较烦琐、工作量比较大，特别是对于存货进出频繁的企业更是如此；同时，当物价上涨时，会高估企业当期利润和存货价值，反之，会低估企业存货价值和当期利润。

2. 月末一次加权平均法

月末一次加权平均法，是指以当月全部进货数量加上月初存货数量作为权数，去除当月全部进货成本加上月初存货成本，计算出存货的加权平均单位成本，以此为基础计算当月发出存货的成本和期末存货的成本的一种方法。其优点是计算方法比较简单，而且在市场价格上涨或下跌时所计算出来的单位成本平均化，对存货成本的分摊较为折中；缺点是无法从账上提供发出和结存存货的单价及金额，不利于加强对存货的管理。其计算公式如下。

$$\text{月末加权平均单价}=\frac{\text{期初结存存货成本}+\text{本期收入存货成本}}{\text{期初结存存货数量}+\text{本期收入存货数量}}$$

$$\text{本期发出存货成本}=\text{本期发出存货数量}\times\text{月末加权平均单价}$$

$$\text{期末结存存货成本}=\text{期末库存存货的数量}\times\text{月末加权平均单价}$$

3．移动加权平均法

移动加权平均法，是指以本次收入存货前结存成本加本次收入存货成本，除以本次收入存货前结存数量加本次收入存货数量为依据，计算移动加权平均单价，并对发出存货进行计价的一种方法。其优点是能及时了解存货的结存情况，而且计算的平均单位成本以及发出和结存的存货成本比较客观；缺点是每次收货时都要计算一次移动加权平均单价，计算工作量较大。其计算公式如下。

$$移动加权平均单价=\frac{本次收入存货前结存成本+本次收入存货成本}{本次收入存货前结存数量+本次收入存货数量}$$

$$每次发出存货成本=本次发出存货数量\times最近一次移动加权平均单价$$

$$期末结存存货成本=期末库存存货的数量\times最近一次移动加权平均单价$$

4．个别计价法

个别计价法亦称个别认定法、具体辨认法、分批实际法，以每一种存货的实际成本作为计算发出存货成本和期末存货成本的基础。对于不能替代使用的存货、为特定项目专门购入或制造的存货（如珠宝、名画等贵重物品）以及提供劳务的成本，通常采用个别计价法确定发出存货的成本。

【例 4-1】 丁公司 2018 年 6 月材料存货的收入、发出及购进情况如表 4-2 所示。

表 4-2　　　　材料明细账

存货类别：　　　　计量单位：件

金额单位：元

存货编号：　　　　最高存量：

存货名称及规格：C　　　　最低存量：

2018 年		凭证号数	摘要	收入			发出			结存		
月	日			数量	单价	金额	数量	单价	金额	数量	单价	金额
6	1	（略）	期初结存							600	10	6 000
	9		购入	1 800	11	19 800				2 400		
	10		领用				1 600			800		
	12		购入	1 200	12	14 400				2 000		
	20		领用				1 700			300		
	26		购入	500	13	6 500				800		
	30		本月合计	3 500		40 700	3 300					

采用先进先出法计算 C 材料 6 月发出成本和期末结存成本，如表 4-3 所示。

表 4-3　　　　材料明细账

存货类别：　　　　计量单位：件

金额单位：元

存货编号：　　　　最高存量：

存货名称及规格：C　　　　最低存量：

2018 年		凭证号数	摘要	收入			发出			结存		
月	日			数量	单价	金额	数量	单价	金额	数量	单价	金额
6	1		期初结存							600	10	6 000
	9	（略）	购入	1 800	11	19 800				600 1 800	10 11	6 000 19 800

续表

2018年		凭证号数	摘要	收入			发出			结存		
月	日			数量	单价	金额	数量	单价	金额	数量	单价	金额
	10		领用				600 1 000	10 11	6 000 11 000	800	11	8 800
	12		购入	1 200	12	14 400				800 1 200	11 12	8 800 14 400
	20		领用				800 900	11 12	8 800 10 800	300	12	3 600
	226		购入	500	13	6 500				300 500	12 13	3 600 6 500
	331		本月合计	3 500		40 700	3 300		36 600	300 500	12 13	3 600 6 500

本月发出原材料的成本=600×10+1 000×11+800×11+900×12=36 600（元）。

月末结存原材料的成本=300×12+500×13=10 100（元）。

丁公司分别采用加权平均法计算C材料6月的发出成本和期末结存成本，具体计算如下。

$$\text{加权平均单价}=\frac{6\,000+19\,800+14\,400+6\,500}{600+1\,800+1\,200+500}=11.39\text{（元/件）}$$

本月发出原材料的成本=3 300×11.39=37 587（元）。

提示　存货计价方法的选择是制定企业会计政策的一项重要内容。选择不同的存货计价方法将会导致不同的报告利润和存货估价，并对企业的税收负担、现金流量产生影响。因此，精明的纳税人应当根据经济形势和企业经营商品价格的变化情况，选择不同的存货计价方法，使发出存货尽可能早地被摊销到当期销售成本中去，以减少期初的应纳税所得额，实际上是从政府拿到了一笔无息贷款，相当于享受到了国家给予的延期纳税的税收优惠。存货计价方法一经确定，不得随意变更。如需变更，应在财务报表附注中加以说明。

三、期末存货的计量

企业期末存货的价值通常是以历史成本来确定的，但是，由于存货市价的下跌，存货陈旧、过时、毁损等原因，导致了存货的价值减少，此时历史成本不能真实地反映存货的价值，因此，《企业会计准则——存货》中规定，资产负债表日，存货应当按照成本与可变现净值孰低法计量。成本与可变现净值孰低法是对历史成本计价的修正，充分体现了谨慎性原则。

1. 成本与可变现净值孰低法的含义

成本与可变现净值孰低法，是指期末存货按照成本与可变现净值两者之中较低者计价的方法，即当成本低于可变现净值时，存货按成本计量；当可变现净值低于成本时，存货按可变现净值计量，同时按照成本高于可变现净值的差额计提存货跌价准备，计入当期损益。其中，“成本”是指存货的实际成本；“可变现净值”是指在日常活动中，存货的估计售价减去至完工时估计将要发生的成本、估计的销售费用及相关税费后的金额，可变现净值的特征表现为存货的预计未来净现金流量，而不是存货的售价或合同价。

提示　可变现净值是会计计量属性之一，只有对存货的期末计量才会涉及可变现净值，对长期性资产的期末计量一般使用可收回金额会计计量属性，遵循《企业会计准则——资产减值》。

资产负债表日，存货的成本扣除存货跌价准备，即存货的账面价值，其列示在报表上。

2．可变现净值的确定

（1）企业确定存货的可变现净值时应考虑的因素。企业确定存货的可变现净值，应当以取得的确凿证据为基础，并且考虑持有存货的目的、资产负债表日后事项的影响等因素。

① 存货可变现净值的确凿证据。存货可变现净值的确凿证据是指对确定存货的可变现净值有直接影响的客观证明，如产成品或商品的市场销售价格、与产成品或商品相同或类似商品的市场销售价格、销货方提供的有关资料和生产成本资料等。

② 持有存货的目的。由于企业持有存货的目的不同，确定存货可变现净值的计算方法也不同，如用于出售的存货和用于继续加工的存货，其可变现净值的计算方法就不相同。因此，企业在确定存货的可变现净值时，应考虑持有存货的目的。一般地，企业持有存货的目的，一是持有以备出售；二是将在生产过程或提供劳务的过程中耗用。

③ 资产负债表日后事项等的影响。在确定资产负债表日存货的可变现净值时，不仅要考虑资产负债表日与该存货相关的价格与成本波动，还应考虑未来的相关事项。也就是说，不仅限于财务报告批准报出日之前发生的相关价格与成本波动，还应考虑以后期间发生的相关事项。

提示

会计人员需要结合自身的职业判断，不能只根据当前情况，还需要考虑日后期间的情况做出分析和判断。例如，2015 年 12 月 31 日，对一批库存商品进行可变现净值计算，以当前的市场价格分析，可变现净值可能较高，但已经有确凿证据表明日后期间由于国家新政策的出台，产品售价将大幅度降低，有减值迹象。

（2）不同情况下存货可变现净值的确定。

① 持有产成品、商品等直接用于出售的商品存货，没有销售合同约定的，其可变现净值为在正常生产经营过程中，产成品或商品的估计售价（即市场销售价格）减去估计的销售费用和相关税费后的金额。用公式表示如下：

可变现净值=估计售价-估计的销售费用和相关税费

【例 4-2】 2018 年 12 月 31 日，丁公司的 W3 型机器的账面价值（成本）为 2 000 000 元，数量为 10 台。据市场调查，W3 型机器的市场销售价格为每台 300 000 元。公司没有签订有关 W3 型机器的销售合同。因此，计算 W3 型机器的可变现净值应以市场销售价格 3 000 000 元（300 000×10）作为计量基础。

② 持有用于出售的材料等，没有销售合同约定的，其可变现净值为市场销售价格减去估计的销售费用和相关税费等后的金额。用公式表示如下：

可变现净值=市场销售价格-估计的销售费用和相关税费

【例 4-3】 丁公司 2018 年根据市场需求的变化，决定停止生产 C 产品。为减少不必要的损失，公司决定将原材料中专门用于生产 C 产品的外购 K 材料全部出售，2018 年 12 月 31 日其账面价值（成本）为 200 000 元，数量为 10 吨。据市场调查，K 材料的市场销售价格为每吨 10 000 元，同时销售 10 吨 K 材料可能发生的销售费用及税费为 20 000 元。因此，2018 年 12 月 31 日 K 材料可变现净值为 80 000 元（100 000-20 000）。

③ 对持有的需要经过加工的材料存货进行期末计量，应该与产品的可变现净值结合起来。在产品的可变现净值低于成本的情况下，材料存货应按照可变现净值被计量。用公式表示如下：

可变现净值=该材料存货所生产的产成品的估计售价-进一步加工的成本
-估计的销售费用和相关税费

当产品的可变现净值高于成本时，即使材料的市场价格低于材料成本，也仍然按成本计量。

【例 4-4】 丁公司 2018 年 12 月 31 日，库存原材料——L 材料的账面价值（成本）为 1 200 000 元，市场购买价格总额为 1 100 000 元，假设不发生其他购买费用；由于 L 材料市场销售价格下降，市场上用 L 材料生产的 W1 型机器的市场销售价格也相应下降，下降了 10%。由此造成该公司 W1 型机器的市场销售价格总额由 3 000 000 元降为 2 700 000 元，但生产成本仍为 2 800 000 元，将 L 材料加工成 W2 型机器尚须投入 1 600 000 元，估计销售费用及税费为 100 000 元。

丁公司根据上述资料，按照以下步骤确定 2018 年 12 月 31 日 L 材料的价值。

第 1 步，计算用 L 原材料所生产的产成品的可变现净值。

W1 型机器的可变现净值=W1 型机器估计售价-估计的销售费用及相关税费
=2 700 000-100 000
=2 600 000（元）

第 2 步，将用 L 原材料所生产的产成品的可变现净值与其成本进行比较。

W1 型机器的可变现净值 2 600 000 元低于其成本 2 800 000 元，即 L 材料价格的下降表明 W1 型机器的可变现净值低于成本，因此 L 材料应当按可变现净值计量。

即问即答

若用 L 原材料所生产的产成品的可变现净值为 3 000 000 元，高于其成本 2 800 000 元，则 2018 年 12 月 31 日 L 材料的账面价值是多少？

第 3 步，计算 L 原材料的可变现净值，并确定其期末价值。

L 材料的可变现净值=W1 型机器的售价总额-将 L 材料加工成 W2 型机器尚须投入的成本
-估计的销售费用及相关税费
=2 700 000-1 600 000-100 000
=1 000 000（元）

L 材料的可变现净值 1 000 000 元小于其成本 1 200 000 元，因此 L 材料的期末价值应为其可变现净值 1 000 000 元，即 L 材料应以 1 000 000 元被列示在 2018 年 12 月 31 日的资产负债表的存货项目之中。

提示

存货估计售价的确定对于计算其可变现净值非常重要。企业在确定存货的估计售价时，应当以资产负债表日为基准，但是如果当月存货价格变动较大，则应当以当月该存货平均销售价格或资产负债表日最近几次存货价格的平均数，作为其估计售价的基础。

为执行销售合同或者劳务合同而持有的存货，其可变现净值应当由合同价格，而不是估计售价减去估计的销售费用和相关税费等后的金额确定。如果销售合同上注明的订购的数量大于或等于企业持有的存货数量，那么与该项销售合同直接相关的存货，应以销售合同所规定的价格作为可变现净值的计量基础；超出部分存货的可变现净值应以市场销售价格作为计量基础。

【例 4-5】 2018 年 10 月 10 日，丁公司与乙公司签订了一份不可撤销的销售合同，双方约定，2018 年 3 月 15 日，丁公司应按每台 180 000 元的价格向乙公司提供 A 型号的机器 10 台。2017 年 12 月 31 日，丁公司 A 型号机器的账面价值（成本）为 1 920 000 元，数量为 12 台，单位成本为每台 160 000 元。2018 年 12 月 31 日，市场销售价格为每台 200 000 元。

分析：根据丁公司与乙公司签订的销售合同，丁公司该批 A 型号机器的销售价格已由销售合同约定，但是其库存数量大于销售合同约定的数量。在这种情况下，销售合同约定数量内（10 台）

的 A 型号机器的可变现净值应以销售合同约定的价格总额 1 800 000 元（180 000×10）作为计量基础；而超出部分（2 台）的 A 型号机器的可变现净值应以一般销售价格总额 400 000 元（200 000×2）作为计量基础。

下列有关确定存货可变现净值基础的表述中，正确的有（　　）。

A. 无销售合同的库存商品以该库存商品的估计售价为基础

B. 有销售合同的库存商品以该库存商品的合同价格为基础

C. 用于出售的无销售合同的材料以该材料的市场价格为基础

D. 用于生产有销售合同产品的材料以该材料的市场价格为基础

3. 存货减值业务的核算

企业应设置“存货跌价准备”科目，用于核算企业存货发生减值时计提的存货跌价准备。该科目属于资产类，是存货各项目的备抵科目。借方登记存货跌价准备的转回和结转金额；贷方登记存货跌价准备的提取金额；期末余额一般在贷方，反映企业已计提尚未转销的存货跌价准备。

（1）存货跌价准备的计提。企业通常应当按单个存货项目计提存货跌价准备，但是对于数量繁多、单价又较低的存货，可以按照存货类别计提存货跌价准备。与在同一地区生产和销售的产品系列相关、具有相同或类似最终用途或目的，且难以与其他项目分开计量的存货，可以合并计提存货跌价准备。

在资产负债表日，企业应比较存货成本与可变现净值。当成本低于可变现净值时，不需要做账务处理，资产负债表中的存货仍按期末账面价值列示；当可变现净值低于成本时，计算出应计提的存货跌价准备，再与已提数进行比较，若应提数大于已提数，应予以补提。企业计提的存货跌价准备，应被计入当期损益（资产减值损失）。借记“资产减值损失——计提的存货跌价准备”科目，贷记“存货跌价准备”科目。

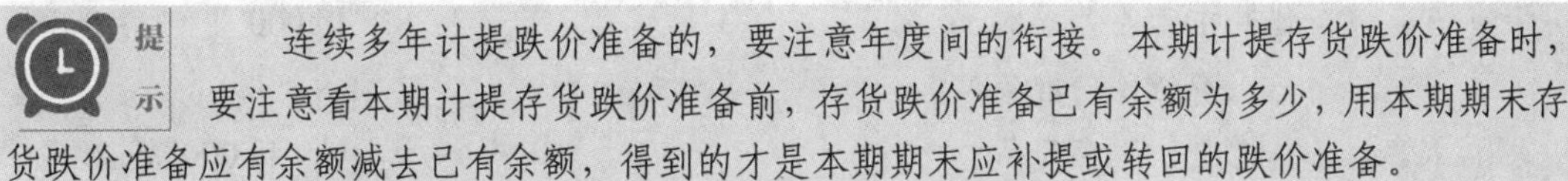

连续多年计提跌价准备的，要注意年度间的衔接。本期计提存货跌价准备时，要注意看本期计提存货跌价准备前，存货跌价准备已有余额为多少，用本期期末存货跌价准备应有余额减去已有余额，得到的才是本期期末应补提或转回的跌价准备。

（2）存货跌价准备的转回。若以前减记存货价值的影响因素已经消失，则减记的金额应当予以恢复，并在原已计提的存货跌价准备金额内（即“存货跌价准备”余额冲减至零为限）转回，转回的金额计入当期损益（资产减值损失）。借记“存货跌价准备”科目，贷记“资产减值损失——计提的存货跌价准备”科目。

【例 4-6】 丁公司采用成本与可变现净值孰低法对 A 存货进行期末计价。2018 年年末，A 存货的账面成本为 200 000 元，由于本年以来 A 存货的市场价格持续下跌，并在可预见的将来无回升的希望，资产负债表日确定的 A 存货的可变现净值为 194 000 元，“存货跌价准备”科目余额为零。

丁公司应做账务处理如下。

2017 年年末应计提的存货跌价准备=200 000−194 000=6 000（元）。

借：资产减值损失　　6 000

　　贷：存货跌价准备——计提的存货跌价准备　　6 000

2018 年年末，A 存货的种类和数量、账面成本和已计提的存货跌价准备均未发生变化，2018 年年末，A 存货的可变现净值为 196 000 元，计算出应计提的存货跌价准备为 4 000 元（200 000−196 000）。由于 A 存货已计提存货跌价准备 6 000 元，因此，应冲减已计提的存货跌价

准备 2 000 元（6 000-4 000）。丁公司应做账务处理如下。

借：存货跌价准备——计提的存货跌价准备　　2 000
　贷：资产减值损失　　2 000

（3）存货跌价准备的结转。企业计提了存货跌价准备，如果其中有部分存货已经销售，则企业在结转销售成本时，应同时结转对其已计提的存货跌价准备。借记“存货跌价准备”科目，贷记“主营业务成本”“其他业务成本”等科目。

【例 4-7】 2018 年年末，丁公司库存 M 机器 8 台，每台成本为 6 000 元，已经计提的存货跌价准备为 8 000 元。2018 年，丁公司将库存的 8 台机器全部以每台 9 000 元的价格售出，增值税税率为 16%。丁公司应将这 8 台 M 机器已经计提的跌价准备在结转其销售成本的同时，全部予以结转。

根据上述资料，丁公司应做账务处理如下。

① 确认收入时。

借：银行存款　　83 520
　贷：主营业务收入　　72 000
　　应交税费——应交增值税（销项税额）　　11 520

② 结转成本时。

借：主营业务成本　　48 000
　贷：库存商品　　48 000

③ 结转存货跌价准备时。

借：存货跌价准备　　8 000
　贷：主营业务成本　　8 000

> **提示**　可以将②、③合并进行账务处理。
>
> 借：主营业务成本　　40 000
> 　　存货跌价准备　　8 000
> 　贷：库存商品　　48 000

任务三　原材料核算

任务调研：请了解企业原材料采购业务是如何产生的，相关的业务处理程序是怎样的。

微课：计划成本法（上）

微课：计划成本法（下）

企业存货的日常收发及结存，可以采用实际成本计价或计划成本计价。即使在同一家企业，对于不同存货，也可以分别采用实际成本计价和计划成本计价两种计价方法进行日常核算，这都取决于企业的实际需要。

一、原材料采用实际成本计价业务的核算

企业原材料按实际成本计价，是指每种材料的收、发、存核算均按实际成本计价。其特点是从收发凭证到明细分类核算和总分类核算，全部按实际成本计价。

1. 核算科目的设置

原材料按实际成本计价，企业主要设置“原材料”和“在途物资”两个科目进行核算；另外，

还应设置“应付账款”“预付账款”“应交税费——应交增值税（进项税额）”“应付账款”“应付票据”“其他货币资金”等科目进行核算。

（1）“原材料”科目。该科目属于资产类科目，包括用于核算和监督原材料（包括原料主要材料、辅助材料、外购半成品、修理用备件、包装材料及燃料等）的收入、发出和结存情况，其借方登记外购、自制、委托加工完成、其他单位投入、盘盈等原因增加的材料的实际成本；贷方登记领用、发出加工、对外销售，以及盘亏、毁损等原因减少的库存材料的实际成本；期末借方余额反映库存材料的实际成本。

“原材料”科目应按材料的保管地点，材料的类别、品种和规格设置材料明细账（或原材料卡片）。原材料明细账应根据收料凭证和发料凭证逐笔登记。

（2）“在途物资”科目。该科目属于资产类科目，用于核算已付款或已开出承兑商业汇票，但尚未到达或尚未验收入库材料的实际成本；借方登记已支付或已开出承兑的商业汇票材料的实际成本；贷方登记已验收入库材料的实际成本；余额在借方，反映已经付款或已经开出承兑的商业汇票，但尚未验收入库的在途物资的实际成本。该科目应按供货单位设置明细科目，进行明细分类核算。

（3）“应付账款”科目。该科目属于负债类科目，用于核算企业购买材料、商品和接受劳务供应等应付给供应单位的款项。本科目的贷方登记企业因购入材料、商品等所欠的款项；借方登记偿还应付款项的数额；余额一般在贷方，表示尚未偿还的应付账款数额。

2. 外购原材料业务的核算

外购原材料，由于结算方式和采购地点的不同，材料入库和货款的支付在时间上不一定完全同步。企业从本地采购材料，通常在货款支付后就能立即收到材料。从外地采购材料，由于材料运输时间和结算凭证的传递以及承付时间的不一致，经常会发生结算凭证已到，货款已支付，但材料尚在运输途中的情况；有时也会发生材料已到，而结算凭证尚未到达，货款也未支付的情况。因此，外购材料要根据具体情况进行账务处理。

（1）货款已经支付或已开出、承兑商业汇票，同时材料已验收入库。企业在收到发票账单、材料验收入库后，应根据结算凭证、发票账单和收料单等凭证，借记“原材料”“应交税费”等科目，贷记“银行存款”“应付账款”“应付票据”“其他货币资金”等科目。

小规模纳税人或购入物资不能取得增值税专用发票的公司，购入物资按购入物资应支付的金额，借记“在途物资”“原材料”“销售费用”科目，贷记“银行存款”“应付账款”“应付票据”等科目。下述所列明的会计事项，除特别注明外，均指能取得增值税专用发票的一般纳税人的账务处理。

（2）货款已经支付或已开出、承兑商业汇票，材料尚未到达或尚未验收入库。企业应根据结算凭证、发票账单等单据，借记“在途物资”“应交税费”等科目，贷记“银行存款”和“应付票据”等科目；待收到材料后，根据收料单，借记“原材料”科目，贷记“在途物资”科目。

（3）结算凭证已到，货款尚未支付，材料已经验收入库。企业在收到发票账单、验收材料入库后，应根据结算凭证、发票账单和收料单等凭证，借记“原材料”“应交税费”等科目，贷记“应付账款”“应付票据”等科目。

（4）结算凭证未到，货款尚未支付，材料已经验收入库。一般在短时间内，发票账单就可能到达。为了简化核算手续，在月份内发生的，可以暂不进行账务处理，而只将收到的材料登记明细分类账，待收到发票账单，再按实付货款登记总账。如果月末结算凭证仍未到达企业，则应先按材料的暂估价，借记“原材料”科目，贷记“应付账款——暂估应付账款”科目。下月月初用红字做同样的记录，予以冲销。企业于下月实际付款或开出、承兑商业汇票时，按正常程序，借记“原材料”“应交税费——应交增值税（进项税额）”科目，贷记“银行存款”等科目。

【例 4-8】 丁公司为一般纳税人，2018 年 7 月 22 日从乙公司购入 A 材料一批，取得的增值税专用发票上注明的原材料价款为 80 000 元，增值税为 12 800 元，丁公司按照实际成本对原材料进行日常核算。

① 假定发票等结算凭证已经收到，货款已通过银行转账支付，材料已运到并已验收入库。丁公司应做账务处理如下。

借：原材料——A 材料　　80 000
　　应交税费——应交增值税（进项税额）　　12 800
　　贷：银行存款　　92 800

② 假定购入材料的发票等结算凭证已收到，货款已通过银行转账支付，但材料尚未运到。丁公司应做账务处理如下。

借：在途物资　　80 000
　　应交税费——应交增值税（进项税额）　　12 800
　　贷：银行存款　　92 800

待材料运达并验收入库时，再根据收料单做账务处理如下。

借：原材料——A 材料　　80 000
　　贷：在途物资　　80 000

提示　材料收入业务较少的企业，对于材料收入的总分类核算可以根据收料凭证逐日编制记账凭证，并据以登记总分类账；材料收入业务较多的企业，则可以根据收料凭证，整理汇总，定期编制“收料凭证汇总表”，月终一次登记总分类账，进行总分类核算。

③ 假定购入的材料已经运到，并已验收入库，但发票等结算凭证尚未收到，货款尚未支付。1 月月末，丁公司应按暂估价入账，假定其暂估价为 75 000 元。

月末丁公司应做账务处理如下。

借：原材料——A 材料　　75 000
　　贷：应付账款——乙公司　　75 000

下月月初要用红字编写与上列账务处理相同的记账凭证，冲销暂估入账的记录。

借：原材料——A 材料　　[75 000]
　　贷：应付账款——乙公司　　[75 000]

3. 发出原材料业务的核算

企业材料的日常领、发业务频繁，为了简化核算，平时一般只登记材料明细分类账，反映各种材料的收发和结存数量，月末根据按实际成本计价的发料凭证，按领用部门和用途汇总编制“发料凭证汇总表”，据以登记总分类账，进行材料发出的总分类核算。

企业发出材料，凡车间生产产品领用的，借记“生产成本”科目；车间管理及一般消耗领用的，借记“制造费用”科目；厂部管理及一般消耗领用的，借记“管理费用”科目；专设销售机构领用的，借记“销售费用”科目；委托加工发出的，借记“委托加工物资”科目，贷记“原材料”科目。

【例 4-9】 丁公司根据“发料凭证汇总表”的记录，2018 年 11 月 30 日基本生产车间领用 A 材料 500 000 元，辅助生产车间领用 A 材料 40 000 元，车间管理部门领用 A 材料 5 000 元，企业行政管理部门领用 A 材料 4 000 元，共计 549 000 元。丁公司应编制如下会计分录。

借：生产成本——基本生产成本　　500 000
　　　　　　——辅助生产成本　　40 000
　　制造费用　　5 000
　　管理费用　　4 000
　贷：原材料——A 材料　　549 000

二、原材料采用计划成本计价业务的核算

企业原材料按计划成本计价，是指每种存货的日常收、发、存核算都按预先确定的计划成本计价。其特点是：先制定各种存货的计划成本目录，规定存货的分类、各种存货的名称、规格、编号、计量单位和计划单位成本。计划单位成本在年度内一般不做调整。平时所有收发凭证按存货的计划成本计价；总账及明细分类账，按计划成本登记；存货的实际成本与计划成本的差异，通过“材料成本差异”账户进行核算。月份终了，通过分配材料成本差异，将发出存货的计划成本调整为实际成本。一般适用于存货品种繁多，收发业务频繁的企业。在管理上需要分别核算其计划成本和成本差异的，也可采用计划成本进行日常核算。

1. 核算科目的设置

原材料按计划成本计价核算，企业主要设置“原材料”“材料采购”和“材料成本差异”科目等。

（1）“原材料”科目：属于资产类科目，核算企业原材料的计划成本，借方登记增加的原材料计划成本，贷方登记减少的原材料计划成本，期末借方余额表示库存原材料的计划成本。

（2）“材料采购”科目：这是采用计划成本进行材料日常核算的企业设置和使用的账户。该科目属资产类科目，用来核算企业购入材料的采购成本，反映采购业务成果。该科目借方登记支付或承付的材料价款和运杂费等，以及结转实际成本小于计划成本的差异数（节约额）；贷方登记已经付款或已开出、承兑商业汇票，并已验收入库的材料的计划成本，以及结转实际成本大于计划成本的差异数（超支额），应向供应单位、运输单位收回的材料短缺或其他应冲减采购成本的索赔款项，需要报经批准或尚待查明原因处理的途中短缺和毁损，由于意外灾害造成的非正常损失等；月末借方余额为已经收到发票账单付款或已开出、承兑商业汇票，但尚未到达或尚未验收入库的在途物资。该科目应按供应单位和物资品种设置明细账，进行明细核算。

（3）“材料成本差异”科目：这是采用计划成本进行材料日常核算的企业设置和使用的科目。属资产类科目，核算内容包括两个方面：一是结转入库材料成本差异，当实际成本大于计划成本时，其差异（超支差异）从“材料采购”科目的贷方转入“材料成本差异”科目的借方，当实际成本小于计划成本时，其差异（节约差异）从“材料采购”科目的借方转入“材料成本差异”科目的贷方；二是分配发出材料应负担的材料成本差异，期末根据“材料成本差异”科目所归集的成本差异按照计划成本的比例在本期发出材料与期末结存材料之间进行分配，以便将发出材料的计划成本调整为实际成本。分配发出材料应负担的材料成本差异无论是超支差异还是节约差异，均应从“材料成本差异”科目的贷方转出：超支差异用蓝字表示，节约差异用红字表示。结转以后“材料成本差异”账户的期末余额，既可能是借方余额，又可能是贷方余额，表示期末库存材料应分配的成本差异。

企业应分别对“原材料”“周转材料”“委托加工物资”等，按照类别或品种进行明细核算，不能使用一个综合差异率。

2. 外购原材料业务的核算

对原材料按计划成本计价核算时，不论材料是否入库，都必须先通过“材料采购”科目进行核算。材料验收入库后，再转入“原材料”科目，同时结转材料成本差异，这是材料按计划成本进行核算的一般程序。由于采购过程中的情况不同，外购材料的账务处理也不完全相同，比照原材料按实际成本计价核算。材料收入业务较少的企业，对于材料收入的总分类核算可以根据收料凭证逐日编制记账凭证，并据以登记总分类账。企业一方面根据已经付款或已开出、承兑商业汇票的收料凭证，按计划成本，借记“原材料”科目，贷记“材料采购”科目；另一方面企业应结转入库材料的成本差异，当实际成本小于计划成本时，应按节约额，借记“材料采购”科目，贷记“材料成本差异”科目；相反，当实际成本大于计划成本时，应按超支额，借记“材料成本差异”科目，贷记“材料采购”科目。

提示　在材料收付业务较多的企业中，为了简化日常核算工作，企业平时可不进行材料入库和结转材料成本差异的总分类核算，待到月终时，通过编制“收料凭证汇总表”，汇总进行总分类核算。

3. 发出原材料业务的核算

计划成本法下，对发出原材料的核算，一方面根据计划成本计价的领发料凭证，按领用部门和用途进行归类汇总结转到“生产成本”“制造费用”“管理费用”“销售费用”“委托加工物资”“其他业务成本”等成本费用类科目；另一方面必须计算发出材料应负担的成本差异，并对其进行结转，按实际成本大于计划成本的差异借记“生产成本”“制造费用”“管理费用”“销售费用”“委托加工物资”“其他业务成本”等成本费用类科目，贷记“材料成本差异”科目；实际成本小于计划成本的差异则做相反的账务处理。

提示　发出材料应负担的成本差异，必须按月分摊，不得在季末或年末一次计算。发出材料应负担的成本差异，除委托外部加工发出材料可按上月的成本差异率计算外，都应使用当月的实际成本差异率；如果上月的成本差异率与本月的成本差异率相差不大，也可按上月的成本差异率计算。计算方法一经确定，不得随意变动。

材料成本差异的计算公式如下。

$$\text{本月材料成本差异率}=\frac{\text{月初结存材料成本差异}+\text{本月收入材料成本差异总额}}{\text{月初结存材料计划成本}+\text{本月收入材料计划成本总额}}\times 100\%$$

本月发出材料应分摊的成本差异额=发出材料的计划成本×本月材料成本差异率

本月发出材料的实际成本=本月发出材料的计划成本+（或-）本月发出材料应分摊的成本差异额

【例4-10】丁公司对M原材料按计划成本计价核算。2018年6月月初有关账户余额如下：“材料采购”科目余额为2 180 000元，“原材料”科目余额为9 800 000元，“材料成本差异”科目余额为200 000元（贷方余额），材料计划单价每千克50 000元。材料验收入库时，材料成本差异即时结转。本月发生下列有关业务。

（1）5日购进材料100千克，价款5 000 000元，进项税额800 000元；运杂费50 000元，材料已验收入库，货款已经支付。

（2）10日购进材料一批，账单已到，价款3 000 000元，增值税为480 000元，签发并承兑商业汇票，票面金额3 480 000元，材料尚未到达。

（3）15日，采购材料已验收入库，当日未收到结算凭证。

（4）20日，月初在途材料全部到达共计44千克，已验收入库。货款已于上月支付。

（5）30日，根据领料凭证汇总表，共领用M原材料320千克，其中产品生产耗用220千克，车间一般耗用100千克。结转发出材料的计划成本以及应负担的材料成本差异。

（6）30日，本月15日购入60千克材料的结算凭证仍未到达，按计划成本暂估料款入账。

根据上述业务，丁公司进行相应的账务处理如下。

（1）5日，采购并收到材料时。

借：材料采购　5 050 000
　　应交税费——应交增值税（进项税额）　800 000
　　贷：银行存款　5 850 000
借：原材料　5 000 000
　　贷：材料采购　5 000 000
借：材料成本差异　50 000
　　贷：材料采购　50 000

（2）10日，外购材料时。

借：材料采购　3 000 000
　　应交税费——应交增值税（进项税额）　480 000
　　贷：应付票据　3 480 000

（3）15日，采购材料已验收入库，当日未收到结算凭证，不做账务处理。

（4）20日，月初在途材料验收入库时。

借：原材料　2 200 000
　　贷：材料采购　2 200 000
借：材料采购　20 000
　　贷：材料成本差异　20 000

（5）30日，结转本月发出材料的计划成本时。

借：生产成本　11 000 000
　　制造费用　5 000 000
　　贷：原材料　16 000 000

同时，结转发出材料应负担的材料成本差异时。

材料成本差异率=（−200 000+50 000−20 000）÷（9 800 000+5 000 000+2 200 000）=−1%

提示

分母不含暂估料款金额。

发出材料应负担的材料成本差异=16 000 000×（−1%）=−160 000（元）。

借：材料成本差异　160 000
　　贷：生产成本　110 000
　　　　制造费用　50 000

（6）30日，本月15日购入材料结算凭证仍未到达，按计划成本暂估料款入账时。

借：原材料　3 000 000
　　贷：应付账款　3 000 000

即问即答

月末结存材料的实际成本为（　　）元。

任务四 库存商品核算

任务调研：请了解工业企业库存商品业务是如何产生的，相关的业务处理程序是怎样的。

微课：家乐福存货管理

一、库存商品概述

库存商品，是指企业已完成全部生产过程并已验收入库，合乎标准规格和技术条件，可以按照合同规定的条件送交订货单位，或可以作为对外销售的产品以及外购或委托加工完成验收入库用于销售的各种商品，包括库存的外购商品、自制商品、存放在门市部准备出售的商品、发出展览的商品，以及寄存在外库或存放在仓库中的商品等。

二、工业企业库存商品业务的核算

为了核算和监督库存商品的收发和结存情况，企业应设置"库存商品"科目。该科目属资产类科目，借方登记验收入库的库存商品的成本，贷方登记发出库存商品的成本，期末借方余额反映企业结存库存商品的实际成本。

工业企业的产成品一般应按实际成本进行核算。在这种情况下，对于产成品的收入、发出和销售，平时只记数量不记金额。月末终了，计算生产完工验收入库产成品的实际成本。按实际成本借记"库存商品"科目，贷记"生产成本"等科目；对发出和销售的产成品，可以采用先进先出法、加权平均法、移动加权平均法或者个别计价法等方法确定其实际成本。核算方法一经确定，不得随意变更。如需变更，应在会计报表附注中予以说明。

提示　产成品种类比较繁多的企业，也可以按计划成本进行日常核算，对于其实际成本与计划成本的差异，可以单独设置"产品成本差异"科目进行核算。在这种情况下，对于产成品的收入、发出和销售，平时可以用计划成本进行核算，月末终了，计算入库产成品的实际成本，按产成品的计划成本记入本科目，并将实际成本与计划成本的差异额记入"产品成本差异"科目，然后再将产品成本差异在发出、销售和结存的产成品之间进行分配。

【例4-11】2018年6月30日，丁公司月终汇总编制的"库存商品入库汇总表"如表4-4所示。

表4–4　库存商品入库汇总表

2018年6月30日

产品名称	单位	数量	单位成本（元）	总成本（元）
A产品	件	3 000	200	600 000
B产品	件	800	400	320 000
合计				920 000

丁公司应做账务处理如下。

借：库存商品——A产品　600 000

　　　　　　——B产品　320 000

　贷：生产成本——基本生产成本　920 000

三、商品流通企业库存商品业务的核算

对于商品流通企业的库存商品可以采用毛利率法和售价金额核算法进行日常核算。

1. 毛利率法

毛利率法，是指以本期销售净额乘以前期实际（或本月计划）毛利率计算本期销售毛利，并计算发出存货成本的一种方法，主要适用于商业批发企业。

相关计算公式如下。

毛利率=销售毛利÷销售净额×100%

销售毛利=销售净额×毛利率

销售成本=销售净额-销售毛利

期末存货成本=期初存货成本+本期购货成本-本期销售成本

用毛利率法计算本期销售成本和期末存货成本，在商品流通企业特别是商品批发企业较为常见。若按每种商品计算并结转销售成本，工作量较为繁重，而且商品批发企业的同类商品毛利率大致相同，采用这种存货计价方法也比较接近实际。采用这种方法，商品销售成本按大类销售额计算，在大类商品账上结转成本，计算手续简便。商品明细账平时只记数量，不记金额，每季季末的最后一个月，应按照其他计价方法（如最后进价法），先计算月末存货成本，然后倒挤该季度的销售成本，再计算第三个月结转的销售成本，从而对前两个月用毛利率计算的成本进行调整。

【例 4-12】 ABC 公司 2018 年 10 月 1 日乙类商品库存 1 000 000 元，本月购进 500 000 元，本月销售收入 1 080 000 元，发生的销售折让 80 000 元，上月该类商品的毛利率为 18%。

本月销售成本和库存商品成本计算如下。

本月销售净额=1 080 000-80 000=1 000 000（元）。

销售毛利=1 000 000×18%=180 000（元）。

本月销售成本=1 000 000-180 000=820 000（元）。

库存商品成本=1 000 000+500 000-820 000=680 000（元）。

或：库存商品成本=1 000 000+500 000-［1 000 000×（1-18%）］=680 000（元）。

2. 售价金额核算法

售价金额核算法也称售价金额核算制，是指对库存商品按售价和实物负责人进行核算和监督的一种核算方法和管理制度。

采用售价核算的商品流通企业，为了核算企业商品售价与进价之间的差额，还应设置“商品进销差价”科目。购入商品时，商品售价大于进价的差额记入贷方；月末结转已销商品实现的差额记入借方；本科目的贷方余额，反映尚未销售也尚未摊销的商品的进销差价。同时应按商品类别或实物负责人设置明细账，进行明细核算。

为了反映商品的采购成本以及库存商品的收入、发出和结存情况，与采用数量进价金额核算法一样，企业也应设置“材料采购”“库存商品”科目。但是，使用售价金额核算法时，“库存商品”科目一律按商品售价登记，其进销差价在“商品进销差价”科目中登记。购入商品验收入库时，按商品的售价借记“库存商品”科目，按商品的进价贷记“材料采购”科目，按商品的进销差价，贷记或借记“商品进销差价”科目。期末通过计算进销差价率的办法计算已销商品应分摊的进销差价，并据以调整本期销售成本。进销差价率的计算公式如下。

商品进销差价率=（期初库存商品进销差价+本期购入商品进销差价/期初库存商品售价+本期购入商品售价）×100%

本期已销商品应分摊的进销差价=本期商品销售收入×商品进销差价率

本期销售商品的成本=本期商品销售收入-本期已销商品应分摊的进销差价

期末结存商品的成本=期初库存商品的进价成本+本期购进商品的进价成本-本期销售商品的成本

由于企业的商品进销差价率各期之间是比较均衡的，因此，也可以采用上期商品进销差价率计算分摊本期的商品进销差价。年度终了，应对商品进销差价进行核实调整。从事商品零售业务的企业，由于经营的商品种类、品种、规格等繁多，而且要求按商品零售价格标价，采用其他成本计算结转方法均较困难，因此广泛采用售价金额核算法。

【例 4-13】 丙商场 2018 年 10 月期初存货成本 1 000 000 元，售价总额 1 100 000 元；本月购货成本 750 000 元，售价总额 900 000 元；本月销售收入 1 800 000 元。

丙商场计算的本期销货成本和期末存货成本如下。

商品进销差价率=[（1 100 000-1 000 000）+（900 000-750 000）]/[1 100 000+900 000]×100% =12.5%。

本期已销商品应分摊的商品进销差价=1 800 000×12.5%=225 000（元）。

本期销售商品的实际成本=1 800 000-225 000=1 575 000（元）。

期末结存商品的实际成本=1 000 000+750 000-1 575 000=175 000（元）。

任务五 周转材料和委托加工物资核算

任务调研 1：请了解企业周转材料业务是如何产生的，相关的业务处理程序是怎样的。

一、周转材料

周转材料，是指企业能够多次使用，逐渐转移其价值但仍保持原有形态，不被确认为固定资产的材料。周转材料主要包括低值易耗品、包装物，以及企业（建造承包商）的钢模板、木模板、脚手架等。按照储存和保管地点的不同，周转材料可分为库存和使用中两大类，其中库存周转材料按其是否已被使用过，又可分为库存未用和库存已用。

企业周转材料种类繁多，分布于生产经营的各个环节，具体用途各不相同，对其的账务处理也不尽相同。企业应设置“周转材料”科目核算和监督周转材料的收入、发出和结存情况，并按照低值易耗品、包装物等进行明细核算。企业购入、自制、委托外单位加工完成并已验收入库的周转材料，比照“原材料”科目的相关规定进行账务处理。

1. 低值易耗品业务的核算

（1）低值易耗品概述。低值易耗品，是指不能作为固定资产的各种用具、物品，如工具、管理用具、玻璃器皿，以及在经营过程中周转使用的包装容器等。低值易耗品一般分为一般工具、专用工具、替换设备、管理用具、劳动保护用品、其他用具等。

> **提示** 低值易耗品与固定资产同属企业的劳动资料，可多次使用而不改变原有的实物形态，使用过程中需要进行维修，报废时有残值等，但低值易耗品属于价值较低或使用年限较短、易损易耗的工具、设备。因此，低值易耗品被视同为存货，作为流动资产被核算和管理。

为了核算和监督低值易耗品的收入、发出和结存情况，企业应设置“周转材料——低值易耗品”科目。该科目的借方登记入库的低值易耗品成本；贷方登记发出的低值易耗品成本；期末借方余额，通常反映企业期末结存低值易耗品的金额。

（2）低值易耗品业务的账务处理。购入、自制、委托外单位加工完成并已验收入库的低值易耗品，比照“原材料”科目的相关规定进行账务处理。这里主要介绍低值易耗品摊销的核算。

低值易耗品可以在生产经营过程中被多次重复使用，而不改变其原有的实物形态，其价值是逐步损耗的。在价值补偿上，低值易耗品损耗的价值以摊销的形式计入成本、费用中，其摊销方法有一次转销法和分次摊销法两种。

一次转销法，是将其价值一次全部记入有关资产成本或当期损益的方法。这种方法适用于价值较低或极易损坏的低值易耗品的摊销。分次摊销法，是在领用时摊销其账面价值的单次平均摊销额的方法。这种方法适用于可反复使用的低值易耗品的摊销。分次摊销法下要单独设置“周转材料——低值易耗品（在用）”“周转材料——低值易耗品（在库）”和“周转材料——低值易耗品（摊销）”科目。如果低值易耗品已经发生毁损、遗失等，不能再继续使用的，应将其账面价值全部转入当期成本、费用。企业对在用低值易耗品，以及使用部门退回仓库的低值易耗品，应当加强实物管理，并在备查簿上进行登记。

【例 4-14】 丁公司对某项低值易耗品采用分次摊销法核算。2018 年 10 月基本车间领用低值易耗品一批，实际成本为 8 000 元，报废时收回残值变价收入 200 元，已入库。

丁公司应做账务处理如下。

（1）领用时，将低值易耗品在库转为在用时。

借：周转材料——低值易耗品（在用） 8 000
　　贷：周转材料——低值易耗品（在库） 8 000

同时或月终按原值的 50%计提摊销时。

借：制造费用 4 000
　　贷：周转材料——低值易耗品（摊销） 4 000

（2）报废时，根据已提摊销额、回收残料和应补提摊销额时。

① 摊销其价值的另外 50%。

借：制造费用 4 000
　　贷：周转材料——低值易耗品（摊销） 4 000

② 残值变价收入 200 元。

借：原材料 200
　　贷：制造费用 200

③ 注销总成本时。

借：周转材料——低值易耗品（摊销） 8 000
　　贷：周转材料——低值易耗品（在用） 8 000

2. 包装物业务的核算

（1）包装物概述。包装物，是指为了包装企业的产品而储备的各种包装容器，如桶、箱、瓶、坛、袋等。其核算内容包括 4 个方面：一是生产过程中用于包装产品并作为产品的组成部分的包装物；二是随同产品出售而不单独计价的包装物；三是随同产品出售，需要单独计价的包装物；四是出租或出借给购买单位使用的包装物。

提示 不属于包装物核算范围的情况有 3 种：一是各种包装材料，如纸、绳、铁丝、铁皮等，应在“原材料”科目核算；二是用于储存和保管产品、商品和材料而不对外出售的包装物，应按其价值大小和使用年限长短，分别在“固定资产”或“周转材料——低值易耗品”科目核算；三是单独列作商品、产品的自制包装物，应作为库存商品进行核算和处理。

为了核算和监督包装物的收入、发出和结存情况，企业应设置“周转材料——包装物”科目，用来核算企业库存的各种包装物的实际成本或计划成本。该科目属于资产类科目，借方登记通过企业购入、自制、委托加工完成、盘盈等各种途径取得的包装物的实际成本（或计划成本），贷方登记由于企业发出、领用、对外销售、盘亏、毁损、出租、出借等原因减少的包装物的实际成本（或计划成本），期末借方余额反映库存各种包装物的实际成本（或计划成本）。该科目应按包装物的品种设置明细科目，进行明细分类核算。包装物数量不多的企业，可将包装物并入“原材料”科目核算。对包装物采用计划成本进行核算的企业，包装物收发等应分摊的成本差异，应通过“材料成本差异”科目核算。

（2）包装物业务的账务处理。企业购入、自制、委托外单位加工完成验收入库的包装物的核算，与原材料收入的核算基本相同，包装物的摊销方法与低值易耗品基本相同，也有一次转销法和分次摊销法两种。这里主要介绍包装物发出的账务处理。

① 生产领用的包装物。企业在生产过程中领用的包装物，用于包装产品构成产品组成部分的应计入产品成本，借记“生产成本”科目，贷记“周转材料——包装物”科目。

② 随同商品出售的包装物，分两种情况：随同商品出售而不单独计价的包装物，应于包装物发出时，计入销售费用中，即借记“销售费用”科目，贷记“周转材料——包装物”科目；随同商品出售且单独计价的包装物，应于销售发出时，视同材料销售处理，借记“其他业务成本”科目，贷记“周转材料——包装物”科目。销售收入记入“其他业务收入”科目。

【例 4-15】 丁公司为销售 B 产品领用单独计价的包装物一批，实际成本为 80 000 元，销售收入为 90 000 元，增值税为 14 400 元，款项已存入银行。

丁公司应做账务处理如下。

a. 销售 B 产品领用包装物时。

	借方	贷方
借：银行存款	104400	
贷：其他业务收入		90 000
应交税费——应交增值税（销项税额）		14 400

b. 结转包装物成本时。

	借方	贷方
借：其他业务成本	80 000	
贷：周转材料——包装物		80 000

若该公司为销售 B 产品领用不单独计价的包装物 8 000 元，则应如何做账务处理？

任务调研 2：请了解企业委托加工物资业务是如何产生的，相关的业务处理程序是怎样的。

二、委托加工物资

1. 委托加工物资概述

委托加工物资，是指企业现有的材料物资不能直接用于产品生产，需要被送到外单位进行加工的物资。

委托加工物资在加工过程中将会改变原有的实物形态，形成一种新的物资，此时必须重新对委托加工物资进行计价。其实际成本包括以下内容。

（1）加工中实际耗用物资的实际成本。

（2）支付的加工费及往返运杂费。

（3）支付的税金，包括应由委托加工物资成本负担的增值税和消费税。

为了核算和监督企业委托外单位加工的各种材料的实际成本，企业需要设置“委托加工物资”

科目。该科目属于资产类科目，借方登记委托加工物资的实际成本；贷方登记加工完成并验收入库物资的实际成本和退回物资的实际成本；期末借方余额，反映企业委托外单位加工但尚未加工完成物资的实际成本和发出加工物资的运杂费等。企业应按加工合同和受托加工单位设置明细科目，反映加工单位名称、加工合同号数，发出加工物资的名称、数量，发生的加工费和运杂费，退回剩余物资的数量、实际成本，以及加工完成物资的实际成本等资料，进行明细核算。

2. 委托加工物资业务的核算

（1）发出委托加工物资。企业委托外单位加工物资时，应按发出材料物资的实际成本，借记“委托加工物资”科目，贷记“原材料”科目。采用计划成本计价的企业，应按计划成本，借记“委托加工物资”科目，贷记“原材料”科目，同时结转材料成本差异，借记“委托加工物资”科目，贷记“材料成本差异”科目（实际成本小于计划成本时，用红字登记）。

（2）支付加工费、税金和运杂费。企业支付的加工费和往返运杂费，应计入委托加工物资成本，借记“委托加工物资”科目，贷记“银行存款”等科目。企业支付的增值税，应视不同情况进行处理：凡属加工物资用于应交增值税项目并取得增值税专用发票的一般纳税人，支付的增值税不计入加工物资的成本，而作为进项税额处理，支付时，借记“应交税费——应交增值税（进项税额）”科目，贷记“银行存款”科目；凡属加工物资用于非应纳增值税项目或免征增值税项目的，以及未取得增值税专用发票的一般纳税人和小规模纳税人的加工物资，应将支付的增值税计入加工物资的成本，支付时，借记“委托加工物资”科目，贷记“银行存款”科目。

（3）缴纳消费税。企业委托加工的应税消费品由受托方在向委托方交货时代收代缴税款，受托方通过“应交税费——应交消费税”账户核算。

对于委托加工应税消费品应由委托方缴纳的、由受托方代收代缴的消费税，应分下列情况进行处理：委托方委托加工的应税消费品收回后用于连续生产应税消费品的，所纳税款按规定准予抵扣；委托方将收回的应税消费品以不高于受托方的计税价格出售的，为直接出售，不再缴纳消费税；委托方以高于受托方的计税价格出售的，不属于直接出售，需按照规定申报缴纳消费税，在计税时准予扣除受托方已代收代缴的消费税。

（4）加工完成收回加工物资。对于委托加工物资被加工完毕收回后，应按加工收回物资的实际成本和剩余物资的实际成本，借记“原材料”“库存商品”等科目，贷记“委托加工物资”科目。

例题详见本书项目九的相关内容。

任务六 存货盘点核算

任务调研：请了解企业存货盘点业务是如何产生的，相关的业务处理程序是怎样的。

一、存货盘点概述

由于存货的种类繁多，收发频繁，在日常收发过程中可能发生计量错误、计算错误、自然损耗，还可能发生损坏变质以及贪污、盗窃等情况，造成账实不符，形成存货的盘盈、盘亏和毁损。对于存货的盘盈、盘亏和毁损，企业应及时填写有关存货盘点报告单，查明原因，按照规定程序报批处理。

为了及时反映企业在财产清查中查明的各种存货的盘盈、盘亏和毁损情况，企业应设置“待处理财产损溢”科目，借方登记存货的盘亏、毁损金额及盘盈的转销金额，贷方登记存货的盘盈金额及盘亏的转销金额。企业清查的各种存货损溢应在期末结账前处理完毕，期末处理后，本科目无余额。物资在运输途中发生的非正常短缺与损耗，也通过本科目核算。

二、存货盘盈和盘亏以及毁损业务的核算

1. 存货盘盈

企业发生存货的盘盈时，应及时办理入账手续，根据存货盘点报告表上所列示的盘盈数，调整存货科目的实存数，即借记“原材料”等科目，贷记“待处理财产损溢——待处理流动资产损溢”科目；其盘盈的存货，通常是由企业日常收发计量或计算上的差错所造成的，盘盈报经有关部门批准后，可冲减管理费用，即借记“待处理财产损溢——待处理流动资产损溢”科目，贷记“管理费用”等科目。

2. 存货盘亏和毁损

企业发生存货盘亏和毁损时，应按盘亏存货的账面价值、已提存货跌价准备，借记“待处理财产损溢——待处理流动资产损溢”“存货跌价准备”科目，按盘亏存货的账面余额，贷记“原材料”“库存商品”等科目，并按规定结转不能抵扣的增值税进项税额，借记“待处理财产损溢”科目，贷记“应交税费——应交增值税（进项税额转出）”科目。

提示　根据增值税法规定，因自然灾害发生损失的货物的进项税额准予抵扣，已抵扣的进项税额不必作为进项税额转出；而因非正常损失的购进货物的进项税额和非正常损失的在产品、产成品所耗用的购进货物或应税劳务的进项税额不准予从销项税额中抵扣。

在按管理权限报经批准后，应做账务处理如下：对属于自然损耗产生的定额损耗，借记“管理费用”科目；对于入库的残料价值，借记“原材料”等科目；对应由保险公司和过失人负责的赔款，借记“其他应收款”科目；扣除残料价值和应由保险公司、过失人赔款后的净损失，属于一般经营损失的部分，借记“管理费用”科目；属于非常损失的部分，借记“营业外支出——非常损失”科目，贷记“待处理财产损溢——待处理流动资产损溢”科目。

丁公司为一般纳税企业，适用的增值税税率为16%。在财产清查中发现毁损材料实际成本1 000 000元，原增值税进项税额160 000元。经查该材料的毁损是由企业管理不善所致，由保管员个人赔偿20 000元，残料估价80 000元已办理入库手续，净损失计入损益，则批准后正确的账务处理是（　　）。

A. 借记“原材料”科目80 000元　　B. 借记“其他应收款”科目20 000元

C. 借记“管理费用”科目1 060 000元　　D. 借记“营业外支出”科目1 060 000元

【项目列报】

本项目存货核算内容在资产负债表上是以“存货”这一总括项目列示的，如表4-5所示。

表4-5　存货项目在资产负债表上的信息列示　单位：元

资产	期末余额	年初余额	负债和所有者权益	期末余额	年初余额
流动资产：					
……					
存货［=“原材料”+“在途物资”+“材料采购”+“委托加工物资”+“周转材料”+“生产成本”+“库存商品”+（或-）“材料成本差异”+“发					

续表

资产	期末余额	年初余额	负债和所有者权益	期末余额	年初余额
出商品”+“委托代销商品”+“受托代销商品”-“受托代销商品款”-“存货跌价准备”+（或-）“商品进销差价”］					
……					

【拓展阅读】

《企业会计准则第1号——存货》《企业会计准则——基本准则》《企业会计准则——应用指南》《财政部　国家税务总局关于全面推开营业税改征增值税试点的通知》（财税〔2016〕36号）《关于印发〈增值税会计处理规定〉的通知》（财会〔2016〕22号）《关于调整增值税税率的通知》（财税〔2018〕32号）《企业内部控制应用指引第7号——采购业务》《企业内部控制应用指引第8号——资产管理》。

项目训练

一、单项选择题

1. 某企业采用先进先出法计算发出原材料的成本。2019年9月1日，甲材料结存200千克，每千克实际成本为300元；9月7日购入甲材料350千克，每千克实际成本为310元；9月21日购入甲材料400千克，每千克实际成本为290元；9月28日发出甲材料500千克。9月甲材料发出成本为（　　）元。

A. 145 000　　B. 150 000　　C. 153 000　　D. 155 000

2. 某企业采用先进先出法计算发出甲材料的成本，2019年2月1日，结存甲材料200千克，每千克实际成本100元；2月10日购入甲材料300千克，每千克实际成本110元；2月15日发出甲材料400千克。2月月末，库存甲材料的实际成本为（　　）元。

A. 10 000　　B. 10 500　　C. 10 600　　D. 11 000

3. 某企业采用月末一次加权平均法计算发出材料成本。2019年3月1日结存甲材料200件，单位成本40元；3月15日购入甲材料400件，单位成本35元；3月20日购入甲材料400件，单位成本38元；当月共发出甲材料500件。3月发出甲材料的成本为（　　）元。

A. 18 500　　B. 18 600　　C. 19 000　　D. 20 000

4. 某企业采用月末一次加权平均法计算发出原材料的成本。2019年2月1日，甲材料结存200千克，每千克实际成本为100元；2月10日购入甲材料300千克，每千克实际成本为110元；2月25日发出甲材料400千克。2月月末，甲材料的库存余额为（　　）元。

A. 10 000　　B. 10 500　　C. 10 600　　D. 11 000

5. 某企业对材料采用计划成本核算。月初结存材料计划成本为200万元，材料成本差异为节约20万元，当月购入材料一批，实际成本为135万元，计划成本为150万元，领用材料的计划成本为180万元。当月结存材料的实际成本为（　　）万元。

A. 153　　B. 162　　C. 170　　D. 187

6. 某企业材料采用计划成本核算。月初结存材料计划成本为130万元，材料成本差异为节约20万元。当月购入材料一批，实际成本为110万元，计划成本为120万元，领用材料的计划成本为 100 万元。该企业当月领用材料的实际成本为（　　）万元。

A. 88　　B. 96　　C. 100　　D. 112

7. 某企业原材料按实际成本进行日常核算。2019 年 3 月 1 日结存甲材料 300 千克，每千克实际成本为 20 元；3 月 15 日购入甲材料 280 千克，每千克实际成本为 25 元；3 月 31 日发出甲材料 200 千克。按先进先出法计算 3 月发出甲材料的实际成本为（　　）元。

A. 400　　B. 500　　C. 4 000　　D. 1 400

8. 甲工业企业为增值税一般纳税人。本期外购原材料一批，购买价格为 10 000 元，增值税为 1 600 元，入库前发生的挑选整理费用为 500 元。该批原材料的入账价值为（　　）元。

A. 10 000　　B. 11 600　　C. 10 500　　D. 12 200

9. 在物价不断上涨时期，一家公司若要使会计报表中的净收益最高，可以采用的存货计价方法为（　　）。

A. 加权平均法　　B. 先进先出法　　C. 移动加权平均法　　D. 个别计价法

10. 对存货采用先进先出法进行核算的企业，在物价持续上涨的情况下将会使企业（　　）。

A. 期末库存升高，当期损益增加　　B. 期末库存降低，当期损益减少

C. 期末库存升高，当期损益减少　　D. 期末库存降低，当期损益增加

11. 企业对应收账款计提的坏账准备应计入当期损益，并通过（　　）科目进行核算。

A. “管理费用”　　B. “营业费用”　　C. “财务费用”　　D. “资产减值损失”

12. A 企业为增值税小规模纳税人。A 企业购入甲材料 600 千克，每千克含税单价为 50 元，发生运杂费 2 000 元，运输途中发生合理损耗 10 千克，入库前发生挑选整理费用 450 元。另支付材料的保险费 2 000 元、包装物押金 3 000 元。该批甲材料的单位实际成本为（　　）元。

A. 50　　B. 50.85　　C. 54　　D. 58.39

13. 企业对于已记入“待处理财产损溢”科目的存货盘亏及毁损事项进行会计处理时，应计入管理费用的是（　　）。

A. 管理不善造成的存货净损失　　B. 自然灾害造成的存货净损失

C. 应由保险公司赔偿的存货损失　　D. 应由过失人赔偿的存货损失

14. 某企业 2019 年 3 月 31 日，乙存货的实际成本为 100 万元，加工该存货至完工产成品估计还将发生成本 20 万元，估计销售费用和相关税费为 2 万元，估计用该存货生产的产成品售价为 110 万元。假定乙存货月初“存货跌价准备”科目无余额，2019 年 3 月 31 日应计提的存货跌价准备为（　　）万元。

A. −10　　B. 0　　C. 10　　D. 12

15. 某企业采用成本与可变现净值孰低法对存货进行期末计价，成本与可变现净值按单项存货进行比较，2019 年 12 月 31 日，甲、乙、丙 3 种存货的成本与可变现净值分别为：甲存货成本 20 万元，可变现净值 16 万元；乙存货成本 24 万元，可变现净值 30 万元；丙存货成本 36 万元，可变现净值 30 万元。甲、乙、丙 3 种存货此前未计提存货跌价准备。假定该企业只有这 3 种存货，2019 年 12 月 31 日应补提的存货跌价准备总额为（　　）万元。

A. 0　　B. 4　　C. 10　　D. 6

二、多项选择题

1. 下列各项中，关于周转材料的会计处理表述正确的有（　　）。

A. 多次使用的包装物应根据使用次数分次进行摊销

B. 低值易耗品金额较小的可在领用时一次计入成本费用

C. 随同商品销售出借的包装物的摊销额应计入管理费用

D. 随同商品出售单独计价的包装物取得的收入应计入其他业务收入

2. 某企业为增值税一般纳税人，委托其他单位加工应税消费品，该产品收回后继续加工，下列各项中，应计入委托加工物资成本的有（　　）。

A. 发出材料的实际成本　　B. 支付给受托人的加工费

C. 支付给受托方的增值税　　D. 受托方代收代缴的消费税

3. 下列各项中，构成企业委托加工物资成本的有（　　）。

A. 加工中实际耗用物资的成本　　B. 支付的加工费用和保险费

C. 收回后直接销售物资的代收代缴消费税　　D. 收回后继续加工物资的代收代缴消费税

4. 下列各项中，关于企业存货的表述正确的有（　　）。

A. 对于存货应按照成本进行初始计量

B. 存货成本包括采购成本、加工成本和其他成本

C. 存货期末计价应按照成本与可变现净值孰低计量

D. 存货采用计划成本核算的，期末应将计划成本调整为实际成本

5. 下列与存货相关的会计处理的表述中，正确的有（　　）。

A. 应收保险公司存货损失赔偿款计入其他应收款

B. 资产负债表日存货应按成本与可变现净值孰低法计量

C. 按管理权限报经批准的盘盈存货价值冲减管理费用

D. 结转商品销售成本的同时转销其已计提的存货跌价准备

6. 下列项目中，一般纳税人应计入存货成本的有（　　）。

A. 购入存货支付的关税　　B. 商品流通企业采购过程中发生的保险费

C. 委托加工材料发生的增值税　　D. 自制存货生产过程中发生的直接费用

7. 下列项目中，应计入存货成本的有（　　）。

A. 商品流通企业在采购商品过程中发生的运输费

B. 非正常消耗的直接材料、直接人工和制造费用

C. 在生产过程中为达到下一个生产阶段所必需的费用

D. 存货的加工成本

8. 下列各项中，企业可以采用的发出存货成本计价方法有（　　）。

A. 先进先出法　　B. 移动加权平均法

C. 个别计价法　　D. 成本与可变现净值孰低法

9. 下列项目中，应计入材料采购成本的有（　　）。

A. 制造费用

B. 进口关税

C. 运输途中的合理损耗

D. 一般纳税人购入材料支付的可以抵扣的增值税

10. 企业对发出存货的实际成本进行确认的方法有（　　）。

A. 个别计价法　　B. 加权平均法　　C. 先进先出法　　D. 后进先出法

11. 下列各种物资中，应当作为企业存货核算的有（　　）。

A. 工程物资　　B. 低值易耗品　　C. 委托加工物资　　D. 委托代销商品

12. 实际工作中，影响存货入账价值的主要因素有（　　）。

A. 因自然灾害发生的直接材料、直接人工和制造费用

B. 为特定客户设计产品所发生的、可直接确定的设计费用

C. 采购过程中发生的运杂费

D. 存货采购入库后的储存费用（非生产阶段所必需的）

13. 坏账准备账户贷方登记（　　）。

A. 实际发生的坏账损失　　B. 冲减的坏账准备金

C. 当期计提的坏账准备　　D. 收回已确认并转销的应收款项

14. 满足存货确认的条件有（　　）

A. 存货包含的经济利益可能流入企业　　B. 存货包含的经济利益很可能流入企业

C. 存货成本能够计量　　D. 存货成本能够可靠计量

15. 存货通常包括的内容有（　　）。

A. 半成品　　B. 包装物　　C. 低值易耗品　　D. 商品

三、判断题

1. 企业采用计划成本对材料进行日常核算，应按月分摊发出材料应负担的成本差异，不应在季末或年末一次计算分摊。（　　）

2. 委托加工的物资收回后用于连续生产的，应将受托方代收代缴的消费税计入委托加工物资的成本。（　　）

3. 采用售价金额核算法核算库存商品时，期末结存商品的实际成本为本期商品销售收入乘以商品进销差价率。（　　）

4. 存货盘盈经批准后计入营业外收入。（　　）

5. 商品流通企业在采购商品过程中发生的运杂费等进货费用，应当计入存货采购成本。进货费用数额较小的，也可以在发生时直接计入当期费用。（　　）

6. 以前期间导致减记存货价值的影响因素在本期已经消失的，应在原已计提的存货跌价准备金额内恢复减记的金额。（　　）

7. 某企业月初库存材料 60 件，每件为 1 000 元，月中又购进两批，一次 200 件，每件 950 元，另一次 100 件，每件 1 046 元，则月末该材料的加权平均单价为 985 元。（　　）

8. 商品流通企业在采购商品过程中发生的运输费、装卸费、保险费以及其他可归属于存货采购成本的费用等进货费用，应当计入当期损益。（　　）

9. 某种酒类产品生产企业为使生产的酒达到规定的产品质量标准，而必须发生的仓储费用，应计入当期损益。（　　）

10. 企业将不能收回的应收账款确认为坏账损失时，应计入资产减值损失，并冲销相应的应收账款。（　　）

11. 在物价持续上涨时，发出成本偏高。（　　）

12. 随同商品出售并且单独计价的包装物，包装物的收入应与所销售的商品一同计入“主营业务收入”科目中。（　　）

13. 用于出售的材料通常以市场价格作为其可变现净值的计算基础。若该存货存在销售合同，则应以合同价格作为其可变现净值的计算基础。（　　）

14. 企业销售合同的标的物尚未生产出来，但有专门用于该标的物生产的原材料，其可变现净值应当以市场价格为计算基础。（　　）

15. 企业在确定存货的估计售价时应当以资产负债表日为基准，如果当月存货价格变动较大，则应当以当月该存货最高售价或资产负债表日最近几次售价的平均数，作为其估计售价的基础。（　　）

四、不定项选择题

1. 某工业企业为增值税一般纳税人，适用的增值税税率为 16%，采用月末一次加权平均法计算发出存货成本。2019 年 7 月 1 日库存 A 材料 100 吨，价值 77 905 元，当月购入 A 材料 4 000 吨，收到的增值税专用发票上注明的价款为每吨 800 元，增值税税额为 512 000 元。另发生运输费用 50 000 元（假定运费不考虑增值税），装卸费用 12 000 元，途中保险费用 13 900 元。上述款项均以银行存款支付。原材料验收入库时发现运输途中发生合理损耗 5 吨。本月生产甲产品领用 A 材料 2 000 吨，生产乙产品领用 A 材料 1 600 吨，建造自用办公楼领用 A 材料 400 吨。

要求：根据上述资料，回答下列（1）～（4）题。

（1）A 材料的单位采购成本是（　　）元/吨。

A. 818.975　　B. 818.6　　C. 820　　D. 819.62

（2）月末 A 材料的加权平均单价是（　　）元/吨。

A. 820　　B. 818　　C. 817.64　　D. 819

（3）建造自用办公楼，应计入在建工程的成本是（　　）元。

A. 383 292　　B. 327 600　　C. 32 800　　D. 383 760

（4）甲、乙两种产品领用 A 材料的会计分录是（　　）。

A. 借：生产成本——甲产品　　1 638 000
　　贷：原材料　　1 638 000

B. 借：生产成本——甲产品　　1 640 000
　　贷：原材料　　1 640 000

C. 借：生产成本——乙产品　　1 310 400
　　贷：原材料　　1 310 400

D. 借：生产成本——乙产品　　1 312 000
　　贷：原材料　　1 312 000

2. 甲企业为增值税一般纳税人，适用的增值税税率为 16%，采用实际成本进行材料日常核算。2019 年 12 月 1 日有关账户的期初余额如下。

在途物资	2 000 元
预付账款——D 企业	4 000 元
委托加工物资——B 企业	1 000 元
周转材料——包装物	2 500 元
原材料	400 000 元

（注："原材料"账户期初余额中包括上月月末材料已到但发票账单未到而暂估入账的 3 000 元。）

2019 年 12 月发生如下经济业务。

（1）1 日对上月月末暂估入账的原材料进行会计处理。

（2）3 日在途材料全部收到，验收入库。

（3）8 日从 A 企业购入材料一批，增值税专用发票上注明的货款为 25 000 元，增值税为 4 000 元，货物运输业增值税发票上注明的运费为 250 元，增值税为 25 元。全部货款已用转账支票付讫，材料验收入库。

（4）10 日收到委托 B 企业加工的包装物，并验收入库，入库成本为 1 000 元。

（5）13 日持银行汇票 100 000 元从 C 企业购入材料一批，增值税专用发票上注明的货款为 75 000 元，增值税为 12 000 元，货物运输业增值税发票上注明的运费为 250 元，增值税为 25 元，材料已验收入库。甲企业收回剩余票款并存入银行。

（6）18 日收到上月月末估价入账的材料发票账单，增值税专用发票上注明的货款为 2 500 元，增值税为 400 元，开出银行承兑汇票承付。

（7）22 日收到 D 企业发运来的材料，并验收入库。增值税专用发票上注明的货款为 4 000 元，增值税为 640 元，货物运输业增值税发票上注明的运费为 320 元，增值税为 32 元。为购买该批材料上月曾预付货款 4 000 元，收到材料后用银行存款补付余款。

（8）31 日根据“发料凭证汇总表”得出，12 月基本生产车间领用材料 180 000 元，辅助生产车间领用材料 100 000 元，车间管理部门领用材料 15 000 元，企业行政管理部门领用材料 5 000 元。

（9）31 日结转本月随同产品出售不单独计价的包装物的成本 3 000 元。

要求：根据上述资料，回答下列（1）～（4）题。

（1）根据资料（1）～（3），下列说法中正确的有（　　）。

A. “应付账款”科目减少 3 000 元

B. “原材料”科目增加 27 250 元

C. “原材料”科目增加 20 000 元

D. 对于尚未收到发票账单的收料凭证，月末应先暂估入账，下月期初做相反分录冲回

（2）根据资料（4）～（6），下列说法中正确的有（　　）。

A. “周转材料”科目增加 1 000 元　　B. “委托加工物资”科目减少 1 000 元

C. “应付票据”科目减少 2 900 元　　D. “应付票据”科目增加 2 900 元

（3）根据资料（8）和资料（9），下列说法中正确的有（　　）。

A. “管理费用”科目的发生额是 20 000 元

B. “基本生产成本”科目的发生额是 180 000 元

C. “辅助生产成本”科目的发生额是 100 000 元

D. “制造费用”科目的发生额是 115 000 元

（4）甲企业 12 月月末原材料账户的期末余额是（　　）元。

A. 206 320　　B. 207 320　　C. 204 320　　D. 206 820

五、实务题

1. 对不定项选择题第 2 题的相关经济业务进行账务处理。

2. 某工业企业为增值税一般纳税人，材料按计划成本计价核算。甲材料计划单位成本为 10 元。该企业 2019 年 5 月有关资料如下。

（1）“原材料”账户月初余额为 40 000 元，“材料成本差异”账户月初贷方余额为 500 元，“材料采购”账户月初借方余额为 10 600 元（上述账户核算的均为甲材料）。

（2）5 月 5 日，企业上月已付款收到发票但未验收入库的甲材料 1 000 千克如数收到，已验收入库。

（3）5 月 15 日，从外地 A 公司购入甲材料 6 000 千克，增值税专用发票上注明的材料价款为 59 000 元，增值税 9 440 元，企业已用银行存款支付上述款项，材料尚未到达。

（4）5 月 20 日，从 A 公司购入的甲材料到达，验收入库时发现短缺 40 千克，经查明为途中定额内自然损耗。按实收数量验收入库。

（5）5 月 30 日，汇总本月发料凭证，本月共发出甲材料 7 000 千克，全部用于产品生产。

要求：根据上述业务进行相应的账务处理，并计算本月材料成本差异率、本月发出材料应负担的成本差异及月末库存材料的实际成本。

3. 甲企业委托乙企业加工应税消费品 A 材料，收回后的 A 材料用于继续生产应税消费品 B

产品，适用的消费税税率均为 10%；甲、乙两企业均为增值税一般纳税人，适用的增值税税率均为 16%。甲企业对原材料按实际成本进行核算。有关资料如下。

（1）2019 年 11 月 2 日，甲企业发出委托加工材料一批，实际成本为 620 000 元。

（2）2019 年 12 月 20 日，甲企业以银行存款支付乙企业加工费 100 000 元（不含增值税）以及相应的增值税和消费税。

（3）2019 年 12 月 25 日，甲企业以银行存款支付往返运杂费 20 000 元。

（4）2019 年 12 月 31 日，A 材料加工完成，已收回并验收入库。甲企业收回的 A 材料用于生产合同所需的 B 产品 1 000 件，B 产品合同价格为 1 200 元/件。

（5）2019 年 12 月 31 日，库存 A 材料的预计市场销售价格为 70 万元，加工成 B 产品估计至完工尚须发生加工成本 50 万元，预计销售 B 产品所需的税金及费用为 5 万元，预计销售库存 A 材料所需的销售税金及费用为 2 万元。

要求：（1）进行甲企业委托加工材料的有关账务处理。

（2）计算甲企业 2019 年 12 月 31 日对该存货应计提的存货跌价准备，并进行有关账务处理。

项目五 金融资产核算

学习要点

- 金融资产的分类
- 交易性金融资产业务的核算
- 债权投资业务的核算
- 其他债权投资业务的核算
- 其他权益工具投资业务的核算
- 金融资产项目的列示

关键术语

- 金融资产（Financial Assets）
- 交易性金融资产（Trading Financial Assets）
- 债权投资业务（Debt investment business）
- 其他债权投资业务（Other debt investment businesses）
- 其他权益工具投资业务（Other equity instruments investnent business）
- 实际利率法（Effective Interest Method）

【项目引入及要求】

1. 项目引入

2019 年 1 月，假设您到丙股份有限责任公司进行顶岗实习。2019 年发生下列相关业务。

（1）2019 年 2 月 1 日，丙公司以银行存款购入甲公司股票 50 000 股，并准备随时变现，每股买价 15 元，同时支付相关税费 3 000 元。3 月 20 日甲公司宣告发放的现金股利每股 0.5 元。3 月 21 日又购入甲公司股票 60 000 股，并准备随时变现，每股买价 18.5 元（其中包含已宣告发放尚未支取的股利每股 0.5 元），同时支付相关税费 5 000 元。4 月 25 日收到甲公司发放的现金股利 25 000 元。6 月 30 日甲公司股票市价为每股 16.5 元。8 月 18 日该公司以每股 17.5 元的价格转让甲公司股票 60 000 股，扣除相关税费 5 000 元，实得金额为 1 045 000 元。12 月 31 日甲公司股票市价为每股 18 元。

（2）2019 年 1 月 1 日，丙公司支付价款 1 000 000 元（含交易费用）从上海证券交易所购入 A 公司同日发行的 5 年期公司债券 12 500 份，债券票面价值总额为 1 250 000 元，票面年利率为 4.72%，于年末支付本年度债券利息（即每年利息为 59 000 元），本金在债券到期时一次性偿还。合同约定：A 公司在遇到特定情况时可以将债券赎回，且不需要为提前赎回支付额外款项。丙公司在购买该债券时，预计 A 公司不会提前赎回。丙公司有意图也有能力将该债券持有至到期，划分为持有至到期投资。实际利率为 10%。

2. 项目要求

（1）请熟悉本项目内容在资产负债表中的位置。

金融资产，是一切可以在有组织的金融市场上进行交易、具有现实价格和未来估价的金融工具的总称。金融资产的最大特征是能够在市场交易中为其所有者提供即期或远期的货币收入流量。如表 5-1 所示。

表 5–1　　本项目内容在资产负债表中的信息列示

资产	负债和所有者权益
流动资产：	
……	
交易性金融资产	
……	
其他应收款	
……	
非流动资产：	
债权投资	
其他债权投资	
……	
其他权益工具投资	
……	

（2）请根据本项目内在知识点的逻辑关系，制作本项目思维导图。

（3）请搜集与本项目有关的企业真实案例。

（4）学完本项目，请您完成项目引入中丙公司上述金融资产业务的账务处理，掌握金融资产业务的核算方法。

（5）学完本项目，请您了解报表中“交易性金融资产”“债权投资”“其他债权投资”“其他权益工具投资”项目是如何填列的。

任务一 金融资产认知

任务调研：请了解《企业会计准则第22号——金融工具确认和计量》（2017年修订）。

一、投资概述

投资是企业为了获得收益或实现资本增值向被投资单位投放资金的经济行为，通常指企业为通过分配来增加财富，或为谋求其他利益，而将资产让渡给其他单位所获得的另一项资产。投资有广义和狭义之分，广义的投资是指企业对内、对外的各项投资活动，对外投资主要有债券投资、股票投资和其他股权投资等形式，对内投资则包括固定资产投资、无形资产投资等；狭义的投资仅包括权益性证券投资和债权性证券投资等对外投资。本项目涉及的投资仅指对外投资。

企业开展对外投资活动，通常要达到以下目的：一是有效利用暂时闲置的资金，以获取一定的经济利益；二是为了影响或控制其他企业的经营与财务政策，以保证本企业正常经营业务的顺利进行和经营规模的扩大；三是为了积累整笔巨额资金，为满足企业未来某些特定用途做准备。对外采取的投资形式有：一是将企业的部分资产转让给其他单位使用，由其创造效益后，通过分配收益，或改善贸易关系等达到获取利益的目的；二是将现金、实物资产让渡给其他单位或直接投资股票、债券等金融资产，通过金融资产的买卖使资本增值。

为了更好地体现管理部门的目的和意图，便于加强对投资的管理，恰当地组织对投资业务的核算，首先应按一定标准将投资分为以下几类。

（1）以公允价值计量且其变动计入当期损益的金融资产。此类金融资产又可进一步分为交易性金融资产和直接指定为以公允价值计量且其变动计入当期损益的金融资产。

（2）债权投资。其主要是指到期日固定、回收金额固定或可确定，且企业有明确意图和能力持有至到期的非衍生金融资产。

（3）贷款和应收款项。贷款主要是指金融企业发放的贷款；应收款项是一般企业销售商品或提供劳务等所形成的。

（4）其他债权投资（债券类）和其他权益工具投资（股票类）。其通常是指企业没有划分为以公允价值计量且其变动计入当期损益的金融资产、持有至到期投资、贷款和应收款项的金融资产。如购入的在活跃市场上有报价的股票、债券等，企业基于风险管理需要且有意图将其作为可供出售金融资产的，可划分为此类。

（5）长期股权投资。其主要是指通过投资取得被投资单位的股份，通常为长期持有，并期望通过股权投资达到控制被投资单位，或对被投资单位施加影响，或为了与被投资单位建立密切关系，以分散经营风险。这类投资通常具有投资大、期限长、风险大以及能为企业带来较大利益等特点。

二、金融资产及其分类

金融资产，是与实物资产对应而言的，它是指单位或个人所拥有的以价值形态存在的资产，是一种无形的、索取实物资产的权利，是一切可以在有组织的金融市场上进行交易、具有现实价格和未来估价的金融工具的总称。金融资产的最大特征是能够在市场交易中为其所有者提供即期或远期的货币收入流量。

尽管金融市场的存在并不是金融资产创造与交易的必要条件，但大多数国家经济中金融资产还是在相应的金融市场上交易的。企业的金融资产主要包括库存现金、应收账款、应收票据、应收利息、应收股利、其他应收款、贷款、垫款、债权投资、股权投资、基金投资、衍生金融资产等。

因此，上述投资业务形成的资产，又可以进一步细分为金融资产和非金融资产。其中，在取得时作为金融资产进行初始确认的有：①以公允价值计量且其变动计入当期损益的金融资产，除了交易性金融资产（持有准备近期出售赚取差价的）和直接指定为以公允价值计量且其变动计入当期损益的金融资产外，还包括金融资产中的衍生工具；②债权投资；③贷款和应收款项；④其他债权投资和其他权益工具投资。

提示　划分为第一类的金融资产不可重分类为其他3类，其他3类也不可重分类为第一类，只有第二类和第四类在特定条件下可重分类。除遇到一些特殊无法控制的情况外，如果企业将持有至到期投资在到期前处置或重分类的，则应将剩余债权投资全部重分类为其他债权资产，并在2年内不得再将金融资产分类为债权投资。

任务二　交易性金融资产核算

任务调研：请了解企业交易性金融资产业务是如何产生的，相关的业务处理程序是怎样的。

一、交易性金融资产概述

1. 交易性金融资产的确认

交易性金融资产主要是指企业为了近期内出售而持有的金融资产，如企业以赚取差价为目的从二级市场购入的股票、债券和基金等。判断一项金融资产是否为交易性金融资产，主要考虑是否满足以下3个条件：投资目的，在活跃市场有无报价和公允价值能否可靠计量，如投资的目的是利用生产经营过程的暂时闲置资金取得一定的收益；当企业急需资金时可快速兑现；准备在近期内出售、回收金额固定或不确定而从二级市场购入的股票、债券、基金等，应当将其确认为交易性金融资产。

2. 交易性金融资产的计量

交易性金融资产由于在活跃市场上有报价且持有时间较短，取得和持有期间均应当按照公允价值计量，公允价值变动计入当期损益。而发生的交易费用（包括可直接归属于购买、发行或处置金融工具新增的外部费用，支付给代理机构、咨询公司、券商等的手续费和佣金及其他必要支出）则直接计入当期损益。

3. 交易性金融资产业务核算的科目设置

为了核算交易性金融资产的取得及现金股利或利息的收取、处置等业务，企业应当设置“交易性金融资产”“公允价值变动损益”“投资收益”等科目。

（1）“交易性金融资产”科目。该科目属于资产类，核算企业为交易目的所持有的债券投资、股票投资、基金投资等交易性金融资产的公允价值。企业持有的直接指定为以公允价值计量且其变动计入当期损益的金融资产也在“交易性金融资产”科目核算。本科目的借方登记交易性金融资产的取得成本、资产负债表日其公允价值高于账面余额的差额等；贷方登记资产负债表日其公允价值低于账面余额的差额，以及企业出售交易性金融资产时结转的成本和公允价值变动损益。“交易性金融资产”科目应当按照交易性金融资产的类别和品种，分别设置“成本”“公允价值变动”等明细科目进行明细分类核算。

（2）“公允价值变动损益”科目。该科目属于损益类科目，核算企业交易性金融资产等公允价值变动而形成的应计入当期损益的利得或损失，贷方登记资产负债表日企业持有的交易性金融资产等的公允价值高于账面余额的差额；借方登记资产负债表日企业持有的交易性金融资产等的公允价值低于账面余额的差额。期末，应将该科目的余额转入“本年利润”科目，结转后该科目无余额。

（3）“投资收益”科目。该科目属于损益类，核算企业对外投资所发生的损益。贷方登记在持有交易性金融资产等投资资产期间取得的投资收益，以及处置交易性金融资产等投资资产实现的投资收益；借方登记在持有交易性金融资产等投资资产期间发生的投资损失，以及企业在对外投资活动中发生的交易费用等。期末，应将该科目余额转入“本年利润”科目，结转后该科目无余额。

二、交易性金融资产业务的核算

1. 交易性金融资产的取得

企业取得交易性金融资产时，应按公允价值计量。取得交易性金融资产所支付的价款中包含的已宣告但尚未发放的现金股利或已到付息期但尚未领取的债券利息，不应单独确认为应收项目，而应当构成交易性金融资产的初始入账金额。

企业取得交易性金融资产所发生的相关交易费用应当在发生时计入当期损益，作为投资收益进行会计处理，发生交易费用取得增值税专用发票的，进项税额经认证后可从当月销项税额中扣除。交易费用是指可直接归属于购买、发行或处置金融工具的增量费用。增量费用是指企业没有发生购买、发行或处置金融工具的情形就不会发生的费用，包括支付给代理机构、咨询公司、券商、证券交易所、政府有关部门等的手续费、佣金、相关税费以及其他必要支出，不包括债券溢价、折价、融资费用、内部管理成本和持有成本等与交易不直接相关的费用。

企业当购入交易性金融资产时，应当按照该金融资产取得时的其公允价值，借记“交易性金融资产——成本”科目；按支付的相关交易费用，借记“投资收益”科目，发生交易费用取得增值税专用发票的；按其注明的增值税进项税额，借记“应交税费——应交增值税（进项税额）”科目；按企业所支付的价款总额，贷记“其他货币资金——存出投资款”或“银行存款”等科目。

【例 5-1】2019 年 3 月 20 日，甲公司从上海证券交易所支付 790 000 元购入 A 公司股票 50 000 股，短期持有，每股价格 15.8 元，另发生交易费用 4 600 元，取得的增值税专用发票上注明的增值税税额为 276 元。甲公司将持有的 A 公司股票划分为交易性金融资产。

甲公司应做账务处理如下。

购入 A 公司股票时。

借：交易性金融资产——成本　　790 000
　　投资收益　　4 600
　　应交税费——应交增值税（进项税额）　　276
　　贷：其他货币资金——存出投资款　　794 876

【例 5-2】2019 年 1 月 1 日，甲公司从深圳证券交易所支付 1 050 000 元（含已到付息期但尚未领取的利息 50 000 元）购入 B 公司发行的债券，另发生交易费用 5 000 元，取得的增值税专用发票上注明的增值税税额为 300 元。该债券面值 1 000 000 元，剩余期限 1 年，票面利率为 10%，每半年付息一次，甲公司将其划分为交易性金融资产。

甲公司应做账务处理如下。

甲公司购入B公司债券时。

借：交易性金融资产——成本　　1 050 000

　　投资收益　　5 000

　　应交税费——应交增值税（进项税额）　　300

　　贷：其他货币资金——存出投资款　　1 055 300

2．交易性金融资产的持有

（1）交易性金融资产的现金股利和利息。企业持有交易性金融资产期间，对于被投资单位宣告发放的现金股利或企业在资产负债表日按分期付息、一次还本债券投资的票面利率计算的利息收入，应当确认为投资收益。按相应金额，借记“应收股利”或“应收利息”科目，贷记“投资收益”科目。

【例5-3】 承接【例5-1】，2019年8月15日，A公司宣告上半年股利分配方案为每股支付现金股利0.60元，股利将于8月25日支付。

光明公司应做账务处理如下。

① A公司8月15日宣告分派股利时。

借：应收股利——A公司　　30 000

　　贷：投资收益　　30 000

② 8月25日收到现金股利时。

借：其他货币资金——存出投资款　　30 000

　　贷：应收股利——A公司　　30 000

【例5-4】 承接【例5-2】，2019年7月25日收到B公司派发的2019年上半年的债券利息。

甲公司应做账务处理如下。

① 6月30日，计算应收取B公司上半年的债券利息收入。

借：应收利息——B公司　　50 000

　　贷：投资收益　　50 000

② 7月25日实际收到时。

借：银行存款　　50 000

　　贷：应收利息——B公司　　50 000

（2）交易性金融资产的期末计量。资产负债表日，交易性金融资产应当按照公允价值计量，公允价值与账面余额之间的差额计入当期损益。当公允价值高于账面余额时，借记“交易性金融资产——公允价值变动”科目，贷记“公允价值变动损益”科目；若资产负债表日，公允价值低于账面余额，则做相反分录。

【例5-5】 承接【例5-1】，甲公司持有的A公司股票2019年6月30日每股市价为17元。

甲公司2019年6月30日应做账务处理如下。

① 确认该股票的公允价值变动损益。

借：交易性金融资产——公允价值变动　　60 000

　　贷：公允价值变动损益　　60 000

② 将公允价值变动损益转入当期损益。

借：公允价值变动损益　　60 000

　　贷：本年利润　　60 000

【例5-6】 承接【例5-2】，2019年6月30日，甲公司持有的B公司债券的市价为1 200 000元（其中含上半年利息50 000元）。

甲公司 2019 年 6 月 30 日应做账务处理如下。

① 计算上半年利息收入。

借：应收利息——C 公司　　50 000
　　贷：投资收益　　50 000

② 确认该债券的公允价值变动损失。

借：公允价值变动损益　　100 000
　　贷：交易性金融资产——公允价值变动　　100 000

③ 将公允价值变动损失转入当期损益。

借：本年利润　　100 000
　　贷：公允价值变动损益　　100 000

3．交易性金融资产的出售

企业出售交易性金融资产时，应当将该金融资产出售时的公允价值与其账面余额之间的差额确认为投资收益进行会计处理，同时，将原计入公允价值变动损益的该金融资产的公允价值变动转出，由公允价值变动损益转为投资收益。企业应按出售交易性金融资产实际收到的金额，借记“银行存款”或“其他货币资金”科目，按照该金融资产的账面余额的成本部分，贷记“交易性金融资产——成本”科目，按照该金融资产的账面余额的公允价值变动部分，贷记或借记“交易性金融资产——公允价值变动”科目，按其差额，贷记或借记“投资收益”科目。同时，将原计入该金融资产的公允价值变动转出，借记或贷记“公允价值变动损益”科目，贷记或借记“投资收益”科目。

【例 5-7】 乙公司 2019 年 1 月 1 日以存出投资款购入 D 公司股票 10 000 股，当时每股市价 5 元，发生的交易费用为 800 元；3 月 31 日，市价为每股 6 元；6 月 30 日，市价为每股 4.5 元；7 月 12 日将手中持有的 D 公司股票全部出售，售价为每股 7.5 元。

乙公司应做账务处理如下。

（1）2019 年 1 月 1 日购入时。

借：交易性金融资产——成本　　50 000
　　投资收益　　800
　　贷：其他货币资金——存出投资款　　50 800

（2）2019 年 3 月 31 日期末计量时。

借：交易性金融资产——公允价值变动　　10 000
　　贷：公允价值变动损益　　10 000

（3）2019 年 6 月 30 日期末计量时。

借：公允价值变动损益　　15 000
　　贷：交易性金融资产——公允价值变动　　15 000

（4）2019 年 7 月 12 日出售时。

借：其他货币资金——存出投资款　　75 000
　　交易性金融资产——公允价值变动　　5 000
　　贷：交易性金融资产——成本　　50 000
　　　　投资收益　　30 000

同时，结转已实现的公允价值变动损益。

借：投资收益　　30 000
　　贷：公允价值变动损益　　30 000

4. 转让金融商品应交增值税

金融商品转让按照卖出价扣除买入价（不需要扣除已宣告未发放现金股利和已到付息期未领取的利息）后的余额作为销售额计算增值税，即转让金融商品以盈亏相抵后的余额为销售额。若相抵后出现负差，可结转下一纳税期与下期转让金融商品销售额互抵，但年末时仍出现负差的，不得转入下一会计年度。

转让金融资产当月月末，如产生转让收益，则按应纳税额，借记“投资收益”等科目，贷记“应交税费——转让金融商品应交增值税”科目；如产生转让损失，则按可结转下月抵扣税额，借记“应交税费——转让金融商品应交增值税”科目，贷记“投资收益”等科目。

年末，如果“应交税费——转让金融商品应交增值税”科目有借方余额，说明本年度的金融商品转让损失无法弥补，且本年度的金融资产转让损失不可转入下年度继续抵减转让金融资产的收益，因此，借记“投资收益”等科目，贷记“应交税费——转让金融商品应交增值税”科目，将“应交税费——转让金融商品应交增值税”科目的借方余额转出。

【例 5-8】 承接【例 5-7】，计算该项业务转让金融商品应交增值税。

转让金融商品应交增值税=（75 000−50 000）/（1+6%）×6%=1 415.09（元）。

乙公司应编制如下会计分录。

借：投资收益　　1 415.09

　贷：应交税费——转让金融商品应交增值税　　1 415.09

任务三 债权投资

任务调研：请了解企业债权投资业务是如何产生的，相关的业务处理程序是怎样的。

一、债权投资概述

1. 债权投资的确认

在确认债权投资时，应主要考虑其特征：一是到期日固定、回收金额固定或可确定；二是有明确意图持有至到期；三是有能力持有至到期。企业应当于每个资产负债表日对债权投资的意图和能力进行评价。发生变化的，如企业将债权投资在到期前处置或重分类，通常表明其违背了将投资持有至到期的最初意图。影响金额较大的则应当将其重分类为其他债权投资（债券类）和其他权益工具投资（股票类）进行处理。

2. 债权投资的计量

企业取得债权投资时，应当以历史成本即取得时的公允价值（含相关交易费用）进行初始计量，而在持有期间则应当采用实际利率法，按摊余成本进行后续计量。

（1）实际利率法。实际利率法是指按照金融资产（含一组金融资产，下同）的实际利率计算其摊余成本及各期利息收入的方法。

其中，实际利率是指将金融资产在预期存续期间或适用的更短期间内的未来现金流量，折现为该金融资产当前账面价值所使用的利率。

例如，甲公司 2019 年 1 月 1 日支付价款 1 000 万元（含交易费用）从活跃市场上购入某公司 5 年期债券，面值 1 250 万元，票面利率 4.72%，按年支付利息（即每年利息为 59 万元），本金最后一次支付。计算实际利率 i。

$59\times(1+i)^{-1}+59\times(1+i)^{-2}+59\times(1+i)^{-3}+59\times(1+i)^{-4}+(59+1\,250)\times(1+i)^{-5}=1\,000$（万元），由此得出 i=10%。

（2）企业在初始确认以摊余成本计量的金融资产时，就应当计算确定实际利率，并在相关金融资产预期存续期间或适用的更短期间内保持不变。

金融资产的摊余成本，是指该金融资产的初始确认金额经下列调整后的结果：①扣除已偿还的本金；②加上或减去采用实际利率将该初始确认金额与到期金额之间的差额进行摊销形成的累计摊销额；③扣除已发生的减值损失。

提示　实际利率法在《新企业会计准则第 4 号——固定资产》《新企业会计准则第 6 号——无形资产》《企业会计准则第 13 号——或有负债》《企业会计准则第 14 号——收入》《企业会计准则第 17 号——借款费用》《企业会计准则第 21 号——租赁》和《企业会计准则第 22 号——金融工具确认和计量》等众多企业会计准则中广泛运用。企业会计准则规定，企业的金融资产或金融负债只要存在信用会计期间，且具有递延融资性质，往往都要采用实际利率法对金融资产或金融负债进行折现。其主要目的是为了更加客观地反映金融资产或金融负债的账面价值，切实提高会计信息的可靠性和相关性。

3．债权投资业务核算的科目设置

为了核算和监督债权投资的取得、收取利息、减值以及处置等业务，企业应设置“债权投资”“投资收益”“债权投资减值准备”等科目。其中，“债权投资”科目属于资产类科目，核算企业债权投资的摊余成本。借方登记取得金融资产的投资成本、应计利息与相关的利息调整；贷方登记金融资产的出售及转入其他债权投资；期末借方余额，反映企业债权投资的摊余成本。该科目应当按照债权投资的类别和品种，分别“成本”“利息调整”“应计利息”等进行明细核算。

“债权投资减值准备”科目核算企业债权投资的减值准备。该科目是“债权投资”的备抵账户，贷方登记资产负债表日计提的债权投资减值准备；借方登记已计提减值准备的债权投资价值以后又得以恢复，在原已计提的减值准备金额内恢复增加的金额；期末贷方余额反映企业已计提但尚未转销的债权投资减值准备。该科目可按债权投资类别和品种进行明细核算。

二、债权投资的核算

1．债权投资的取得

债权投资取得时，企业应当以公允价值和相关交易费用之和为初始入账金额。实际支付的价款中包含的已到付息期但尚未领取的债券利息，不再单独确认为应收项目，而是计入债权投资的初始入账金额。企业取得债权投资时，按该债券的面值，借记“债权投资——成本”科目，按实际支付的金额，贷记“银行存款”等科目，按其差额，借记或贷记“债权投资——利息调整”科目。

【例 5-9】 甲公司 2019 年 1 月 1 日，支付价款 1 000 万元（含交易费用）从活跃市场上购入 B 公司发行的 5 年期债券，面值 1 250 万元，票面利率 4.72%，按年支付利息，本金到期一次支付。合同约定，该债券的发行方在遇到特定情况时可将债券赎回，且不需要为提前赎回支付额外款项。甲公司在购买该债券时，预计发行方不会提前赎回。不考虑其他相关因素。

2019 年 1 月 1 日购入时，甲公司应做账务处理如下。

科目	借方	贷方
借：债权投资——成本	12 500 000	
贷：银行存款		10 000 000
债权投资——利息调整		2 500 000

2．债权投资的持有

（1）债权投资的利息收入。在资产负债表日，债权投资为分期付息、一次还本债券投资的，应按票面利率计算确定的应收未收的利息，借记“应收利息”科目，按债权投资摊余成本和实际利率计算确定的利息收入，贷记“投资收益”科目，按其差额，借记或贷记“债权投资——利息调整”科目。

债权投资为一次还本付息债券投资的，应于资产负债表日按票面利率计算确定的应收未收的利息，借记“债权投资——应计利息”科目，按债权投资摊余成本和实际利率计算确定的利息收入，贷记“投资收益”科目，按其差额，借记或贷记“债权投资——利息调整”科目。

【例 5-10】 承接【例 5-9】，计算实际利率，并进行相应的账务处理。

计算实际利率 i。

$59\times(1+i)^{-1}+59\times(1+i)^{-2}+59\times(1+i)^{-3}+59\times(1+i)^{-4}+(59+1\,250)\times(1+i)^{-5}=1\,000$（万元），由此得出 i=10%。表 5-2 为采用实际利率和摊余成本计算确定的利息收入。

表 5–2　　采用实际利率和摊余成本计算确定利息收入　　单位：元

年份	期初摊余成本（*A*）	实际利息（*B*）（按 10%计算）	应收利息（*C*）	利息调整摊销（*D*=*B*−*C*）	期末摊余成本（*E*=*A*+*D*）
2019	10 000 000	1 000 000	590 000	410 000	10 410 000
2020	10 410 000	1 041 000	590 000	451 000	10 861 000
2021	10 861 000	1 086 100	590 000	496 100	11 357 100
2022	11 357 100	1 135 710	590 000	545 710	11 902 810
2023	11 902 810	1 187 190	590 000	597 190	12 500 000

甲公司应做账务处理如下。

① 2019 年 12 月 31 日，确认实际利息收入，收到票面利息时。

借：应收利息　　590 000
　　债权投资——利息调整　　410 000
　　贷：投资收益　　1 000 000
借：银行存款　　590 000
　　贷：应收利息　　590 000

② 2020 年 12 月 31 日，确认实际利息收入，收到票面利息时。

借：应收利息　　590 000
　　债权投资——利息调整　　451 000
　　贷：投资收益　　1 041 000
借：银行存款　　590 000
　　贷：应收利息　　590 000

③ 2021 年 12 月 31 日，确认实际利息收入，收到票面利息时。

借：应收利息　　590 000
　　债权投资——利息调整　　496 100
　　贷：投资收益　　1 086 100
借：银行存款　　590 000
　　贷：应收利息　　590 000

④ 2022 年 12 月 31 日，确认实际利息收入，收到票面利息时。

借：应收利息　　590 000
　　债权投资——利息调整　　545 710
　　贷：投资收益　　1 135 710
借：银行存款　　590 000

贷：应收利息 590 000

⑤ 2023 年 12 月 31 日，确认实际利息收入，收到票面利息时。

借：应收利息 590 000
　　债权投资——利息调整 597 190
　　贷：投资收益 1 187 190
借：银行存款 590 000
　　贷：应收利息 590 000
借：银行存款 12 500 000
　　贷：债权投资——成本 12 500 000

若上例甲公司购买的 B 公司债券不是分次付息，而是到期一次还本付息，且利息不以复利计算，则甲公司所购买的债券的实际利率 i 的计算如下。

（59+59+59+59+59+1 250）×（$1+i$）$^{-5}$=1 000，

由此得出 i=9.05%。

据此，调整表 5-2 中相关数据后，如表 5-3 所示，请完成表 5-3。

表 5-3　　采用实际利率和摊余成本计算确定利息收入　　单位：元

年份	期初摊余成本（A）	实际利息（B）（按 9.05%计算）	应计利息（C）	利息调整摊销（$D=B-C$）	期末摊余成本（$E=A+B$）
2019	10 000 000	905 000	590 000	315 000	10 905 000
2020	10 905 000	986 902.5	590 000	396 902.50	11 891 902.50
2021	11 891 902.50	1 076 217.18	590 000	486 217.18	12 968 119.68
2022	12 968 119.68	1 173 614.83	590 000	583 614.83	14 141 734.51
2023	14 141 734.51	1 308 265.49	590 000	718 265.49	15 450 000

甲公司应如何进行相应的账务处理呢？

① 2019 年 1 月 1 日购入时。

借：债权投资——成本 12 500 000
　　贷：银行存款 10 000 000
　　　　债权投资——利息调整 2 500 000

② 2019 年 12 月 31 日，确认实际利息收入，收到票面利息时。

借：债权投资——应计利息 590 000
　　　　　　——利息调整 315 000
　　贷：投资收益 905 000

③ 2020 年 12 月 31 日，确认实际利息收入，收到票面利息时。

借：债权投资——应计利息 590 000
　　　　　　——利息调整 396 900
　　贷：投资收益 986 900

④ 2021 年 12 月 31 日，确认实际利息收入，收到票面利息时。

借：债权投资——应计利息 590 000
　　　　　　——利息调整 486 200
　　贷：投资收益 1 076 200

⑤ 2022 年 12 月 31 日，确认实际利息收入，收到票面利息时。

借：债权投资——应计利息 590 000
　　　　　　——利息调整 583 600

贷：投资收益 1 173 600

⑥ 2023 年 12 月 31 日，确认实际利息收入，收到票面利息时。

借：债权投资——应计利息 590 000

——利息调整 718 300

贷：投资收益 1 308 300

借：银行存款 15 450 000

贷：债权投资——成本 12 500 000

——应计利息 2 950 000

（2）债权投资的减值。根据《企业会计准则——金融工具确认与计量》规定，企业应当在资产负债表日对以公允价值计量且其变动计入当期损益的金融资产以外的金融资产（含单项金融资产或一组金融资产，下同）的账面价值进行检查，有客观证据表明该金融资产发生减值的，应当计提减值准备。因此，企业对债权投资应于资产负债表日进行减值测试。

企业对单项金额重大的金融资产应当单独进行减值测试，如有客观证据表明其已发生减值，应当确认减值损失、计入当期损益；对单项金额不重大的金融资产，可以单独进行减值测试，或包括在具有类似信用风险调整的金融资产组合中进行减值测试。

债权投资以摊余成本后续计量，其发生减值时，应当将该金融资产的账面价值减记至预计未来现金流量（不包括尚未发生的未来信用损失）价值，减记的金额确认为资产减值损失，计入当期损益。债权投资确认减值损失后，如有客观证据表明该金融资产价值已恢复，且客观上与确认该损失后发生的事项有关（如债务人的信用评级已提高等），原确认的减值损失应当予以转回，计入当期损益。但是，该转回后的账面价值不应当超过假定不计提减值准备情况下该金融资产在转回日的摊余成本。

资产负债表日，债权投资发生减值的，按应减记的金额，借记“信用减值损失——计提的债权投资减值准备”科目，贷记“债权投资减值准备”科目；已计提减值准备的债权投资价值又得以恢复，应在原计提的减值准备金额内，按恢复增加的金额借记“债权投资减值准备”科目，贷记“资产减值损失——计提的债权投资减值准备”科目。

【例 5-11】 甲公司 2019 年 3 月 1 日购入 B 公司按面值发行的 3 年期债券 80 000 元。资产负债表日该债券确认减值 5 000 元。

甲公司应做账务处理如下。

借：信用减值损失——计提的债权投资减值准备 5 000

贷：债权投资减值准备 5 000

提示 因持有意图或能力发生改变，使某项投资不再适合划分为债权投资，企业应当将其重分类为其他债权投资（债券类），此外，将债权投资部分出售，出售部分所占的金额较大，且不属于例外情况，使该投资的剩余部分不再适合划分为债权投资的，企业应将该投资的剩余部分重分类为其他债权投资（债券类）。

在重分类日，企业应按该金融资产的公允价值，借记“其他债权投资”科目，按其账面余额，贷记“债权投资”科目，按其差额，贷记或借记“其他综合收益”科目；以后当该可供出售金融资产发生减值或终止确认时，将上述差额由“其他综合收益”科目转入“资产减值损失”或“投资收益”科目。

3. 债权投资的出售

企业出售债权投资，应按实际收到的金额，借记“银行存款”等科目，按其账面余额，贷记

“债权投资——成本”“债权投资——利息调整”“债权投资——应计利息”科目，按其差额，贷记或借记“投资收益”科目。如已计提减值准备的，还应同时结转减值准备，借记“债权投资减值准备”科目。

【例 5-12】 承接【例 5-9】【例 5-10】，假如 2019 年 8 月 20 日，甲公司将债权投资（B 公司债券）全部出售，取得价款 1 200 万元。（假设不考虑相关税费）

甲公司应做账务处理如下。

借：银行存款　　12 000 000

　　债权投资——利息调整　　1 140 000

　　贷：债权投资——成本　　12 500 000

　　　　投资收益　　640 000

提示　如果企业部分出售债权投资的金额较大（通常指出售部分达到或超过企业债权投资总额 5%的情形），且不属于企业会计准则所允许的例外情况，企业应当将该投资的剩余部分重分类为其他债权投资（债券类）。

任务四　其他债权投资和其他权益工具投资

任务调研：请了解其他债权投资和其他权益投资是如何产生的，相关业务处理程序是怎样的。

一、其他债权投资和其他权益工具投资概述

企业购入的在活跃市场上有报价的股票、债券和基金等，没有划分为交易性金融资产、债权投资等金融资产的，可确认为其他债权投资和其他权益工具投资。相对于交易性金融资产而言，其他债权投资和其他权益工具投资的持有意图不明确。

为了核算其他债权投资和其他权益工具投资的取得、现金股利或利息的收取、处置等业务，企业应设置“其他债权投资”“其他权益工具投资”“其他综合收益”“投资收益”等科目。

“其他债权投资”“其他权益工具投资”属于资产类科目，核算企业持有的金融资产的公允价值，包括划分为可供出售的股票投资、债券投资等金融资产。该科目按其他债权投资和其他权益工具的类别和品种，分别设置“成本”“利息调整”“应计利息”“公允价值变动”等明细科目进行详细核算。该科目期末余额在借方，反映企业金融资产的公允价值。

二、其他债权投资核算

1. 其他债权投资投资的取得

其他债权投资的处理原则与债权投资的处理原则类似，其他债权投资取得时按公允价值计量，取得时发生的相关交易费用应计入其他债权投资投资的初始入账金额。

即问即答　下列金融资产发生的相关交易费用计入初始入账金额的有（　　）。

A. 交易性金融资产　　B. 债权投资

C. 贷款和应收款项　　D. 其他债权投资

其他债权投资（债券类），企业按购入债券的面值，借记“其他债权投资——成本”科目，按实际支付的金额，贷记“银行存款”等科目，按其差额，借记或贷记“其他债权投资——利息调整”科目。

2. 其他债权投资投资的持有

（1）其他债权投资持有期间取得的利息，应当计入投资收益。

提示 其他债权投资（债券类），企业应当在持有期间，采用实际利率法，按照摊余成本和实际利率计算确认利息收入，计入投资收益。实际利率应当在取得金融资产时确定，实际利率与票面利率差别较小的，也可以按票面利率计算利息收入。

企业在资产负债表日，如其他债权投资（债券类）为分期付息、一次还本债券投资的，应按票面利率计算确定的应收未收利息，借记“应收利息”科目，按其他债权投资（债券类）摊余成本和实际利率计算确定利息收入，贷记“投资收益”科目，按其差额，借记或贷记“其他债权投资——利息调整”科目。其他债权投资（债券类）为一次还本付息债券投资的，企业应于资产负债表日按票面利率计算确定的应收未收利息，借记“其他债权投资——应计利息”科目，按其他债权投资摊余成本和实际利率计算确定利息收入，贷记“投资收益”科目，按其差额，借记或贷记“其他债权投资——利息调整”科目。

【例5-13】 2019年1月15日，B公司从二级市场购入C公司股票100 000股，每股价格10元，另支付相关交易费用800元。9月27日，C公司宣告发放半年度现金股利0.10元/股。公司将持有的C公司股票划分为其他债权投资（债券类）。（假设不考虑相关税费）

B公司应做账务处理如下。

① 2019年1月15日购入股票时。

借：其他债权投资——成本　　1 000 800
　　贷：其他货币资金——存出投资款　　1 000 800

② 2019年9月27日C公司宣告分配股利时。

借：应收股利　　10 000
　　贷：投资收益　　10 000

【例5-14】 2019年1月1日，A公司支付价款4 783 526元购入D公司于当日发行的5年期、分期付息、一次还本的公司债券50 000张，每张票面金额100元，票面年利率为4%，实际利率为5%，公司将该公司债券划分为其他债权投资（债券类）。（假设不考虑相关税费）

A公司应做账务处理如下。

① 2019年1月1日购入债券时。

借：其他债权投资——成本　　5 000 000
　　贷：银行存款　　4 783 526
　　　　其他债权投资——利息调整　　216 474

② 2019年12月31日，确认债券利息收入时。

利息收入=4 783 526×5%=239 176（元）

借：应收利息　　20 000
　　其他债权投资——利息调整　　39 176
　　贷：投资收益　　239 176

（2）其他债权投资的期末计量。

在资产负债表日其他债权投资公允价值高于账面余额，企业应当按其差额，借记“其他债权投资——公允价值变动”科目，贷记“其他综合收益”科目；反之，企业应当按其差额做相反分录。

【例5-15】 假设上述债权在2019年12月31日的公允价值是4 900 000元。（假设不考虑相关税费）

A 公司应做账务处理如下。

借：其他债权投资——公允价值变动　　77 298

　　贷：其他综合收益　　77 298

3．其他债权投资的出售

企业出售其他债权投资时，应将取得的价款与该金融资产账面价值之间的差额计入投资损益；同时，将原有直接计入所有者权益的公允价值变动累计额对应出售部分的金额转出，计入投资损益。会计处理为企业按出售其他债权投资实际收到的金额，借记“银行存款”等科目，按其账面余额，贷记“其他债权投资——成本、公允价值变动、利息调整、应计利息”科目，按应从所有者权益中转出的公允价值累计变动额，借记或贷记“其他综合收益”科目，按其差额，贷记或借记“投资收益”科目。同时，其他债权投资处置时其他综合收益转投资收益的处理。

三、其他权益工具投资核算

1．其他权益工具投资的取得

其他权益工具投资取得时按公允价值计量，取得时发生的相关交易费用应计入其他权益工具投资的初始入账金额。

企业取得其他权益工具投资时，按买家和相关交易费用计入他权益工具投资的初始入账金额，若有已宣告但尚未发放的应收股利则作为初始成本的抵减项。应作借记“其他权益工具投资——成本”科目，借记“应收股利”科目，贷记“银行存款”科目。

2．其他权益工具投资的持有

持有期间的现金股利，应当在被投资单位宣告发放股利时计入当期损益（投资收益等）。被投资方分红时投资方的会计处理为借记“应收股利”科目，贷记“投资收益”科目。收到股利时借记“银行存款”科目，贷记“应收股利”科目。

3．其他权益工具投资的期末计量

公允价值变动形成的利得或损失，应当计入所有者权益（其他综合收益）。发生增值时，借记“其他权益工具投资”科目，贷记“其他综合收益”科目。发生贬值时，借记“其他综合收益”科目，贷记“其他权益工具投资”科目。

4．其他权益工具投资的出售

其他权益工具投资，除了获得的股利，计入当期损益外，其他相关的利得和损失均应当计入其他综合收益，且后续不得转入当期损益。当金融资产终止确认时，之前计入其他综合收益的累计利得或损失应当把其他综合收益反向转到留存收益。按实际收到的价款借记“银行存款”，按其他权益工具投资的账面余额贷记“其他权益工具投资”科目，按累计的利得或损失贷记或借记“盈余公积”科目和“利润分配——未分配利润”科目，借记或贷记“其他综合收益”科目。

【例 5-16】 2019 年 5 月 6 日，甲公司支付价款 10 160 000 元（含交易费用 10 000 元和已宣告未发放现金股利 150 000 元），购入乙公司发行的股票 2 000 000 股，占乙公司有表决权股份的 0.5%。甲公司将其指定为以公允价值计量且其变动计入其他综合收益的非交易性权益工具投资。2019 年 5 月 10 日，甲公司收到乙公司发放的现金股利 150 000 元。2019 年 6 月 30 日，该股票市价为每股 5.2 元。2019 年 12 月 31 日，甲公司仍持有该股票；当日，该股票市价为每股 5 元。2020 年 5 月 9 日，乙公司宣告发放股利 40 000 000 元。

2020 年 5 月 13 日，甲公司收到乙公司发放的现金股利。2020 年 5 月 20 日，甲公司由于某特殊原因，以每股 4.9 元的价格将股票全部转让。

假定不考虑其他因素企业根据未分配利润的 10%计提盈余公积。

甲公司的账务处理如下。

① 2019 年 5 月 6 日，购入股票。

借：应收股利　150 000
　　其他权益工具投资　10 010 000
　　贷：银行存款　10 160 000

② 2019 年 5 月 10 日，收到现金股利。

借：银行存款　150 000
　　贷：应收股利　150 000

③ 2019 年 6 月 30 日，确认股票价格变动。

借：其他权益工具投资　390 000
　　贷：其他综合收益　390 000

④ 2019 年 12 月 31 日，确认股票价格变动。

借：其他综合收益　400 000
　　贷：其他权益工具投资　400 000

⑤ 2020 年 5 月 9 日，确认应收现金股利。

借：应收股利　200 000
　　贷：投资收益　200 000

⑥ 2020 年 5 月 13 日，收到现金股利。

借：银行存款　200 000
　　贷：应收股利　200 000

⑦ 2020 年 5 月 20 日，出售股票。

借：银行存款　9 800 000
　　盈余公积　21 000
　　利润分配——未分配利润　189 000
　　贷：其他权益工具投资　10 000 000
　　　　其他综合收益　10 000

提示

其他债权投资发生减值的处理如下。

（1）计提减值时。

借：资产减值损失
　　贷：其他债权投资

（2）减值恢复时。

借：其他债权投资
　　贷：资产减值损失

而其他权益工具投资不认定减值损失。

【项目列报】

金融资产，是一切可以在有组织的金融市场上进行交易、具有现实价格和未来估价的金融工具的总称。金融资产的最大特征是能够在市场交易中为其所有者提供即期或远期的货币收入流量。本章涉及的金融资产项目在资产负债表的列示如表 5-4 所示。

表 5-4　　　　　　　　金融资产项目在资产负债表中的列示

资产	负债和所有者权益
流动资产：	
……	
交易性金融资产（=“交易性金融资产”）	
……	
其他应收款[=应收利息（=“应收利息”）+应收股利（=“应收股利”）+其他应收款（=“其他应收款”-“坏账准备”之对应部分）]	
非流动资产：	
债权投资（=“债权投资”-“债权投资减值准备”）	
其他债权投资（=“其他债权投资”-“其他债权投资减值准备”）	
……	
其他权益工具投资（=“其他权益工具投资”）	
……	

【拓展阅读】

《企业会计准则第 22 号——金融工具确认和计量》《企业会计准则——基本准则》《企业会计准则第 39 号——公允价值计量》《企业会计准则——应用指南》《企业内部控制应用指引第 6 号——资金活动》。

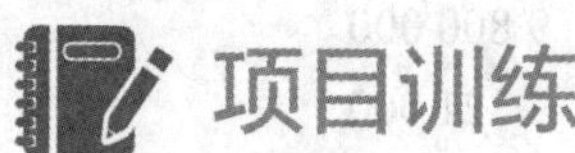

一、单项选择题

1. 我国企业会计准则规定，公司的交易性金融资产在资产负债表日计量时，应采用（　　）计量属性。

A. 历史成本　　B. 公允价值　　C. 成本与市价孰低法　D. 可变现净值法

2. A 公司购入W上市公司股票 180 万股，并划分为交易性金融资产，共支付款项 2 830 万元，已宣告但尚未发放的现金股利 126 万元，另外支付相关交易费用 4 万元。该项交易性金融资产的入账价值为（　　）万元。

A. 2 700　　B. 2 704　　C. 2 830　　D. 2 834

3. 甲公司出售了持有的交易性金融资产，售价为 2 500 万元，出售时，“交易性金融资产——成本”科目为借方余额 2 400 万元，“交易性金融资产——公允价值变动”科目为借方余额 5 万元，则出售时影响利润（　　）万元。

A. 100　　B. 95　　C. 75　　D. 85

4. 资产负债表日，债权投资在持有期间应当按照（　　）计算确认利息收入，作为投资收益进行会计处理。

A. 摊余成本和实际利率　　B. 面值和实际利率

C. 摊余成本和票面利率　　D. 面值和票面利率

5. A 公司于 2019 年 1 月 5 日从证券市场上购入 B 公司发行在外的股票 100 万股作为其他权益工具投资，每股支付价款 6 元（含已宣告但尚未发放的现金股利每股 0.5 元），另支付相关费用

12 万元，不考虑其他因素，则 A 公司其他权益工具投资取得时的入账价值为（　　）万元。

A. 600　　B. 612　　C. 550　　D. 562

6. 下列金融资产中，一般应作为其他权益工具投资核算的是（　　）。

A. 企业从二级市场购入准备随时出售套利的股票

B. 企业购入有意图和有能力持有至到期的公司债券

C. 企业购入没有公开报价且不准备随时变现的 A 公司 1%的股权

D. 企业购入有公开报价但不准备随时变现的 A 公司 1%的流通股票

7. 甲公司 2019 年 7 月 1 日购入乙公司 2019 年 1 月 1 日发行的债券，支付价款 2 100 万元（含已到付息期但尚未领取的债券利息 40 万元），另支付交易费用 20 万元。该债券面值为 2 000 万元，票面年利率为 4%（票面利率等于实际利率），每半年付息一次，甲公司将其划分为交易性金融资产。2019 年 12 月 31 日该交易性金融资产的公允价值为 2 100 万元，则甲公司 2019 年度因该项交易性金融资产而影响利润的金额为（　　）万元。

A. 25　　B. 40　　C. 65　　D. 80

8. A 公司 2019 年 12 月 10 日购入 B 公司 15 万股股票作为交易性金融资产，每股价格为 6 元。2019 年 12 月 31 日该股票为每股 7 元，2020 年 3 月 1 日 B 公司宣告发放现金股利，3 月 15 日收到 B 公司分派的现金股利 3 万元。2020 年 6 月 30 日该股票的市价为每股 6.5 元，则 A 公司至 2015 年 6 月 30 日累计确认的投资收益为（　　）万元。

A. 10.5　　B. 7.5　　C. 3　　D. 0

9. 某股份有限公司 2019 年 1 月 1 日将其债权投资转让，转让价款 1 560 万元，已收存银行。该债券于 2017 年 1 月 1 日购进，面值为 1 500 万元，票面年利率为 5%，到期一次还本付息，期限为 3 年。转让该项债券时，应计利息明细科目的余额为 150 万元，尚未摊销的利息调整贷方余额为 24 万元；该项债券已计提的减值准备余额为 30 万元。该公司转让该项债券投资实现的投资收益为（　　）万元。

A. −36　　B. −66　　C. −90　　D. 114

10. 下列关于其他债权投资和其他权益工具投资的会计处理的表述中，不正确的是（　　）。

A. 其他债权投资发生的减值损失应计入当期损益

B. 其他权益工具投资持有期间取得的现金股利，不应冲减资产成本

C. 其他债权投资期末应按摊余成本计量

D. 出售其他权益工具投资时，应将持有期间确认的相关其他综合收益转入投资收益

二、多项选择题

1. 企业核算确认和收到交易性金融资产的现金股利时，可能涉及的会计科目有（　　）。

A. “投资收益”　　B. “交易性金融资产”

C. “应收股利”　　D. “银行存款”

2. 下列关于交易性金融资产的说法中正确的有（　　）。

A. 购入的交易性金融资产实际支付的价款中包含的已宣告但尚未领取的现金股利或已到付息期但尚未领取的债券利息，应单独核算，不构成交易性金融资产的成本

B. 为购入交易性金融资产所支付的相关交易费用，不计入该资产的成本

C. 为购入交易性金融资产所支付的相关交易费用，应计入该资产的成本

D. 交易性金融资产在持有期间取得的现金股利，应确认为投资收益

3. 下列各项中，在购入交易性金融资产时不应计入其入账价值的有（　　）。

A. 买入价　　B. 支付的手续费

C. 支付的印花税　　　　　　　　　　　D. 已宣告但尚未发放的现金股利

4. 下列选项中，构成债权投资初始入账成本的有（　　）。

A. 投资时支付的不含应收利息的价款

B. 投资时支付的手续费

C. 投资时支付的税金

D. 投资时支付价款中所含的已到期尚未发放的利息

5. 下列各项中，会引起交易性金融资产账面价值发生变化的有（　　）。

A. 交易性金融资产账面价值与公允价值的差额 B. 出售部分交易性金融资产

C. 确认分期付息债券利息　　　　　　　　D. 被投资单位宣告的现金股利

6. 下列有关金融资产减值损失的计量，正确的处理方法有（　　）。

A. 对于债权投资，有客观证据表明其发生了减值的，应当根据其账面价值与预计未来现金流量现值之间的差额计算确认减值损失

B. 如果其他权益工具投资的公允价值发生较大幅度下降，或在综合考虑各种相关因素后，预期这种下降趋势属于非暂时性的，可以认定该其他权益工具投资已发生减值，应当确认减值损失

C. 对于已确认减值损失的可供出售债务工具，在随后的会计期间公允价值已上升且客观上与原减值损失确认后发生的事项有关的，原确认的减值损失应当在已确认的范围内按已恢复的金额予以转回，计入当期损益

D. 债权投资原确认的减值损失转回时，转回后的账面价值不应当超过假定不计提减值准备情况下该金融资产在转回日的摊余成本

7. 在金融资产的计量中，下列表述正确的有（　　）。

A. 交易性金融资产按照公允价值计量，发生的相关交易费用直接计入当期损益

B. 其他权益工具投资初始计量时按照公允价值和发生的相关交易费用确认初始入账金额

C. 债权投资初始计量时按照公允价值计量，发生的相关交易费用计入投资收益

D. 交易性金融资产和其他权益工具投资按照公允价值进行后续计量

8. 下列有关债权投资的处理中，正确的有（　　）。

A. 企业从二级市场上购入的固定利率国债、浮动利率公司债券等，符合债权投资条件的，可以划分为债权投资

B. 债权投资应当以取得时的公允价值作为初始确认金额，相关交易费用计入当期损益，支付的价款中包含已到付息期但尚未领取的债券利息，应单独作为应收项目确认

C. 债权投资通常是具有长期性质，但期限较短（1 年以内）的债券投资，符合持有至到期投资条件的，也可将其划分为债权投资

D. 购入的股权投资也可能划分为债权投资

9. 下列说法中正确的有（　　）。

A. 债权投资包括企业持有的，在活跃市场上有公开报价的国债、企业债券等

B. 购入的股权投资可以划分为债权投资

C. 债权投资通常是具有长期性质，但期限较短（1 年以内）的债券投资，符合持有至到期投资条件的，也可将其划分为债权投资

D. 债权投资应当以取得时的公允价值作为初始确认金额，相关交易费用计入当期损益

10. 下列关于其他债权投资和其他权益工具投资的表述中，不正确的有（　　）。

A. 其他债权投资发生的减值损失应计入管理费用

B. 其他债权投资在资产负债表日的公允价值变动应计入当期损益

C. 取得其他权益工具投资时，发生的交易费用计入当期损益

D. 处置其他权益工具投资时，以前期间因公允价值变动计入其他综合收益的金额应转入当期损益

三、判断题

1. 资产负债表日，交易性金融资产应该按照公允价值计量，公允价值与账面价值的差额应该计入当期利润。（ ）

2. 某企业在债权投资的会计期间，应当按照公允价值对债权投资进行计量。（ ）

3. 处置债权投资时，应将取得的价款与账面价值之间的差额计入资本公积。（ ）

4. 其他权益工具投资是指初始确认时即被指定为可供出售的衍生金融资产，以及没有划分为债权投资、贷款和应收款项、以公允价值计量且其变动计入当期损益的金融资产（即交易性金融资产）的金融资产。（ ）

5. 企业出售其他权益工具投资，应当将取得的价款与账面余额之间的差额作为投资损益进行会计处理。同时将原计入该金融资产的公允价值变动转出，由其他综合收益转为投资收益。如果对其他债权投资/其他权益工具投资计提了减值准备，还应当同时结转减值准备。（ ）

6. 企业持有的其他权益工具投资公允价值发生的增减变动额应当确认为直接计入所有者权益的利得和损失。（ ）

7. 购入的股权投资因其没有固定的到期日，不符合债权投资的条件，不能划分为债权投资。（ ）

8. 出售交易性金融资产时，应将原计入公允价值变动损益的公允价值变动金额转入营业外收支。（ ）

9. 企业拥有的可以在市场上出售，但准备债权的长期债券投资，应该作为其他债权投资进行管理和核算。（ ）

10. 出售交易性金融资产时，应将出售时的公允价值与其账面余额之间的差额确认为当期投资收益。（ ）

四、不定项选择题

1. 2019 年 3～5 月，甲上市公司发生的交易性金融资产业务如下。

（1）3 月 2 日，以银行存款购入 A 上市公司股票 100 万股，每股 8 元，另发生相关的交易费用 2 万元，并将该股票划分为交易性金融资产。

（2）3 月 31 日，该股票在证券交易所的收盘价格为每股 7.70 元。

（3）4 月 30 日，该股票在证券交易所的收盘价格为每股 8.10 元。

（4）5 月 10 日，将所持有的该股票全部出售，所得价款为 825 万元，已存入银行。假定不考虑相关税费。

要求：根据上述资料，回答下列（1）～（2）题。

（1）对于上述交易性金融资产，甲公司处理正确的是（ ）。

A. 购入时发生的交易费用计入交易性金融资产入账成本

B. 3 月 31 日应确认公允价值下降 30 万元，计入“公允价值变动损益”科目借方

C. 4 月 30 日应确认公允价值上升 10 万元，计入“公允价值变动损益”科目贷方

D. 处置时确认“投资收益”科目的金额为 25 万元

（2）该交易性金融资产对甲公司 2019 年度的利润影响金额为（ ）万元。

A. 15　　B. 25　　C. 23　　D. 13

2. 为了提高闲置资金的使用率，甲上市公司利用其多余资金进行投资，具体情况如下。

（1）2019 年 5 月 20 日，甲公司从深圳证券交易所购入乙公司股票 100 万股，占乙公司有表决权股份的 5%，支付价款合计 508 万元，其中证券交易税费等交易费用 0.8 万元，已宣告但尚未发放的现金股利为 7.2 万元。甲公司将其划分为其他权益工具投资。

（2）2019 年 6 月 20 日，甲公司收到乙公司发放的现金股利 7.2 万元。

（3）2019 年 6 月 30 日，乙公司股票收盘价为每股 4.2 元，甲公司预计股票价格下跌是暂时的。

（4）2019 年 12 月 31 日，乙公司收盘价继续下跌为每股 3.9 元，确定可供出售金融资产发生减值。

（5）2019 年 4 月 20 日，乙公司宣告发放 2019 年的现金股利为 200 万元。

（6）2019 年 5 月 10 日，甲公司收到乙公司发放的 2019 年的现金股利。

（7）2019 年上半年，乙公司财务状况好转，业绩较上年有较大提升，2019 年 6 月 30 日，乙公司收盘价为每股 4.5 元。

（8）2019 年 12 月 31 日，乙公司收盘价继续上涨为每股 5.5 元。

（9）2020 年 1 月 10 日，甲公司以 6.5 元价格将该股票全部转让。

假定不考虑所得税和其他因素的影响。

要求：根据上述资料，回答下列（1）～（3）题。

（1）根据资料（1）～（3），下列说法中正确的有（　　）。

A. 其他权益工具投资的入账价值是 508 万元

B. 资料（2）收到的现金股利应确认为投资收益

C. 资料（3）由于股票价格的波动，甲公司要相应调整当期损益

D. 资料（3）由于股票价格的波动，甲公司要相应调整其他综合收益

（2）根据资料（4）～（5），下列说法中正确的有（　　）。

A. 资料（4）中甲公司要调整资产减值损失 110.8 万元

B. 资料（4）中甲公司要调整其他综合收益 80.8 万元

C. 资料（4）中甲公司要调整可供出售金融资产 30 万元

D. 资料（5）中甲公司应确认投资收益 10 万元

（3）根据资料（7）～（9），下列说法中正确的有（　　）。

A. 资料（7）中甲公司的其他综合收益增加 60 万元

B. 资料（8）中甲公司的其他权益工具投资增加 160 万元

C. 出售时，其他权益工具投资的账面余额是 550 万元

D. 出售其他权益工具投资时，应确认的投资收益是 260 万元

五、实务题

1. 完成“走进企业”中丙公司涉及金融资产业务的账务处理。

2. A 公司 2019 年 1 月 1 日购入股票 2 250 股作为交易性金融资产，当时每股市价 4.80 元，相关税费 1 125 元；1 月 31 日，市价为每股 5 元；3 月 31 日，市价为每股 4.70 元；4 月 21 日，出售此股票，售价为每股 4.90 元。

要求：进行买入股票、期末计量和处置等环节的账务处理。

3. 甲公司 2019 年 7 月 1 日购入乙公司 2019 年 1 月 1 日发行的债券，支付价款 2 100 万元（含已到付息期但尚未领取的债券利息 40 万元），另支付交易费用 20 万元。该债券面值为 2 000 万元，票面年利率为 4%（票面利率等于实际利率），每半年付息一次，甲公司将其划分为交易性金融资

产。2019 年 12 月 31 日该交易性金融资产的公允价值为 2 100 万元。

要求：进行买入股票和期末计量等环节的账务处理。

4. 2019 年 1 月 1 日，甲公司自证券市场购入面值总额为 2 000 万元的债券。购入时实际支付价款 2 078.98 万元，另支付交易费用 10 万元。该债券发行日为 2019 年 1 月 1 日，期限为 5 年，票面年利率为 5%，年实际利率为 4%，次年 1 月 10 日支付上年利息。甲公司将该债券作为债权核算，假定不考虑其他因素，该债权投资 2019 年 12 月 31 日的未来现金流量现值为 1 900 万元。

要求：用实际利率法计算债券溢价摊销额，并进行 2019 年买入债券、期末计量及确认收益等环节的账务处理。

5. 甲公司 2019 年 4 月 5 日从证券市场购入乙公司发行的股票 500 万股，共支付价款 900 万元，其中包括交易费用 4 万元。购入时，乙公司已宣告但尚未发放的现金股利为每股 0.16 元。甲公司将其作为其他权益工具投资核算。6 月 10 日甲公司收到现金股利，6 月 30 日，该股票的市价为 920 万元，2019 年 12 月 20 日，甲公司出售该金融资产，收到价款 960 万元。

要求：进行买入股票、收到现金股利、期末计量和处置等环节的账务处理。

项目六 长期股权投资核算

学习要点

- 长期股权投资概述
- 成本法下长期股权投资业务的核算
- 权益法下长期股权投资业务的核算
- 长期股权投资项目的列示

关键术语

- 长期股权投资（Long-term Equity Investments）
- 成本法（Cost Method）
- 权益法（Equity Method）

【项目引入及要求】

1. 项目引入

2019年1月，假设您到甲股份有限责任公司（以下简称甲公司）进行顶岗实习。2016—2018年甲公司长期股权投资业务的有关资料如下。

（1）2016年1月1日，甲公司以银行存款6 000万元购入乙股份有限公司（以下简称乙公司）股票，占乙公司有表决权股份的25%，采用权益法进行核算，不考虑相关费用。2013年1月1日，乙公司可辨认净资产总额为24 200万元。

（2）2016年5月2日，乙公司宣告发放2012年度的现金股利600万元，并于2013年5月26日实际发放。

（3）2016年度，乙公司实现净利润3 800万元。

（4）2017年度，乙公司发生净亏损1 900万元。

（5）2018年5月，乙公司获得其债权人豁免其债务并进行账务处理后，增加资本公积1 000万元。

（6）2018年9月3日，甲公司与丙股份有限公司（以下简称丙公司）签订协议，将其所持有乙公司的25%的股权全部转让给丙公司。股权转让价款总额为6 000万元，股权转让的过户手续办理完毕，款项已收回。

2. 项目要求

（1）请熟悉本项目内容在资产负债表中的位置。

长期股权投资，是企业通过投资取得被投资单位的股权，作为被投资单位的股东，投资者按所持股份比例享有权利并承担责任的一项非流动资产。本项目内容在资产负债表上的位置，如表6-1所示。

表6-1　　长期股权投资项目在资产负债表中的信息列示　　单位：元

资产	期末余额	负债和所有者权益	期末余额
流动资产：			
……			
非流动资产：			
……			
长期应收款			
长期股权投资			
……			

（2）请根据本项目内在知识点的逻辑关系，制作本项目思维导图。

（3）请搜集与本项目有关的企业真实案例。

（4）学完本项目，请完成项目引入中甲公司上述长期股权投资业务的账务处理，掌握长期股权投资业务的核算。

（5）学完本项目，请了解资产负债表中“长期股权投资”项目是如何填列的。

任务一　长期股权投资认知

任务调研：请了解《企业会计准则第2号——长期股权投资》。

一、长期股权投资的概念

长期股权投资，是指企业通过投资取得被投资单位的股权，作为被投资单位的股东，投资者按所持股份比例享有权利并承接担责任的一项非流动资产。

微课：豪掷 160 亿！京东为何要投资这十二家公司

长期股权投资的期限一般较长，不准备随时出售。长期股权投资既可以通过企业合并形成，也可以通过支付现金、发行权益证券、投资者投入、非货币性资产交换、债务重组等企业合并以外的其他方式取得。

二、长期股权投资的类型

《企业会计准则——长期股权投资》所指的长期股权投资主要包括以下几个方面。

（1）投资企业能够对被投资单位实施控制的权益性投资，即对子公司投资。

（2）投资企业与其他合营方一同对被投资单位实施共同控制的权益性投资，即对合营企业投资。

（3）投资企业对被投资单位具有重大影响的权益性投资，即对联营企业投资。

提示

除上述情况以外，企业持有的其他权益性投资，应当按照《企业会计准则——金融工具确认和计量》的规定处理。

即问即答

下列投资中，应作为长期股权投资核算的有（　　）。

A. 对子公司的投资

B. 对联营企业和合营企业的投资

C. 在活跃市场中没有报价、公允价值无法可靠计量的没有重大影响的权益性投资

D. 在活跃市场中有报价、公允价值能可靠计量的没有重大影响的权益性投资

三、长期股权投资的计量

1. 长期股权投资的初始计量

长期股权投资在取得时，应按初始投资成本入账。不同的取得方式下，长期股权投资初始投资成本的确定方法有所不同。

（1）企业合并以外其他方式取得的长期股权投资

① 以支付现金取得的长期股权投资，应当以实际支付的购买价款作为初始投资成本，包括购买过程中支付的手续费等必要支出，但支付价款中所包含的被投资单位已宣告但尚未发放的现金股利或利润应作为应收项目核算，不构成取得长期股权投资的成本。

② 以发行权益性证券方式取得的长期股权投资，其成本为所发行权益性证券的公允价值，但不包括应被投资单位收取的已宣告但尚未发放的现金股利或利润。

为发行权益性证券支付给有关证券承销机构等的手续费、佣金等与权益性证券发行直接相关的费用，不构成取得长期股权投资的成本。该部分费用应从权益性证券的溢价发行收入中扣除，权益性证券的溢价收入不足冲减的，应冲减盈余公积和未分配利润。

③ 投资者投入的长期股权投资，应当以投资合同或协议约定的价值作为初始投资成本，但合同或协议约定价值不公允的除外。

④ 以债务重组、非货币性资产交换等方式取得的长期股权投资，其初始投资成本应按照《企

业会计准则——债务重组》和《企业会计准则——非货币性资产交换》的原则确定。

（2）企业合并形成的长期股权投资

企业合并形成的长期股权投资，应区分企业合并的类型，分为同一控制下控股合并与非同一控制下控股合并确定其初始投资成本。

① 同一控制下企业合并形成的长期股权投资。合并方以支付现金、转让非现金资产或承担债务方式作为合并对价的，应当在合并日以取得被合并方所有者权益账面价值的份额作为长期股权投资的初始投资成本。长期股权投资的初始投资成本与支付的现金、转让非现金资产以及所承担债务账面价值的差额，应当调整资本公积（资本溢价或股本溢价）；资本公积（资本溢价或股本溢价）的余额不足冲减的，调整留存收益。合并方以发行权益性证券作为合并对价的，应以发行股份的面值总额作为股本，长期股权投资的初始投资成本与所发行股份面值总额之间的差额，应当调整资本公积（资本溢价或股本溢价）；资本公积（资本溢价或股本溢价）的余额不足冲减的，调整留存收益。

值得注意的是，上述在按照合并日应享有被合并方账面所有者权益的份额确定长期股权投资的初始投资成本时，前提是合并前合并方与被合并方采用的会计政策一致。

② 非同一控制下企业合并形成的长期股权投资。非同一控制下的控股合并中，购买方应当以确定的企业合并成本作为长期股权投资的初始投资成本。企业合并成本包括购买方付出的资产、发生或承担的负债、发行的权益性证券的公允价值以及为进行企业合并发生的各项直接相关费用之和。

2. 长期股权投资的后续计量

长期股权投资在持有期间，根据投资企业对被投资单位的影响程度及是否存在活跃市场、公允价值能否可靠计量等进行划分，应当分别采用成本法及权益法进行核算。长期股权投资在持有期间，因各方面情况的变化，可能导致其核算需要由一种方法转换为另外的方法。其具体核算方法如表 6-2 所示。

表 6–2　　长期股权投资的核算方法总结

投资方和被投资方的关系	持股比例	被投资方的角色	投资方核算方法	是否纳入合并范围
控制	大于 50%	子公司	成本法	子公司纳入合并范围
重大影响	[20%，50%]	联营企业	权益法	不纳入合并范围
共同控制	两方或多方对被投资方持股比例相同	合营企业	权益法	不纳入合并范围
备注	表中 20%和 50%的比例只是一个形式，最终要采用实质重于形式的会计信息质量要求进行判断。共同控制无法用准确的投资比例或者比例段来表达，因为[0，50%]中的任何一个投资比例都有可能形成共同控制			

任务二　成本法下长期股权投资核算

任务调研：请了解企业成本法下长期股权投资核算业务是如何产生的，相关的业务处理程序是怎样的。

一、成本法概述

1. 成本法的概念

成本法，是指长期股权投资按投资成本计价核算的方法。在成本法下，在刚取得长期股权投资时，长期股权投资按其初始投资成本计价；在持有期间，除了投资企业追加投资或收回投资外，长期股权投资的账面价值一般应当保持不变，即长期股权投资的价值一经入账，无论被投资单位的生产经营情况如何，是盈利还是亏损，净资产是增加还是减少，投资企业均不改变其长期股权投资的账面价值，仍以初始投资成本反映企业的长期股权投资。

2. 成本法的适用范围

按照长期股权投资准则的规定，应当采用成本法核算的长期股权投资主要是企业能够对被投资单位实施控制的投资，即企业对子公司的长期股权投资。

成本法的核算要点如下。

（1）采用成本法核算的长期股权投资，初始投资或追加投资时，按照初始投资或追加投资的成本增加长期股权投资的账面价值。

（2）投资以后被投资单位宣告分派的现金股利或利润应当确认为当期投资收益。

二、成本法下核算的科目设置

对采用成本法核算的长期股权投资，企业应设置“长期股权投资”“应收股利”“投资收益”“长期股权投资减值准备”等科目。

“长期股权投资”科目属于资产类，该科目可按被投资单位进行明细核算。在成本法核算的情况下，该科目借方登记长期股权投资取得时的成本；贷方登记收回长期股权投资的成本；期末借方余额反映企业持有的长期股权投资的成本。

三、成本法下长期股权投资的核算

1. 以支付现金取得的长期股权投资

除企业合并形成的长期股权投资以外，以支付现金取得的长期股权投资，以实际支付的价款及与取得长期股权投资直接相关的手续费、佣金等，作为长期股权投资的初始投资成本，借记“长期股权投资”科目，贷记“其他货币资金——存出投资款”等科目，如果实际支付的价款中包含已宣告但尚未发放的现金股利或利润，则借记“应收股利”科目。

【例6-1】 2018年6月5日，甲公司以银行存款购入B公司股票200万股作为长期投资，占B公司50%的股份，每股买入价为7.2元，每股价格中包含0.2元的已宣告但尚未发放的现金股利，另支付相关税费6 500元。

甲公司应做账务处理如下。

借：长期股权投资——B公司　　14 006 500

　　应收股利——B公司　　400 000

　　贷：其他货币资金——存出投资款　　14 406 500

2. 持有期间的现金股利或利润

长期股权投资持有期间被投资单位宣告分派现金股利或利润时，企业按持股比例计算所获得的利润或现金股利确认为当期收益，借记“应收股利”科目，贷记“投资收益”科目。

【例6-2】 2018年1月1日，甲公司以银行存款购入C公司50%的股份，并准备长期持有，实际投资成本为9 000 000元。C公司于2018年4月18日宣告分派2014年度的现金股利2 000 000元，2018年4月25日宣告分派现金股利3 000 000元。

甲公司应做账务处理如下。

（1）2018年1月1日购入C公司股票时。

借：长期股权投资——C公司　　9 000 000

　　贷：其他货币资金——存出投资款　　9 000 000

（2）2018 年 4 月 18 日 C 公司宣告分派现金股利时。

借：应收股利——C 公司　　200 000

　贷：投资收益　　200 000

（3）2018 年 4 月 25 日 C 公司宣告分派现金股利时。

借：应收股利——C 公司　　300 000

　贷：投资收益　　300 000

3. 长期股权投资的处置

按实际收到的价款，借记“银行存款”等科目，如果长期股权投资已计提减值准备，则按原已计提的减值准备，借记“长期股权投资减值准备”科目，按该长期股权投资的账面余额，贷记“长期股权投资”科目，按尚未领取的现金股利或利润，贷记“应收股利”科目，按其差额，贷记或借记“投资收益”科目。

【例 6-3】 甲公司将对 B 公司的长期股权投资转让，扣除相关税费后，实际取得款项 6 000 000 元，该长期股权投资的账面余额为 4 800 000 元。甲公司对该长期股权投资采用成本法核算，并未对其计提减值准备。

甲公司转让时，应做账务处理如下。

借：其他货币资金——存出投资款　　6 000 000

　贷：长期股权投资——B 公司　　4 800 000

　　投资收益　　1 200 000

任务三 | 权益法下长期股权投资核算

任务调研：请了解企业权益法下长期股权投资核算业务是如何产生的，相关的业务处理程序是怎样的。

一、权益法概述

1. 权益法的含义

长期股权投资的权益法是指企业取得投资时以初始投资成本计价后，持有期间根据所享有的被投资企业所有者权益份额的变动对投资的账面价值进行调整的一种核算方法。在权益法下，长期股权投资的账面价值反映的不是企业的初始投资成本，而是企业占被投资企业所有者权益的份额。

2. 权益法的适用范围

按照长期股权投资准则的规定，应当采用权益法核算的长期股权投资包括以下两类：一是对合营公司投资，二是对联营企业投资。

3. 权益法的核算要点

按照权益法核算的长期股权投资，一般的核算内容如下。

（1）初始投资或追加投资长期股权投资入账价值的确定。初始投资或追加投资时，按照初始投资或追加投资的投资成本，增加长期股权投资的账面价值。

提示

具体应区分两种情况进行处理。

① 初始投资成本大于取得投资时应享有被投资单位可辨认净资产公允价值份额的，应按初始投资成本计价入账。

② 初始投资成本小于取得投资时应享有被投资单位可辨认净资产公允价值份额的，应对长期股权投资的账面价值进行调整，计入取得投资当期的损益。

（2）持有期间长期股权投资账面价值的调整。在持有期间，随着被投资单位所有者权益的变动应相应增加或减少长期股权投资的账面价值，并分情况处理：对属于因被投资单位实现净损益而产生的所有者权益的变动，投资企业按照持股比例计算应享有的份额，增加或减少长期股权投资的账面价值，同时确认为当期投资损益；对被投资单位除净损益以外其他因素导致的所有者权益的变动，在持股比例不变的情况下，按照持股比例计算应享有的份额或应分担的份额，增加或减少长期股权投资的账面价值，同时确认为资本公积（其他资本公积）。

提示

长期股权投资准则规定，投资企业确认应分担被投资单位发生的损失，原则上应以长期股权投资及其他实质上构成对被投资单位净投资的长期权益减记至零为限，投资企业负有承担额外损失义务的除外。

（3）被投资单位宣告分派现金股利或利润时的处理。被投资单位宣告分派现金股利或利润时，投资企业按持股比例计算应分得的部分，一般应冲减长期股权投资的账面价值。

二、权益法下核算的科目设置

采用权益法核算的长期股权投资，其科目设置与成本法相类似，企业也应设置“长期股权投资”“应收股利”“投资收益”“长期股权投资减值准备”等科目。但与成本法不同的是，权益法下核算时，“长期股权投资”科目下还应设置“投资成本”“损益调整”“其他权益变动”“其他综合收益”等明细科目。其中，“投资成本”明细科目反映购入股权时应享有被投资单位可辨认净资产公允价值的份额；“损益调整”明细科目反映购入股权以后随着被投资企业留存收益的增减变动而享有份额的调整数；“其他综合收益”明细科目反映购入股权以后随着被投资企业其他综合收益的增减变动而享有份额的调整数；“其他权益变动”明细科目反映购入股权以后随着被投资企业资本公积的增减变动而享有份额的调整数。

三、权益法下长期股权投资的核算

1. 长期股权投资的取得

取得长期股权投资，其初始投资成本大于投资时应享有被投资单位可辨认净资产公允价值份额的，不需要进行调整，直接借记“长期股权投资——投资成本”科目，贷记“银行存款”等科目；长期股权投资的初始投资成本小于投资时应享有被投资单位可辨认净资产公允价值份额的，借记“长期股权投资——投资成本”科目，贷记“银行存款”等科目，按其差额，贷记“营业外收入”科目。

【例 6-4】 2018 年 1 月 1 日，甲公司支付价款 1 500 万元，取得 D 公司 25%的股权。取得投资时，D 公司可辨认净资产公允价值为 5 000 万元。甲公司取得该项股权后，能对 D 公司的生产经营决策施加重大影响，甲公司对该项投资采用权益法核算。

甲公司应做账务处理如下。

借：长期股权投资——D 公司（投资成本）　　15 000 000

　　贷：其他货币资金——存出投资款　　15 000 000

即问即答

【例 6-4】中甲公司取得投资时，假定 D 公司可辨认净资产公允价值为 6 500 万元，其他条件不变，则甲公司应做账务处理为（　　）。

2. 长期股权投资的持有

（1）持有期间被投资单位实现的净损益或发生的亏损

投资企业根据被投资单位实现的净利润计算应享有的份额，借记“长期股权投资——损益调整”科目，贷记“投资收益”科目。被投资单位发生净亏损的，做相反的账务处理。

关于超额亏损的确认。按照权益法核算的长期股权投资，投资企业确认应分担被投资单位发生的损失，原则上应以长期股权投资及其他实质上构成对被投资单位净投资的长期权益减记至零为限，投资企业负有承担额外损失义务的除外，即对“长期股权投资——对××单位投资”这个明细科目下的“投资成本”“损益调整”“其他综合收益”“其他权益变动”4个二级科目的合计为零。这里所说的“其他实质上构成对被投资单位净投资的长期权益”通常是指长期应收项目，例如，企业对被投资单位的长期债权，该债权没有明确的清收计划，且在可预见的未来期间不准备收回的，实质上构成对被投资单位的净投资，但不包括投资企业与被投资单位之间因销售商品、提供劳务等日常活动所产生的长期债权。

发生亏损的被投资单位以后实现净利润的，投资企业计算应享有的份额，如有未确认的投资损失的，应先弥补未确认的投资损失，弥补损失后仍有余额的，依次借记“长期应收款”科目和“长期股权投资——损益调整”科目，贷记“投资收益”科目。

被投资单位以后宣告发放现金股利或利润时，投资企业计算应分得的部分，借记“应收股利”科目，贷记“长期股权投资——损益调整”科目。收到被投资单位宣告发放的股票股利，不进行账务处理，但应在备查簿中登记。

【例6-5】 2018年1月1日，甲公司取得F公司40%的股权。甲公司取得该项股权后，能对F公司的生产经营决策施加重大影响，甲公司对该项投资采用权益法核算。2018年，F公司实现净利润600万元。2019年4月30日，F公司宣告分派2014年度现金股利400万元。

甲公司应做账务处理如下。

① 2018年12月31日，应确认投资收益时。

借：长期股权投资——F公司（损益调整）　　2 400 000
　　贷：投资收益　　2 400 000

② 2019年4月30日，F公司宣告分派现金股利时。

借：应收股利——F公司　　1 600 000
　　贷：长期股权投资——F公司（损益调整）　　1 600 000

（2）持有期间被投资单位实现的其他综合收益

对于被投资单位实现的其他综合收益，在持股比例不变的情况下，企业按照持股比例计算应享有或承担的部分，调整长期股权投资的账面价值，借记或贷记“长期股权投资——其他综合收益”科目，贷记或借记“其他综合收益”科目。

（3）持有期间被投资单位除净损益、其他综合收益和利润分配以外所有者权益的其他变动

对于被投资单位除净损益、其他综合收益和利润分配以外所有者权益的其他变动，在持股比例不变的情况下，企业按照持股比例计算应享有或承担的部分，调整长期股权投资的账面价值，借记或贷记“长期股权投资——其他权益变动”科目，同时计入所有者权益，贷记或借记“资本公积——其他资本公积”科目。

【例6-6】 2018年1月1日，甲公司支付价款8 000万元，取得H公司25%的股权，甲公司取得该项股权后，能对H公司的生产经营决策施加重大影响，甲公司对该项投资采用权益法核算（假设投资日应享有的H公司可辨认净资产公允价值份额与成本一致）。2018年12月31日，H公

司实现净利润2 000万元，该年度中H公司因可供出售金融资产公允价值上升而增加其他综合收益300万元。另外，H公司除净损益、其他综合收益和利润分配之外的所有者权益增加了800万元。假定除此之外，H公司的所有者权益没有变化，甲公司的持股比例也没有变化，H公司资产的账面价值与公允价值一致，不考虑其他因素。

甲公司应做账务处理如下。

① 2018年1月1日，取得长期股权投资时。

借：长期股权投资——H公司（投资成本）　　80 000 000
　贷：其他货币资金——存出投资款　　80 000 000

② 2018年12月31日，确认投资收益和其他综合变动时。

借：长期股权投资——H公司（损益调整）　　5 000 000
　　　　　　　　——H公司（其他综合收益）　　750 000
　　　　　　　　——H公司（其他权益变动）　　2 000 000
　贷：投资收益　　5 000 000
　　其他综合收益　　750 000
　　资本公积——其他资本公积　　2 000 000

（4）长期股权投资的减值

长期股权投资在按照规定进行核算确定其账面价值的基础上，如果资产负债表日存在减值迹象的，应当按照相关准则的规定计提减值准备。其中对子公司、联营企业及合营企业的投资，应当按照其可收回金额低于账面价值的差额确认为减值损失，计提减值准备。

为了核算和监督长期股权投资减值准备的计提与转销等业务，企业应设置“长期股权投资减值准备”科目。该科目是“长期股权投资”的备抵科目，贷方登记资产负债表日计提的长期股权投资减值准备；借方登记转销的长期股权投资减值准备；期末贷方余额反映企业已计提但尚未转销的长期股权投资减值准备。该科目按被投资单位设置明细科目进行明细核算。

企业计提企业长期股权投资减值准备时，应按长期股权投资可收回金额小于长期股权投资账面价值的差额，借记“资产减值损失——计提的长期股权投资减值准备”科目，贷记“长期股权投资减值准备”科目。

长期股权投资减值准备一经提取，在以后会计期间不得转回。

【例6-7】 2018年12月31日，甲公司持有的B公司股权，账面价值105万元，甲公司作为长期股权投资并采用权益法进行核算。由于B公司经营不善，资金周转发生困难，使其股票市价跌至90万元，短期内难以恢复。假定甲公司本年度首次对其计提长期股权投资减值准备。

甲公司应做账务处理如下。

借：资产减值损失——计提的长期股权投资减值准备　　150 000
　贷：长期股权投资减值准备——B公司　　150 000

采用权益法核算时，下列引起长期股权投资账面价值变动的有（　　）。

A. 被投资企业实现净利润　　B. 被投资企业购入土地使用权

C. 计提长期股权投资减值准备　　D. 被投资企业进行增资扩股

3. 长期股权投资的处置

企业持有长期股权投资的过程中，由于各方面的考虑，决定将所持有的对被投资单位的股权全部或部分对外出售时，应相应结转与所售股权相对应的长期股权投资的账面价值，出售所得价款与处置长期股权投资账面价值之间的差额，应确认为处置损益。

企业处置长期股权投资时，应按实际收到的金额，借记“银行存款”等科目，按原已计提的减值准备，借记“长期股权投资减值准备”科目，按长期股权投资账面余额，贷记“长期股权投资”科目，按尚未领取的现金股利或利润，贷记“应收股利”科目，按其差额，贷记或借记“投资收益”科目。

处置长期股权投资时还应同时结转原计入其他综合收益、资本公积的金额，借记或贷记“其他综合收益”科目，借记或贷记“资本公积——其他资本公积”科目，贷记或借记“投资收益”科目。

【例 6-8】 承接【例 6-6】，2019 年 6 月 12 日，甲公司将所持有的 H 公司的股份全部出售，取得价款 90 000 000 元。

甲公司应做账务处理如下。

借：其他货币资金——存出投资款	90 000 000	
贷：长期股权投资——H 公司（投资成本）		80 000 000
——H 公司（损益调整）		5 000 000
——H 公司（其他综合收益）		750 000
——H 公司（其他权益变动）		2 000 000
投资收益		2 250 000

同时，

借：其他综合收益	750 000	
资本公积——其他资本公积	2 000 000	
贷：投资收益		2 750 000

【项目列报】

本项目长期股权投资核算内容在资产负债表上的信息列示如表 6-3 所示。

表 6–3　长期股权投资项目在资产负债表上的信息列示　单位：元

资产	期末余额	年初余额	负债和所有者权益	期末余额	年初余额
流动资产：			流动负债：		
……					
非流动资产：					
……					
长期股权投资（=“长期股权投资”-“长期股权投资减值准备”）					
……					

【拓展阅读】

《企业会计准则第 2 号——长期股权投资》《企业会计准则第 40 号——合营安排》《企业会计准则第 41 号——在其他主体中权益的披露》《企业会计准则——基本准则》《企业会计准则第 8 号——资产减值》《企业会计准则——应用指南》《企业内部控制应用指引第 6 号——资金活动》。

项目训练

一、单项选择题

1. A 公司以 2 000 万元取得 B 公司 30%的股权，取得投资时被投资单位可辨认净资产的公允价值为 6 000 万元。如果 A 公司能够对 B 公司施加重大影响，则 A 公司计入长期股权投资的金额为（　　）万元。

A. 2 000　　B. 1 800　　C. 6 000　　D. 4 000

2. 下列各项中，应当确认为投资损益的是（　　）。

A. 长期股权投资减值损失
B. 长期股权投资处置净损益
C. 期末交易性金融资产公允价值变动的金额
D. 支付与取得长期股权投资直接相关的费用

3. 采用权益法核算长期股权投资时，对于被投资企业因可供出售金融资产公允价值变动影响其他综合收益增加，期末因该事项投资企业应按所拥有的表决权资本的比例计算应享有的份额，并将其计入（　　）。

A. 其他综合收益　　B. 投资收益　　C. 其他业务收入　　D. 营业外收入

4. 采用权益法核算长期股权投资的情况下，被投资企业发生亏损时，投资企业应当（　　）。

A. 借记“投资收益”科目　　B. 借记“资本公积”科目
C. 借记“长期股权投资”科目　　D. 不做处理

5. 以下不属于长期股权投资核算范围的是（　　）。

A. 企业对子公司的长期股权投资
B. 企业对被投资单位不具有共同控制或重大影响，并且在活跃市场中没有报价、公允价值不能可靠计量的长期股权投资
C. 企业对其合营企业的长期股权投资
D. 企业对其联营企业的长期股权投资

6. 长期股权投资采用成本法核算时，下列各种情况中，投资企业应相应调减“长期股权投资”账面价值的是（　　）。

A. 被投资企业当年实现净利润时
B. 被投资企业当年实现净亏损时
C. 被投资企业所有者权益发生其他变动时
D. 投资企业对持有的长期股权投资计提减值时

7. 根据《企业会计准则第 2 号——长期股权投资》的规定，长期股权投资采用权益法核算时，下列各项中不会引起长期股权投资账面价值减少的是（　　）。

A. 期末被投资单位对外捐赠　　B. 被投资单位发生净亏损
C. 被投资单位计提盈余公积　　D. 被投资单位宣告发放现金股利

8. 2017 年年初甲公司购入乙公司 55%的股权，成本为 100 万元，2017 年年末长期股权投资的可收回金额为 80 万元，故计提了长期股权投资减值准备 20 万元，2018 年年末该项长期股权投资的可收回金额为 90 万元，则 2018 年年末甲公司应恢复长期股权投资减值准备（　　）万元。

A. 30　　B. 20　　C. 10　　D. 0

9. A公司2018年7月1日以银行存款3 000万元取得B公司50%的股权，A公司对B公司能够实施控制，另发生交易费用10万元。则A公司的下列账务处理中，表述不正确的是（　　）。

A. A公司将该项投资划分为长期股权投资

B. 该项投资的初始入账价值为3 010万元

C. 该项投资的初始入账价值为3 000万元

D. A公司将该项投资采用成本法进行后续计量

10. 采用成本法核算长期股权投资的情况下，被投资单位发生亏损时，投资企业应当（　　）。

A. 借记"投资收益"　　B. 借记"资本公积"

C. 贷记"长期股权投资"　　D. 不做处理

二、多项选择题

1. 下列关于长期股权投资账务处理的表述中，正确的有（　　）。

A. 对合营企业的长期股权投资应采用权益法核算

B. 长期股权投资减值准备一经确认，在以后会计期间不得转回

C. 权益法下，按被投资方宣告发放现金股利应享有的份额确认投资收益

D. 权益法下，按被投资方实现净利润应享有的份额确认投资收益

2. 下列情况中能够采用权益法核算的有（　　）。

A. 企业对其合营企业的长期股权投资

B. 企业对其联营企业的长期股权投资

C. 企业对其子公司的长期股权投资

D. 企业对被投资单位具有重大影响的长期股权投资

3. 成本法下处置长期股权投资，可能涉及的会计科目有（　　）。

A. "长期股权投资减值准备"　　B. "资本公积"

C. "投资收益"　　D. "应收股利"

4. 下列各项中，关于被投资单位宣告发放现金股利或分配利润时，正确的账务处理有（　　）。

A. 交易性金融资产持有期间，被投资单位宣告发放现金股利或利润时确认投资收益

B. 长期股权投资采用成本法核算时，被投资单位宣告发放现金股利或利润时确认投资收益

C. 长期股权投资采用权益法核算时，被投资单位宣告发放现金股利或利润时确认投资收益

D. 长期股权投资采用权益法核算时，被投资单位宣告发放现金股利或利润时冲减其账面价值

5. 企业购入的采用权益法核算的长期股权投资，其初始投资成本包括（　　）。

A. 购入时实际支付的价款

B. 支付的价款中包含的被投资方已宣告但尚未发放的现金股利

C. 支付的印花税

D. 为取得长期股权投资发生的相关手续费

6. 下列情况下，投资方应采用权益法核算长期股权投资的有（　　）。

A. 控制　　B. 重大影响　　C. 无重大影响　　D. 共同控制

7. 下列各项中，应当确认为投资收益的有（　　）。

A. 支付与取得交易性金融资产直接相关的费用

B. 支付与取得长期股权投资直接相关的费用

C. 期末交易性金融资产公允价值变动的金额

D. 处置长期股权投资净损益

8. 采用成本法核算长期股权投资，下列各项中，不会导致长期股权投资账面价值发生增减变动的有（　　）。

A. 长期股权投资发生减值损失

B. 持有长期股权投资期间被投资单位实现净利润

C. 收到取得投资时被投资单位已宣告但未派发的现金股利

D. 持有期间被投资单位宣告发放的现金股利

9. 下列有关资产计提减值准备的处理中，说法不正确的有（　　）。

A. 可供出售金融资产发生减值的，按应减记的金额，借记“资产减值损失”科目，贷记“可供出售金融资产——公允价值变动”科目，不需要转出持有期间计入其他综合收益的公允价值变动金额

B. 持有至到期投资发生减值的，按应减记的金额，借记“资产减值损失”科目，贷记“持有至到期投资减值准备”科目。已计提减值准备的持有至到期投资价值在以后期间不得恢复

C. 应收款项发生减值的，按应减记的金额，借记“资产减值损失”科目，贷记“坏账准备”科目

D. 长期股权投资已计提的减值准备以后期间不得转回

10. 下列各项中，能引起权益法核算的长期股权投资账面价值发生变动的有（　　）。

A. 被投资单位实现净利润

B. 被投资单位宣告发放股票股利

C. 被投资单位宣告发放现金股利

D. 被投资单位除净损益外的其他所有者权益变动

三、判断题

1. 在权益法下，长期股权投资账面价值始终反映该项投资的初始投资成本。（　　）

2. 企业能够对被投资单位实施控制的，被投资单位为本企业的子公司。控制是指按照合同约定对某项经济活动所共有的控制，仅在与该项经济活动相关的重要财务和经营决策需要分享控制权的投资方一致同意时存在。（　　）

3. 投资企业无论采用成本法还是权益法核算长期股权投资，均要在被投资单位宣告分派利润或现金股利时，按照应享有的部分确认为当期投资收益。（　　）

4. 企业对长期股权投资计提的减值准备，在该长期股权投资价值回升期间应当转回，但转回的金额不应超过原计提的减值准备。（　　）

5. 在成本法下，当被投资企业发生盈亏时，投资企业并不做账务处理；当被投资企业宣告分配现金股利时，投资方应将分得的现金股利确认为投资收益。（　　）

6. 权益法核算下长期股权投资的初始投资成本小于投资时应享有被投资单位可辨认净资产公允价值份额的，应按其差额调整长期股权投资的初始投资成本，并计入投资收益。（　　）

7. 现金股利和股票股利都是被投资企业给投资企业的报酬，因此，投资企业均应确认收益。（　　）

8. 处置长期股权投资时，不同时结转已计提的长期股权投资减值准备，待期末一并调整。（　　）

9. 在持股比例不变的情况下，被投资单位除净损益以外所有者权益的其他变动，企业按持股比例计算应享有的份额。借记“长期股权投资——其他权益变动”科目，贷记“资本公积——其他资本公积”科目。（　　）

10. 采用成本法核算长期股权投资的情况下，被投资企业发生亏损时，投资企业应当贷记“长期股权投资”科目。（　　）

四、不定项选择题

1. 甲公司发生下列与长期股权投资相关的业务。

（1）2017 年 1 月 7 日，购入乙公司有表决权的股票 100 万股，占乙公司股份的 20%。该股票每股买入价为 8 元，其中每股含已宣告分派但尚未领取的现金股利 0.2 元；另外，甲公司在购买股票时还支付相关税费 10 000 元，款项均由银行存款支付。

（2）2017 年 3 月 10 日，收到乙公司宣告分派的现金股利。

（3）2017 年度，乙公司实现净利润 2 000 000 元。

（4）2018 年 2 月 1 日，乙公司宣告分派 2013 年度股利，每股分派现金股利 0.1 元。

（5）2018 年 2 月 20 日，甲公司收到乙公司分派的 2013 年度的现金股利。

（6）2018 年度，乙公司发生亏损 200 000 元。

（7）2019 年 1 月 30 日，甲公司出售所持有的乙公司的股票 10 万股，每股价格为 10 元。

要求：根据上述资料，回答下列（1）～（2）题。

（1）根据上述资料，2017 年 1 月 7 日取得长期股权投资时，入账价值是（　　）元。

A. 8 010 000　　B. 7 810 000　　C. 7 610 000　　D. 7 410 000

（2）根据上述资料，针对此项长期股权投资，甲公司的下列账务处理中，正确的是（　　）。

A. 取得长期股权投资时，支付价款中含有的已宣告但未发放的现金股利直接确认为投资收益

B. 对于 2017 年被投资单位实现的净利润，甲公司不确认其享有份额

C. 对于 2018 年分配的现金股利，甲公司按其享有份额确认为投资收益

D. 2015 年甲公司处置长期股权投资时，处置损益为 219 000 元

2. 甲上市公司发生下列长期股权投资业务。

（1）2017 年 1 月 3 日，购入乙公司股票 580 万股，占乙公司有表决权股份的 25%，对乙公司的财务和经营决策具有重大影响，甲公司采用权益法对长期股权投资进行核算。每股买入价为 8 元。每股价格中包含已宣告但尚未发放的现金股利 0.25 元，另外支付相关税费 7 万元。款项均以银行存款支付。当日，乙公司所有者权益的账面价值（与其公允价值相等）为 18 000 万元。

（2）2017 年 3 月 16 日，收到乙公司宣告分派的现金股利。

（3）2017 年度，乙公司实现净利润 3 000 万元。

（4）2018 年 2 月 16 日，乙公司宣告分派 2013 年度股利，每股分派现金股利 0.2 元。

（5）2018 年 3 月 12 日，甲上市公司收到乙公司分派的 2013 年度的现金股利。

（6）2019 年 1 月 4 日，甲上市公司出售所持有的全部乙公司的股票，共取得价款 5 200 万元（不考虑长期股权投资减值及其他因素）。

要求：根据上述资料，回答下列（1）～（4）题。

（1）下列关于甲公司对乙公司的长期股权投资的描述中，正确的有（　　）。

A. 该长期股权投资的投资成本是 4 502 万元

B. 该长期股权投资的投资成本是 4 647 万元

C. 该长期股权投资的投资成本是 4 495 万元

D. 该长期股权投资的投资成本是 4 500 万元

（2）根据资料（2），下列说法中正确的有（　　）。

A. 甲公司应确认为投资收益

B. 甲公司应冲减应收股利，同时增加银行存款

C. 甲公司应冲减长期股权投资的成本

D. 甲公司应计入“长期股权投资——损益调整”科目

（3）下列说法中正确的有（　　）。

A. 资料（3），应计入“长期股权投资——损益调整”科目

B. 资料（3），应确认为投资收益

C. 资料（4），应确认为投资收益

D. 资料（4），应冲减长期股权投资的账面价值，计入“长期股权投资——损益调整”科目的贷方

（4）根据资料（6），甲公司在出售长期股权投资时确认的投资损益是（　　）万元。

A. 66　　B. 64　　C. 71　　D. −81

3. 锦秋公司有关长期股权投资的业务如下。

（1）2017 年 1 月 3 日，以每股 10 元的价格购入星辰股份有限公司（以下简称星辰公司）的股票 300 万股，每股价格中包含有 0.2 元的已宣告分派的现金股利，另支付相关税费 20 万元。锦秋公司购入的股票占星辰公司发行在外股份的 30%，并准备长期持有，且能够对星辰公司的财务和经营政策施加重大影响。当日，星辰公司所有者权益的账面价值（与其公允价值相等）为 9 000 万元。

（2）2017 年 1 月 25 日，锦秋公司收到星辰公司分来的购买该股票时已宣告分派的现金股利。

（3）2017 年度，星辰公司实现净利润 800 万元，宣告不分配股利。

（4）2018 年度，星辰公司发生净亏损 200 万元。

（5）2019 年 1 月 2 日，锦秋公司将持有的星辰公司的股票全部售出，收到价款净额为 3 270 万元，款项已由银行收妥。

要求：根据上述资料（1）～（5），回答下列（1）～（2）题。

（1）锦秋公司取得长期股权投资时，入账价值是（　　）万元。

A. 2 960　　B. 3 020　　C. 2 900　　D. 2 700

（2）锦秋公司持有长期股权投资期间，相关账务处理正确的是（　　）。

A. 对 2017 年度乙公司实现的净利润，锦秋公司确认投资收益 240 万元

B. 对 2017 年乙公司分派的现金股利，锦秋公司应确认为收到应收股利 60 万元

C. 2019 年锦秋公司处置长期股权投资时，应确认投资收益 130 万元

D. 2019 年锦秋公司处置长期股权投资时，应转销长期股权投资账面价值 3 140 万元

五、实务题

1. 2017 年 1 月 1 日，A 公司与 B 公司进行非同一控制下的企业合并，A 公司以银行存款 500 万元取得 B 公司 80%的股份。B 公司所有者权益的账面价值为 700 万元。2017 年 5 月 2 日，B 公司宣告分配 2011 年度现金股利 100 万元，2017 年度 B 公司实现利润 200 万元。2018 年 5 月 2 日，B 公司宣告分配现金股利 300 万元，2018 年度 B 公司实现利润 300 万元。2019 年 5 月 2 日，B 公司宣告分配现金股利 200 万元。

要求：做出 A 公司上述股权投资的账务处理。

2. 2017 年 1 月 1 日 A 公司以 950 万元（含支付的相关费用 10 万元）购入 B 公司股票 400 万股，每股面值 1 元，占 B 公司发行在外股份的 20%，A 公司采用权益法核算该项投资。已知 2016 年 12 月 31 日 B 公司股东权益的公允价值总额为 4 000 万元。2017 年 B 公司实现净利润 600 万元。2018 年 3 月 B 公司宣告发放现金股利 100 万元。2015 年 4 月 A 公司收到现金股利。2015 年 B 公司实现净利润 800 万元。2018 年 B 公司由于可供出售金融资产公允价值变动增加其他综合收益 200 万元。2015 年年末该项股权投资的可收回金额为 1 200 万元。2019 年 1 月 5 日 A 公司转让对 B 公司的全部投资，实得价款 1 300 万元。

要求：做出 A 公司 2017～2019 年长期股权投资业务相关的账务处理（“长期股权投资”科目要求写出明细科目；答案中的金额单位用万元表示）。

项目七 固定资产核算

学习要点

- 固定资产的确认
- 固定资产外购业务的核算
- 固定资产建造业务的核算
- 固定资产折旧业务的核算
- 固定资产后续支出业务的核算
- 固定资产减值业务的核算
- 固定资产处置业务的核算
- 固定资产项目的列示

关键术语

- 固定资产（Fixed Assets）
- 在建工程（Construction in Progress）
- 工程物资（Construction Materials）
- 固定资产折旧（Depreciation of Fixed Assets）
- 可收回金额（Recoverable Amount）

【项目引入及要求】

1. 项目引入

假设 2020 年 1 月，您到丙股份有限责任公司进行顶岗实习。丙公司属于增值税一般纳税人，适用的增值税税率为 17%。丙公司 2018～2020 年与购置生产线的有关业务资料如下。

（1）2018 年 12 月 6 日，丙公司购入需要安装的生产线一条，取得的增值税专用发票上注明的生产线价款为 2 000 万元，增值税为 320 万元；保险费为 5 万元，款项均以银行存款支付；没有发生其他相关税费。生产线已投入安装。

（2）2018 年 12 月 11 日，丙公司安装领用生产用原材料实际成本和计税价格均为 20 万元，发生安装工人工资 10 万元，没有发生其他相关税费。该原材料未计提存货跌价准备。

（3）2018 年 12 月 31 日，该生产线达到预定可使用状态，当日投入使用。该生产线预计使用年限为 12 年，预计净残值为 55 万元，采用直线法计提折旧。

（4）2019 年 12 月 31 日，丙公司在对该生产线进行检查时发现其已经发生减值。该生产线可收回金额为 1 615.12 万元。

（5）2020 年 1 月 1 日，该生产线的预计尚可使用年限为 10 年，预计净残值为 25.12 万元，采用直线法计提折旧。

（6）2020 年 6 月 30 日，丙公司将生产线出售，取得价款为 1 600 万元，增值税 256 万元，支付清理费用 20.38 万元。

2. 项目要求

（1）请熟悉本项目内容在资产负债表中的位置。

固定资产，是企业为生产商品、提供劳务、出租或经营管理而持有的、使用期限较长，单位价值比较高，并在其使用过程中保持原有实物形态的资产。本项目内容在资产负债表中的位置，如表 7-1 所示。

表 7–1　　固定资产项目内容在资产负债表中的信息列示　　单位：万元

资产	期末余额	负债和所有者权益	期末余额
流动资产：		流动负债：	
……			
非流动资产			
……			
投资性房地产			
固定资产			
在建工程			
……			

（2）请根据本项目内在知识点的逻辑关系，制作本项目思维导图。

（3）请搜集与本项目有关的企业真实案例。

（4）学完本项目，请完成项目引入中丙公司上述固定资产业务的账务处理，掌握固定资产业务的核算。

（5）学完本项目，请了解资产负债表表中“固定资产”“在建工程”项目是如何填列的。

任务一 固定资产认知

任务调研：请了解企业生产经营用固定资产和非生产经营用固定资产有哪些。

固定资产是企业的主要劳动手段，属于物质资料生产过程中用来改变或影响劳动对象的主要劳动资料，它是企业发展生产事业的物质技术基础，管好用好固定资产，促进固定资产不断增值和提高固定资产的使用效益，是会计工作的重要任务。

由于固定资产在企业生产经营活动中所起的作用、持续时间、价值转移及补偿方式与其他资产存在着差别，所以会计核算内容也就有所不同。

一、固定资产的概念及其特征

由于企业的经营内容、经营规模等各不相同，所以固定资产的标准也不能强求绝对一致，企业在对固定资产进行确认时，应当按照固定资产的定义和确认条件，考虑企业的具体情形加以判断，制订出适合本企业实际情况的固定资产目录、分类方法、每类或每项固定资产的折旧年限、折旧方法，作为固定资产核算的依据。

固定资产，是指使用期限较长，单位价值比较高，并在其使用过程中保持原有实物形态的资产。市场经济复杂，企业千差万别，国际上已少有国家对固定资产的价值做出详细规定，《企业会计准则——固定资产》也取消了企业固定资产价值方面过死的规定，只是提供了一个确认基础。企业会计准则中规定，固定资产是指同时具有下列两个特征的有形资产。

（1）为生产商品、提供劳务、出租或经营管理而持有的。

（2）使用寿命超过一个会计期间。使用寿命是指企业使用固定资产的预计期间，或者该固定资产所能生产产品或提供劳务的数量。

固定资产的基本特征在于企业持有固定资产的目的是为了生产商品、提供劳务、出租或经营管理，而不是直接用于出售，从而明显区别于流动资产。固定资产准则对于固定资产的概念除强调持有固定资产的目的和具有实物形态这两个特征外，还强调了固定资产的使用寿命超过一个会计期间。

二、固定资产的确认

固定资产的确认是一个判断过程，它是对符合固定资产概念的各种资产，在满足一定条件的情况下将其确认入账。从理论上讲，固定资产的定义反映了固定资产的本质属性，是其最基本的判断标准，它将固定资产与其他资产区别开来。但是，固定资产的概念对固定资产的限定是综合性的，并没有从会计角度给出其限定条件。因此，《企业会计准则——固定资产》规定某一资产项目，如果既符合固定资产的定义，又同时满足固定资产的确认条件，才能加以确认为固定资产。

（1）与该固定资产有关的经济利益很可能流入企业。在实务中，判断与固定资产有关的经济利益是否很可能流入企业，主要判断与该固定资产所有权相关的风险和报酬是否转移到了企业。风险和报酬是否转移，要注重实质。例如，融资租入的固定资产，虽然没有所有权，但却有与所有权相关的风险和报酬，所以融资租入的固定资产也作为企业的固定资产。

有些设备，虽不能单独给企业带来经济利益流入，如企业购置的环保设备和安全设备等，但如果没有这些设施，其他设备就可能无法使用。因此，应将这些设施确认为固定资产。对于单价比较低，使用时间已经超过一年的周转性材料，不作为固定资产核算，而是作为存货（周转材料）核算。有些企业的周转材料，单价比较高、使用时间比较长，应该作为固定资产核算。固定资产的各组成部分具有不同使用寿命或者以不同方式为企业提供经济利益，适用不同折旧率或折旧方法的，应分别将各组成部分确认为单项固定资产。例如，飞机的引擎与飞机机身具有不同的使用寿命，适合不同折旧率或折旧方法，则企业应当将其确认为单项固定资产。

（2）该固定资产的成本能够可靠地计量。企业在确定固定资产成本时必须取得确凿证据，但是，有时需要根据所获得的最新资料，对固定资产的成本进行合理的估计。例如，对于已达到预定可使用状态但尚未办理竣工决算的固定资产，需要根据工程预算、工程造价或者工程实际发生的成本等资料，按估计价值确定其成本，办理竣工决算后，再按照实际成本调整原来的暂估价值。

企业制订的固定资产目录、分类方法、每类或每项固定资产的预计使用年限、预计净残值、折旧方法等应当编制成册，并按照管理权限，经股东大会董事会，经理（厂长）会议或类似机构批准，按照法律、行政法规的规定报送有关各方备案，同时备置于企业所在地，以供投资者等有关各方查阅。企业已经确定并对外报送，或备置于企业所在地的有关固定资产目录、分类方法、估计净残值、预计使用年限、折旧方法等，一经确定不得随意变更，如需变更，仍然应当按照上述程序，经批准后报送有关各方备案，并在财务报表附注中予以说明。

三、固定资产分类

固定资产可以按其经济用途、使用情况、产权归属、实物形态进行分类核算。

（1）固定资产按经济用途可分为生产经营用和非生产经营用两类。生产经营用固定资产，是指直接服务于生产经营全过程的固定资产，如厂房、机器设备、仓库、销售场所、运输车辆等。非生产经营用固定资产，是指不直接服务于生产经营，而是为了满足职工物质文化、生活福利需要的固定资产，如职工宿舍、食堂、托儿所、浴室、医务室、图书馆以及科研等其他方面使用的房屋、设备等固定资产。

（2）固定资产按使用情况可分为使用中、未使用、不需用3类。使用中固定资产，是指企业正在使用的各种固定资产，包括由于季节性和大修理等原因暂时停用以及存放在使用部门以备替换使用的机器设备。未使用固定资产，是指尚未投入使用的新增固定资产和经批准停止使用的固定资产。不需用固定资产，是指企业不需用、准备处理的固定资产。

（3）固定资产按产权归属可分为自有、接受投资和租入3类。其中，租入固定资产又分为经营租入和融资租入两种情况。经营租入，即企业采用经营性租赁的方式租入的固定资产；融资租入，是指企业采取融资租赁方式租入的固定资产，在租赁期内，应视同自有固定资产进行管理。

（4）固定资产按实物形态可分为房屋及建筑物、机器设备、电子设备、运输设备及其他设备5类。

在实际工作中，企业的固定资产是按经济用途和使用情况综合分类的，并考虑提供某些特殊资料的要求，将企业的固定资产分为7类，即生产用固定资产、非生产用固定资产、租出固定资产（仅限于以经营租赁方式出租的机器设备）、未使用固定资产、不需用固定资产、融资租入固定资产以及土地等。

关于土地，在我国，土地归国家所有，任何企业和个人只拥有土地的使用权。注意：①企业取得的土地使用权一般应作为“无形资产”入账，特定情况下按国家规定允许作为“固定资产”入账，这种情况目前相当少见；②因征用土地而支付的补偿费应计入与土地有关的房屋建筑物的价值内，不单独作为土地价值入账；③企业购入的土地使用权改变用途为出租或资本增值，则应当作为“投资性房地产”入账。

四、固定资产初始计量

固定资产的计量涉及初始计量和期末计量两个方面。其中，固定资产的初始计量，是指固定资产的取得成本；固定资产的期末计量，主要解决固定资产的期末计价问题。

固定资产的初始计量，是指企业最初取得固定资产时对其入账价值的确定。固定资产取得方式的不同决定了其入账价值所包含的经济内容也不同，本项目主要介绍企业通过外购、自行建造等途径取得固定资产的核算，而外购是企业取得固定资产的重要和主要方式。通过其他途径取得的固定资产，如融资租入的固定资产的核算在项目十非流动负债核算中介绍；通过接受投资等途径取得的固定资产的核算在项目十一所有者权益核算中介绍。

根据企业会计准则的规定，固定资产应当按照成本进行初始计量，它包括企业购建某项固定资产达到预定可使用状态前所发生的一切合理、必要的支出。这些支出既有直接发生的，如固定资产的购买价款、运杂费、包装费和安装成本等，也有间接发生的，如应承担的借款利息、外币借款折合差额以及应分摊的其他间接费用等。

提示

在进行固定资产的初始计量时，具体应注意以下几点。

（1）根据规定，增值税一般纳税人购进（包括接受捐赠、实物投资）或者自制（包括改扩建、安装）生产经营用固定资产发生的进项税额，可凭增值税扣税凭证从销项税额中抵扣，其进项税额应当记入“应交税费——应交增值税（进项税额）”。2016年5月1日起，根据《关于全面推开营业税改征增值税试点的通知》等规定，增值税一般纳税人取得并在会计制度上按固定资产核算的不动产，以及2016年5月1日后发生的不动产在建工程，其进项税额应按照《不动产进项税额分期抵扣暂行办法》有关规定分2年从销项税额中抵扣，第一年抵扣比例为60%，第二年抵扣比例为40%；增值税一般纳税人2016年5月1日后购进货物和设计服务、建筑服务，用于新建不动产，或者用于改建、扩建、修缮、装饰不动产并增加不动产原值超过50%的，其进项税额依照《不动产进项税额分期抵扣暂行办法》有关规定分2年从销项税额中抵扣，其进项税额分别记入“应交税费——应交增值税（进项税额）”“应交税费——待抵扣进项税额”账户。

但购入用于集体福利、个人消费或用于免税项目，进项税额不得抵扣而应计入固定资产成本。

（2）固定资产的入账价值应包括企业为取得固定资产而缴纳的契税、耕地占用税、车辆购置税等相关税费。为建造固定资产发生的罚息支出不能计入固定资产成本，应在发生时计入当期损益。企业购置计算机硬件所附带的、未单独计价的软件，应与所购置的计算机硬件一并作为固定资产管理。

任务二 固定资产取得业务核算

任务调研：请了解企业外购固定资产业务是如何产生的，相关的业务处理程序是怎样的。

一、固定资产取得业务核算的科目设置

为进行固定资产取得业务的核算，企业一般设置“固定资产”“累计折旧”“在建工程”“工程物资”等科目。

（1）"固定资产"科目，属于资产类，核算企业持有的固定资产原始价值。建造承包商的临时设施，以及企业购置计算机硬件所附带的、未单独计价的软件，也在该科目核算。借方登记增加固定资产的原始价值；贷方登记减少固定资产的原始价值。期末余额在借方，反映企业现有固定资产的原始价值。

该科目可按固定资产类别和项目进行明细核算。固定资产明细账一般采用卡片的形式，也叫固定资产卡片。固定资产卡片一般一式两份，一份由使用部门登记保管；另一份由财会部门保管。为防止固定资产卡片丢失，固定资产管理部门还应设立固定资产卡片登记簿，逐一登记卡片的开设和注销情况。财会部门为了分类反映固定资产的使用、保管和增减变动情况，并控制固定资产卡片，还应设置固定资产登记簿，即固定资产的二级账。固定资产登记簿应按固定资产类别开设账页。

（2）"累计折旧"科目，属于资产类，也是"固定资产"的调整科目，核算企业所提取的固定资产的累计折旧数额。贷方登记企业按月计提的折旧数；借方登记因固定资产减少而转销的折旧数；期末余额在贷方，反映现有固定资产的累计折旧额。"固定资产"科目余额减去"累计折旧"科目余额就是固定资产净值。该科目可按固定资产的类别或项目进行明细核算。

（3）"在建工程"科目，属于资产类，核算企业基建、更新改造等在建工程发生的支出。借方登记企业各项在建工程的实际支出；贷方登记工程完工交付使用而结转的实际工程成本；期末余额在借方，反映企业各项尚未完工工程的实际成本。该科目应按"建筑工程""安装工程""在安装设备""待摊支出"以及单项工程等进行明细核算。

（4）"工程物资"科目，属于资产类，核算企业为在建工程准备的各种物资的成本，包括工程用材料、尚未安装的设备以及为生产准备的工器具等。借方登记购入工程物资的实际成本；贷方登记工程领用、工程完工后剩余结转等原因减少的工程物资的实际成本；期末余额在借方，反映企业库存工程物资的实际成本。该科目可按"专用材料""专用设备""工器具"等进行明细核算。

二、外购固定资产业务的核算

外购固定资产的成本包括购买价款、相关税费以及使固定资产达到预定可使用状态前所发生的可归属于该项资产的运输费、装卸费、安装费和专业人员服务费等。企业购置固定资产，按是否需要安装分为不需要安装的固定资产和需要安装的固定资产。

1. 购进不需要安装的固定资产

增值税一般纳税人购进不需要安装的固定资产，是指企业购入的固定资产不需要安装就可以直接交付使用。企业应按实际支付的归属该项固定资产的实际成本，借记"固定资产"科目，按可抵扣的增值税进项税额，借记"应交税费——应交增值税（进项税额）"科目，按以后期间可抵扣的增值税税额，借记"应交税费——待抵扣进项税额"科目，按应付或实际支付的金额，贷记"银行存款""应付账款""应付票据""长期应付款"等科目。尚未抵扣的进项税额待以后期间允许抵扣时，按允许抵扣的金额，借记"应交税费——应交增值税（进项税额）"科目，贷记"应交税费——待抵扣进项税额"科目。

【例 7-1】 丙公司为一家制造性企业。2018 年 8 月 1 日，为降低采购成本，向乙公司一次购进了 3 套不同型号且具有不同生产能力的设备 A、B 和 C。丙公司为该批设备共支付货款 7 800 000 元，增值税进项税额为 1 248 000 元，包装费为 42 000 元，全部以银行存款支付；假定设备 A、B 和 C 分别满足固定资产的定义及其确认条件，公允价值分别为 2 926 000 元、3 594 800 元、1 839 200 元；不考虑其他相关税费。

丙公司应做账务处理如下。

（1）确定计入固定资产成本的金额，包括买价、包装费等应计入固定资产成本的金额=7 800 000+42 000=7 842 000（元）。

（2）确定设备A、B和C的价值分配比例。

A设备应分配的固定资产价值比例=2 926 000÷（2 926 000+3 594 800+1 839 200）=35%。

B设备应分配的固定资产价值比例=3 594 800÷（2 926 000+3 594 800+1 839 200）=43%。

C设备应分配的固定资产价值比例=1 839 200÷（2 926 000+3 594 800+1 839 200）=22%。

（3）确定设备A、B和C各自的入账价值。

A设备的入账价值=7 842 000×35%=2 744 700（元）。

B设备的入账价值=7 842 000×43%=3 372 060（元）。

C设备的入账价值=7 842 000×22%=1 725 240（元）。

企业基于产品价格等因素的考虑，可能以一笔款项购入多项没有单独标价的固定资产。如果这些资产均符合固定资产的定义，并满足固定资产的确认条件，则应将各项资产单独确认为固定资产，并按各项固定资产公允价值的比例对总成本进行分配，分别确定各项固定资产的成本。

（4）编制会计分录。

借：固定资产——A	2 744 700
——B	3 372 060
——C	1 725 240
应交税费——应交增值税（进项税额）	1 248 000
贷：银行存款	9 048 000

2. 购进需要安装的固定资产

增值税一般纳税人购进需要安装的固定资产，是指购入的固定资产需要经过安装以后才能交付使用。其成本应在取得成本的基础上，加上安装调试成本等。作为固定资产的取得成本，先通过“在建工程”科目归集其成本，等达到预定可使用状态时，再由“在建工程”科目转入“固定资产”科目。

企业购入固定资产时，按实际支付的购买价款、运输费、装卸费和其他相关税费等，借记“在建工程”科目，按可抵扣的增值税进项税额，借记“应交税费——应交增值税（进项税额）”科目，按以后期间可抵扣的增值税税额，借记“应交税费——待抵扣进项税额”科目，按应付或实际支付的金额，贷记“银行存款”“应付账款”“应付票据”“长期应付款”等科目。尚未抵扣的进项税额待以后期间允许抵扣时，按允许抵扣的金额，借记“应交税费——应交增值税（进项税额）”科目，贷记“应交税费——待抵扣进项税额”科目；安装完毕达到预定可使用状态时，按其实际成本，借记“固定资产”科目，贷记“在建工程”科目。

三、建造固定资产业务的核算

企业可根据生产经营的特殊需要利用自有的人力、物力条件自行建造固定资产，即自制、自建固定资产。自制固定资产，是指企业自己制造生产经营所需的机器设备等，如自制特殊需要的车床等；自建固定资产，是指企业自行建造房屋、建筑物、各种设施以及进行大型机器设备安装工程等，也称为在建工程，包括固定资产新建工程、改扩建工程、大修理工程等。

企业自行建造的固定资产，有自营建造和出包建造两种方式。两种工程建设方式的不同，导致其会计处理也不同。

1. 自营建造的固定资产

在自营方式下，企业自行组织工程物资采购、自行组织施工人员从事工程施工。企业通过自营方式建造的固定资产，其入账价值应当按照该项资产达到预定可使用状态前所发生的必要支出确定，包括工程用物资成本、人工成本、缴纳的相关税费、应予资本化的借款费用以及应分摊的间接费用等。

企业以自营方式建造固定资产，发生的工程成本应通过“在建工程”科目核算。购入工程物资时，借记“工程物资”“应交税费——应交增值税（进项税额）”（属于可以抵扣的固定资产）等科目，贷记“银行存款”等科目。在建工程领用本企业外购原材料时，借记“在建工程”科目，贷记“原材料”“应交税费——应交增值税（进项税额转出）”（属于不可以抵扣的固定资产）等科目。在建工程领用工程物资时，借记“在建工程”科目，贷记“工程物资”科目。在建工程应负担的职工薪酬，借记“在建工程”科目，贷记“应付职工薪酬”科目。辅助生产部门为工程提供的水、电、设备安装、修理、运输等劳务，借记“在建工程”科目，贷记“生产成本——辅助生产成本”等科目。在建工程发生的借款费用满足借款费用资本化条件的，借记“在建工程”科目，贷记“长期借款”“应付利息”等科目。工程完工达到预定可使用状态时，从“在建工程”科目转入“固定资产”科目。

下列关于自行建造固定资产会计处理的表述中，正确的是（　　）。

A. 为建造固定资产支付的职工薪酬计入当期损益

B. 固定资产的建造成本不包括工程完工前盘亏的工程物资净损失

C. 工程完工前因正常原因造成的单项工程报废净损失计入营业外支出

D. 已达到预定可使用状态但未办理竣工决算的固定资产按暂估价值入账

【例 7-2】2018 年 6 月 15 日，甲公司采用自营方式建造厂房一幢，购入为工程准备的各种专用物资 300 000 元，支付增值税税额 48 000 元，实际领用工程物资 85%，剩余物资转为企业存货；另领用企业生产用的原材料，实际成本 30 000 元，支付工程人员工资 50 000 元，辅助生产车间提供有关劳务 10 000 元。9 月 15 日，工程达到预定可使用状态并交付使用。

甲公司应做账务处理。

（1）购入工程物资时。

借：工程物资——专用材料　300 000

　　应交税费——应交增值税——进项税额（专用材料）　28 800

　　应交税费——待抵扣进项税额——新增不动产进项税额（专用材料）　19 200

　　贷：银行存款　348 000

根据《不动产进项税额分期抵扣暂行办法》的有关规定，取得扣税凭证的当月起第 13 个月即 2019 年 6 月，公司的账务处理如下。

借：应交税费——应交增值税——进项税额（专用材料）　19 200

　　贷：应交税费——待抵扣进项税额——新增不动产进项税额（专用材料）　19 200

（2）领用工程物资时。

借：在建工程——建筑工程（仓库）　255 000

　　贷：工程物资——专用材料　255 000

（3）剩余工程物资转为企业存货时。

借：原材料　45 000
　应交税费——应交增值税——进项税额（专用材料）　2 880
　贷：工程物资——专用材料　45 000
　　应交税费——待抵扣进项税额——新增不动产进项税额（专用材料）　2 880

（4）工程领用原材料时。

借：在建工程——建筑工程（仓库）　30 000
　应交税费——应交增值税——进项税额（仓库）　1 920
　应交税费——待抵扣进项税额——新增不动产进项税额（仓库）　1 920
　贷：原材料　30 000

注意　购进时已全额抵扣进项税额的货物和服务，转用于不动产在建工程的，其已抵扣进项税额的 40%部分，应于转用的当期从进项税额中扣减，计入待抵扣进项税额，并于转用的当月起第 13 个月从销项税额中抵扣。

转用的第 13 个月，公司的账务处理如下。

借：应交税费——应交增值税——进项税额（仓库）　1 920
　贷：应交税费——待抵扣进项税额——新增不动产进项税额（仓库）　1 920

（5）支付工程人员工资时。

借：在建工程——建筑工程（仓库）　50 000
　贷：应付职工薪酬　50 000

（6）辅助车间提供劳务时。

借：在建工程——建筑工程（仓库）　10 000
　贷：生产成本——辅助生产成本　10 000

（7）自营工程完工交付使用时。

借：固定资产——仓库　345 000
　贷：在建工程——建筑工程（仓库）　345 000

提示　非正常损失，是指因管理不善造成货物被盗、丢失、霉烂变质，以及因违反法律法规造成货物或者不动产被依法没收、销毁、拆除的情形。其中，货物是指构成不动产实体的材料和设备，包括建筑装饰材料和给排水、采暖、卫生、通风、照明、通信、煤气、消防、中央空调、电梯、电气、智能化楼宇设备及配套设施。

不动产在建工程发生非正常损失的，其所耗用的购进货物、设计服务和建筑服务已抵扣的进项税额应于当期全部转出；其待抵扣的进项税额不得抵扣。账务处理如下。

借：待处理财产损溢——待处理××
　贷：在建工程——××项目
　　应交税费——应交增值税——进项税额转出（××项目）
　　应交税费——待抵扣进项税额——新增不动产进项税额（××项目）

提示　关于自行建造工程的核算需要注意以下问题。

（1）工程物资的处理。企业为非应税工程准备的各种物资应以实际支付的购买价款、增值税、运输费、保险费等相关税费作为实际成本，并按各种专项物资的种类进行明细核算。工程完工后剩余的工程物资，如转为本企业库存材料的，按其实际成本或计划成本转为企业的库存材料。存在可抵扣增值税进项税额的，应按减去增值税进项税额后的实际成本或计划成本，转为企业的库存材料。

盘盈、盘亏、报废、毁损的工程物资，减去保险公司、过失人赔偿部分后的差额，工程项目尚未完工的，计入或冲减所建工程项目的成本；工程已经完工的，计入当期营业外收支。

（2）试运转净支出的处理。工程达到预定可使用状态前因进行负荷联合试车所发生的净支出，计入工程成本。企业的在建工程项目在达到预定可使用状态前所取得的负荷联合试车过程中形成的，能够对外销售的产品，其发生的成本，计入在建工程成本，销售或转为库存商品时，按其实际销售收入或预计售价冲减工程成本。

（3）工程报废或毁损的处理。在建工程发生单项或单位工程报废或毁损，减去残料价值和过失人或保险公司等赔款后的净损失，工程项目尚未达到预定可使用状态的，计入继续施工的工程成本；工程项目已达到预定可使用状态的，属于筹建期间的，计入管理费用，不属于筹建期间的，计入营业外支出。如为非常原因造成的报废或毁损，或在建工程项目全部报废或毁损，应将其净损失直接计入当期营业外支出。

（4）在建工程转入固定资产的处理。所建造的固定资产已达到预定可使用状态，但尚未办理竣工决算的，应当自达到预定可使用状态之日起，根据工程预算、造价或者工程实际成本等，按估计价值转入固定资产，并按有关计提固定资产折旧的规定，计提固定资产折旧。待办理了竣工决算手续后再做调整。

2. 出包建造的固定资产

在出包工程方式下，企业通过招标方式将工程项目发包给建造承包商，由建造承包商（即施工企业）组织工程项目施工。建造的固定资产成本由建造该项固定资产达到预定可使用状态前所发生的必要支出构成，包括发生的建造工程支出、安装工程支出以及须分摊计入各固定资产价值的待摊支出。其中，建造工程、安装工程支出，如人工费、材料费、机械使用费等，由建造承包商核算。对于出包企业而言，建造工程、安装工程支出是构成在建工程成本的重要内容，发包企业按照合同规定的结算方式和工程进度定期与建造承包商办理工程价款结算，结算的工程价款计入在建工程成本。待摊支出，是指在建设期间发生的，不能直接计入某项固定资产价值，而应由所建造固定资产共同负责的相关费用，包括为建造工程发生的管理费、征地费、可行性研究费、临时设施费、公证费、监理费、应负担的税费、符合资本化条件的借款费用、建设期间发生的工程物资盘亏、报废及毁损净损失以及负荷联合试车费等。

在出包方式下，“预付账款”科目核算预付的工程款，“在建工程”科目实际上成为企业与建造承包商的结算科目，企业将与建造承包商结算的工程价款作为工程成本，通过“在建工程”科目进行核算。

企业出包的在建工程，预付建造承包商工程款时，借记“预付账款”科目，贷记“银行存款”科目；按合理估计的发包工程进度和合同规定结算的进度款，借记“在建工程——建造工程（××工程）”“在建工程——安装工程（××工程）”科目；贷记“银行存款”“预付账款”等科目。工程完工时，按合同规定补付的工程款，借记“在建工程”科目，贷记“银行存款”“预付账款”等科目。将设备交付建造承包商建造安装时，借记“在建工程——在安装设备”科目，贷记“工程物资”科目；企业在建工程发生的管理费、征地费、可行性研究费、临时设施费、公证费、监理费及应负担的税费等，借记“在建工程——待摊支出”科目，贷记“银行存款”“应付职工薪酬”等科目。在建工程达到预定可使用状态时，借记“固定资产”科目，贷记“在建工程——建造工程（工程）”“在建工程——安装工程（工程）”“在建工程——待摊支出”科目。

【例 7-3】 丙公司将一幢新建厂房的工程出包给甲公司承建，按规定先向承包单位预付工程价款 500 000 元，工程完工后，收到承包单位的有关工程结算单据，补付工程款 886 000 元，工程完工经验收后交付使用。

丙公司应做账务处理如下。

（1）预付工程价款时。

借：预付账款——甲公司　　　　500 000

　　贷：银行存款　　　　500 000

（2）结算工程款时。

借：在建工程——建筑工程（厂房）　　　　1 386 000

　　贷：预付账款——甲公司　　　　500 000

　　　　银行存款　　　　886 000

（3）工程交付使用时。

借：固定资产　　　　1 386 000

　　贷：在建工程——建筑工程（厂房）　　　　1 386 000

任务三　固定资产持有业务核算

任务调研：请了解企业固定资产折旧业务是如何产生的，相关的业务处理程序是怎样的。

一、固定资产折旧业务的核算

1. 固定资产折旧概述

（1）固定资产折旧的实质。固定资产折旧，是指在固定资产的使用寿命内，按照确定的方法对应计折旧额进行的系统分摊。固定资产在使用过程中由于磨损和其他经济原因而逐渐转移的价值，以折旧费用的形式计入成本费用中，并从企业营业收入中得到补偿并转化为货币资金。美国会计师协会名词委员会提出：“折旧会计是一种会计制度，其目的就是要以系统而合理的方式将有形的资本性资产的成本或基础价值（扣除残值）在该项资产的整个估计使用年限内进行分配。这是一个分摊过程，而非计价过程。”由此可见，折旧的实质在于将固定资产的成本以一定的方式分配于由此资产获取效益的各期，以便使费用与收入配比。

（2）影响固定资产折旧的因素。影响固定资产折旧的因素包括固定资产原值、净残值、使用年限、折旧方法以及固定资产产生经济利益的方式等方面。

① 预计使用寿命。对于固定资产，不仅要从物质上考虑它的耐用年限，还需要从经济上考虑它的有效年限；不仅要考虑有形损耗因素，还要考虑无形损耗因素。我国将影响固定资产预计使用寿命的因素细分为：a. 该资产的预计生产能力或实物产量；b. 该资产的有形损耗，如设备使用中发生磨损、房屋建筑物受到自然侵蚀等；c. 该资产的无形损耗，如因新技术的出现而使现有的资产技术水平相对陈旧、市场需求变化使产品过时等；d. 有关资产使用的法律或者类似的限制。具体到某一固定资产预计的使用寿命，企业应在考虑上述内容的基础上，结合不同固定资产的性质、消耗方式、所处环境等因素做出相关判断。同时，在相同的环境条件下，对于同样的固定资产，其预计的使用寿命应当具有相同的预期。规定细化，使企业执行起来有章可循，提高了可操作性。

② 应提折旧额。应提折旧额，是指应当计提折旧的固定资产的原价扣除其预计净残值后的余额。如果已对固定资产计提减值准备，还应当扣除已计提的固定资产减值准备累计金额。其中，

预计净残值是指假定固定资产预计使用寿命已满并处于使用寿命终了时的预期状态，目前从该项资产处置中获得的扣除预计处置费用后的金额。

企业应合理地确定固定资产预计使用年限和预计净残值，并选择合理的折旧方法，经股东大会、董事会、经理（厂长）会议或类似机构批准，作为计提折旧的依据。上述方法一经确定不得随意变更。此外，企业至少应当于每年年度终了，对固定资产的使用寿命、预计净残值和折旧方法进行复核，如有改变，都应当作为会计估计变更。

2. 固定资产折旧的计提

（1）固定资产折旧的计提范围。企业应对所有固定资产计提折旧，以下情况除外。

① 已提足折旧仍继续使用的固定资产。所谓提足折旧，是指已经提足该项固定资产的应提折旧总额。

② 按照规定单独估价作为固定资产入账的土地。

企业固定资产应当按月计提折旧，当月增加的固定资产，当月不计提折旧，从下月起计提折旧；当月减少的固定资产，当月仍计提折旧，从下月起不计提折旧。用公式表示如下。

当月固定资产折旧额=上月固定资产折旧额+上月增加固定资产折旧额
-上月减少固定资产折旧额。

（1）不需用的固定资产、因修理停用的固定资产、季节性停用的固定资产等均应计提折旧。但是，固定资产进行改良时，固定资产转入了在建工程，故改良期间不需计提折旧。

（2）已达到预定可使用状态的固定资产，无论是否交付使用，尚未办理竣工决算的，应当按照估计价值确认为固定资产，并计提折旧；待办理了竣工决算手续后，再按实际成本调整原来的暂估价值，但不需要调整原已计提的折旧额。

（3）融资租入的固定资产，应当采用与自有应计折旧资产相一致的折旧政策。能够合理确定租赁期届满时取得租赁资产所有权的，应当在租赁资产使用寿命内计提折旧。无法合理确定租赁期届满时能够取得租赁资产所有权的，应当在租赁期与租赁资产使用寿命两者中较短的期间内计提折旧。

（4）处于更新改造过程停止使用的固定资产，应将其账面价值转入在建工程，不再计提折旧。更新改造项目达到预定可使用状态转为固定资产后，再按重新确定的折旧方法和该项固定资产尚可使用寿命计提折旧。因进行大修理而停用的固定资产，应当照提折旧，计提的折旧额应计入相关资产成本或当期损益。

（2）固定资产折旧的计提方法。固定资产由于磨损和其他经济原因而转移到产品成本或期间费用中去的价值，很难用技术的方法正确测定，企业应当根据与固定资产有关的经济利益的预期消耗方式，合理选择固定资产折旧方法。可选用的折旧方法包括年限平均法、工作量法、双倍余额递减法和年数总和法等。

由于收入可能受到投入、生产过程、销售等因素的影响，这些因素与固定资产有关经济利益的预期消耗方式无关，因此，企业不应以包括使用固定资产在内的经济活动所产生的收入为基础进行折旧。

企业应定期对固定资产的折旧方法进行复核，如果固定资产包含的经济利益的预期实现方式有重大改变，则应当相应地改变固定资产的折旧方法。

① 年限平均法，也叫直线法，是将固定资产的折旧均衡地分摊到各期的一种方法。其计算公式如下。

年折旧率=（1−预计净值率）/预计使用年限×100%

月折旧率=年折旧率÷12

月折旧额=固定资产原价×月折旧率

【例 7-4】 丙公司一台大型设备原值 500 000 元，预计残值率为 2%，为简化计算，假设折旧年限为 5 年。该设备的折旧率和折旧额计算如下。

预计净残值=500 000×2%=10 000（元）。

每年折旧额=（500 000−10 000）÷5=98 000（元）。

在年限平均法下，每年计提的折旧额是相等的。因此，它体现了固定资产的有效使用损耗相当均衡，而技术陈旧因素基本上可以不予考虑。典型的例子是铺筑的道路、输送管道、储存罐、栅栏等，一般的房屋也可以认为是这样的固定资产。

② 工作量法，是根据固定资产在规定的折旧年限内可以完成工作量（如汽车的行驶里程、机器设备的工作小时等）的比例计算折旧额的一种方法。按照这种方法可以正确地为各月使用程度变化相对较大的固定资产计提折旧。其计算公式如下。

单位工作量折旧额=固定资产原价×（1−预计净残值率）÷预计总工作量

某项固定资产月折旧额=该项固定资产当月工作量×单位工作量折旧额

【例 7-5】 丙公司有一台设备，账面原值为 360 000 元，规定的预计净残值率为 5%，预计工作总量为 200 000 小时，该月实际完成工时 190 小时。

单位工作小时折旧额=360 000×（1−5%）÷200 000=1.71（元）。

本月折旧额=190×1.71=324.90（元）。

③ 双倍余额递减法，是指在不考虑固定资产残值的情况下，根据每期期初固定资产账面余额和双倍的直线法折旧率计算固定资产折旧的一种方法。其计算公式如下。

年折旧率=2÷预计的折旧年限×100%

月折旧率=年折旧率÷12

月折旧额=固定资产账面净值×月折旧率

【例 7-6】 承接【例 7-4】，用双倍余额递减法计算每年应提折旧额如下。

该项设备的年折旧率=2÷5×100%=40%。

双倍余额递减法下计算的每年应提折旧额如表 7−2 所示。

表 7−2　　双倍余额递减法下固定资产折旧计算表

年份	折旧率	年折旧额（元）	账面净值（元）
第 1 年	40%	200 000（500 000×40%）	300 000
第 2 年	40%	120 000（300 000×40%）	180 000
第 3 年	40%	72 000（180 000×40%）	108 000
第 4 年	50%	49 000（108 000−10 000）×50%	59 000
第 5 年	50%	49 000（108 000−10 000）×50%	10 000

提示

由于双倍余额递减法不考虑固定资产的残值收入，因此，在应用这种方法时，必须注意不能把固定资产的账面折余价值降低到它的预计残值收入以下。实行双倍余额递减法计提折旧的固定资产，应当在其折旧年限到期以前两年内，将固定资产净值扣除预计净残值后的余额平均摊销。

④ 年数总和法，又称合计年限法，是将固定资产的原值减去净残值后的净额乘以一个逐年递减的分数计算每年的折旧额的一种方法。其计算公式如下。

年折旧率=尚可使用的年数÷预计使用年限的年数总和

月折旧率=年折旧率÷12

月折旧额=（固定资产原值-预计净残值）×月折旧率

按这种方法提取的折旧额在开始年度大，以后随着折旧年限增加而减少。在折旧年限相同的情况下，年数总和法比直线法和工作量法的折旧速度要快。

【例 7-7】 承接【例 7-4】，用年数总和法计算每年应提折旧额如下。

年数总和=1+2+3+4+5=15 或年数总和=（1+5）×5÷2=15。

第一年计算如下。

年折旧率=5÷15×100%=33.33%。

年折旧额=（500 000-10 000）×5÷15=163 333（元）。

年数总和法下计算的每年应提固定资产折旧额如表 7-3 所示。

表 7–3　年数总和法下计算的每年应提固定资产折旧额

年份	折旧率	折旧额（元）	账面净值（元）
第 1 年	5/15	163 333（490 000×5÷15）	336 667
第 2 年	4/15	130 667（490 000×4÷15）	206 000
第 3 年	3/15	98 000（490 000×3÷15）	108 000
第 4 年	2/15	65 333（490 000×2÷15）	42 667
第 5 年	1/15	32 667（490 000×1÷15）	12 000

提示　双倍余额递减法和年数总和法属于加速折旧法。由于固定资产的效用随着其使用寿命的缩短而逐渐降低，因此按照配比原则的要求，在固定资产有效使用年限的前期多提折旧，后期则少提折旧，从而相对加快折旧的速度，以使固定资产成本在有效使用年限中加快得到补偿。与直线法相比，所得税的现值总和就更低，这实质上可以使企业获得一笔无息贷款。从这个意义上讲，折旧是国家的一项宏观经济政策，可用于鼓励某一行业的发展或刺激投资。

（3）固定资产折旧业务的账务处理。在我国会计实务中，各月固定资产折旧的计提工作一般是通过按月编制“固定资产折旧计算表”进行的。固定资产折旧计算表的格式如表 7–3 所示。计算出的折旧额应根据使用地点和用途的不同，记入相应科目的成本费用。生产部门正常使用固定资产的折旧，应借记“制造费用”科目；车间管理部门正常使用固定资产的折旧，应借记“制造费用”科目；行政管理部门正常使用固定资产的折旧，应借记“管理费用”科目；销售部门正常使用固定资产的折旧，应借记“销售费用”科目；工程正常使用固定资产的折旧，应借记“在建工程”科目；未使用不需用固定资产的折旧，应借记“管理费用”科目；修理、季节性停用固定资产的折旧记入原成本费用科目；经营租赁租出固定资产计提的折旧，应借记“其他业务成本”科目。

【例 7-8】 丙公司 2018 年 8 月第二车间的固定资产折旧计算如表 7–4 所示。

表 7-4　　固定资产折旧计算表

单位：第二车间　　2018 年 8 月　　单位：元

固定资产项目	上月折旧额	上月增加固定资产应计提折旧额	上月减少固定资产应计提折旧额	本月应计提折旧额
房屋	10 000			10 000
机械设备	32 000	2 000	1 000	33 000
动力设备	11 000	1 000		12 000
……	……	……	……	……
合计	48 000	5 000	2 000	55 000

根据表 7-4，丙公司应做账务处理如下。

借：制造费用　　55 000

　　贷：累计折旧　　55 000

二、固定资产后续支出业务的核算

固定资产的后续支出，是指固定资产在使用过程中发生的更新改造支出、修理费用等。具体实务中，对于固定资产发生的各项后续支出，企业应依据《企业会计准则——固定资产》的规定判断固定资产取得后所发生的后续支出应当费用化还是资本化。

与固定资产有关的修理费用等后续支出，不符合固定资产确认条件的，应当根据不同情况分别在发生时计入当期管理费用或销售费用等。为了维持固定资产的正常运转和使用，使它一直处于良好的工作状态，企业就必须进行必要的维修。发生固定资产维护支出只是确保固定资产的正常工作状况，它并不延长固定资产的使用年限或提高其预计的服务能力，不会导致固定资产未来经济利益的增加，因此对于不符合固定资产的确认条件，应在发生时一次性直接计入当期损益。企业生产车间（部门）和行政管理部门以及专设销售机构等发生的固定资产修理费用等后续支出，应按实际发生的数额，借记“管理费用”或“销售费用”科目，贷记“银行存款”等科目。

【例 7-9】 2018 年 7 月 19 日，大洋公司对生产车间使用的设备进行日常修理，发生维修费并取得增值税专用发票，注明修理费 30 000 元，增值税税率为 16%，增值税税额为 4 800 元。

大洋公司应做账务处理如下。

借：管理费用　　30 000

　　应交税费——应交增值税（进项税额）　　4 800

　　贷：银行存款　　34 800

与固定资产有关的更新改造等后续支出，符合固定资产确认条件的，应当计入固定资产成本，同时将被替换部分的账面价值扣除。固定资产发生可资本化的后续支出时，企业一般应将该固定资产的原价、已计提的累计折旧和减值准备转销，将固定资产的账面价值先通过“在建工程”科目核算，然后加上由于改建、扩建而使该项资产达到可使用状态前发生的改良支出，减去变价收入，形成改良后固定资产的原值，转入“固定资产”科目。改良完成时，按重新确定的固定资产的原价、使用寿命、预计净残值和折旧方法计提折旧。

丙公司的一项原价为 2 000 万元的固定资产，采用年限平均法计提折旧，使用寿命为 10 年，预计净残值为 0，在第 5 年年初企业对该项固定资产的某一原价为 800 万元的主要部件进行更换，发生支出合计 1 000 万元，符合准则规定的固定资产确认条件。更换后的固定资产原价为（　　）万元。

【例 7-10】 南方航空公司 2010 年 12 月购入一架飞机总计花费 8 000 万元（含发动机），发动机当时的购价为 500 万元。公司未将发动机作为一项单独的固定资产进行核算。2019 年年初，公司开辟新航线，航程增加。为延长飞机的空中飞行时间，公司决定更换一部性能更为先进的发动机。新发动机购价 700 万元，另需支付安装费用 51 000 元。为简化计算，不考虑预计净残值和相关税费的影响，公司按年度计提固定资产折旧，飞机年折旧率为 3%。

南方航空公司应做账务处理如下。

（1）2019 年年初固定资产转入在建工程时。

飞机的累计折旧额=80 000 000×3%×8=19 200 000（元）。

	借方	贷方
借：在建工程	60 800 000	
累计折旧	19 200 000	
贷：固定资产		80 000 000

（2）安装新发动机时。

	借方	贷方
借：在建工程	7 051 000	
贷：工程物资		7 000 000
银行存款		51 000

（3）2019 年年初终止确认旧发动机的账面价值时。

旧发动机的账面价值=5 000 000−5 000 000×3%×8=3 800 000（元）。

	借方	贷方
借：营业外支出	3 800 000	
贷：在建工程		3 800 000

（4）发动机安装完毕，投入使用时。

固定资产的入账价值=60 800 000+7 051 000−3 800 000=64 051 000（元）。

	借方	贷方
借：固定资产	64 051 000	
贷：在建工程		64 051 000

具体实务中，对于固定资产发生的下列各项后续支出，通常的处理方法如下。

（1）固定资产修理费用，应当直接计入当期费用。

（2）对于处于修理、更新改造过程而停止使用的固定资产，如果其修理、更新改造支出不符合固定资产的确认条件，在发生时也应直接计入当期损益。

（3）如果不能区分是固定资产修理还是固定资产改良，或固定资产修理和固定资产改良结合在一起，则企业应当判断与固定资产有关的后续支出是否满足固定资产的确认条件。如果该后续支出满足了固定资产的确认条件，后续支出应当计入固定资产账面价值；否则，后续支出应当确认为当期费用。

（4）经营租赁固定资产发生的改良支出，应记入“长期待摊费用”科目，并在剩余租赁期与租赁资产尚可使用年限两者中较短的期间内，进行摊销。

（5）固定资产装修费用，如果满足固定资产的确认条件，装修费用应当计入固定资产账面价值，并在“固定资产”科目下单设“固定资产装修”明细科目进行核算，在两次装修间隔期间与固定资产尚可使用年限两者中较短的期间内，采用合理的方法单独计提折旧。如果在下次装修时，与该项固定资产相关的“固定资产装修”明细科目仍有账面价值，应将该账面价值一次全部计入当期营业外支出。

（6）融资租入固定资产发生的固定资产后续支出，比照上述原则处理。发生的固定资产装修费用等，满足固定资产确认条件的，应在两次装修间隔期间、剩余租赁期与固定资产尚可使用年限三者中较短的期间内，采用合理的方法单独计提折旧。

三、固定资产减值业务的核算

1. 固定资产减值的认定

根据《企业会计准则——资产减值》的规定，资产减值，是指资产的可收回金额低于其账面价值。其中，可收回金额是指资产的销售净价与预期从该资产的持续使用和使用寿命结束时的处置中形成的现金流量现值两者之中的较高者。销售净价是指资产的销售价格减去处置资产所发生的相关税费后的余额。为了客观、真实、准确地反映期末固定资产的实际价值，企业在编制资产负债表时，应合理地确定固定资产、工程物资和在建工程的期末价值。

2. 固定资产减值业务的核算

企业应当在资产负债表日判断资产是否存在可能发生减值的迹象，可收回金额的计量结果表明，资产的可收回金额低于其账面价值的，应当将资产的账面价值减记至可收回金额，减记的金额确认为资产减值损失，计入当期损益，同时计提相应的资产减值准备。为此，企业应当设置“固定资产减值准备”科目，用来核算企业提取的固定资产减值准备。该科目属于资产类，是“固定资产”科目的备抵科目，在资产负债表上作为固定资产的减项单独列示。该科目期末为贷方余额反映企业已提取的固定资产减值准备。

企业发生固定资产减值准备时，借记“资产减值损失——计提的固定资产减值准备”科目，贷记“固定资产减值准备”科目。

提示

（1）如果有迹象表明以前期间据以计提固定资产减值的各种因素发生变化，使得固定资产的可收回金额大于其账面价值，则前期已计提的减值准备不得转回，即固定资产减值损失一经确认，在以后会计期间不得转回。

（2）当遇到资产处置、出售、对外投资、以非货币性资产交换方式换出、在债务重组中抵偿债务等情况，同时符合资产终止确认条件的，企业应当将相关资产减值准备予以转销。

【例 7-11】 丙公司一项企业生产用固定资产原价为 7 500 000 元，预计使用 10 年，预计净残值为零，采用平均年限法计提折旧，已计提折旧 2 年，累计折旧为 1 500 000 元。如果第 3 年年末估计可收回金额为 4 750 000 元，预计尚可使用年限为 5 年。

丙公司应做账务处理如下。

（1）第 3 年计提折旧时。

第 3 年应提折旧额为 7 500 000÷10=750 000（元）。

借：制造费用　　750 000

　贷：累计折旧　　750 000

（2）第 3 年计提固定资产减值准备时。

计提固定资产减值准备=固定资产账面价值-可收回金额

=［（固定资产原价-已计提折旧）-已计提减值准备］-可收回金额

=［（7 500 000-750 000×3）-0］-4 750 000

=500 000（元）。

借：资产减值损失——计提的固定资产减值准备　　500 000

　贷：固定资产减值准备　　500 000

（3）第 4 年计提折旧时。

应计提折旧额=固定资产账面价值÷预计尚可使用年限

=［（7 500 000-750 000×3）-500 000］÷5

=950 000（元）。

借：制造费用　　950 000

　贷：累计折旧　　950 000

提示　已计提减值准备的固定资产，应当按照该固定资产的账面价值以及尚可使用寿命重新计算确定折旧率和折旧额，因固定资产减值准备而调整固定资产折旧额时，对此前已计提的累计折旧不做调整。

提示　企业应当在资产负债表日判断企业的工程物资、在建工程等资产是否存在可能发生减值的迹象，比照固定资产减值准备业务进行处理。当发生减值时，借记“资产减值损失——计提的工程物资减值准备”“资产减值损失——计提的在建工程减值准备”科目，贷记“在建工程减值准备”“工程物资减值准备”科目。

四、固定资产盘点业务的核算

企业对固定资产应当定期或者至少每年实地盘点一次，以保证固定资产核算的真实性和完整性。对盘盈、盘亏或毁损的固定资产，应填制固定资产盘盈盘亏报告表，并及时查明原因，写出书面报告，根据企业的管理权限，经股东大会、董事会，经理（厂长）会议或类似机构批准后，在期末结账前处理完毕。

1. 固定资产盘盈的核算

企业在财产清查中盘盈的固定资产，根据《企业会计准则——会计政策、会计估计变更和差错更正》的规定，应作为前期差错进行处理。盘盈的固定资产，在按管理权限报经批准前应先通过“以前年度损益调整”科目核算。以同类或类似固定资产的市场价格减去按该项资产新旧程度估计的价值损耗后的余额；在同类、类似固定资产不存在活跃市场时以该项固定资产的预计未来现金流量现值，作为盘盈固定资产的入账价值。

【例 7-12】 丙公司在 2018 年年末财产清查中，发现一台未入账的设备，同类商品市场价格减去按其新旧程度估计的价值损耗后的余额为 100 000 元（假定与其计税基础不存在差异），按照规定，该盘盈的固定资产作为前期差错进行处理，假定丙公司适用的所得税税率为 25%，按净利润的 10%计提法定盈余公积。

丙公司应做账务处理如下。

（1）盘盈固定资产时。

借：固定资产　　100 000

　贷：以前年度损益调整　　100 000

（2）确定应交所得税时。

借：以前年度损益调整　　25 000

　贷：应交税费——应交所得税　　25 000

提示　以前年度损益调整结转后，不需要调整以前年度的会计报表，仅调整本年度会计报表相关项目的年初数，但对外提供比较会计报表时，应当调整会计报表相关的年初数和上年同期数。

（3）调整后，结转以前年度损益调整时。

借：以前年度损益调整　　75 000

　　贷：盈余公积——法定盈余公积　　7 500

　　　　利润分配——未分配利润　　67 500

2. 固定资产盘亏的核算

企业发生固定资产盘亏时，按盘亏固定资产的净值，借记“待处理财产损益——待处理固定资产损益”科目；按已提折旧，借记“累计折旧”科目；按已提减值准备，借记“固定资产减值准备”科目；按固定资产的原价，贷记“固定资产”科目；按规定结转不能抵扣的增值税进项税额，贷记“应交税费——应交增值税（进项税额转出）”科目。盘亏的固定资产报经批准转销时，借记“营业外支出——盘亏损失”科目；贷记“待处理财产损益——待处理固定资产损益”科目。

任务四　固定资产处置业务核算

任务调研：请了解企业出售固定资产业务是如何产生的，相关的业务处理程序是怎样的。

一、固定资产处置概述

固定资产的处置，主要是指企业因出售、报废、毁损、对外投资、非货币性资产交换、债务重组等对固定资产进行的清理工作。

当固定资产满足下列条件之一的，应当予以终止确认：一是固定资产处于处置状态；二是该固定资产预期通过使用或处置不能产生未来经济利益。企业在生产经营过程中，对那些不适用或不需用的固定资产，可以出售转让；对那些由于使用而不断磨损直至最终报废，或由于技术进步等原因发生提前报废，或由于遭受自然灾害等非常损失发生毁损的固定资产应及时进行清理，按规定程序办理有关手续，结转固定资产账面价值，确认和计量有关的清理收入、清理费用及残料价值等。

企业应设置“固定资产清理”科目，核算企业因出售、报废、毁损、对外投资、非货币性资产交换、债务重组等原因转出的固定资产价值，以及在清理过程中发生的费用等。借方登记转入清理的固定资产账面价值、发生的清理费用和应交税费等；贷方登记清理固定资产的变价收入和应由保险公司或过失人承担的损失等；期末余额反映尚未清理完毕的固定资产的价值或清理净损益。清理完毕后，企业应将清理净损益结转至营业外收支科目，结转后该科目无余额。该科目应按照被清理的固定资产设置明细账，进行明细分类核算。

企业应设置“资产处置损益”科目。该科目属于损益类科目，核算企业出售划分为持有待售的非流动资产（金融工具、长期股权投资和投资性房地产除外）或处置组时确认的处置利得或损失，以及处置未划分为持有待售的固定资产、在建工程、生产性生物资产及无形资产而产生的处置利得或损失。期末将该科目余额转至“本年利润”科目，结转后该账户应无余额。该账户按照处置的资产类别或处置组进行明细核算。

二、固定资产出售、报废或毁损业务的核算

企业因出售、捐赠、报废、毁损等原因而减少的固定资产的会计核算一般可分为以下几个步骤。

（1）固定资产转入清理。企业因出售、转让、报废或毁损的固定资产转入清理时，应按清理固定资产的账面价值，借记“固定资产清理”科目，按已提的折旧，借记“累计折旧”科目，按

固定资产原价，贷记“固定资产”科目。

（2）发生的清理费用。固定资产清理过程中发生的清理费用（如支付清理人员的工资等），应按实际发生的清理费用，借记“固定资产清理”科目，贷记“银行存款”等科目。

（3）收回出售固定资产的价款、残料价值和变价收入等的处理。企业收回出售固定资产的价款、报废固定资产的残料价值和变价收入等，应冲减清理支出，按实际收到的出售价款及残料变价收入等，借记“银行存款”“原材料”等科目，贷记“固定资产清理”科目，贷记“应交税费——应交增值税（销项税额）科目。

（4）保险赔偿的处理。企业计算或收到的应由保险公司或过失人赔偿的报废、毁损的固定资产的损失，应冲减清理支出，借记“银行存款”或“其他应收款”科目，贷记“固定资产清理”科目。

（5）清理净损益的处理。清理净损益分以下情况进行处理。

因固定资产毁损报废利得和损失分别在“营业外收入”和“营业外支出”科目中。

除固定资产毁损报废利得和损失分别在“营业外收入”和“营业外支出”科目中反映，其中“毁损报废利得和损失”通常包括因自然灾害发生毁损、已丧失使用功能等原因而报废清理产生的损失外，其他固定资产处置都在“资产处置损益”科目进行，将固定资产清理后产生的净收益，借记“固定资产清理”科目，贷记“资产处置损益”科目；将固定资产清理后发生的净损失，借记“资产处置损益”科目，贷记“固定资产清理”科目。

【例 7-13】2018 年 8 月 20 日，乙公司购入一台机器设备并投入使用，取得时的增值税专用发票上注明的设备价款为 200 000 元，增值税税额为 32 000 元。假设因产品转型，2020 年 8 月 28 日，公司将该机器设备出售给华强公司，开具的增值税专用发票上注明的价款为 160 000 元，增值税额为 27 200 元。出售时，该设备已计提折旧 38 800 元，已计提减值准备 4 000 元，乙公司以银行存款支付该设备拆卸费用 5 000 元。

乙公司的账务处理如下。

① 2018 年 8 月 20 日，公司购入机器设备时。

借：固定资产　　200 000
　　应交税费——应交增值税（进项税额）　　32 000
　　贷：银行存款　　232 000

② 2020 年 8 月 28 日，固定资产转入清理时。

借：固定资产清理——××设备　　157 200
　　累计折旧　　38 800
　　固定资产减值准备　　4 000
　　贷：固定资产——××设备　　200 000

③ 发生清理费用时。

借：固定资产清理——××设备　　5 000
　　贷：银行存款　　5 000

④ 取得出售固定资产收入时。

借：银行存款　　208 800
　　贷：固定资产清理——××设备　　180 000
　　　　应交税费——应交增值税（销项税额）　　28 800

⑤ 结转固定资产净损益时。

借：固定资产清理　　17 800
　　贷：资产处置损益　　17 800

三、持有待售的固定资产业务的核算

企业持有待售的固定资产，应当对其预计净残值进行调整。预计净残值不得高于其账面价值。账面价值比预计净残值高的部分，应作为资产减值损失直接计入当期损益。持有待售的固定资产自划归为持有代售之日起不再计提折旧和减值准备。

例如，某项固定资产原值 1 000 000 元，已提折旧 500 000 元，已提减值准备 200 000 元，现准备将其出售。如果该设备公允价值减去处置费用后的净额为 320 000 元，则不调账；如果该设备的公允价值减去处置费用后的净额为 250 000 元，则计提 50 000 元的减值损失，调整后固定资产的账面价值为 250 000 元，即调整后的预计净残值为 250 000 元。

企业编制资产负债表时，可将持有待售的固定资产与其他固定资产一起合并列示在“固定资产”项目中，但须在报表附注中披露持有待售的固定资产的名称、账面价值、公允价值、预计处置费用和预计处置时间等。

【项目列报】

本项目固定资产核算内容在资产负债表上的信息列示如表 7-5 所示。

表 7–5　　固定资产项目在资产负债表上的信息列示　　单位：元

资产	期末余额	年初余额	负债和所有者权益	期末余额	年初余额
流动资产：			流动负债：		
……					
……					
非流动资产：					
……					
固定资产（=“固定资产”-“累计折旧”-“固定资产减值准备”+“固定资产清理”）					
在建工程（=“在建工程”-“在建工程减值准备”+“工程物资”-“工程物资减值准备”）					
……					

【拓展阅读】

《企业会计准则第 4 号——固定资产》《企业会计准则第 21 号——租赁》《企业会计准则第 8 号——资产减值》《企业会计准则——基本准则》《企业会计准则——应用指南》《中华人民共和国增值税暂行条例》《关于全面推开营业税改征增值税试点的通知》（财税[2016]36 号）、《关于印发〈增值税会计处理规定〉的通知》（财会[2016]22 号）、《不动产进项税额分期抵扣暂行办法》（国家税务总局[2016]15 号）、《企业内部控制应用指引第 8 号——资产管理》《企业内部控制应用指引第 11 号——工程项目》。

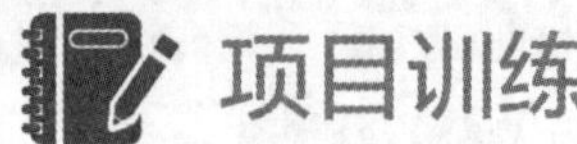

一、单项选择题

1. 某企业为增值税一般纳税人，自建一幢仓库，购入工程物资 200 万元，增值税税额为 32 万元，已全部用于建造仓库；耗用库存材料 50 万元，应负担的增值税税额为 8 万元；支付建筑工人工资 36 万元。该仓库建造完成并达到预定可使用状态，其入账价值为（　　）万元。

A. 250　　B. 292.5　　C. 286　　D. 328.5

2. 企业盘盈的固定资产应在报告批准后，转入（　　）科目。

A. “其他业务收入”　　B. “以前年度损益调整”

C. “资本公积”　　D. “营业外收入”

3. 企业接受投资者投入的一项固定资产，应按（　　）作为入账价值。

A. 公允价值

B. 投资方的账面原值

C. 投资合同或协议约定的价值（但合同或协议约定的价值不公允的除外）

D. 投资方的账面价值

4. 2018 年 12 月 31 日，甲公司购入设备一台并投入使用，其成本为 25 万元，预计使用年限为 5 年，预计净残值为 1 万元，采用双倍余额递减法计提折旧。假定不考虑其他因素，2019 年度该设备应计提的折旧为（　　）万元。

A. 4.8　　B. 8　　C. 9.6　　D. 10

5. 下列固定资产中，应计提折旧的有（　　）。

A. 以经营租赁方式租入的固定资产　　B. 季节性停用的固定资产

C. 正在改扩建的固定资产　　D. 融资租出的固定资产

6. Y 企业 2019 年 9 月 9 日自行建造厂房，购入工程物资价款 500 万元，进项税额 80 万元；领用生产用原材料成本 3 万元，原进项税额 0.48 万元；领用自产产品成本 5 万元，计税价格 6 万元，增值税税率 16%；支付的相关人员工资为 5.47 万元。2019 年 10 月 28 日完工投入使用，预计使用年限为 5 年，预计残值为 20 万元。在采用双倍余额递减法计提折旧的情况下，该厂房 2020 年应计提折旧为（　　）万元。

A. 144　　B. 134.4　　C. 191.7　　D. 224

7. 某项固定资产的原始价值为 600 000 元，预计可使用年限为 5 年，预计残值为 50 000 元。企业对该项固定资产采用直线法计提折旧，则每年对该项固定资产计提的折旧额为（　　）元。

A. 110 000　　B. 120 000　　C. 125 000　　D. 60 000

8. 锦秋公司一台设备的账面原值为 200 000 元，预计净残值率为 5%，预计使用年限为 5 年，采用双倍余额递减法按年计提折旧。该设备在使用 3 年 6 个月后提前报废，报废时发生清理费用 2 000 元，取得残值收入 5 000 元。该设备报废对企业当期税前利润的影响额为减少（　　）元。

A. 40 200　　B. 31 900　　C. 31 560　　D. 38 700

9. 新华公司 2019 年 3 月月初向欣欣公司购入设备一台，实际支付买价为 58.50 万元，增值税 9.36 万元，支付运杂费 1.5 万元，途中保险费 5 万元。该设备预计可使用 4 年，无残值。该企业固定资产折旧采用年数总和法计提。由于操作不当，该设备于 2019 年年末报废，责成有关人员赔偿 3 万元，收回变价收入 2 万元，则该设备的报废净损失是（　　）万元。

A. 36　　B. 40.5　　C. 38.3　　D. 42.5

10. 企业一次购入多项没有单独标价的固定资产，如果它们符合固定资产的定义，并满足固定资产的确认条件，则应将各项资产单独确认为固定资产，并按（　　）分别确定各项固定资产的成本。

A. 各项固定资产的重置完全价值
B. 各项固定资产公允价值的比例对总成本进行分配
C. 各项同类固定资产的历史成本
D. 各项同类固定资产的净值

11. 某固定资产使用年限为 5 年，在采用年数总和法计提折旧的情况下，第 1 年的年折旧率为（　　）。

A. 20%　　B. 33%　　C. 40%　　D. 50%

12. 对在建工程项目发生的净损失，为非常损失造成报废或毁损的，应将其净损失计入当期（　　）。

A. 营业外支出　　B. 在建工程　　C. 管理费用　　D. 固定资产

13. 企业的固定资产在盘盈时，应该通过以下（　　）科目进行核算。

A. “待处理财产损益”　　B. “以前年度损益调整”
C. “资本公积”　　D. “营业外收入”

14. 下列说法中正确的是（　　）。

A. 固定资产改良支出，应当计入固定资产账面价值，其增计后的金额不应超过该固定资产的可收回金额；超过部分直接计入当期管理费用
B. 固定资产修理费用，应当计入在建工程中
C. 与固定资产有关的后续支出，如果不可能使流入企业的经济利益超过原先的估计，则应在发生时确认为费用
D. 以经营租赁方式租入的固定资产视同自有资产处理，并按照一定的方法计提折旧

15. 企业购入需要安装的固定资产发生的安装费用应计入（　　）。

A. 固定资产　　B. 在建工程　　C. 管理费用　　D. 营业外支出

二、多项选择题

1. 下列项目中，应计提折旧的固定资产有（　　）。

A. 因季节性或大修理等原因而暂停使用的固定资产
B. 尚未投入使用的固定资产
C. 企业临时性出租给其他企业使用的固定资产
D. 处置当月的固定资产

2. 下列不能在“固定资产”科目核算的有（　　）。

A. 购入正在安装的设备　　B. 经营性租入的设备
C. 融资租入的不需安装的设备　　D. 购入的不需安装的设备

3. 下列各项中，引起固定资产账面价值发生增减变化的有（　　）。

A. 购买固定资产时所支付的有关契税、耕地占用税
B. 发生固定资产修理支出
C. 发生固定资产改良支出
D. 对固定资产计提折旧

4. 下列各项中，应计入固定资产成本的有（　　）。

A. 固定资产进行日常修理发生的人工费用
B. 固定资产安装过程中领用原材料所负担的增值税

C. 固定资产达到预定可使用状态后发生的专门借款利息

D. 固定资产达到预定可使用状态前发生的工程物资盘亏净损失

5. 采用自营方式建造固定资产的情况下，下列项目中应计入固定资产取得成本的有（ ）。

A. 工程耗用原材料

B. 工程人员的工资

C. 工程领用本企业的商品实际成本

D. 企业行政管理部门为组织和管理生产经营活动而发生的管理费用

6. 下列有关固定资产的说法中正确的有（ ）。

A. 固定资产的各组成部分具有不同使用寿命或者以不同方式为企业提供经济利益，适用不同折旧率或折旧方法的，应当分别将各组成部分确认为单项固定资产

B. 与固定资产有关的后续支出均应当在发生时计入当期损益

C. 购买固定资产的价款超过正常信用条件延期支付实质上具有融资性质，固定资产的成本以购买价款的现值为基础确定

D. 自行建造固定资产的成本，由建造该项资产办理竣工决算手续前所发生的必要支出构成

7. 影响固定资产折旧的因素主要有（ ）。

A. 固定资产原价　　B. 预计净残值

C. 固定资产减值准备　　D. 固定资产的使用寿命

8. 企业至少应当于每年年度终了，对固定资产的使用寿命、预计净残值和折旧方法进行复核。下列表述中正确的有（ ）。

A. 使用寿命预计数与原先估计数有差异的，应当调整固定资产使用寿命

B. 预计净残值预计数与原先估计数有差异的，应当调整预计净残值

C. 与固定资产有关的经济利益预期消耗方式有重大改变的，应当改变固定资产折旧方法

D. 固定资产使用寿命、预计净残值和折旧方法的改变应当作为会计估计变更

9. 下列各项应通过“固定资产清理”科目核算的有（ ）。

A. 盘亏的固定资产　B. 出售的固定资产　C. 报废的固定资产　D. 毁损的固定资产

10. 下列项目中，应计入固定资产入账价值的是（ ）。

A. 固定资产达到预定可使用状态前发生的借款手续费用

B. 固定资产安装过程中领用生产用原材料负担的增值税

C. 固定资产达到预定可使用状态并交付使用后至办理竣工决算手续前发生的借款利息

D. 固定资产改良过程中领用自产产品负担的消费税

11. 自营工程领用本企业产品时应做分录为（ ）。

A. 借：在建工程　B. 借：工程物资　C. 贷：应交税费　D. 贷：产成品

12. 下列需要计提折旧的固定资产有（ ）。

A. 已提足折旧仍然使用的固定资产

B. 经营租出的固定资产

C. 未提足折旧，提前报废的设备

D. 达到预定可使用状态的在建工程转入固定资产后的第 2 个月

13. 下列各项中，影响固定资产清理净损益的有（ ）。

A. 清理固定资产发生的税费　　B. 清理固定资产的变价收入

C. 清理固定资产的账面价值　　D. 清理固定资产耗用的材料成本

14. 下列各项中，会引起固定资产账面价值发生变化的有（　　）。

A. 计提固定资产减值准备　　B. 计提固定资产折旧

C. 固定资产改扩建　　D. 固定资产大修理

15. 在采用自营方式建造固定资产的情况下，下列项目中应计入固定资产取得成本的有（　　）。

A. 工程项目耗用的工程物资

B. 在建工程人员工资

C. 生产车间为工程提供的水、电等费用

D. 企业行政管理部门为组织和管理生产经营活动而发生的费用

三、判断题

1. 固定资产的各组成部分具有不同使用寿命或者以不同方式为企业提供经济利益，适用不同折旧率或折旧方法的，此时仍然应该将该资产作为一个整体考虑。（　　）

2. 已达到预定可使用状态尚未办理竣工决算的固定资产，应当按照估计价值确定其成本，并计提折旧，待办理竣工决算后，再按实际成本调整原来的暂估价值，同时需要调整原已计提的折旧额。（　　）

3. 在建工程项目达到预定可使用状态前，试生产产品对外出售取得的收入应冲减工程成本。（　　）

4. 企业生产车间发生的固定资产修理费用应计入“固定资产”科目。（　　）

5. 固定资产的大修理费用和日常修理费用，应当采用预提或待摊方式处理。（　　）

6. 企业接受投资者投入的固定资产以双方确认的价值作为入账价值。（　　）

7. 对于固定资产借款发生的利息支出，在竣工决算前发生的，应予资本化，将其计入固定资产的建造成本；在竣工决算后发生的，则应作为当期费用处理。（　　）

8. 企业对经营租入的固定资产和融资租入的固定资产均应按照自有资产对其计提折旧。（　　）

9. 固定资产提足折旧后，不论能否继续使用，均不再计提折旧；提前报废的固定资产，也不再补提折旧。（　　）

10. 企业应当对所有固定资产计提折旧。（　　）

11. 工作量法计提折旧的特点是每年提取的折旧额相等。（　　）

12. 固定资产折旧方法一经确定不得变更。（　　）

13. 企业一般应当按月提取折旧，当月增加的固定资产，当月计提折旧；当月减少的固定资产，当月不提折旧。（　　）

14. 企业固定资产一经入账，其入账价值均不得做任何变动。（　　）

15. 按照会计准则的规定，对于计提的固定资产减值准备，在以后期间价值恢复时，不转回任何原已计提的减值准备金额。（　　）

四、不定项选择题

甲公司为增值税一般纳税人。2019 年 1 月，甲公司因生产需要，决定用自营方式建造一间材料仓库。相关资料如下。

（1）2019 年 1 月 5 日，购入工程用专项物资 20 万元，增值税为 3.2 万元，该批专项物资已验收入库，款项用银行存款付讫。

（2）领用上述专项物资，用于建造仓库。

（3）领用本单位生产的水泥一批用于工程建设，该批水泥成本为 2 万元，税务部门核定的计税价格为 3 万元，增值税税率为 16%。

（4）领用本单位外购原材料一批用于工程建设，原材料实际成本为 1 万元，应负担的增值税为 0.16 万元。

（5）2019 年 1 月至 3 月，应付工程人员工资 2 万元，用银行存款支付其他费用 0.92 万元。

（6）2019 年 3 月 31 日，该仓库达到预定可使用状态，预计可使用 20 年，预计净残值为 2 万元，采用直线法计提折旧。

（7）2023 年 12 月 31 日，该仓库突遭火灾焚毁，残料估计价值 5 万元，验收入库，用银行存款支付清理费用 2 万元。经保险公司核定应赔偿损失 7 万元，尚未收到赔款。甲公司确认了该仓库的毁损损失。

要求：根据上述资料，回答下列（1）～（4）题。

（1）根据资料（1）～（3），下列描述中正确的有（　　）。

A. 购入工程物资的入账价值是 23.2 万元

B. 购入工程物资的入账价值是 20 万元

C. 领用水泥，使该仓库的成本增加 2 万元

D. 领用水泥，使该仓库的成本增加 3.51 万元

（2）该仓库的入账价值是（　　）万元。

A. 31　　B. 30　　C. 27.6　　D. 25.92

（3）2019 年度该仓库应计提的折旧额是（　　）万元。

A. 1.087 5　　B. 0.897　　C. 0.922 5　　D. 1.05

（4）根据资料（7），下列说法中正确的有（　　）。

A. 处置该仓库通过“待处理财产损益”科目进行

B. 该仓库计提的累计折旧额是 6.65 万元

C. 形成的损失计入管理费用

D. 形成的损失计入营业外支出

五、实务题

1. 某企业购入设备一台，增值税专用发票上注明的价款为 40 000 元，增值税税率为 16%，支付运杂费 500 元，安装调试费 2 700 元。该设备预计残值收入 2 200 元，预计清理费用 200 元，预计使用年限为 5 年。

要求：（1）计算该设备的入账价值。

（2）分别采用平均年限法、双倍余额递减法和年数总和法计算该项设备第 2 年和第 4 年的折旧额。

2. 完成不定项选择题中涉及业务的账务处理。

3. 某企业于 2019 年 9 月 5 日对一生产线进行改扩建，改扩建前该生产线的原价为 900 万元，已提折旧 200 万元，已提减值准备 50 万元。在改扩建过程中领用工程物资 300 万元，领用生产用原材料 50 万元，原材料的进项税额为 8 万元。发生改扩建人员工资 80 万元，用银行存款支付其他费用 61.5 万元。该生产线于 2019 年 12 月 20 日达到预定可使用状态。该企业对改扩建后的固定资产采用年限平均法计提折旧，预计尚可使用年限为 10 年，预计净残值为 50 万元。2021 年 12 月 31 日该生产线的公允价值减去处置费用后的净额为 690 万元，预计未来现金流量现值为 670 万元。假定固定资产按年计提折旧，固定资产计提减值准备不影响固定资产的预计使用年限和预计净残值。

要求：（1）进行上述与固定资产改扩建有关业务的账务处理。

（2）计算改扩建后的生产线 2020 年和 2021 年每年应计提的折旧额。

（3）计算 2021 年 12 月 31 日该生产线是否应计提减值准备，若计提减值准备，编制相关会计分录。

（4）计算该生产线 2022 年应计提的折旧额（金额单位用万元表示）。

4. 2019 年 8 月 20 日，甲公司对采用融资租赁方式租入的一条生产线进行改良，发生如下有关支出：领用生产用原材料 24 000 元，购进该批原材料时支付的增值税进项税额为 3 840 元；辅助生产车间为生产线改良提供的劳务支出为 2 560 元；发生有关人员薪酬 54 720 元。2019 年 12 月 31 日，生产线改良工程完工，达到预定可使用状态并交付使用。假定该生产线预计尚可使用年限为 6 年，剩余租赁期为 5 年；采用直线法进行摊销；不考虑其他因素。

要求：根据上述经济业务进行相应的账务处理。

项目八 无形资产与投资性房地产核算

学习要点

- 无形资产的确认
- 无形资产外购业务的核算
- 无形资产内部研发业务的核算
- 无形资产摊销、后续支出和减值业务的核算
- 无形资产处置业务的核算
- 投资性房地产的确认
- 投资性房地产外购业务的核算
- 投资性房地产自行建造业务的核算
- 投资性房地产采用成本模式进行后续计量业务的核算
- 投资性房地产采用公允价值模式进行后续计量业务的核算
- 投资性房地产处置业务的核算
- 长期待摊费用业务的核算
- 无形资产与投资性房地产项目的列示

关键术语

- 无形资产（Intangible Assets）
- 专利权（Patent Right）
- 非专利技术（Non-Patents）
- 商标权（Trade Mark Privileges）
- 著作权（Copyrights）
- 特许权（Chartered Right）
- 土地使用权（Land Tenure）
- 投资性房地产（Investment Properties）
- 成本计量（Cost Measurement）
- 公允价值计量（Fair Value）
- 长期待摊费用（Long-term Deferred Expenses）

【项目引入及要求】

1. 项目引入

2019 年 1 月，假设您到丁股份有限责任公司（简称丁公司）进行顶岗实习。丁公司属于增值税一般纳税人，适用的增值税税率为 16%。假设丁公司 2018～2023 年与购入一项无形资产的有关业务资料如下。

（1）2018 年 11 月 12 日，以银行存款购入无形资产一项，增值税发票上注明价款为 450 万元，增值税税额为 27 万元，于当日达到预定用途并交付企业管理部门使用。该无形资产的预计使用年限为 10 年，净残值为零，采用直线法摊销。

（2）2021 年 12 月 31 日，假设预计该无形资产的可收回金额为 205 万元。该无形资产发生减值后，原摊销方法、预计使用年限不变。

（3）2022 年 12 月 31 日，假设预计该无形资产的可收回金额为 100 万元，计提无形资产减值准备后，原摊销方法不变，预计尚可使用年限为 5 年。

（4）2023 年 7 月 1 日，假设丁公司出售无形资产，收到价款 150 万元，增值税款 9 万元。假定按年计提无形资产的摊销额。

2. 项目要求

（1）请熟悉本项目内容在资产负债表中的位置。

无形资产，是企业拥有或者控制的没有实物形态的可辨认非货币性资产。投资性房地产，是企业为赚取租金或资本增值，或两者兼有而持有的房地产。本项目内容在资产负债表中的位置，如表 8-1 所示。

表 8–1　无形资产和投资性房地产项目内容在资产负债表中的信息列示　单位：万元

资产	期末余额	年初余额	负债和所有者权益	期末余额	年初余额
流动资产：			流动负债：		
……					
非流动资产：					
……					
投资性房地产					
……					
无形资产					
开发支出					
长期待摊费用					
……					

（2）请根据本项目内在知识点的逻辑关系，制作本项目思维导图。

（3）请搜集与本项目有关的企业真实案例。

（4）学完本项目，请完成项目引入中丁公司上述无形资产业务的账务处理，掌握无形资产和投资性房地产业务的核算。

（5）学完本项目，请了解资产负债表中“无形资产”“投资性房地产”“长期待摊费用”项目是如何填列的。

任务一 无形资产核算

任务调研：请了解企业无形资产业务是如何产生的，相关的业务处理程序是怎样的。

无形资产不具有实物形态，但它具有一种综合能力，通过与其他资产相结合能在超过一个经营周期内为企业创造经济利益，它又存在较大的不确定性，因此，其核算内容与其他资产也有所不同。

一、无形资产概述

1．无形资产的概念

无形资产，是指企业拥有或者控制的没有实物形态的可辨认非货币性资产。其中，可辨认性标准要满足以下两个条件：一是能从企业中分离或者划分出来，并能单独或者与相关合同、资产或负债一起，用于出售、转移、授予许可、租赁或者交换；二是源自合同性权利或其他法定权利，无论这些权利是否可以从企业或其他权利和义务中转移或者分离。

2．无形资产的特征

（1）无形资产不具有实物形态。无形资产通常表现为某种权力、某项技术或某种获取超额利润的综合能力，如土地使用权、非专利技术等。它没有实物形态，却有价值，能提高企业的经济效益，或使企业获取超额收益。

需要指出的是，某些无形资产的存在有赖于实物载体，例如，计算机软件需要存储在磁盘中，但这并没有改变无形资产本身不具有实物形态的特性。

（2）无形资产属于可辨认非货币性长期资产。无形资产区别于货币性资产的特征，就在于它属于非货币性资产。无形资产又属于长期资产，主要是因为其能在超过企业的一个经营周期内为企业创造经济利益。它的价值将在各个受益期逐渐摊销。一般来说，如果某项无形资产可以单独对外出租、出售、交换，而不须同时处置在同一获利活动中的其他资产，则说明该无形资产可以辨认。

（3）无形资产是为企业使用而非出售的资产。企业持有无形资产的目的不是为了出售而是为了生产经营，即利用无形资产来提供商品、提供劳务、出租给他人或为企业经营管理服务。软件公司开发的、用于对外销售的计算机软件，对于购买方而言属于无形资产，而对于软件公司而言却是存货。

（4）无形资产在创造经济利益方面存在较大的不确定性。无形资产必须与企业的其他资产结合，才能为企业创造经济利益。“其他资产”包括足够的人力资源、高素质的管理队伍、相关的硬件设备、相关的原材料等。由于无形资产创造经济利益的能力还较多地受外界因素的影响，如相关新技术更新换代的速度、利用无形资产所生产产品的市场接受程度等，因此，无形资产在创造经济利益方面存在较大的不确定性，在对其进行核算时持更为谨慎的态度。

3．无形资产的确认

无形资产的确认是一个判断过程，它是对符合无形资产定义的各种资产，在满足一定条件的情况下将其确认入账。从理论上讲，无形资产的概念反映了固定资产的本质属性，是其最基本的判断标准，它将无形资产与其他资产区别开来。但是，无形资产的概念并没有从会计角度给出其限定条件。因此，《企业会计准则——无形资产》规定某一资产项目，只有既符合无形资产的定义，又同时满足无形资产的确认条件，才能加以确认为无形资产：一是与该资产相关的预计未来经济利益很可能流入企业；二是该资产的成本能够可靠计量。

企业在判断无形资产产生的经济利益是否能流入时，应对无形资产在预计使用年限内可能存在的各种经济因素做出合理估计，并且应当有明确证据支持。因此，企业自创商誉以及内部产生的品牌、报刊名等，因其成本无法明确区分，不应当确认为无形资产。

4．无形资产的分类

无形资产按是否能够预见为企业带来未来经济利益的使用寿命，分为可确定的无形资产和不可确定的无形资产。企业应当于取得无形资产时分析判断其使用寿命。企业持有的无形资产，通常来源于合同性权利或是其他法定权利，而且合同规定或法律规定有明确的使用年限；合同或法律没有规定使用寿命的，企业应当综合各方面因素，如与同行业的情况进行比较、参考历史经验或聘请相关专家进行论证等，进行判断，以确定无形资产能为企业带来经济利益的期限。经过上述方法仍无法合理确定无形资产为企业带来经济利益期限的，才能将其作为使用寿命不确定的无形资产。

无形资产包括专利权、非专利技术、商标权、著作权、土地使用权及特许权等。

（1）专利权。专利权是指国家专利主管机关依法授予发明创造专利申请人对其发明创造在法定期限内所享有的专有权利，包括发明专利权、实用新型专利权和外观设计专利权。

（2）非专利技术。非专利技术也称专有技术，是指不为外界所知，在生产经营活动中已采用了的，不享有法律保护的各种技术和经验。非专利技术一般包括工业专有技术、商业贸易专有技术、管理专有技术等。

（3）商标权。商标是用来辨认特定的商品或劳务的标记。商标权指专门在某类指定的商品或产品上使用特定的名称或图案的权利。

（4）著作权。著作权又称版权，是指作者对其创作的文学、科学和艺术作品依法享有的某些特殊权利。著作权包括两方面的权利，即精神权利（人身权利）和经济权利（财产权利）。前者指作品署名、发表作品、确认作者身份、保护作品的完整性、修改已经发表的作品等权利，包括发表权、署名权、修改权和保护作品完整权；后者指以出版、表演、广播、展览、录制唱片、摄制影片等方式使用作品以及因授权他人使用作品而获得经济利益的权利。

（5）土地使用权。土地使用权是指国家准许某企业在一定期间内对国有土地享有开发、利用、经营的权利。根据我国土地管理法的规定，我国土地实行公有制，任何单位和个人不得侵占、买卖或者以其他形式非法转让。企业取得土地使用权的方式有行政划拨取得、外购取得、投资者投入取得等。

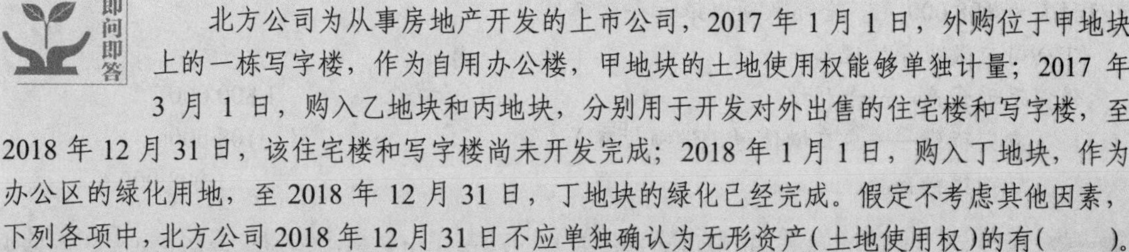

即问即答

北方公司为从事房地产开发的上市公司，2017 年 1 月 1 日，外购位于甲地块上的一栋写字楼，作为自用办公楼，甲地块的土地使用权能够单独计量；2017 年 3 月 1 日，购入乙地块和丙地块，分别用于开发对外出售的住宅楼和写字楼，至 2018 年 12 月 31 日，该住宅楼和写字楼尚未开发完成；2018 年 1 月 1 日，购入丁地块，作为办公区的绿化用地，至 2018 年 12 月 31 日，丁地块的绿化已经完成。假定不考虑其他因素，下列各项中，北方公司 2018 年 12 月 31 日不应单独确认为无形资产（土地使用权）的有（　　）。

A．甲地块的土地使用权　　B．乙地块的土地使用权

C．丙地块的土地使用权　　D．丁地块的土地使用权

（6）特许权。特许权又称经营特许权、专营权，是指企业在某一地区经营或销售某种特定商品的权利或是一家企业接受另一家企业使用其商标、商号、技术秘密等的权利。前者一般是由政

府机构授权，准许企业使用或在一定地区享有经营某种业务的特权，如水、电、邮电通信等专营权、烟草专卖权等；后者指企业间依照签订的合同，有限期或无限期使用另一家企业的某些权利，如连锁店分店使用总店的名称等。

二、无形资产业务的核算

1. 无形资产取得

（1）无形资产取得业务核算的科目设置。企业无形资产一般应按取得时的实际成本计量。不同方式下取得的无形资产的成本也不尽相同。本章主要介绍企业通过购置、自行研发等途径取得的无形资产以及土地使用权的会计处理。而投资者投入取得的无形资产将在项目十一所有者权益中介绍。

为进行无形资产取得业务的核算，企业一般需要设置“无形资产”“研发支出”等科目。

①“无形资产”科目，属于资产类，借方登记企业购入、自行创造并按法律程序申请取得的、投资者投入的以及捐赠的各种无形资产价值等；贷方登记企业向外单位投资转出、出售无形资产的价值以及分期摊销的无形资产价值;期末借方余额反映企业已入账但尚未摊销的无形资产价值。该科目应按无形资产的类别设置明细科目，进行明细核算。

②“研发支出”科目，属于成本类，核算企业进行研究与开发无形资产过程中发生的各项支出。其类似固定资产中的“在建工程”科目。“研发支出”计入资产负债表中开发支出项目。期末借方余额反映企业正在进行无形资产研究开发项目满足资本化条件的支出。该科目可按研究开发项目，分别设置“费用化支出”“资本化支出”明细科目，进行明细核算。

（2）外购的无形资产。企业从外部购入无形资产的成本，按实际支付的价款确定，包括购买价款、进口关税和其他税费以及直接归属于使该项资产达到预定用途所发生的其他支出。企业从外部取得的无形资产若属于增值税应税服务项目，则无论通过何种途径，只要取得符合抵扣条件的发票，都可以进行抵扣。购买无形资产的价款超过正常信用条件延期支付的，无形资产的成本为其等值现金价格。实际支付的价款与确认的成本之间的差额，除按照《企业会计准则——借款费用》的规定应予资本化的以外，应当在信用期间内确认为利息费用。但是，为引入新产品进行宣传发生的广告费、管理费用及其他间接费用，以及已经达到无形资产预定用途以后发生的费用不包括在无形资产的初始成本中。

企业购入的无形资产属于增值税应税服务项目时，应根据购入过程中所发生的全部支出，借记“无形资产”“应交税费——应交增值税（进项税额）”科目，贷记“银行存款”科目。

【例 8-1】 丁公司购入一项专利权，增值税发票上注明价款为 1 800 000 元，税率为 6%，增值税税额为 108 000 元。全部款项以银行存款支付。

丁公司应做账务处理如下。

借：无形资产——专利权　　1 800 000

　　应交税费——应交增值税（进项税额）　　108 000

　　贷：银行存款　　1 908 000

提示 采用公允价值相对比例确定与其他资产一同购入的无形资产的成本，其前提为该项无形资产的相对价值较大。如果相对价值较小，则无须作为无形资产核算，而记入其他资产的成本中；如果相对价值较大，则必须作为无形资产核算。

【例 8-2】 2018 年 1 月 1 日，丁公司购入一块土地的使用权，以银行存款转账支付 10 000 万元，并在该土地上自行建造厂房等，发生材料支出 12 000 万元，工资费用 8 000 万元，其他相关费用 10 000 万元。该工程已经完工并达到预定可使用状态。假定土地使用权的使用年限为 50 年，该厂房的使用年限为 25 年，两者都没有净残值，都采用直线法进行摊销和计提折旧。为简化核算，不考虑其他相关税费。

提示　丁公司购入土地使用权，使用年限为 50 年，表明它属于使用寿命有限的无形资产。在该土地上自行建造厂房，应将土地使用权和地上建筑物分别作为无形资产和固定资产进行核算，并分别摊销和计提折旧。

丁公司应做账务处理如下。

① 支付转让价款时。

借：无形资产——土地使用权　　100 000 000

　贷：银行存款　　100 000 000

② 在土地上自行建造厂房时。

借：在建工程　　300 000 000

　贷：工程物资　　120 000 000

　　应付职工薪酬　　80 000 000

　　银行存款　　100 000 000

③ 厂房达到预定可使用状态时。

借：固定资产　　300 000 000

　贷：在建工程　　300 000 000

（3）自行研发的无形资产。内部研发形成的无形资产成本，由可直接归属于该资产的创造、生产并使该资产能够以管理层预定的方式运作的所有必要支出构成。对于企业自行研究和开发项目，应当区分为研究阶段与开发阶段。企业应当根据研究与开发的实际情况加以判断。

① 研究阶段的处理原则。企业研究阶段的支出全部费用化，计入当期损益。企业研究阶段发生的研发支出，借记“研发支出——费用化支出”科目，贷记“原材料”“银行存款”“应付职工薪酬”等科目。期（月）末，应将“研发支出——费用化支出”科目归集的费用化支出金额转入“管理费用”科目，借记“管理费用”科目，贷记“研发支出——费用化支出”科目。

② 开发阶段的处理原则。开发阶段的支出符合资本化条件的才能资本化，不符合资本化条件的计入当期损益。

根据规定，开发支出必须同时满足以下条件，才可以资本化，确认为无形资产；否则，应当费用化计入当期损益（管理费用）。一是完成该无形资产以使其能够使用或出售在技术上具有可行性；二是具有完成该无形资产并使用或出售的意图；三是无形资产产生经济利益的方式，包括能够证明运用该无形资产生产的产品存在市场或无形资产自身存在市场，无形资产将在内部使用的，应当证明其有用性；四是有足够的技术、财务和其他资源支持，以完成该无形资产的开发，并有能力使用或出售该无形资产；五是归属于该无形资产开发阶段的支出能够可靠地计量。

企业开发阶段符合资本化条件的研发支出，借记“研发支出——资本化支出”科目，贷记“原材料”“银行存款”“应付职工薪酬”等科目。研究开发项目达到预定用途形成无形资产的，应按“研发支出——资本化支出”科目的余额借记“无形资产”科目，贷记“研发支出——资本化支出”科目。企业开发阶段不符合资本化条件的研发支出，比照企业研究阶段进行账务处理。

提示 企业无法区分研究阶段和开发阶段的支出，应当在发生时作为管理费用，全部计入当期损益。

即问即答 下列关于企业内部研究开发项目支出的说法中，正确的有（　　）。

A. 企业内部研究开发项目的支出，应当区分研究阶段支出与开发阶段支出

B. 企业内部研究开发项目研究阶段的支出，应当于发生时计入当期损益

C. 企业内部研究开发项目开发阶段的支出，应当确认为无形资产

D. 企业内部研究开发项目开发阶段的支出，既可能资本化，也可能费用化

【例 8-3】 2018 年 1 月 1 日，丁公司的董事会批准研发某项新技术，该公司董事会认为，研发该项目具有可靠的技术和财务等资源的支持，并且一旦研发成功将降低该公司的生产成本。该公司在研究开发过程中发生材料费用 7 000 000 元、人工费用 2 000 000 元以及其他费用 5 500 000 元，总计 14 500 000 元，其中，符合资本化条件的支出为 9 600 000 元。2018 年 12 月 31 日，该项新技术已经达到预定用途。

丁公司应做账务处理如下。

a. 发生研发支出时。

借：研发支出——费用化支出	4 900 000	
——资本化支出	9 600 000	
贷：原材料		7 000 000
应付职工薪酬		2 000 000
银行存款		5 500 000

提示 丁公司经董事会批准研发某项新型技术，并认为完成该项新型技术无论从技术上，还是财务等方面都能够得到可靠的资源支持，并且一旦研发成功将降低公司的生产成本。因此，符合条件的开发费用可以资本化。丁公司在开发该项新型技术时，累计发生了 14 500 000 元的研究与开发支出，其中符合资本化条件的开发支出为 9 600 000 元，其符合“归属于该无形资产开发阶段的支出能够可靠地计量”的条件。

b. 该项新型技术已经达到预定用途时。

借：管理费用	4 900 000	
无形资产	9 600 000	
贷：研发支出——费用化支出		4 900 000
——资本化支出		9 600 000

2. 无形资产持有

（1）使用寿命有限的无形资产的摊销。无形资产属于企业的长期资产，能在较长时间里给企业带来效益。企业会计准则规定使用寿命不确定的无形资产不应摊销。使用寿命有限的无形资产所具有价值的权利或特权总会终结或消失，因此，企业应对已入账的使用寿命有限的无形资产在使用寿命内系统、合理地摊销。应摊销金额，是指无形资产的成本扣除残值后的金额。已计提减值准备的无形资产，还应扣除已计提的无形资产减值准备累计金额。

提示 除有第三方承诺在无形资产使用寿命结束时购买该无形资产或者可以根据活跃市场得到残值信息，并且该市场在无形资产使用寿命结束时很可能存在的情况外，使用寿命有限的无形资产的残值应当视为零。

① 摊销期限和摊销方法。摊销期限为自无形资产可供使用时起，至不再作为无形资产确认时止，即当月增加的无形资产，当月开始摊销；当月减少的无形资产，当月不再摊销。

企业选择的无形资产摊销方法，应当反映企业预期消耗该项无形资产所产生的未来经济利益的预期实现方式，包括直接法、生产总量法。无法可靠确定消耗方式的，应当采用直线法摊销。

提示 企业应当至少于每年年度终了，对使用寿命有限的无形资产的使用寿命及未来经济利益消耗方式进行复核。无形资产的预计使用寿命及未来经济利益的预期消耗方式与以前估计不同的，应当改变摊销期限和摊销方法。

② 无形资产摊销业务的核算。使用寿命有限的无形资产应当在其使用寿命内，采用合理的摊销方法进行摊销。摊销时，应当考虑该项无形资产所服务的对象，并以此为基础将其摊销价值计入相关资产的成本或者当期损益。

为了核算和监督企业对使用寿命有限的无形资产计提的累计摊销情况，企业应设置“累计摊销”科目。该科目属于资产类科目，是无形资产的备抵科目，期末贷方余额反映企业无形资产的累计摊销额。

企业进行无形资产摊销时，对于自用的无形资产，摊销其价值时应借记“管理费用”科目；对于出租的无形资产，相关的无形资产摊销价值应借记“其他业务成本”科目，贷记“累计摊销”科目。如果某项无形资产包含的经济利益是通过所生产的产品或其他资产实现的，其摊销金额应计入相关资产的成本。

【例 8-4】 承接【例 8-2】，丁公司每年分期摊销土地使用权和对厂房计提折旧，账务处理如下。

借：管理费用	2 000 000	
制造费用	8 000 000	
贷：累计摊销		2 000 000
累计折旧		8 000 000

（2）无形资产的后续支出。无形资产的后续支出，是指无形资产入账后，为确保该无形资产能够给企业带来预定的经济利益而发生的支出，如企业相关的宣传活动支出、企业取得专利权之后每年支付的年费和维护专利权发生的诉讼费等，应该直接计入当期管理费用。由于这些支出仅是为确保已确认的无形资产能够为企业带来预定的经济利益，因而应在发生当期确认为费用。

（3）无形资产的减值。企业应当在会计期末判断使用寿命有限和使用寿命不确定的无形资产是否存在可能发生减值的迹象，同固定资产的判断标准相同，根据《企业会计准则——资产减值》的有关规定，无形资产减值准备应按单项资产计提。资产负债表日判断资产是否存在可能发生减值的迹象，可收回金额的计量结果表明，资产的可收回金额低于其账面价值的，应当将资产的账面价值减记至可收回金额，减记的金额确认为资产减值损失，计入当期损益，同时计提相应的资产减值准备。资产减值损失确认后，减值资产的摊销费用应当在未来期间做相应调整，以使该资产在剩余使用寿命内，系统地分摊调整后的资产账面价值。

提示　对于使用寿命不确定的无形资产，在持有期间内不需要摊销，但应当在每个会计期间进行减值测试。

无形资产减值损失一经确认，在以后会计期间不得转回。但是，遇到资产处置、出售、对外投资、以非货币性资产交换方式换出、在债务重组中抵偿债务等情况，同时符合资产终止确认条件的，企业应当将相关资产减值准备予以转销。

为了核算和监督无形资产减值准备的计提和转销情况，企业应设置“无形资产减值准备”科目。该科目属于资产类科目，是无形资产的备抵科目，期末贷方余额反映企业已提取的无形资产减值准备。期末，企业所持有的无形资产的账面价值高于其可收回金额的，应按其差额，借记“资产减值损失——计提的无形资产减值准备”科目，贷记“无形资产减值准备”科目。

3. 无形资产处置

无形资产的处置，主要是指无形资产出售、对外出租、对外捐赠，或者是无法为企业带来未来经济利益时应予终止确认并转销等情形。

（1）无形资产的出售。企业将无形资产出售，表明企业放弃无形资产所有权。由于出售无形资产所得不符合《企业会计准则——收入》中的收入定义，因此，根据《企业会计准则——无形资产》的规定，企业应将出售无形资产所得以净额反映，即将所得价款与该无形资产的账面价值之间的差额计入当期损益。

企业出售无形资产时，应按实际出售所得，借记“银行存款”等科目，按该项无形资产已计提的减值准备，借记“无形资产减值准备”科目，按无形资产的账面余额，贷记“无形资产”科目，按其差额，贷记或借记“资产处置损益”科目。

【例 8-5】 2018 年 8 月 1 日，A 公司将其购买的一项专利技术以 160 万元的价格出售给 C 公司，增值税款 9.6 万元，款项已存入银行。该无形资产系 2015 年 8 月 1 日购入并投入使用的，其入账价值为 300 万元，预计使用年限为 5 年，法律规定的有效年限为 6 年，该无形资产按直线法摊销，转让该专利权的增值税税率为 6%。不考虑其他因素，A 公司应做账务处理如下。

借：银行存款	1 696 000	
累计摊销	1 800 000	
贷：无形资产		3 000 000
应交税费——应交增值税（销项税额）		96 000
资产处置损益——非流动资产处置利得		400 000

（2）无形资产的出租。无形资产出租，是指企业将所拥有的无形资产的使用权让渡给他人，并收取租金。根据《企业会计准则——收入》的规定，这类交易属于企业让渡资产使用权，因而相关所得应作为收入核算。

让渡无形资产使用权取得的租金收入，借记“银行存款”等科目，贷记“其他业务收入”等科目；摊销出租无形资产的成本并发生与转让有关的各种费用支出时，借记“其他业务成本”科目，贷记“无形资产”科目。

【例 8-6】 2018 年 1 月 1 日，丁公司将某商标权出租给 A 公司使用，租期为 4 年，每年年初收取租金，本年的租金及增值税合计 169 600 元，丁公司在该商标权出租期间不再使用该商标权，该商标权系丁公司 2017 年 1 月 1 日购入的，初始入账价值为 1 500 000 元，预计使用年限为 15 年，采用直线法摊销。

丁公司应做账务处理如下。

① 每年取得租金时。

借：银行存款　　169 600
　贷：其他业务收入　　160 000
　　应交税费——应交增值税（销项税额）　　9 600

② 按年对该项商标权进行摊销时。

借：其他业务成本　　100 000
　贷：累计摊销　　100 000

（3）无形资产的报废。如果无形资产预期不能为企业带来未来经济利益，例如，该无形资产已被其他新技术所替代或超过法律保护期，则不再符合无形资产的定义，应将其报废并予以转销，其账面价值转为当期损益。转销时，应按已计提的累计摊销，借记"累计摊销"科目；按其账面余额，贷记"无形资产"科目；按其差额，借记"营业外支出"科目。已计提减值准备的，还应同时结转减值准备。

【例 8-7】 2018 年 12 月 31 日，丁公司一项专利权的账面余额为 8 000 000 元。该专利权的摊销期限为 10 年，采用直线法进行摊销，已摊销 5 年。该专利权的残值为零，已累计计提减值准备 2 000 000 元。假定以该专利权生产的产品已没有市场，预期不能再为企业带来经济利益。不考虑其他相关因素。

丁公司应做账务处理如下。

借：累计摊销　　4 000 000
　无形资产减值准备　　2 000 000
　营业外支出——处置无形资产损失　　2 000 000
　贷：无形资产——专利权　　8 000 000

任务二 投资性房地产核算

任务调研：请了解企业投资性房地产业务是如何产生的，相关的业务处理程序是怎样的。

一、投资性房地产概述

1. 投资性房地产的概念及特征

投资性房地产，是指为赚取租金或资本增值，或两者兼有而持有的房地产。投资性房地产应当能够单独计量和出售。

提示 房地产是土地和房屋及其权属的总称。在我国，土地归国家或集体所有，企业只能取得土地使用权。因此，房地产中的土地是指土地使用权。房屋是指土地上的房屋等建筑物及构筑物。

企业持有的房地产除了用作自身管理、生产经营活动场所和对外销售之外，也用于赚取租金或增值收益的活动，甚至作为个别企业的主营业务。就某些企业而言，投资性房地产属于日常经营性活动，形成的租金收入或转让增值收益确认为企业的主营业务收入，但对于大部分企业而言，是与经营性活动相关的其他经营活动，形成的租金收入或转让增值收益构成企业的其他业务收入。根据税法的规定，企业房地产出租、国有土地使用权增值后的转让均属于经营活动，其取得的房地产租金收入或国有土地使用权转让收益应当缴纳增值税等。这就需要将投资性房地产单独作为一项资产核算和反映，与自用的厂房、办公楼等房地产和作为存货（已建完工商品房）的房地产加以区别，从而更加清晰地反映企业所持有房地产的构成情况和盈利能力。

2. 投资性房地产的确认

（1）投资性房地产的确认条件。投资性房地产只有在符合定义的前提下，同时满足下列条件的，才能予以确认：一是与该投资性房地产有关的经济利益很可能流入企业；二是该投资性房地产的成本能够可靠地计量。对已出租的土地使用权、已出租的建筑物，其作为投资性房地产的确认时间一般为租赁期开始日，即土地使用权、建筑物进入出租状态，开始赚取租金的日期。对持有并准备增值后转让的土地使用权，其作为投资性房地产的确认时间为企业将自用土地使用权停止自用，准备增值后转让的日期。

（2）属于投资性房地产的项目。

① 已出租的土地使用权，是指企业通过出让或转让方式取得的，以经营租赁方式出租的土地使用权。例如，A 公司与华商公司签署了土地使用权租赁协议，A 公司以年租金 8 000 000 元租赁华商公司拥有的 700 000 平方米土地的使用权。那么，自租赁协议约定的租赁期开始日起，这项土地使用权属于华商公司的投资性房地产。

② 持有并准备增值后转让的土地使用权，是指企业取得的，准备增值后转让的土地使用权。例如，公司发生转产或厂址搬迁，部分土地使用权停止自用，管理层决定继续持有这部分土地使用权，待其增值后转让以赚取增值收益。

③ 已出租的建筑物，是指企业拥有产权的，以经营租赁方式出租的建筑物，包括自行建造或开发活动完成后用于出租的建筑物。例如，C 公司将其拥有的某栋厂房整体出租给韵达公司，租赁期为两年。自租赁期开始日期起，这栋厂房属于其投资性房地产。企业新购入、自行建造或开发完工但尚未使用的建筑物，以及不再用于日常生产经营活动且经整理后达到可经营出租状态的空置建筑物属于投资性房地产。企业将建筑物出租，按租赁协议向承租人提供的相关辅助服务在整个协议中不重大的，应当将该建筑物确认为投资性房地产。

不属于投资性房地产项目的如下。一是自用房地产，是指为生产商品、提供劳务或者经营管理而持有的房地产。这部分房地产服务于企业自身的生产经营活动，其价值将随着房地产的使用而逐渐转移到企业的产品或服务中去，通过销售商品或提供服务为企业带来经济利益，在产生现金流量的过程中与企业持有的其他资产密切相关。例如，企业生产经营用的厂房和办公楼属于固定资产；企业生产经营用的土地使用权属于无形资产。二是作为存货的房地产，是指房地产开发企业在正常经营过程中销售的或为销售而正在开发的商品房和土地。这部分房地产属于房地产开发企业的存货，其生产、销售构成企业的主营业务活动，产生的现金流量也与企业的其他资产密切相关。因此，具有存货性质的房地产不属于投资性房地产。

某项房地产部分用于赚取租金或资本增值，部分用于生产商品、提供劳务或经营管理，能够单独计量和出售的、用于赚取租金或资本增值的部分，应当确认为投资性房地产；不能够单独计量和出售的、用于赚取租金或资本增值的部分，不确认为投资性房地产。

下列各项中，属于投资性房地产的有（　　）。

A. 企业拥有并自行经营的饭店

B. 企业以经营租赁方式租出的写字楼

C. 房地产开发企业正在开发的商品房

D. 企业持有的拟增值后转让的土地使用权

3．投资性房地产业务的计量

企业应该对投资性房地产按照成本进行初始计量，通常应当采用成本模式对投资性房地产进行后续计量，也可以采用公允价值模式对投资性房地产进行后续计量。但是，同一企业只能采用一种模式对所有投资性房地产进行后续计量，不得同时采用两种计量模式。

提示

为保证会计信息的可比性，企业对投资性房地产的计量模式一经确定，不得随意变更。成本模式转为公允价值模式的，应当作为会计政策变更，按照《企业会计准则——会计政策、会计估计变更和差错更正》处理，将计量模式变更时公允价值与账面价值的差额，调整期初留存收益。已采用公允价值模式计量的投资性房地产，不得从公允价值模式转为成本模式。

4．投资性房地产业务核算的科目设置

为了反映和监督投资性房地产的取得、后续计量和处置等情况，企业应当设置“投资性房地产”“投资性房地产累计折旧（摊销）”“公允价值变动损益”“其他业务收入”“其他业务成本”等科目进行核算。投资性房地产作为企业主营业务的，应当设置“主营业务收入”和“主营业务成本”科目核算相关的损益。

企业采用成本模式计量的投资性房地产发生减值的，还应当设置“投资性房地产减值准备”科目进行核算。

“投资性房地产”科目属于资产类科目，借方登记投资性房地产的取得成本；贷方登记企业减少投资性房地产时结转的成本；期末借方余额反映投资性房地产的成本。该科目可按投资性房地产的类别和项目进行明细核算。

二、投资性房地产业务的核算

1．投资性房地产取得

投资性房地产应当按照成本进行初始计量。由于投资性房地产可以通过外购、自行建造、所有者投入、债务重组等方式取得，初始计量的方法也不尽相同，本节主要介绍以外购或自行建造方式取得的投资性房地产业务的核算。

（1）外购的投资性房地产。企业外购的房地产只有在购入的同时开始出租或用于资本增值，才能作为投资性房地产加以确认。外购投资性房地产的成本包括购买价款、相关税费和可直接归属于该资产的其他支出。

提示

企业购入房地产，自用一段时间之后再改为出租或用于资本增值的，应当先将外购的房地产确认为固定资产或无形资产，自租赁期开始日或用于资本增值之日开始，才能从固定资产或无形资产转换为投资性房地产。

企业应当按照外购投资性房地产发生的实际成本，借记“投资性房地产”科目，贷记“银行存款”等科目。

【例 8-8】 2018 年 11 月 15 日，丁公司与 C 公司签订了经营租赁合同，约定自写字楼购买之日起将这栋写字楼出租给 C 公司，为期 5 年。12 月 5 日，丁公司实际购入写字楼，支付价款共计 20 000 000 元。假设不考虑其他因素，丁公司采用成本模式进行后续计量。

丁公司应做账务处理如下。

借：投资性房地产——写字楼　　　　20 000 000

　　贷：银行存款　　　　　　　　　　20 000 000

（2）自行建造的投资性房地产。企业自行建造（或开发，下同）的房地产，只有在自行建造或开发活动完成（即达到预定可使用状态）的同时开始对外出租或用于资本增值，才能将自行建造的房地产确认为投资性房地产。自行建造投资性房地产的成本由建造该项房地产达到预定可使用状态前发生的必要支出构成，包括土地开发费、建筑成本、安装成本、应予以资本化的借款费用、支付的其他费用和分摊的间接费用等。建造过程中发生的非正常性损失，直接计入当期损益，不计入建造成本。

企业自行建造房地产达到预定可使用状态一段时间后才对外出租或用于资本增值的，应当先将自行建造的房地产确认为固定资产或无形资产，自租赁期开始日或用于资本增值之日起，从固定资产或无形资产转换为投资性房地产。

企业应当按照发生的实际成本，借记“投资性房地产”科目，贷记“在建工程”等科目。

【例 8-9】 2018 年 1 月，丁公司从其他单位购入一块土地的使用权，并在这块土地上开始自行建造两栋厂房。2018 年 10 月，公司预计厂房即将完工，与中兴公司签订了经营租赁合同，将其中的一栋厂房租赁给中兴公司使用。租赁合同约定，该厂房于完工（达到预定可使用状态）时开始起租。2018 年 11 月 1 日，两栋厂房同时完工（达到预定可使用状态）。该块土地使用权的成本为 4 000 000 元；两栋厂房的实际造价均为 8 000 000 元，能够单独出售。假设公司采用成本模式计量。

丁公司应做账务处理如下。

土地使用权中的对应部分同时转换为投资性房地产=4 000 000×（8 000 000÷16 000 000）=2 000 000（元）。

借：投资性房地产——厂房　　8 000 000
　　贷：在建工程——厂房　　8 000 000
借：投资性房地产——土地使用权　　2 000 000
　　贷：无形资产——土地使用权　　2 000 000

（3）内部转换形成的投资性房地产。房地产的转换实质上是因房地产用途发生改变而对房地产进行的重新分类。一般情况下，大多数企业是将原有的房屋、建筑物、土地使用权作为固定资产、无形资产来核算，在经营过程中将其出租，转换为投资性房地产。出租日即为转换日。

非投资性房地产转换为投资性房地产，通常将租赁期开始日作为转换日；投资性房地产转换为非投资性房地产，通常在租赁期结束时做相关的转换处理。

企业将作为存货的房地产或将自用的建筑物等转换为投资性房地产的，应当按照该项存货或建筑物等在转换日的账面价值或公允价值作为投资性房地产在转换日的成本；在转换日存货或自用建筑物等的账面价值高于公允价值的差额计入公允价值变动损益，在转换日存货或自用建筑物等的账面价值低于公允价值的差额计入其他综合收益。

【例 8-10】 丁公司拥有 A 写字楼一栋，用于本公司总部办公。2018 年 10 月 10 日，丁公司与乙公司签订了经营租赁协议，将这栋写字楼整体出租给乙公司使用，租赁期开始日为 2018 年 11 月 15 日，为期 5 年。2018 年 11 月 15 日，这栋写字楼的账面余额为 450 000 000 元。已计提折旧 3 000 000 元。丁公司所在城市没有活跃的房地产交易市场。

丁公司应做账务处理如下。

借：投资性房地产——A 写字楼　　450 000 000
　　累计折旧　　3 000 000
　　贷：固定资产　　450 000 000
　　　　投资性房地产累计折旧　　3 000 000

无论是投资性房地产转换为非投资性房地产，还是非投资性房地产转换为投资性房地产，应将相应的科目对应结转，不确认损益；涉及存货的，不确认减值准备。

【例 8-11】 2018 年 6 月，丁公司打算搬迁至新建办公楼。由于原办公楼处于商业繁华地段，丁公司准备将其出租，以赚取租金收入。2018 年 10 月，丁公司完成了搬迁工作，原办公楼停止自用。2018 年 12 月，丁公司与 B 公司签订了租赁协议，将其原办公楼租赁给 B 公司使用，租赁期开始日为 2019 年 1 月 1 日，租赁期限为 3 年。由于该办公楼处于商业区，房地产交易活跃，该公司能够从市场上取得同类或类似房地产的市场价格及其他相关信息，假设丁公司对出租的办公楼采用公允价值模式计量。2019 年 1 月 1 日，该公司办公楼的公允价值为 350 000 000 元，其原价为 500 000 000 元，已计提折旧 142 500 000 元。

丁公司应做账务处理如下。

	借方	贷方
借：投资性房地产——办公楼（成本）	350 000 000	
公允价值变动损益	7 500 000	
累计折旧	142 500 000	
贷：固定资产		500 000 000

2019 年 1 月 1 日办公楼的账面价值=500 000 000-142 500 000=357 500 000（元），公允价值为 350 000 000 元，公允价值小于账面价值的差额 7 500 000 元计入公允价值变动损益。

若转换日丁公司的办公楼的公允价值为 360 000 000 元，则丁公司应做账务处理如下。

	借方	贷方
借：投资性房地产——办公楼（成本）	360 000 000	
累计折旧	142 500 000	
贷：固定资产		500 000 000
其他综合收益		2 500 000

2019 年 2 月 1 日，丁公司将出租在外的厂房收回，开始用于本企业生产商品。该项房地产账面价值为 3 765 万元，原价为 5 000 万元，累计已计提折旧 1 235 万元。假设丁公司采用成本模式计量。请问，丁公司该如何进行账务处理呢？

2. 投资性房地产的持有

（1）采用成本模式进行后续计量的投资性房地产。在成本模式下，应当按照固定资产或无形资产的有关规定，对投资性房地产进行后续计量，计提折旧或摊销；存在减值迹象的，还应当按照资产减值的有关规定进行处理。

① 投资性房地产计提折旧或摊销业务的核算。企业采用成本模式进行后续计量的投资性房地产，应当按照固定资产或无形资产的有关规定，按期（月）计提折旧或进行摊销。借记“其他业务成本”科目，贷记“投资性房地产累计折旧（摊销）”科目。取得的租金收入，借记“银行存款”等科目，贷记“其他业务收入”等科目。

② 投资性房地产减值业务的核算。投资性房地产存在减值迹象的，应当适用资产减值的有关规定，经减值测试后确定发生减值的，应当计提减值准备，借记“资产减值损失”科目，贷记“投资性房地产减值准备”科目。

提示　投资性房地产减值损失一经确认，在以后会计期间不得转回，但遇到出售、对外投资、抵偿债务等处置时，“投资性房地产减值准备”可以转销。

【例 8-12】 丁公司的一栋办公楼出租给 W 公司使用，已确认为投资性房地产，采用成本模式进行后续计量。假设这栋办公楼的成本为 36 000 000 元，按照直线法计提折旧，使用寿命为 20 年，预计净残值为零。按照经营租赁合同，W 公司每月支付给丁公司租金 100 000 元。当年 12 月，这栋办公楼发生减值迹象，经减值测试，其可收回金额为 28 000 000 元，此时办公楼的账面价值为 30 000 000 元，以前未计提减值准备。

丁公司应做账务处理如下。

a. 每月计提折旧时。

每月计提的折旧=36 000 000÷20÷12=150 000（元）。

借：其他业务成本　150 000
　　贷：投资性房地产累计折旧　150 000

b. 每月确认租金时。

借：银行存款（或其他应收款）　100 000
　　贷：其他业务收入　100 000

c. 年末计提减值准备时。

借：资产减值损失——计提的投资性房地产减值准备　2 000 000
　　贷：投资性房地产减值准备　2 000 000

（2）采用公允价值模式进行后续计量的投资性房地产。

① 采用公允价值模式的前提条件。企业只有存在确凿证据表明其投资性房地产的公允价值能够持续、可靠取得的，才可以对投资性房地产采用公允价值模式进行后续计量。

采用公允价值模式计量的投资性房地产，应当同时满足下列条件。一是投资性房地产所在地有活跃的房地产交易市场。所在地，通常指投资性房地产所在的城市，对于大、中型城市而言，应当为投资性房地产所在的城区。二是企业能够从活跃的房地产交易市场上取得同类或类似房地产的市场价格及其他相关信息，从而对投资性房地产的公允价值做出合理的估计。

② 采用公允价值模式进行后续计量的账务处理。企业采用公允价值模式进行后续计量的，不对投资性房地产计提折旧或进行摊销，应当以资产负债表日投资性房地产的公允价值为基础调整其账面价值，企业应对“投资性房地产”科目分别设置“成本”“公允价值变动”明细科目进行明细核算。公允价值与原账面价值之间的差额计入当期损益（公允价值变动损益）。投资性房地产取得的租金收入，确认为其他业务收入。

资产负债表日，投资性房地产的公允价值高于其账面余额的差额，借记“投资性房地产（公允价值变动）”科目，贷记“公允价值变动损益”科目；公允价值低于其账面余额的差额做相反的账务处理。

【例 8-13】 2018 年 8 月，丁公司与乙公司签订租赁协议，约定将丁公司开发的一栋精装修的 A 写字楼于开发完成的同时开始租赁给乙公司使用，租赁期为 10 年。当年 10 月 1 日，该写字楼开发完成并开始起租，写字楼的造价为 9 000 万元。由于该栋写字楼地处商业繁华区，所在城区有活跃的房地产交易市场，而且能够从房地产交易市场上取得同类房地产的市场报价，丁公司决定采用公允价值模式对该项出租的房地产进行后续计量。2018 年 12 月 31 日，该写字楼的公允价值为 92 000 000 元。2019 年 12 月 31 日，该写字楼的公允价值为 93 000 000 元。

丁公司应做账务处理如下。

a. 2018 年 10 月 1 日，丁公司开发完成写字楼并出租时。

借：投资性房地产——A 写字楼（成本） 90 000 000

　　贷：开发产品 90 000 000

"开发产品"科目相当于房地产企业的存货类科目。

b. 2018 年 12 月 31 日，以资产负债表日投资性房地产的公允价值为基础调整其账面价值，公允价值与原账面价值之间的差额计入当期损益时。

借：投资性房地产——A 写字楼（公允价值变动） 2 000 000

　　贷：公允价值变动损益 2 000 000

c. 2019 年 12 月 31 日，公允价值变动时。

借：投资性房地产——A 写字楼（公允价值变动） 1 000 000

　　贷：公允价值变动损益 1 000 000

关于投资性房地产的后续计量，下列说法中正确的有（　　）。

A. 采用公允价值模式计量的，不对投资性房产计提折旧

B. 采用公允价值模式计量的，应对投资性房产计提折旧

C. 已采用公允价值模式计量的投资性房地产，不得从公允价值模式转为成本模式

D. 已采用成本模式计量的投资性房地产，不得从成本模式转为公允价值模式

（3）投资性房地产后续计量模式的变更。

【例 8-14】 丁公司将其 C 写字楼租赁给丙公司使用，并一直采用成本模式进行后续计量。2018 年 12 月 1 日，丁公司认为出租给丙公司使用的写字楼所在地的房地产交易市场比较成熟，具备了采用公允价值模式计量的条件，决定对该项投资性房地产从成本模式转换为公允价值模式计量。丁公司按净利润的 10%计提盈余公积。

该写字楼的原造价为 90 000 000 元，已计提折旧 2 700 000 元，账面价值为 87 300 000 元。2018 年 12 月 1 日，该写字楼的公允价值为 95 000 000 元。

丁公司应做账务处理如下。

借：投资性房地产——A 写字楼（成本） 95 000 000

　　投资性房地产累计折旧 2 700 000

　　贷：投资性房地产——A 写字楼 90 000 000

　　　　利润分配——未分配利润 6 930 000

　　　　盈余公积 770 000

3. 投资性房地产的处置

当投资性房地产被处置，或者永久退出使用且预计不能从其处置中取得经济利益时，应当终止确认该项投资性房地产。

企业出售、转让、报废投资性房地产或者发生投资性房地产毁损时，应当将处置收入扣除其账面价值和相关税费后的金额计入当期损益（将实际收到的处置收入计入其他业务收入，所处置投资性房地产的账面价值计入其他业务成本）。

（1）采用成本模式计量。企业处置投资性房地产时，应按实际收到的金额，借记"银行存款"等科目，贷记"其他业务收入"科目。按该项投资性房地产的累计折旧或累计摊销，借记

“投资性房地产累计折旧（摊销）”科目，按该项投资性房地产的账面余额，贷记“投资性房地产”科目，按其差额，借记“其他业务成本”科目，已计提减值准备的，借记“投资性房地产减值准备”科目。

（2）采用公允价值模式计量。企业处置投资性房地产时，应按实际收到的金额，借记“银行存款”等科目，贷记“其他业务收入”科目。按该项投资性房地产的账面余额，借记“其他业务成本”科目，贷记“投资性房地产（成本）”科目、贷记或借记“投资性房地产（公允价值变动）”科目；同时，按该项投资性房地产的公允价值变动，借记或贷记“公允价值变动损益”科目，贷记或借记“其他业务成本”科目。按该项投资性房地产在转换日记入其他综合收益的金额，也一并结转，借记“其他业务成本”科目，贷记“其他综合收益”科目。

【例 8-15】 丁公司将其出租的一栋 C 写字楼确认为投资性房地产。租赁期满后，丁公司将该栋写字楼出售给甲公司，合同价款为 800 000 000 元，甲公司已用银行存款付清。这栋写字楼原采用公允价值模式计量。

出售时，该栋写字楼的成本为 570 000 000 元，公允价值变动为借方余额 100 000 000 元。

丁公司应做账务处理如下。

	借方	贷方
借：银行存款	800 000 000	
贷：其他业务收入		800 000 000
借：其他业务成本	670 000 000	
贷：投资性房地产——C 写字楼（成本）		570 000 000
——C 写字楼（公允价值变动）		100 000 000

同时，将投资性房地产累计公允价值变动转入其他业务收入时。

	借方	贷方
借：公允价值变动损益	100 000 000	
贷：其他业务收入		100 000 000

即问即答

假设这栋写字楼原采用成本模式计量。出售时，该栋写字楼的成本为 750 000 000 元，已计提折旧 80 000 000 元，则丁公司应如何进行账务处理呢？

任务三　其他资产核算

任务调研：请了解企业以经营租赁方式租入固定资产装修业务是如何产生的，相关的业务处理程序是怎样的。

其他资产，是指除货币资金、交易性金融资产、应收及预付款项、存货、持有至到期投资、长期股权投资、可供出售金融资产、固定资产、无形资产等以外的资产，如长期待摊费用等。

一、长期待摊费用

1. 长期待摊费用概述

长期待摊费用，是指企业已经支出，但摊销期限在 1 年以上（不含 1 年）的各项费用，如以经营租赁方式租入的固定资产发生的改良支出等。

在资产负债表上，长期待摊费用虽然也被列为资产项目，但它具有明显不同于一般资产的两个特征：一是长期待摊费用本身没有转让价值，不为企业带来经济利益，因此，既不能转让，也不能用于清偿债务；二是长期待摊费用在本质上是一种费用，只是由于支出数额较大、影响时间较长，若将其全部计入当期的费用中，势必会造成损益的非正常波动，因此，根据权责发生制的要求，应将其暂时列为一项没有实体的过渡性资产，然后再在恰当的期间内分期摊入“管理费用”

“销售费用”科目中。企业在进行长期待摊费用核算时，不能任意增加费用项目，不能人为地把应计入当期损益的费用计入长期待摊费用。

企业应设置“长期待摊费用”科目核算由本期和以后各期负担的分摊期限在1年以上的各项费用。其属于资产类科目，借方登记发生的各项长期待摊费用的支出数额；贷方登记摊销数额；期末借方余额反映企业尚未摊销的长期待摊费用。该科目应按费用的种类设置明细账，进行明细核算。

2. 长期待摊费用业务的核算

（1）租入固定资产的改良支出。租入固定资产的改良支出，是指以经营租赁方式租入的固定资产改良工程支出，能增加以经营租赁方式租入的固定资产的效用或延长其使用寿命的改装、翻修、改良等支出。它不应作为当期费用被处理，而应作为长期待摊费用被管理，在租赁有效期内分期摊销制造费用或管理费用。随着企业间竞争的加剧和科技发展的日新月异，新技术、新材料、新工艺越来越多地参与到企业以经营租赁方式租入的固定资产改良中。

企业发生的长期待摊费用，借记“长期待摊费用”科目，贷记有关科目。摊销时，借记“制造费用”“销售费用”“管理费用”等科目，贷记“长期待摊费用”科目。

【例8-16】丁公司于2019年1月以经营租赁方式租入的办公楼，每月租金5 000元，每季季初预付。对其装修发生以下有关支出：领用生产用材料200 000元，购进该材料时支付的增值税进项税额为34 000元；辅助生产车间为该批装修工程提供的劳务支出为162 000元；有关人员工资等职工薪酬为204 000元。2019年4月1日，该办公楼装修完工，达到预定可使用状态并交付使用，按租赁期5年开始摊销。假定不考虑其他因素。

丁公司应做账务处理如下。

① 每季季初支付租金时。

借：预付账款——房租　　15 000
　　贷：银行存款　　15 000

② 按月摊销租金时。

借：管理费用——租赁费　　5 000
　　贷：预付账款——房租　　5 000

③ 装修领用原材料时。

借：长期待摊费用　　234 000
　　贷：原材料　　200 000
　　　　应交税费——应交增值税（进项税额转出）　　34 000

④ 辅助生产车间为装修工程提供劳务时。

借：长期待摊费用　　162 000
　　贷：生产成本——辅助生产成本　　162 000

⑤ 确认工程人员职工薪酬时。

借：长期待摊费用　　204 000
　　贷：应付职工薪酬　　204 000

⑥ 2019年4月，摊销当月装修支出时。

借：管理费用　　10 000
　　贷：长期待摊费用　　10 000

（2）股票发行费用。股票发行费用，是指与股票发行直接相关的费用，如股票承销费、审计费、评估费、律师费、公关及广告费、股票印刷费等。按照规定，股份有限公司委托其他单位发

行股票支付的手续费或佣金等相关费用若金额较小，则直接计入当期损益。

对股票发行费用的处理分为两步：①上市公司为发行权益性证券发生的承销费、保荐费、上网发行费、招股说明书印刷费、申报会计师费、律师费、评估费等与发行权益性证券直接相关的新增外部费用，减去股票发行冻结期间的利息收入后的余额，从发行股票的溢价中抵扣，不够抵扣或无溢价的，作为长期待摊费用，在不超过 2 年的期间内平均摊销，计入当期损益；②发行权益证券过程中发生的广告费等其他费用应在发生时计入当期损益。

（3）开办费。开办费，是指企业从被批准筹建之日起，到开始生产、经营（包括试生产、试营业）之日止的期间（即筹建期间）发生的费用支出，包括筹建期人员工资、办公费、培训费、差旅费、印刷费、注册登记费，以及不计入固定资产的和无形资产购建成本的汇兑损益和利息支出。

在我国，由于谨慎性信息质量要求，开办费发生时，先在“长期待摊费用”科目中归集；待企业正式开始生产经营时，将其一次计入开始生产经营的当月的损益。我国对开办费不予摊销的做法有利于夯实资产价值。

二、其他长期资产

其他长期资产一般包括经国家特批的特种储备物资、银行冻结存款和冻结存款、涉及诉讼的财产等，正常经营中的企业一般很少发生。其他长期资产可以根据资产的性质及特点单独设置相关科目核算。一般可设置“其他资产”一级科目，并设置“特种储备物资”“银行冻结存款”“涉及诉讼的财产”“冻结物资”等明细科目。在资产负债表上，应根据其他资产的性质，分别将其列入“其他流动资产”和“其他长期资产”项目。

（1）特种储备物资。特种储备物资是指国有企业经国家批准储备的、具有专门用途、不参加生产经营周转的特种物资，是一种企业由于具有某种储藏条件而代国家储备的物资。一般来说，特种储备物资不属于企业的资产，企业不拥有其所有权，但有保管的责任。

（2）银行冻结存款。银行冻结存款是指因某种原因被银行冻结不能正常支取的存款。由于这部分存款被冻结，不再具有货币资金的支付功能，因此应将其确认为其他资产。

（3）涉及诉讼的财产。涉及诉讼的财产是指由于企业发生产权纠纷，进入司法程序后被法院认定为涉及诉讼、尚未判定产权归属的财产。由于这些财产涉及诉讼，不能为企业所正常使用，因此应将其确认为其他资产。

【项目列报】

本项目无形资产和投资性房地产核算内容在资产负债表上的信息列示如表 8-2 所示。

表 8–2　无形资产和投资性房地产项目在资产负债表上的信息列示　单位：万元

资产	期末余额	年初余额	负债和所有者权益	期末余额	年初余额
流动资产：			流动负债：		
……					
非流动资产：					
……					
成本模式计量下：投资性房地产（=“投资性房地产”－“投资性房地产累计折旧”－“投资性房地产减值准备”） 公允价值模式计量下：投资性房地产（=“投资性房地产”）					

续表

资产	期末余额	年初余额	负债和所有者权益	期末余额	年初余额
……					
无形资产（=“无形资产”-“累计摊销”-“无形资产减值准备”）					
开发支出（=“研发支出”）					
长期待摊费用（=“长期待摊费用”-“一年内到期的非流动资产”）					
……					

【拓展阅读】

《企业会计准则第 6 号——无形资产》《企业会计准则第 3 号——投资性房地产》《企业会计准则第 8 号——资产减值》《企业会计准则——基本准则》《企业会计准则——应用指南》《中华人民共和国增值税暂行条例》《关于全面推开营业税改征增值税试点的通知》（财税〔2016〕36 号）、《关于印发〈增值税会计处理规定〉的通知》（财会〔2016〕22 号）、《关于调整增值税税率的通知》（财税〔2018〕32 号）、《企业内部控制应用指引第 8 号——资产管理》《企业内部控制应用指引第 11 号——工程项目》。

项目训练

一、单项选择题

1. 关于无形资产的后续计量，下列说法中正确的是（　　）。

A. 对于使用寿命不确定的无形资产应该按系统、合理的方法摊销

B. 使用寿命不确定的无形资产，其应摊销金额应按 10 年摊销

C. 企业无形资产摊销方法，应当反映与该项无形资产有关的经济利益的预期实现方式

D. 无形资产的摊销方法只有直线法

2. 下列各项关于无形资产会计处理的表述中，正确的是（　　）。

A. 内部产生的商誉应被确认为无形资产

B. 计提的无形资产减值准备在该资产价值恢复时应予转回

C. 使用寿命不确定的无形资产账面价值均应按 10 年平均摊销

D. 以支付土地出让金方式取得的自用土地使用权应单独被确认为无形资产

3. 某企业出售一项 3 年前取得的专利权，该专利权取得时的成本为 20 万元，按 10 年摊销，出售时取得收入 20 万元，增值税税率为 6%。不考虑其他税费，则出售该项专利时影响当期的损益为（　　）万元。

A. 4.8　　B. 6　　C. 15　　D. 16

4. 无形资产科目的期末借方余额，反映企业无形资产的（　　）。

A. 摊余价值　　B. 账面价值　　C. 可收回金额　　D. 成本

5. 按照现行会计准则的规定，下列各项中，股份有限公司应作为无形资产入账的是（　　）。

A. 开办费　　B. 商誉

C. 为获得土地使用权支付的土地出让金　　D. 研发新技术发生的项目研究费

6. 由投资者投资转入的无形资产，应按合同或协议约定的价值（假定该价值是公允的），借

记“无形资产”科目，按其在注册资本中所占的份额，贷记“实收资本”科目，按其差额，计入（　　）科目。

A. “资本公积——资本（或股本）溢价”　　B. “营业外收入”
C. “资本公积——股权投资准备”　　D. “最低租赁付款额”

7. 企业购入或支付土地出让金取得的土地使用权，已经开发或建造自用项目的，通常通过（　　）科目核算。

A. “固定资产”　　B. “在建工程”　　C. “无形资产”　　D. “长期待摊费用”

8. 投资性房地产是指（　　）而持有的房地产。

A. 为赚取租金或资本增值　　B. 为赚取租金
C. 资本增值　　D. 为赚取租金或资本增值，或者两者兼有

9. 企业取得的房地产租金属于（　　）。

A. 房地产投资收益　　B. 让渡资产使用权取得的使用费收入
C. 销售商品收入　　D. 营业外收入

10. 持有并准备增值后转让的土地使用权，目的是为了增值后转让以赚取增值收益，（　　）。

A. 赚取的增值收益属于利得
B. 转让行为属于企业为完成其经营目标所从事的经营性活动以及与之相关的其他活动
C. 转让收益属于企业主营业务收入
D. 转让收益属于企业营业外收入

11. 投资性房地产应当按照（　　）进行初始计量。

A. 公允价值　　B. 未来现金流量现值
C. 成本　　D. 可变现净值

12. 甲公司对投资性房地产采用成本模式进行后续计量，均采用直线法进行折旧或摊销。2019 年 5 月，甲公司外购一项土地使用权，支付购买价款 3 000 万元，另支付相关手续费 60 万元，相关款项已全部支付。对该土地使用权甲公司准备增值后转让。该项土地使用权的预计使用寿命为 20 年，预计净残值为 0。2019 年 12 月 31 日，经减值测试，该项房地产的可收回金额为 2 800 万元，不考虑其他因素，2019 年 12 月 31 日该项房地产的账面价值为（　　）万元。

A. 3 060　　B. 2 958　　C. 2 800　　D. 2 970.75

13. 采用成本模式计量的，投资性房地产发生资本化的改良或装修支出，改扩建或装修完成后，借记“投资性房地产”科目，贷记（　　）等科目。

A. “投资性房地产——在建”　　B. “在建工程”
C. “投资性房地产累计折旧”　　D. “银行存款”

14. 与投资性房地产有关的后续支出，不满足投资性房地产确认条件的，如企业对投资性房地产进行日常维护所发生的支出，应当在发生时计入当期损益，借记（　　）科目，贷记“银行存款”等科目。

A. “主营业务成本”　B. “其他业务成本”　C. “管理费用”　　D. “销售费用”

15. 甲公司将一栋写字楼转换为采用成本模式计量的投资性房地产，该写字楼的账面原值为 2 500 万元，已计提的累计折旧为 50 万元，已计提的固定资产减值准备为 150 万元，转换日的公允价值为 3 000 万元，不考虑其他因素，则转换日计入“投资性房地产”科目的金额是（　　）万元。

A. 3 000　　B. 2 300　　C. 2 500　　D. 2 800

二、多项选择题

1. 对使用寿命有限的无形资产，下列说法中正确的有（　　）。
   A. 其应摊销金额应当在使用寿命内系统、合理摊销
   B. 其摊销期限应当自无形资产可供使用时起至不再作为无形资产确认时止
   C. 其摊销期限应当自无形资产可供使用的下个月起至不再作为无形资产确认时止
   D. 无形资产可能有残值
2. 下列有关无形资产的会计处理中，不正确的有（　　）。
   A. 将自创商誉确认为无形资产
   B. 将转让使用权的无形资产的摊销价值计入营业外支出
   C. 将转让所有权的无形资产的账面价值计入其他业务成本
   D. 将预期不能为企业带来经济利益的无形资产的账面价值转销
3. 企业按期（月）计提无形资产的摊销，借方科目有可能为（　　）。
   A. “管理费用”　B. “其他业务成本”　C. “销售费用”　D. “制造费用”
4. 下列事项中，可能影响当期利润表中营业利润的有（　　）。
   A. 计提无形资产减值准备　B. 新技术项目研究过程中发生的人工费用
   C. 出租无形资产取得的租金收入　D. 接受其他单位捐赠的专利权
5. 关于无形资产的下列说法中，不正确的有（　　）。
   A. 使用寿命不确定的无形资产不需要进行摊销
   B. 无形资产的成本应自其可供使用次月开始摊销
   C. 无形资产只能采用直线法摊销
   D. 转让无形资产所有权的收入应当确认为其他业务收入
6. 按企业会计准则的规定，下列表述中不正确的有（　　）。
   A. 无形资产的出租收入应当确认为企业的收入
   B. 无形资产的成本应自可供使用时起按直线法摊销
   C. 无形资产的后续支出应在发生时予以资本化
   D. 无形资产的研究与开发费用应在发生时计入当期损益
7. 采用成本模式进行后续计量的，应按照确定的自行建造投资性房地产成本（　　）。
   A. 借记“投资性房地产”科目
   B. 贷记“在建工程”或“开发产品”科目
   C. 借记“开发产品”科目，贷记“在建工程”科目
   D. 借记“在建工程”科目，贷记“投资性房地产”科目
8. 自行建造投资性房地产，其成本包括（　　）。
   A. 土地开发费　B. 建筑成本、安装成本
   C. 应予资本化的借款费用　D. 支付的其他费用和分摊的间接费用等
9. 下列关于投资性房地产中已出租建筑物的说法中，正确的有（　　）。
   A. 用于出租的建筑物是指企业拥有产权的建筑物
   B. 已出租的建筑物是企业已经与其他方签订了租赁协议，约定以经营租赁方式出租的建筑物
   C. 企业将建筑物出租，按租赁协议向承租人提供的相关辅助服务在整个协议中不重大的，应当将该建筑物确认为投资性房地产
   D. 一般应自租赁协议规定的租赁期开始日起，经营租出的建筑物才属于已出租的建筑物

10. 投资性房地产的确认条件是（　　）。

A. 符合投资性房地产定义

B. 与该投资性房地产有关的经济利益很可能流入企业

C. 该投资性房地产的成本能够可靠地计量

D. 该投资性房地产的收入能够可靠地计量

11. 投资性房地产取得的租金收入，（　　）。

A. 借记“银行存款”等科目　　B. 贷记“主营业务收入”科目

C. 贷记“其他业务收入”科目　　D. 贷记“营业外收入”科目

12. 中信企业采用成本模式对投资性房地产进行核算。2019 年 11 月 30 日，中信企业将一栋办公楼出租给悦达企业。办公楼成本为 1 800 万元，采用年限平均法计提折旧，预计使用寿命为 20 年，预计净残值为零。按照经营租赁合同约定，悦达企业每月支付给中信企业租金 8 万元。当年 12 月 31 日，这栋办公楼出现减值迹象，经减值测试，其可收回金额为 1 200 万元，此时办公楼的账面价值为 1 500 万元，以前未计提减值准备。对于上述事项，说法正确的有（　　）。

A. 中信企业每月计提折旧的金额为 7.5 万元

B. 中信企业计提减值准备的金额为 300 万元

C. 中信企业确认其他业务收入的金额为 8 万元

D. 该投资性房地产影响中信企业营业利润的金额为-299.5 万元

三、判断题

1. 无形资产是指企业拥有或控制的没有实物形态的非货币性资产，包括可辨认非货币性无形资产和商誉。（　　）

2. 企业对于无法合理确定使用寿命的无形资产，应将其成本在不超过 10 年的期限内摊销。（　　）

3. 自行开发并按法律程序申请取得的无形资产，应以在研发过程中发生的材料费用、直接参与开发人员的工资及福利费、开发过程中发生的租金、借款费用，以及注册费、聘请律师费等费用作为无形资产的实际成本。（　　）

4. 工业企业为建造生产车间而购入的土地使用权，应先通过工程物资核算。（　　）

5. 无形资产预期不能为企业带来经济利益的，应先将无形资产的账面价值转入“管理费用”科目，期末转入“营业外支出”科目。（　　）

6. 出售无形资产属于企业的日常活动，出售无形资产所取得的收入应通过“其他业务收入”科目核算；而出租无形资产属于企业的非日常活动，出租取得的收入通过营业外收支核算。（　　）

7. 对于使用寿命不确定的无形资产，如果有证据表明其使用寿命是有限的，则应按会计政策变更处理，对以前未摊销的年限追溯调整。（　　）

8. 已出租的土地使用权是指企业计划通过出让或转让方式取得并以经营租赁方式出租的土地使用权。（　　）

9. 已出租的土地使用权是指企业通过出让或转让方式取得并以融资租赁方式出租的土地使用权。（　　）

10. 已出租的建筑物是企业已经与其他方签订了租赁协议，约定以经营租赁方式出租的建筑物。一般应自租赁协议签订日起，经营租出的建筑物才属于已出租的建筑物。（　　）

11. 已对外经营出租但仍由本企业提供日常维护的建筑物，不属于投资性房地产。（　　）

12. 企业将某项房地产部分用于出租，部分自用，如果出租部分能单独计量和出售，企业应将该项房地产整体确认为投资性房地产。（　　）

13. 企业购入房地产，自用一段时间之后再改为出租或用于资本增值的，应当先将外购的房地产确认为固定资产或无形资产，自租赁期开始日或用于资本增值之日起，才能从固定资产或无形资产转换为投资性房地产。（　）

14. 企业外购的房地产，只有在购入的同时开始对外出租或用于资本增值，才能作为投资性房地产加以确认。（　）

15. 企业自行建造的房地产，只有在自行建造活动完成（即达到预定可使用状态）的同时开始对外出租或用于资本增值，才能将自行建造的房地产确认为投资性房地产。（　）

四、不定项选择题

1. 丙公司为增值税一般纳税人，2019—2021 年度发生的与无形资产有关的业务如下。

（1）2019 年 1 月 10 日，丙公司开始自行研发一项行政管理用非专利技术，截至 2019 年 5 月 31 日，用银行存款支付外单位协作费 74 万元，领用本单位原材料成本 26 万元（不考虑增值税因素），经测试，该项研发活动已完成研究阶段。

（2）2019 年 6 月 1 日研发活动进入开发阶段，该阶段发生研究人员的薪酬支出 35 万元，领用材料成本 85 万元（不考虑增值税因素），全部符合资本化条件，2019 年 12 月 1 日，该项研发活动结束，最终开发形成一项非专利技术并投入使用，该非专利技术预计可使用年限为 5 年，预计净残值为零，采用直线法摊销。

（3）2020 年 1 月 1 日，丙公司将该非专利技术出租给乙企业，双方约定租赁期限为 2 年，每月月末以银行转账结算方式收取租金 1.5 万元。

（4）2021 年 12 月 31 日，租赁期限届满，经减值测试，该非专利技术的可回收金额为 52 万元。

要求：根据上述资料，不考虑其他因素，回答下列（1）～（5）题（答案中的金额单位用万元表示）。

（1）根据资料（1）和（2），丙公司自行研究开发无形资产的入账价值是（　　）万元。

A. 100　　B. 120　　C. 146　　D. 220

（2）根据资料（1）～（3），下列各项中，关于丙公司该非专利技术摊销的账务处理，表述正确的是（　　）。

A. 应当自可供使用的下月起开始摊销

B. 应当自可供使用的当月起开始摊销

C. 该非专利技术出租前的摊销额应计入“管理费用”科目

D. 摊销方法应当反映与该非专利技术有关的经济利益的预期实现方式

（3）根据资料（3），下列各项中，丙公司 2020 年 1 月出租无形资产和收取租金的账务处理正确的是（　　）。

A. 借：其他业务成本　　2
　　贷：累计摊销　　2

B. 借：管理费用　　2
　　贷：累计摊销　　2

C. 借：银行存款　　1.5
　　贷：其他业务收入　　1.5

D. 借：银行存款　　1.5
　　贷：营业外收入　　1.5

（4）根据资料（4），丙公司非专利技术的减值金额是（　　）万元。

A. 0　　B. 18　　C. 20　　D. 35.6

（5）根据资料（1）～（4），丙公司 2020 年 12 月 31 日应列入资产负债表“无形资产”项目的金额是（　）万元。

A. 52　　B. 70　　C. 72　　D. 88

2. 甲股份有限公司（以下简称“甲公司”）为西北地区的一家上市公司，甲公司与投资性房地产有关的业务资料如下。

（1）2019 年 1 月，甲公司购入一幢建筑物用于出租，价款为 800 万元，款项以银行存款转账支付。

（2）甲公司购入的上述用于出租的建筑物预计使用寿命为 15 年，预计净残值为 36 万元，采用年限平均法按年计提折旧。

（3）甲公司将取得的该项建筑物自当月起用于对外经营租赁，甲公司对该房地产采用成本模式进行后续计量。

（4）甲公司该项房地产 2019 年取得的租金收入为 90 万元，已存入银行。

（5）甲公司 2020 年年末因急需资金将该项投资性房地产全部对外出售，取得出售价款 700 万元存入银行。

假定不考虑相关税费（保留两位小数）。

要求：根据上述资料，回答下列（1）～（3）题。

（1）甲公司 2019 年购入的建筑物应计入（　　）。

A. 在建工程　　B. 固定资产　　C. 工程物资　　D. 投资性房地产

（2）根据以上资料，下列说法中正确的是（　　）。

A. 该建筑物在 2019 年应计提的累计折旧是 50.93 万元

B. 甲公司在 2019 年取得的租金收入应计入“其他业务收入”科目

C. 甲公司在 2019 年取得的租金收入应计入“主营业务收入”科目

D. 在 2019 年计提的折旧应该计入“累计折旧”科目的贷方

（3）下列关于出售时该投资性房地产的说法中正确的有（　　）。

A. 使当期的利润增加了 100 万元

B. 使当期的利润减少了 100 万元

C. 投资性房地产出售时已计提的折旧金额是 97.62 万元

D. 投资性房地产出售时已计提的折旧金额是 101.86 万元

五、实务题

1. 2019 年 1 月 1 日，A 股份有限公司购入一块土地的使用权，以银行存款转账支付 90 000 000 元，并在该土地上自行建造厂房等工程，发生材料支出 100 000 000 元、工资费用 50 000 000 元、其他相关费用 100 000 000 元等。该工程已经完工并达到预定可使用状态。假定土地使用权的使用年限为 50 年，该厂房的使用年限为 25 年，两者都没有净残值，都采用直线法进行摊销和计提折旧。为简化核算，不考虑其他相关税费。

要求：（1）做出购入土地使用权的账务处理。

（2）做出在土地上自行建造厂房的账务处理。

（3）做出厂房达到预定可使用状态的账务处理。

（4）对每年分期摊销土地使用权和厂房计提折旧进行账务处理。

2. 完成不定项选择题第 2 题相应业务的账务处理。

3. 丁公司为增值税一般纳税人，适用的增值税税率为 16%。不考虑除增值税以外的其他税费。丁公司对投资性房地产采用公允价值模式计量。丁公司有关房地产的相关业务资料如下。

（1）2019 年 1 月，丁公司自行建造办公大楼。在建设期间，丁公司购进为工程准备的物资一批，价款为 1 400 万元，增值税为 224 万元。该批物资已验收入库，款项以银行存款支付。该批物资全部被用于办公楼工程项目。丁公司为建造该工程，领用本公司生产的库存商品一批，成本

160 万元，计税价格 200 万元，另支付在建工程人员薪酬 362 万元。

（2）2019 年 8 月，该办公楼的建设达到了预定可使用状态并投入使用。该办公楼预计使用寿命为 20 年，预计净残值为 94 万元，采用直线法计提折旧。

（3）2020 年 12 月，丁公司与丙公司签订了租赁协议，将该办公大楼经营租赁给丙公司，租赁期为 10 年，年租金为 240 万元，租金于每年年末结清。租赁期开始日为 2021 年 1 月 1 日。

（4）与该办公大楼同类的房地产在 2021 年年初的公允价值为 2 200 万元，2021 年年末的公允价值为 2 400 万元。

（5）2022 年 1 月，丁公司与丙公司达成协议并办理过户手续，以 2 500 万元的价格将该项办公大楼转让给丙公司，全部款项已收到并存入银行。

要求：（1）做出丁公司自行建造办公大楼的有关账务处理。

（2）计算丁公司该项办公大楼 2020 年年末累计折旧的金额。

（3）编制丁公司将该项办公大楼停止自用改为出租的有关会计分录。

（4）编制丁公司该项办公大楼有关 2021 年年末后续计量的会计分录。

（5）编制丁公司该项办公大楼有关 2021 年租金收入的会计分录。

（6）编制丁公司 2022 年处置该项办公大楼的有关会计分录。

（答案中的金额单位用万元表示）

4. 2018 年 12 月，某高校会计专业毕业生张晓丽到丁股份有限责任公司（以下简称“丁公司”）进行顶岗实习。丁公司属于增值税一般纳税人，适用的增值税税率为 16%。假设丁公司 2018—2023 年购入一项无形资产的有关业务资料如下。

（1）2018 年 11 月 12 日，以银行存款购入无形资产一项，增值税发票上注明价款为 450 万元，增值税为 72 万元，于当日达到预定用途并交付企业管理部门使用。该无形资产的预计使用年限为 10 年，净残值为零，采用直线法摊销。

（2）2021 年 12 月 31 日，假设预计该无形资产的可收回金额为 205 万元。该无形资产发生减值后，原摊销方法、预计使用年限不变。

（3）2022 年 12 月 31 日，假设预计该无形资产的可收回金额为 100 万元，计提无形资产减值准备后，原摊销方法不变，预计尚可使用年限为 5 年。

（4）2023 年 7 月 1 日，假设丁公司出售无形资产，收到价款 150 万元，增值税 9 万元。假定按年计提无形资产的摊销额。

项目九 流动负债核算

学习要点

- 应付职工薪酬业务的核算
- 应交增值税业务的核算
- 应交消费税业务的核算
- 短期借款业务的核算
- 应付票据业务的核算
- 应付账款业务的核算
- 预收账款业务的核算
- 其他应付款业务的核算
- 流动负债项目的列示

关键术语

- 流动负债（Current Liabilities）
- 应付职工薪酬（Employees' Salary and Benefits Payable）
- 增值税（Value Added Tax）
- 消费税（Consumption Tax）
- 短期借款（Short-Term Borrowings）
- 应付票据（Notes Payable）
- 应付账款（Accounts Payable）
- 预收账款（Deposit Received）
- 应付股利（Dividends Payable）
- 应付利息（Interest Payable）
- 其他应付款（Other Payables）

【项目引入及要求】

1. 项目引入

2019 年 1 月，假设您到 A 公司进行顶岗实习。该公司为增值税一般纳税人，增值税税率为 16%，对材料采用实际成本进行日常核算。该公司 2018 年 11 月 30 日“应交税费——应交增值税”科目借方余额为 4 万元，该借方余额均可用下月的销项税额抵扣。该公司 12 月发生如下涉及增值税的经济业务。

（1）公司福利部门领用生产用原材料一批，实际成本为 20 万元，原进项税额 3.2 万元。

（2）领用生产用原材料用于厂房建造工程，该批原材料的实际成本为 30 万元，原进项税额 4.8 万元。

（3）将一批自产的应税消费品用于厂房建造工程，该批产品的生产成本为 57 万元，售价为 60 万元，适用的消费税税率为 5%。

（4）公司购入原材料，取得的增值税发票中注明材料价值为 200 万元，增值税为 32 万元，取得的货物运输业增值税发票中注明运费为 3 万元，增值税为 0.30 万元。全部货款已经支付。

（5）销售产品一批，销售价格为 500 万元，增值税税额为 80 万元，提货单和增值税专用发票已交购货方，货款尚未收到。该销售符合收入确认条件。

（6）本月缴纳增值税 50 万元。

2. 项目要求

（1）请熟悉本项目内容在资产负债表中的位置。

负债，是指由企业过去的交易或者事项形成的，预期会导致经济利益流出企业的现时义务。负债只有在符合规定的负债定义的义务，与该义务有关的经济利益很可能流出企业，且未来流出的经济利益的金额能够可靠计量时，才被确认为负债。符合负债定义和负债确认条件的项目，应当列入资产负债表。

流动负债，是将在 1 年（含 1 年）或超过 1 年的一个营业周期内偿还的债务，主要包括短期借款、应付票据、应付账款、预收账款、应付职工薪酬、应交税费、应付股利、其他应付款等。流动负债项目是企业经营过程中变化最多的项目之一，不同时期的同一项目的余额会有很大差别，实务操作上最常见的列示方法是综合考虑流动负债项目的重要性和常用性排列流动负债项目。本项目内容在资产负债表中的位置，如表 9-1 所示。

表 9-1　　流动负债项目在资产负债表中的信息列示　　单位：元

资产	期末余额	年初余额	负债和所有者权益	期末余额	年初余额
			短期借款		
			应付票据及应付账款		
			预收账款		
			应付职工薪酬		
			应交税费		
			其他应付款		
			持有待售负债		
			……		

（2）请根据本项目内在知识点的逻辑关系，制作本项目思维导图。

（3）请搜集与本项目有关的企业真实案例。

（4）学完本项目，请完成项目引入中A公司上述流动负债业务的账务处理，掌握流动负债业务的核算。

（5）学完本项目，请了解资产负债表中“短期借款”“应付票据”“应付账款”“预收账款”“应付职工薪酬”“应交税费”“应付利息”“应付股利”“其他应付款”项目是如何填列的。

提示 流动负债内容较多，应注意与前面相关章节内容对照学习，如将应付票据、应付账款、预收账款、其他应付款等与项目三中应收款项和预付款项的内容进行比较学习，由于它们分属于同一业务的两个不同方面，一方为债权人，而另一方为债务人，其会计核算方法自有相同之处。通过比较学习，既可加深理解与掌握，又可节省时间，进而提高学习效率。

任务一 应付职工薪酬核算

任务调研：企业职工人数怎么界定，具体包括哪些人员，分配和发放职工薪酬的业务是如何产生的，相关的业务处理程序是怎样的。

微课：职工薪酬费用的核算

一、职工薪酬的概念

薪酬属于职工的报酬。2014年新修订的《企业会计准则——职工薪酬》指出：职工薪酬，是指企业为获得职工提供的服务或解除劳动关系而给予的各种形式的报酬或补偿。职工薪酬包括短期薪酬、离职后福利、辞退福利和其他长期职工福利。从广义上讲，职工薪酬是企业必须付出的人力成本，是吸引和激励职工的重要手段，即职工薪酬既是职工对企业投入劳动获得的报酬，也是企业的成本费用。

提示 职工薪酬包括职工在职期间和离职期间企业提供给职工的全部货币性薪酬和非货币性薪酬，既包括提供给职工本人的薪酬，也包含企业提供给职工配偶、子女或其他被赡养人的福利等职工薪酬。职工薪酬由企业根据职工的劳动成果及相关规定定期结算并支付，实务中职工薪酬的结算在前，实际支付在后，两者存在一定的时间差。应付未付的职工薪酬，构成企业的一项流动负债。

二、职工的范围

职工薪酬中所指的职工，涵盖的范围非常广泛，具体包括以下3类人员。

（1）与企业订立劳动合同的所有人员，含全职、兼职和临时职工。

（2）虽未与企业订立劳动合同但由企业正式任命的人员，如公司的董事会成员和监事会成员。

（3）虽未与企业订立劳动合同或未由其正式任命，但向企业提供的服务与职工所提供的服务类似的人员，如劳务用工合同人员。

三、职工薪酬的内容

1. 短期薪酬

短期薪酬，是指企业在职工提供相关服务的年度报告期间结束后12个月内需要全部予以支付的职工薪酬，因解除与职工的劳动关系给予的补偿除外。短期薪酬具体包括以下内容。

（1）职工工资、奖金、津贴和补贴，是指按照国家统计局规定的构成工资总额的计时工资、计件工资、支付给职工的超额劳动报酬和增收节支的劳动报酬、为了补偿职工特殊或额外的劳动消耗和因其他特殊原因支付给职工的津贴，以及为了保证职工工资水平不受物价影响支付给职工的物价补贴等。

提示　企业按照短期奖金计划向职工发放的奖金属于短期薪酬，按照长期奖金计划向职工发放的奖金属于其他长期福利。

（2）职工福利费，是指企业向职工提供的生活困难补助、丧葬补助费、抚恤补助费、职工异地安家费、防暑降温费等职工福利支出。

（3）医疗保险费、工伤保险费和生育保险费等社会保险费，是指企业按照国家规定的基准和比例计算，向社会保险经办机构缴纳的医疗保险金、工伤保险费和生育保险费。

（4）住房公积金，是指企业按照国家相关规定的基准和比例计算，向住房公积金管理机构缴存的住房公积金。

（5）工会经费和职工教育经费，是指企业为了改善职工文化生活、为职工学习先进技术和提高职工文化和业务素质，用于开展工会活动和职工教育及职业技能培训等相关支出。

（6）短期带薪缺勤，是指企业职工虽然缺勤但企业仍向其支付报酬的安排，包括年假、病假、短期伤残、婚假、产假、丧假、探亲假等。

（7）短期利润分享计划，是指因职工提供服务而与职工达成的基于利润或其他经营成果薪酬协议。

提示　长期带薪缺勤和长期利润分享计划都属于其他长期职工福利。

（8）非货币性福利，是指企业以自己的产品或其他有形资产发放给职工作为福利，企业向职工提供无偿使用自己拥有的资产（如提供给企业高级管理人员的汽车、住房等），企业为职工无偿提供商品或类似医疗保健的服务等。

（9）其他短期薪酬，是指除上述薪酬以外的其他为获得职工提供的服务而给予的短期薪酬。

2. 离职后福利

离职后福利，是指企业为获得职工提供的服务而在职工退休或与企业解除劳动关系后，提供的各种形式的报酬和福利，短期薪酬和辞退福利除外。企业应当将离职后福利计划分类为设定提存计划和设定受益计划。其中，设定提存计划是指向独立的基金缴存固定费用后，企业不再承担进一步支付义务的离职后福利计划，如养老保险费和失业保险费；设定受益计划是指除设定提存计划以外的离职后福利计划。

提示　我国养老保险分为 3 个层次：第 1 个层次是社会统筹与职工个人账户相结合的基本养老保险；第 2 个层次是企业补充养老保险；第 3 个层次是个人储蓄性养老保险，属于职工个人的行为，与企业无关，不属于职工薪酬核算的范畴。

3. 辞退福利

辞退福利，是指企业在职工劳动合同到期之前解除与职工的劳动关系，或者为鼓励职工自愿接受裁减而给予职工的补偿。

4. 其他长期职工福利

其他长期职工福利，是指除短期薪酬、离职后福利、辞退福利之外所有的职工薪酬，包括长期带薪缺勤、长期残疾福利、长期利润分享计划等。

下列各项中，应纳入职工薪酬核算的有（　　）。

A. 工会经费　　B. 职工养老保险金

C. 职工住房公积金　　D. 辞退职工经济补偿

四、职工薪酬的计量

各项职工薪酬内容的金额如何确定，涉及职工薪酬的计量。本节主要介绍货币性和非货币性职工薪酬的计量。

1. 货币性职工薪酬

货币性职工薪酬的计量，包括有明确计提标准和没有明确计提标准两种情况。

（1）有明确计提标准的货币性职工薪酬。对于国家规定了计提基础和计提比例的职工薪酬项目，企业可据此计算确定应付职工薪酬的金额。其具体包括应向社会保险经办机构缴纳的医疗保险费、养老保险费、失业保险费、工伤保险费、生育保险费等社会保险费；应向住房公积金管理中心缴存的住房公积金以及应向工会部门缴存的工会经费和职工教育经费等。其中，各种社会保险费和住房公积金应根据薪酬总额的一定比例计算；工会经费和职工教育经费，企业应当分别按照职工工资总额的2%和8%计提。

（2）没有明确计提标准的货币性职工薪酬。对于国家相关法律法规没有明确规定计提基础和计提比例的职工薪酬，企业应当根据历史经验数据和自身实际情况，计算确定应付金额。每个资产负债表日，企业应根据实际发生额与预计金额的差异，综合考虑物价变动、具体实施的职工薪酬计划等因素，对下一会计期间预计金额进行调整。

2. 非货币性职工薪酬

企业向职工提供的非货币性职工薪酬，应当分为以下情况进行处理。

（1）以自产产品或外购商品发放给职工作为福利。企业以其生产的产品作为非货币性福利提供给职工的，应当按照该产品的公允价值和相关税费计量应付职工薪酬金额。

（2）将拥有的房屋等资产无偿提供给职工使用或租赁住房等资产供职工无偿使用的，应按这些资产每期计提的折旧费计量当期的应付薪酬金额；租赁资产提供给职工的，每期资产的租赁费即为当期非货币性薪酬金额。

（3）向职工提供企业支付了补贴的商品或服务。企业有时以低于企业取得资产或服务成本的价格向职工提供资产或服务，如以提供包含补贴的住房为例，企业在出售住房等资产时，应当将出售价款与成本的差额（即相当于企业补贴的金额）分为以下情况进行处理。

一是出售住房的合同或协议中规定了职工在购得住房后至少应当提供服务年限的，企业应当将该项差额作为长期待摊费用处理，并在合同或协议规定的服务年限内平均摊销，根据受益对象分别计入相关资产成本或当期损益。

二是出售住房的合同或协议中未规定职工在购得住房后必须服务年限的，企业应当将该项差额直接计入出售住房当期损益。

五、应付职工薪酬业务核算的科目设置

为了总括反映企业与职工之间工资的提取、结算和使用等情况，应当设置“应付职工薪酬”科目。该科目属于负债类，其贷方登记已分配计入有关成本费用项目的职工薪酬数额，借方登记实际发放的职工薪酬数额，期末贷方余额表示企业应付未付的职工薪酬数额。“应付职工薪酬”科

目应当按照“工资、奖金、津贴和补贴”“职工福利费”“非货币性福利”“社会保险费”“住房公积金”“工会经费和职工教育经费”“带薪缺勤”“利润分享计划”“设定提存计划”“设定受益计划”“辞退福利”等职工薪酬项目设置明细科目，进行明细核算。

六、应付职工薪酬业务的核算

1. 应付职工薪酬的确认

企业应当在职工为其提供服务的会计期间，将应确认的职工薪酬（包括货币性薪酬和非货币性福利）计入相关资产成本或当期损益，同时确认为应付职工薪酬。除因解除与职工的劳动关系给予的补偿外，应当根据职工提供服务的受益对象，分为下列情况做不同的账务处理，如表 9-2 和表 9-3 所示。

表 9–2　　货币性职工薪酬的账务处理

提供服务的受益对象	借记科目
基本生产部门的职工薪酬	生产成本——基本生产成本
辅助生产部门的职工薪酬	生产成本——辅助生产成本
生产车间管理人员的职工薪酬	制造费用
行政管理部门和医务福利部门人员的职工薪酬	管理费用
销售机构人员的职工薪酬	销售费用
其他经营业务人员的职工薪酬	其他业务成本
建筑安装固定资产人员的职工薪酬	在建工程
研发支出人员的职工薪酬	研发支出
除上述以外的其他职工薪酬	管理费用
备注	贷：应付职工薪酬——工资、奖金、津贴和补贴 ——职工福利费 ——社会保险费（医疗保险费） ——社会保险费（生育保险费） ——社会保险费（工伤保险费） ——住房公积金 ——工会经费和职工教育经费（工会经费） ——工会经费和职工教育经费（职工教育经费） ——设定提存计划（基本养老保险费） ——设定提存计划（失业保险费）

表 9–3　　非货币性职工薪酬的账务处理

提供的非货币性职工薪酬	账务处理
企业以其自产产品或外购商品作为非货币性福利发放给职工	借：生产成本等 贷：应付职工薪酬——非货币性福利
企业将拥有的房屋等资产无偿提供给职工使用，或租赁住房等资产供员工无偿使用	借：管理费用等 贷：应付职工薪酬——非货币性福利

即问即答

甲公司为增值税一般纳税人，适用的增值税税率为 16%。2018 年 9 月甲公司董事会决定将本公司生产的 500 件产品作为福利发放给公司管理人员。该批产品的单件成本为 1.2 万元，市场销售价格为每件 2 万元（不含增值税）。不考虑其他相关税费，甲公司在 2018 年因该项业务应计入管理费用的金额为（　　）万元。

2. 应付职工薪酬的发放

（1）企业按照有关规定向职工支付工资、奖金、津贴等，借记“应付职工薪酬——工资、奖金、津贴和补贴”科目，贷记“银行存款”“库存现金”等科目；企业从应付职工薪酬中扣还的各种款项（代垫的家属医药费、个人所得税等），借记“应付职工薪酬——工资、奖金、津贴和补贴”科目，贷记“银行存款”“库存现金”“其他应收款”“应交税费——应交个人所得税”等科目。

（2）企业实际发生时根据实际发生额支付职工福利费、支付工会经费和职工教育经费用于工会经费和职工培训或按照国家有关规定缴纳社会保险费或住房公积金时，借记“应付职工薪酬——职工福利费（或工会经费和职工教育经费、社会保险费、住房公积金）”，贷记“银行存款”“库存现金”等科目。

（3）企业以自产产品作为职工薪酬发放给职工时，应确认主营业务收入，借记“应付职工薪酬——非货币性福利”科目，贷记“主营业务收入”科目，同时结转相关成本，涉及增值税销项税额的，还应进行相应的处理。企业支付租赁住房等资产供职工无偿使用所发生的租金，借记“应付职工薪酬——非货币性福利”科目，贷记“银行存款”等科目。

【例 9-1】 2018 年 10 月，A 公司本月应付工资总额为 1 500 000 元，工资费用分配汇总表中列示：生产部门直接生产人员工资为 800 000 元，生产管理人员工资为 200 000 元，公司行政管理人员工资为 400 000 元，公司专设销售机构人员工资为 100 000 元。根据所在地政府规定，公司分别按照职工工资总额的 8%、20%、2%和 10%计提公司负担的医疗保险费、基本养老保险费、失业保险费和住房公积金，缴存当地社会保险经办机构和住房公积金管理机构。公司实际发生的职工福利费为 45 000 元。其中，生产部门直接生产人员发生 24 000 元，生产部门管理人员发生 6 000 元，公司行政管理人员发生 12 000 元，专设销售机构人员发生 3 000 元；公司分别按照职工工资总额的 2%和 8%计提工会经费和职工教育经费。

应计入生产成本的职工薪酬金额

=800 000+800 000×（8%+20%+2%+10%+2%+8%）+24 000= 1 224 000（元）。

应计入制造费用的职工薪酬金额

=200 000+200 000×（8%+20%+2%+10%+2%+8%）+6 000= 306 000（元）。

应计入管理费用的职工薪酬金额

=400 000+400 000×（8%+20%+2%+10%+2%+8%）+12 000=612 000（元）。

应计入销售费用的职工薪酬金额

=100 000+100 000×（8%+20%+2%+10%+2%+8%）+3 000=153 000（元）。

社会保险费（医疗保险费）=1 500 000×8% =120 000（元）。

住房公积金=1 500 000×10%=150 000（元）。

工会经费=1 500 000×2%=30 000（元）。

职工教育经费=1 500 000×8%=120 000（元）。

设定提存计划（基本养老保险费和失业保险费）=1 500 000×22%=330 000（元）。

A 公司在分配工资、职工福利费、各种社会保险费、住房公积金、工会经费和职工教育经费等职工薪酬时，应做账务处理如下。

借：生产成本——基本生产成本	1 224 000
制造费用	306 000
管理费用	612 000
销售费用	153 000

贷：应付职工薪酬——工资、奖金、津贴和补贴　1 500 000
——职工福利费　45 000
——社会保险费（医疗保险费）　120 000
——住房公积金　150 000
——工会经费和职工教育经费（工会经费）　30 000
——工会经费和职工教育经费（职工教育经费）　120 000
——设定提存计划（基本养老保险费）　300 000
——设定提存计划（失业保险费）　30 000

【例 9-2】 承接【例 9-1】，2018 年 11 月，A 公司根据“工资结算汇总表”结算本月应付职工工资总额 1 500 000 元，扣除垫付的职工房租 60 000 元，企业代垫职工家属医药费 6 000 元，代扣代缴个人所得税 70 000 元，代扣代缴职工个人负担的社会保险费 150 000 元及住房公积金 150 000 元，以库存现金支付实发工资。

实发工资=1 500 000−60 000−6 000−70 000−150 000−150 000=1 064 000（元）。

A 公司应做账务处理如下。

① 向银行提取现金时。

借：库存现金　1 064 000
　贷：银行存款　1 064 000

② 支付职工个人负担的社会保险费和住房公积金时。

借：应付职工薪酬——工资、奖金、津贴和补贴　300 000
　贷：银行存款　300 000

③ 发放工资、扣取垫付款项和个人所得税时。

借：应付职工薪酬——工资、奖金、津贴和补贴　1 200 000
　贷：其他应收款——职工房租　60 000
——代垫医药费　6 000
应交税费——应交个人所得税　70 000
库存现金　1 064 000

【例 9-3】 承接【例 9-1】，2018 年 11 月，A 公司开具转账支票，将工会经费拨给工会部门，以银行存款缴纳企业负担的社会保险费和住房公积金，以银行存款支付给职工食堂伙食补贴 19 000 元。

A 公司应做账务处理如下。

借：应付职工薪酬——工会经费　30 000
——社会保险费（医疗保险费）　120 000
——设定提存计划（基本养老保险费）　300 000
——设定提存计划（失业保险费）　30 000
——住房公积金　150 000
——职工福利费　19 000
　贷：银行存款　649 000

【例 9-4】 中信公司为一家彩电生产企业，共有职工 300 人，其中生产人员 260 人，管理人员 40 人，本月以其生产的成本为 4 000 元/台的液晶彩电作为福利发放给公司每名职工，该型号的液晶彩电售价为 5 800 元/台，适用的增值税税率为 16%。

中信公司应做账务处理如下。

① 发放彩电作为福利时。

借：应付职工薪酬——非货币性福利　　2 018 400
　　贷：主营业务收入　　1 740 000
　　　　应交税费——应交增值税（销项税额）　　278 400

② 结转彩电成本时。

借：主营业务成本　　1 200 000
　　贷：库存商品　　1 200 000

③ 月末将发放的彩电计入成本或费用中时。

借：生产成本　　1 749 280
　　管理费用　　269 120
　　贷：应付职工薪酬——非货币性福利　　2 018 400

提示　如中信公司将两台彩电放置于职工食堂作为集体福利，则账务处理如下。

借：应付职工薪酬——非货币性福利　　9 856
　　贷：库存商品　　8 000
　　　　应交税费——应交增值税（销项税额）　　1 856

月末将发放的彩电计入成本或费用中时。

借：管理费用　　9 856
　　贷：应付职工薪酬——非货币性福利　　9 856

【例 9-5】 A 公司决定为每位部门经理提供轿车免费使用，同时为每位副总裁租赁一套住房免费使用。A 公司部门经理共有 20 名，副总裁共有 6 名。假定每辆轿车月折旧额为 800 元，每套住房月租金为 3 000 元。

A 公司应做账务处理如下。

① 计提轿车折旧时。

借：管理费用　　16 000
　　贷：应付职工薪酬——非货币性福利　　16 000
借：应付职工薪酬——非货币性福利　　16 000
　　贷：累计折旧　　16 000

② 确认住房租金费用时。

借：管理费用　　18 000
　　贷：应付职工薪酬——非货币性福利　　18 000
借：应付职工薪酬——非货币性福利　　18 000
　　贷：银行存款　　18 000

提示　对于职工短期带薪缺勤，企业应当根据其性质及职工享有的权利，将其分为累积带薪缺勤和非累积带薪缺勤两类。企业应当对累积带薪缺勤和非累积带薪缺勤分别进行账务处理。如果带薪缺勤属于长期带薪缺勤，则企业应当将其作为其他长期职工福利来处理。

① 累积带薪缺勤，是指带薪缺勤权利可以结转下期的带薪缺勤，本期尚未用完的带薪缺勤权利可以在未来期间使用。如果职工在离开企业时能够获得现金支付，企业就应当确认企业必须支付的、职工全部累积未使用权利的金额。如果职工在离开企业时不能获得现金支付，则企业应当将资

产负债表日因累积未使用权利而导致的预期支付的追加金额，作为累积带薪缺勤费用进行预计。

【例 9-6】 中畅公司累积带薪缺勤制度规定：每个职工每年可享受 5 个工作日的带薪病假，未使用的病假只能向后结转一个日历年度，超过 1 年，未使用的权利作废，不能在职工离开公司时获得现金支付；职工休病假以后进先出为基础，即首先从当年可享受的权利中扣除，再从上年结转的带薪病假余额中扣除。2017 年 12 月 31 日，每个职工当年平均未使用带薪病假为 2 天。中畅公司 1 000 名职工预计 2018 年有 950 名职工将享受不超过 5 天的带薪病假，不需要考虑带薪缺勤。剩余 50 名职工每人将平均享受 6 天半病假，假定这 50 名职工全部为总部各部门经理，平均每名职工每个工作日的工资为 300 元。

2017 年 12 月 31 日，中畅公司应做账务处理如下。

借：管理费用　　22 500

　　贷：应付职工薪酬——累积带薪缺勤　　22 500

假定 2018 年 12 月 31 日，上述 50 名部门经理中有 40 名享受了 6 天半带薪病假，并企业随同正常工资以银行存款支付了其薪酬。另有 10 名只享受了 5 天带薪病假，那么，上年管理费用要冲回。2018 年账务处理如下。

借：应付职工薪酬——累积带薪缺勤　　18 000

　　贷：银行存款　　18 000

借：管理费用　　4 500

　　贷：应付职工薪酬——累积带薪缺勤　　4 500

② 非累积带薪缺勤，是指带薪缺勤权利不能结转下期的带薪缺勤，本期尚未用完的带薪缺勤权利将被取消，并且职工离开企业时也无权获得现金支付。由于职工提供服务本身不能增加其能够享受的福利金额，企业应当在职工缺勤时确认负债和相关资产成本或当期损益。实务中，一般是在缺勤期间计提应付工资时一并处理非累积带薪缺勤。

【例 9-7】 中畅公司 2018 年 7 月有 2 名销售人员放弃 15 天的婚假，假设平均每名职工每个工作日工资为 200 元，月工资为 6 000 元。该公司实行非累积带薪缺勤货币补偿制度，补偿金额为放弃带薪休假期间平均日工资的 2 倍，账务处理如下。

借：销售费用　　24 000

　　贷：应付职工薪酬——工资　　12 000

　　　　应付职工薪酬——非累计带薪缺勤　　12 000

实际补偿时一般随工资同时支付。

借：应付职工薪酬——工资　　12 000

　　应付职工薪酬——非累计带薪缺勤　　12 000

　　贷：库存现金　　24 000

提示　我国企业职工休婚假、产假、丧假、探亲假、病假期间的工资通常属于非累积带薪缺勤。企业确认职工享有的与非累积带薪缺勤权利相关的薪酬，视同职工出勤确认的当期损益或相关资产成本。通常情况下，与非累积带薪缺勤相关的职工薪酬已经包括在企业每期向职工发放的工资等薪酬中，因此，不必额外做相关的账务处理。

注意　对于设定提存计划，企业应当根据在资产负债表日为换取在会计期间提供的服务而应向单独主体缴存的提存金，确认应付职工薪酬，并计入当期损益或相关资产成本，借记“生产成本”“制造费用”“管理费用”“销售费用”等科目，贷记“应付职工薪酬——设定提存计划”科目。

任务二 应交税费核算

任务调研：企业要缴纳哪些税费，应交增值税的业务是如何产生的，相关的业务处理程序是怎样的。

微课：税独大之增值税

微课：不可不交的消费税

一、应交税费概述

企业从事生产经营，实际上都在享受国家从宏观上提供的某些服务，如基础设施、社会安全保障、宏观经济管理等，这些服务的性质决定了其只能由国家提供。服务是有偿的，享受服务的人应该付费，纳税由此产生。此外，税收还是国家组织征集财政收入、调节经济行为的一种必不可少的手段。税费对企业来说是一种必不可少的支出。因此，企业在一定时期内取得了营业收入和利润后，要按照规定向国家缴纳各种税费，这些应交税费在尚未缴纳之前暂时停留在企业，形成企业的一项流动负债。

提示 企业根据税法规定应缴纳的各种税费主要有增值税、消费税、关税、所得税、城市维护建设税、资源税、土地增值税、房产税、车船税、土地使用税、教育费附加、矿产资源补偿费、印花税、耕地占用税等。由于各种税费的征收依据不同，具体金额的计算及其账务处理也存在差异。本书对所得税的核算集中在项目十三中介绍，本节的重点是流转税的核算。

为了核算各种应交税费的发生和缴纳情况，企业应设置“应交税费”科目，并按照应交税费项目进行明细核算。该科目贷方登记应缴纳的各种税费，以及出口退税、税务机关退还多交的税金等，借方登记实际缴纳的各种税费，期末余额一般在贷方，表示企业尚未缴纳的各种税费，期末余额如在借方，表示企业多交或尚未抵扣的税费。

二、应交增值税

1. 增值税概述

（1）增值税的概念。增值税，是指对在我国境内销售货物、进口货物以及提供加工、修理修配劳务的增值额征收的一种流转税。也就是说，增值税是国家对商品生产和流通中各环节的新增价值或商品附加值进行征税。

税收收入是我国财政收入的最主要来源，而增值税独占鳌头，增值税涉及生产、流通所有环节上的所有货物及部分劳务。简单地说，增值税就是对增值额增收的税，增值税就是纳税人在生产销售过程中产出或收入大于投入的部分。1993 年 12 月 13 日，国务院颁布《中华人民共和国增值税条例》，构建起生产型增值税体系。2008 年 11 月 10 日，国务院颁布修订后的《中华人民共和国增值税条例》，我国增值税由生产型转为消费型。2012 年 1 月 1 日开始在交通运输业、现代服务业等生产性服务业试点营业税改征增值税。2016 年 5 月 1 日起全面推开营业税改征增值税试点，即从这天起，在中国税制中有着 66 年历史的营业税退出历史舞台。

（2）增值税的纳税义务人是在我国境内销售货物、进口货物以及提供加工、修理修配劳务的单位和个人。根据《中华人民共和国增值税暂行条例》的规定，可将纳税义务人按其经营规模及会计核算健全程度的不同划分为一般纳税人和小规模纳税人两类。

① 一般纳税人应纳税额的计算。增值税的课征对象是增值额，其计算方法有两种：一种是直

接计算法，即先计算增值额，再根据增值额计算增值税；另一种是间接计算法，即从应税销售收入的应纳税款中扣除外购商品的已纳税款，从而求得企业新增价值部分应缴纳的增值税，这种方法又称扣税法。我国现行增值税对一般纳税人采用扣税法计算应纳增值税，其计算公式如下。

应纳增值税税额=当期销项税额-当期可予抵扣的进项税额

按照《中华人民共和国增值税暂行条例》的规定，企业因购入货物或接受应税劳务支付的增值税（即进项税额），可从销售货物或提供应税劳务收取的增值税（即销项税额）中抵扣。准予从销项税额中抵扣的进项税额通常包括以下内容。

（1）增值税专用发票，包括货物运输业增值税发票。一般纳税人企业销售货物或者提供应税劳务均应开具增值税专用发票，增值税专用发票上记载了销售货物的售价、税率以及税额等，购货方以增值税专用发票上记载的购入货物已支付的税额，作为扣税和记账的依据。

（2）完税凭证。企业进口货物一般须缴纳增值税，进口货物缴纳的增值税以从海关取得的完税凭证上注明的增值税税额为扣税和记账的依据。

（3）购进免税农产品，按照税务机关批准的收购凭证上注明的价款或收购金额的一定比率（免税农产品为10%）计算进项税额，并以此作为扣税和记账的依据。

（4）增值税税率。税率是增值税税额与课税依据之间的比例，增值税采用比例税率，营业税改征增值税后，增值税税率有4档：16%标准税率、10%税率、6%税率和零税率。交通运输业、建筑业等适用 10%的税率，租赁有形资产等适用 16%的税率，其他部分现代服务业适用6%的税率。

企业购入货物或者接受应税劳务，没有按照规定取得并保存增值税扣税凭证，或者增值税扣税凭证上未按照规定注明增值税税额及其他有关事项的，其进项税额不能从销项税额中抵扣，其已支付的增值税只能记入购入货物或接受劳务的成本。

② 小规模纳税人应纳税额的计算。对小规模纳税人采取简易的征收方法，其应纳增值税税额的计算公式如下。

应纳增值税税额=不含税销售额×征收率

从2009年1月1日起，小规模纳税人增值税的征收率一律为3%。

2. 一般纳税人增值税业务的核算

（1）一般纳税人增值税业务核算的科目设置。为了核算企业应交增值税的发生、抵扣、缴纳、退税及转出等情况，应在“应交税费”科目下设置“应交增值税”明细科目。由于对于增值税一般纳税人多采用间接计算法，增值税的核算内容比较多，因此，需在“应交税费”账户下同时设置“应交增值税”“未交增值税”“预交增值税”“待抵扣进项税额”“待认证进项税额”“待转销项税额”等明细账户。

增值税一般纳税人应在“应交增值税”明细账内设置“进项税额”“销项税额”等专栏。增值税一般纳税人核算的科目设置如表9-4所示。

表9-4　增值税一般纳税人核算的科目设置

二级科目	序号	三级科目	说明
应交增值税	1	进项税额	最常用，具体参见增值税法相关规定
	2	销项税额	

续表

<table>
<tr><th>二级科目</th><th>序号</th><th>三级科目</th><th>说明</th></tr>
<tr><td rowspan="9">应交增值税</td><td>3</td><td>进项税额转出</td><td>最常用，具体参见增值税法相关规定</td></tr>
<tr><td>4</td><td>出口退税</td><td rowspan="2">出口退税专用</td></tr>
<tr><td>5</td><td>出口抵减内销产品应纳税额</td></tr>
<tr><td>6</td><td>减免税款</td><td>① 抵减税款部分：允许抵税的税控设备价款和技术维护费；
② 税收优惠部分：鼓励创业类、就业类，即征即退等退返税款等</td></tr>
<tr><td>7</td><td>销项税额抵减</td><td>（差额征收）记录该企业因按规定扣减销售额而减少的销项税额</td></tr>
<tr><td>8</td><td>简易计税</td><td>记录一般纳税人采用简易计税方法应缴纳的增值税</td></tr>
<tr><td>9</td><td>已交税金</td><td rowspan="4">期末结转使用</td></tr>
<tr><td>10</td><td>转出多交增值税</td></tr>
<tr><td>11</td><td>转出未交增值税</td></tr>
<tr><td colspan="3">未交增值税</td></tr>
<tr><td colspan="3">待抵扣进项税额</td><td>取得不动产按规定分期待抵扣的进项税额</td></tr>
<tr><td colspan="3">预缴增值税</td><td>核算转让不动产，提供不动产经营租赁、建筑服务，以预收款方式销售自行开发的房地产项目等，按现行增值税制度规定应预缴的增值税税额</td></tr>
<tr><td colspan="3">待认证进项税额</td><td>核算由于未取得增值税扣税凭证或未经税务机关认证而不得从当期销项税额中抵扣的进项税额</td></tr>
<tr><td colspan="3">待转销项税额</td><td>核算会计已经确认相关收入，履行增值税纳税义务以后发生的增值税税额</td></tr>
</table>

（2）销售物资或提供应税劳务业务的账务处理。企业对销售货物或者提供应税劳务（包括将自产、委托加工或购买的货物分配给股东）的业务进行账务处理时，按照实际的营业收入，借记“应收账款”“应收票据”“银行存款”“应付股利”等科目，按照规定收取的增值税，贷记“应交税费——应交增值税（销项税额）”科目，按照实现的销售收入，贷记“主营业务收入”“其他业务收入”等科目。发生的销售退回，做相反的会计分录。

提示

视同销售行为：从会计法角度看企业的有些交易和事项不属于销售行为，不能确认销售收入，但是按照税法的规定，应视同对外销售处理，计算应交增值税。视同销售需要缴纳增值税的事项如企业将自产或委托加工的货物用于非应税项目、集体福利或个人消费，将自产、委托加工或购买的货物作为投资、分配给股东或投资者、无偿赠送给他人等。在这些情况下，企业应当借记“在建工程”“长期股权投资”“营业外支出”等科目，贷记“应交税费——应交增值税（销项税额）”科目。详见本项目【例 9-4】。

（3）采购物资和接受应税劳务业务的账务处理。企业发生在国内的采购物资、接受应税劳务、接受投资或捐赠转入物资等业务，应按照增值税专用发票上注明的可抵扣的增值税税额，借记“应交税费——应交增值税（进项税额）”科目，按照增值税专用发票上记载的物资及劳务的成本或者按照确认的投资物资价值和捐赠物资的价值，借记“材料采购”“在途物资”“原材料”“库存商品”“委托加工物资”“生产成本”“制造费用”“管理费用”等科目，按照应付或实际支付的总额，贷记“应付账款”“应付票据”“银行存款”等科目，按增值税与物资价值的合计数，贷记“实收资本”科目，按确认的捐赠物资的价值，贷记“营业外收入”科目。详见本书项目四【例 4-8】。

提示　进项税额转出：企业购进的货物、在产品或库存商品等发生非常损失，以及将购进货物改变用途（如用于非应税项目、集体福利或个人消费等）时，应将原已计入进项税额并已支付的增值税转入有关的承担者予以承担，同时将其进项税额转出。转出时，借记“待处理财产损溢”“在建工程”“应付职工薪酬——职工福利”等科目，贷记“应交税费——应交增值税（进项税额转出）”科目；属于转作待处理财产损失的进项税额，应与遭受非常损失的购进货物、在产品或库存商品的成本一并处理。购进货物改变用途通常是指购进的货物在没有经过任何加工的情况下对内改变用途的行为，如在建工程领用原材料、企业下属医务室等福利部门领用原材料等。

（4）出口货物增值税业务的账务处理。企业出口产品或商品，一般适用零税率，即不计算销售收入应缴纳的增值税。企业在办理报关出口手续后，凭出口报关单等凭证，向税务机关申报办理该项出口货物的进项税额的退税。企业在收到出口商品或产品退回的税款时，借记“银行存款”科目，贷记“应交税费——应交增值税（出口退税）”科目。对于出口商品或产品办理退税后发生的退货或者退关补交已退回税款，做相反的账务处理。

（5）缴纳增值税业务的账务处理。对企业来说，增值税的纳税期限一般为一个月，应纳税额于月终后 10 天内上交。在月份终了，企业应将本月应交未交或多交的增值税，从“应交增值税”明细科目有关栏目内转至“未交增值税”明细科目。结转本月应交未交的增值税时，应借记“应交税费——应交增值税（转出未交增值税）”科目，贷记“应交税费——未交增值税”科目；当月多交的增值税，借记“应交税费——未交增值税”科目，贷记“应交税费——应交增值税（转出多交增值税）”科目，经过结转后，月份终了，“应交税费——应交增值税”科目的余额，反映企业尚未抵扣的增值税。

提示　企业当月缴纳当月的增值税，仍然通过“应交税费——应交增值税（已交税金）”科目核算；当月缴纳以前各月未交的增值税，通过“应交税费——未交增值税”科目核算，不通过“应交税费——应交增值税（已交税金）”科目核算。

【例 9-8】 2018 年 10 月 12 日，甲公司缴纳上月未缴纳的增值税 55 000 元，10 月购进材料等发生的进项税额为 1 020 000 元，销售产品等发生的销项税额为 1 360 000 元，缴纳当月增值税额为 200 000 元。

甲公司应做账务处理如下。

① 10 月 12 日，缴纳上月未缴纳的增值税时。

借：应交税费——未交增值税　　55 000
　　贷：银行存款　　55 000

② 10 月 31 日，缴纳当月的增值税时。

借：应交税费——应交增值税（已交税金）　　200 000
　　贷：银行存款　　200 000

③ 结转 10 月未交增值税时。

10 月未交增值税=1 360 000-1 020 000-200 000=140 000（元）

借：应交税费——应交增值税（转出未交增值税）　　140 000
　　贷：应交税费——未交增值税　　140 000

3. 小规模纳税人增值税业务的核算

《中华人民共和国增值税暂行条例》规定，小规模纳税企业在购进货物或接受应税劳务时，不论是否取得增值税专用发票，其所支付的增值税都不能计入进项税额以抵扣销项税额，而应计入购进货物或应税劳务的成本。因此，小规模纳税企业只需在“应交税费”科目下设置“应交增值税”明细科目，不需要在“应交增值税”明细科目中设置专栏，“应交税费——应交增值税”科目贷方登记应缴纳的增值税，借方登记已缴纳的增值税，期末贷方余额表示尚未缴纳的增值税，借方余额表示多缴纳的增值税。

【例 9-9】 某小规模纳税企业，2019 年 1 月购进原材料一批，增值税专用发票上注明价款为 200 000 元，增值税 34 000 元，款项用银行存款支付，材料尚未到达（该企业原材料按实际成本计价核算）；该企业 1 月销售产品一批，所开出的普通发票中注明的含税价款为 300 000 元，增值税征收率为 3%，贷款尚未收到，1 月实际缴纳增值税 8 000 元。

该企业应做账务处理如下。

（1）购进原材料时。

借：在途物资　　234 000
　　贷：银行存款　　234 000

（2）销售产品时。

应交增值税=［300 000÷（1+3%）］×3% = 8 737.86（元）。

借：应收账款　　300 000
　　贷：主营业务收入　　291 262.14
　　　　应交税费——应交增值税　　8 737.86

（3）实际缴纳本月增值税时。

借：应交税费——应交增值税　　8 000
　　贷：银行存款　　8 000

注意　差额征税，是指营业税改征增值税纳税人以取得的全部价款和价外费用扣除支付给规定范围纳税人的规定项目价款后的不含税余额为销售额进行征税的方法。为适应营业税改征增值税的需要，根据财政部增值税最新会计处理规定（财会〔2016〕22 号），对部分行业或某些业务可以实行差额征税政策。

按现行增值税制度规定，企业发生相关成本费用允许扣减销售额的，发生成本费用时，按应付或实际支付的金额，借记“主营业务成本”“存货”等科目，贷记“应付账款”“应付票据”“银行存款”等科目。待取得合规增值税扣税凭证且纳税义务发生时，按照允许抵扣的税额（房地产企业按 36 号文件的规定，按比例分配地价款，分期计入），借记“应交税费——应交增值税（销项税额抵减）”或“应交税费——简易计税”科目（小规模纳税人应借记“应交税费——应交增值税”科目），贷记“主营业务成本”“存货”等科目。

三、应交消费税

1. 消费税概述

消费税，是指在我国境内从事生产、委托加工和进口应税消费品的单位和个人，按其流转额缴纳的一种税。消费税是为了调节消费结构，正确引导消费方向，国家在普遍征收增值税的基础上，对部分消费品再征收的一种税。消费税采用从价定率和从量定额两种征收方法。其计算公式如下。

从价定率下的应交消费税=应税消费品销售额（不含税）×适用税率

从量定额下的应交消费税=应税消费品销售数量×适用税额标准

2. 应交消费税业务的核算

企业为了正确核算应交消费税的发生和缴纳情况，应在“应交税费”科目下设置“应交消费税”明细科目，该科目贷方登记按规定应缴纳的消费税，借方登记企业实际缴纳的消费税，期末贷方余额表示企业尚未缴纳的消费税，期末借方余额表示多交的消费税。

（1）销售应税消费品业务的账务处理。企业销售应税消费品，应交消费税时，借记“税金及附加”科目，贷记“应交税费——应交消费税”科目。

（2）自产自用应税消费品业务的账务处理。企业将自产的应税消费品用于在建工程、职工集体福利等，应视同销售，缴纳消费税，借记“在建工程”“应付职工薪酬——职工福利”等科目，贷记“应交税费——应交消费税”科目。

（3）委托加工应税消费品业务的账务处理。根据税法规定，企业委托加工应税消费品时，除受托方为个人的之外，应由受托方在向委托方交货时代收代缴消费税。其销售额按受托方同类消费品的销售价格计算，没有同类消费品销售价格的按组成计税价格计算。组成计税价格的计算公式如下。

组成计税价格=（材料成本+加工费）÷（1-消费税税率）

委托加工收回的应税消费品，由于其作用和目的不同，其会计核算也不一样。

提示

企业缴纳的消费税，应分为不同情况进行处理。委托方委托加工的应税消费品收回后用于连续生产应税消费品的，所纳税款按规定准予抵扣，销售时再缴纳消费税；委托方将收回的应税消费品，以不高于受托方的计税价格出售的，为直接出售，不再缴纳消费税；委托方以高于受托方的计税价格出售的，不属于直接出售，须按照规定申报缴纳消费税，在计税时准予扣除受托方已代收代缴的消费税。

【例 9-10】 新兴摩托车厂委托江南橡胶厂加工摩托车轮胎 500 套，新兴摩托车厂提供橡胶 5 000 千克，单位成本为 12 元，江南橡胶厂加工一套轮胎耗料 10 千克，收取加工费 10 元，代垫辅料 10 元，新兴摩托车厂收回轮胎后直接对外销售（售价不高于受托方的计税价格）。

新兴摩托车厂应做账务处理如下。

新兴摩托车厂委托加工摩托车轮胎应纳消费税=500×［（10×12+10+10）÷（1-3%）］×3%=2 164.95（元）。

应纳增值税=（10+10）×500×16%=1 600（元）。

① 发出原材料时。

	借方	贷方
借：委托加工物资	60 000	
贷：原材料——橡胶		60 000

② 支付加工费与增值税时。

	借方	贷方
借：委托加工物资	10 000	
应交税费——应交增值税（进项税额）	1 600	
贷：银行存款		11 600

③ 支付代收代缴的消费税时。

	借方	贷方
借：委托加工物资	2 164.95	
贷：银行存款		2 164.95

④ 收回入库时。

	借方	贷方
借：原材料——轮胎	72 164.95	
贷：委托加工物资		72 164.95

⑤ 对外销售时。

除了做收入的账务处理外，同时结转成本。

	借方	贷方
借：其他业务成本	72 164.95	
贷：原材料——轮胎		72 164.95

提示　新兴摩托车厂若以高于受托方计税价格的价格出售，则“①发出原材料时”和“②支付加工费与增值税时”的账务处理与上述相同。

③ 缴纳委托加工轮胎的消费税时。

借：应交税费——应交消费税　　2 164.95
　贷：银行存款　　2 164.95

④ 收回的轮胎以不含税价 20 万元售出时。

借：银行存款　　232 000
　贷：其他业务收入　　200 000
　　　应交税费——应交增值税（销项税额）　　32 000

⑤ 计提产品销售的消费税时。

计提的消费税=200 000×3%=6 000（元）。

借：税金及附加　　6 000
　贷：应交税费——应交消费税　　6 000

⑥ 缴纳实际应纳的消费税时。

实际应纳消费税=6 000−2 164.95=3 835.05（元）。

借：应交税费——应交消费税　　3 835.05
　贷：银行存款　　3 835.05

（4）进口应税消费品业务的账务处理。企业进口应税物资在进口环节应缴的消费税，计入该项物资的成本，借记“材料采购”“固定资产”等科目，贷记“银行存款”科目。

四、应交其他税费

应交其他税费，是指除上述应交税费以外的应交税费，包括应交资源税，应交城市维护建设税，应交教育费附加，应交土地增值税，应交房产税、土地使用税、车船税和印花税，应交个人所得税等。企业应当在“应交税费”科目下设置相应的明细科目进行核算，贷方登记应缴纳的有关税费，借方登记已缴纳的有关税费，期末贷方余额表示尚未缴纳的有关税费。

1. 应交资源税

（1）资源税概述。资源税是对在我国境内从事开采矿产品或者生产盐的单位和个人征收的税。资源税按照应税产品的课税数量和规定的单位税额计算。开采或生产应税产品对外销售的，以销售数量为课税数量；开采或生产应税产品自用的，以自用数量为课税数量。

（2）应交资源税业务的核算。企业按规定应交的资源税，应在“应交税费”科目下设置“应交资源税”明细科目进行核算。该明细科目借方登记企业已交的或按规定允许抵扣的资源税，贷方登记企业应交的资源税，期末借方余额表示多交或尚未抵扣的资源税，期末贷方余额表示尚未缴纳的资源税。

企业销售应税产品时，按规定应缴纳的资源税，借记“税金及附加”科目，贷记“应交税费——应交资源税”科目；企业自产自用应税产品时，按规定应缴纳的资源税，借记“生产成本”“制造费用”等科目，贷记“应交税费——应交资源税”科目。企业实际缴纳资源税时，应借记“应交税费——应交资源税”科目，贷记“银行存款”科目。

2. 应交城市维护建设税

（1）城市维护建设税概述。城市维护建设税是国家以增值税、消费税为计税依据征收的一种税。这是国家为了加强城市的维护建设，扩大和稳定城市维护建设的资金来源而开征的税种。

城市维护建设税的纳税人为缴纳增值税、消费税的单位和个人，税率因纳税人所在地不同从1%～7%不等。

城市维护建设税应纳税额的多少是由纳税人应缴纳的增值税、消费税税额决定的，其计算公式如下。

应交城市维护建设税=（本期应交的增值税+消费税）×适用税率

（2）应交城市维护建设税业务的核算。企业按规定应交的城市维护建设税，应在“应交税费”科目下设置“应交城市维护建设税”明细科目进行核算。企业按规定计算出应缴纳的城市维护建设税，借记“税金及附加”“其他业务支出”“固定资产清理”等科目，贷记“应交税费——应交城市维护建设税”科目；实际缴纳的城市维护建设税，应借记“应交税费——应交城市维护建设税”科目，贷记“银行存款”科目。

【例 9-11】 A 公司本月实际应上交增值税 1 000 000 元、消费税 309 000 元，适用的城市维护建设税税率为 7%。

应交城市维护建设税=（1 000 000+309 000）×7% =91 630（元）。

A 公司应做账务处理如下。

借：税金及附加　　91 630

　贷：应交税费——应交城市维护建设税　　91 630

借：应交税费——应交城市维护建设税　　91 630

　贷：银行存款　　91 630

3. 应交教育费附加

教育费附加是国家为了发展教育事业而向企业征收的附加费用，企业按应交流转税的一定比例计算缴纳。企业按规定计算出应交的教育费附加，借记“税金及附加”等科目，贷记“应交税费——应交教育费附加”科目。

【例 9-12】 A 公司按税法规定计算 2014 年第 4 季度应缴纳的教育费附加为 60 000 元，款项已用银行存款支付。

A 公司应做会计分录如下。

（1）计算应缴纳教育费附加时。

借：税金及附加　　60 000

　贷：应交税费——应交教育费附加　　60 000

（2）实际缴纳教育费附加时。

借：应交税费——应交教育费附加　　60 000

　贷：银行存款　　60 000

4. 应交土地增值税

（1）土地增值税概述。土地增值税是指在我国境内对有偿转让土地使用权、地上建筑物及其附着物并取得收入的单位和个人征收的税种。开征土地增值税主要是对房地产交易中的过高利润进行适当的调节。土地增值税的计算公式如下。

应纳土地增值税=土地增值额×适用税率

（2）应交土地增值税的核算。企业按规定应交的土地增值税，应在“应交税费”科目下设置“应交土地增值税”明细科目进行核算。

企业转让国有土地使用权连同地上建筑物及其附着物时，按转让时计算应缴纳的土地增值税，借记“固定资产清理”“在建工程”等科目，贷记“应交税费——应交土地增值税”科目；企业实际缴纳土地增值税时，应借记“应交税费——应交土地增值税”科目，贷记“银行存款”科目。

5. 应交房产税、土地使用税、车船税和印花税

（1）房产税、土地使用税、车船税和印花税的含义。房产税，是国家对在城市、县城、建制县和工矿区征收的由产权所有人缴纳的税种。土地使用税，是国家为了合理利用城镇土地、调节土地级差收入、提高土地使用效益、加强土地管理而开征的税种。车船税，是由拥有并使用车船的单位和个人缴纳的税种。印花税，是国家对经济活动和经济交往中书立、领受具有法律效力的凭证的行为所征收的一种税，因采用在应税凭证上粘贴印花税票作为完税的标志而得名。印花税纳税人，是指在中国境内书立、领受、使用税法所列举凭证的单位和个人。其中，单位和个人是指国内各类企业、事业、机关、团体、部队及中外合资企业、合作企业、外资企业、外国公司企业和其他经济组织及其在华机构等。

（2）应交房产税、土地使用税、车船税和印花税的核算。企业按规定计算应交的房产税、土地使用税、车船税、印花税，借记“管理费用”科目，贷记“应交税费——应交房产税”“应交税费——应交土地使用税”“应交税费——应交车船税”“应交税费——应交印花税”科目；企业实际缴纳时，应借记“应交税费——应交房产税”“应交税费——应交土地使用税”“应交税费——应交车船税”“应交税费——应交印花税”科目，贷记“银行存款”科目。

6. 应交个人所得税

按照个人所得税的征收管理办法，对个人所得税采用自行申报交纳和预扣预缴、代扣代缴 3 种办法。

（1）居民个人取得综合所得，按年计算个人所得税；有扣缴义务人的，由扣缴义务人按月或者按次预扣预缴税款（需要办理汇算清缴）。

（2）非居民个人取得工资、薪金所得，劳务报酬所得，稿酬所得和特许权使用费所得，有扣缴义务人的，由扣缴义务人按月或者按次代扣代缴税款（不办理汇算清缴）。

（3）纳税人取得经营所得，按年计算个人所得税的应在月度或者季度终了后 15 日内向税务机关报送纳税申报表，并预缴税款；并于取得所得的次年 3 月 31 日前办理汇算清缴。

（4）纳税人取得利息、股息、红利所得，财产租赁所得，财产转让所得和偶然所得，按月或者按次计算个人所得税，有扣缴义务人的，由扣缴义务人按月或者按次代扣代缴税款。

（5）纳税人取得应税所得没有扣缴义务人的，应当在取得所得的次月 15 日内向税务机关自行申报，并缴纳税款。

（6）居民个人从中国境外取得所得的，应当在取得所得的次年 3 月 1 日至 6 月 30 日内自行申报纳税。

（7）非居民个人在中国境内从两处以上取得工资、薪金所得的，应当在取得所得的次月十五日内申报纳税。

企业按规定预扣预缴或代扣代缴职工的个人所得税时，借记“应付职工薪酬”科目，贷记“应交税费——应交个人所得税”科目；企业实际缴纳个人所得税时，借记“应交税费——应交个人所得税”科目，贷记“银行存款”等科目。

任务三 其他流动负债核算

任务调研：请了解企业短期借款的业务是如何产生的，相关的业务处理程序是怎样的。

微课：华侨城流动负债管理

提示　其他流动负债，是指除了应付职工薪酬、应交税费以外的流动负债，因其核算内容相对简单，故将它们一起介绍。

一、短期借款

1. 短期借款概述

短期借款，是指企业向银行或其他金融机构等借入的，偿还期在 1 年以内（含 1 年）的各种借款。企业申请短期借款，一般是为了获得维持企业正常生产经营所需的资金或为抵偿某项债务而借入的资金。企业借入的短期借款，无论借入款项的来源如何，都构成了企业的一项负债，企业除按规定用途使用外，均需要向债权人按期偿还借款的本金和利息。

2. 短期借款业务的核算

为了总括反映和监督短期借款的取得及偿还情况，企业应设置“短期借款”科目，该科目属于负债类科目，其贷方登记取得短期借款时实际借入的本金数额；借方登记偿还的借款本金数额；期末余额在贷方，表示尚未偿还的借款本金数额。该科目可按债权人户名、借款种类和币种设置明细账进行明细核算。

短期借款核算的主要内容如下。

（1）短期借款取得业务的账务处理。银行是经营货币资金的金融企业，有严格的操作规范，企业在按规定程序向银行或其他金融机构提出申请取得借款后，借记“银行存款”科目，贷记“短期借款”科目。

（2）短期借款利息业务的账务处理。企业因短期借款而发生的利息属于筹资费用，应作为当期损益计入“财务费用”科目，并分不同情况做出不同的账务处理。

① 如果短期借款的利息是按期支付的（按季、按半年），或者利息在借款到期时连同本金一并偿还，并且数额较大，为了正确体现支出与收入的相互配比，企业可以采用预提的方式，按月预提借款利息。月末预提时，应按照计算确定的短期借款利息费用，借记“财务费用”科目，贷记“应付利息”科目；实际支付时，按照已经预提的利息金额，借记“应付利息”科目，按实际支付的利息金额与预提数的差额（尚未提取的部分），借记“财务费用”科目，按实际支付的利息金额，贷记“银行存款”科目。

② 如果短期借款的利息是按月支付的，或者利息是在借款到期时连同本金一并偿还，但数额较小的，可以简化核算方法，在实际支付或收到银行计息通知时，直接计入当期损益，借记“财务费用”科目，贷记“银行存款”科目。

（3）短期借款偿还业务的账务处理。企业在短期借款到期偿还本金时，应借记“短期借款”科目，贷记“银行存款”科目。

二、应付票据

1. 应付票据概述

应付票据即短期应付票据，是指企业购买材料、商品或接受劳务供应而开出、承兑的商业汇票，包括商业承兑汇票和银行承兑汇票。应付票据按是否带息分为带息票据和不带息票据两种。

在银行开立存款科目的法人以及其他组织之间须具有真实的交易关系或债权债务关系，才能使用商业汇票。商业汇票的付款期限不得超过 6 个月。如果开出的是商业承兑汇票，则必须经付款方（购买单位）承兑；如果开出的是银行承兑汇票，则必须由银行承兑，但银行承兑的票据，只是为收款人按期收回债权提供了信用保证，对付款人和承兑人来说，不会由于银行承兑而使这项负债消失。因此，在商业汇票尚未到期之前，企业应将其视为一笔负债，期末反映在资产负债表的应付票据项目中。

企业为了正确核算应付票据的发生、偿付等情况，应设置“应付票据”科目。该科目属于负债类科目，贷方登记开出并承兑的商业汇票面值，对于带息票据在会计中期或年末计提的应付利息，也应计入该科目的贷方；借方登记票据到期时支付的款项；期末余额在贷方，表示尚未到期支付的应付票据本息。

为了加强对应付票据的管理，企业对应付票据除按收款单位名称进行明细核算外，还应设置“应付票据备查簿”，并指定专人负责详细登记每一应付票据的种类、号数、签发日期、到期日、票面金额、合同交易号、收款人姓名、付款日期和金额等资料；应付票据到期结清时，企业应在备查簿内逐笔注销。

2．应付票据业务的核算

（1）应付票据开出、承兑业务的账务处理。通常，商业汇票的付款期限不得超过 6 个月，因此在会计上应作为流动负债被管理和核算。同时，由于应付票据的偿付时间较短，在会计实务中，一般均按照开出、承兑的应付票据的面值入账。

企业按合同规定的交易额开出并承兑商业汇票时，应借记“材料采购”“原材料”“库存商品”“应交税费——应交增值税（进项税额）”等科目，根据票据面值贷记“应付票据”科目。如果销货单位要求商业汇票须由银行承兑，则购货单位应向银行提出承兑申请，银行在按规定审查后同意承兑的，购货单位还须按面值的 0.5‰向银行支付承兑手续费，并作为财务费用处理，借记“财务费用”科目，贷记“银行存款”科目。

（2）应付票据到期偿付业务的账务处理。应付票据到期前，企业应将票款足额交存其开户银行，便于银行在到期日凭票将款项划转给收款人、被背书人或贴现所在银行。应付票据到期时，按实际支付的票据面值，借记“应付票据”科目，贷记“银行存款”科目。

（3）应付票据到期转销业务的账务处理。应付银行承兑汇票到期，如果企业无力支付票款，则由承兑银行支付，企业应将应付票据的账面余额转作短期借款处理，并按每天 0.5‰计收利息，借记“应付票据”科目，贷记“短期借款”科目。

提示

应付票据如为带息票据，其票据的面值就是票据的现值。由于我国商业汇票期限较短，因此，通常在期末，对尚未支付的应付票据计提利息，计入当期财务费用；票据到期支付票款时，尚未计提的利息部分直接计入当期财务费用。

三、应付账款

1．应付账款概述

应付账款，是指企业因购买材料、商品或接受劳务供应等经营活动而应支付的款项。应付账款一般应在与所购买物资所有权相关的主要风险和报酬已经转移，或者所购买的劳务已经接受时确认。

应付账款的付款期不长，一般为 30～60 天。因此，通常按发票账单上载明的应付金额（包括价、税）入账，而不按到期应付金额的现值入账。如果购入的资产在形成一笔应付账款时带有现金折扣，则应付账款的入账金额仍按发票上应付金额的总值入账。

企业为了正确反映和监督应付账款的发生及偿还情况，在会计核算中应设置“应付账款”科目，该科目属于负债类科目，贷方登记企业因购买材料、商品或接受劳务供应等发生的应付账款数额；借方登记偿还的应付账款数额、开出商业汇票抵付应付账款的款项或已冲销无法支付的应付账款数额；期末余额在贷方，表示尚未支付的应付账款数额。“应付账款”科目一般按供应单位名称设置明细账进行明细分类核算。

2．应付账款业务的核算

（1）应付账款发生业务的账务处理。企业购入材料、商品或接受劳务供应所产生的应付账款，应按应付金额入账。购入材料、商品等验收入库，但货款尚未支付时，应根据有关凭证（发票账单、随货同行发票上记载的实际价款或暂估价值），借记“材料采购”“原材料”等科目，按可抵扣的增值税，借记“应交税费——应交增值税（进项税额）”科目，按应付的价款，贷记“应付账款”科目。企业接受供应单位提供劳务而发生的应付未付款项，应根据供应单位的发票账单，借记“生产成本”“管理费用”等科目，贷记“应付账款”科目。

应付账款附有现金折扣的，应按扣除现金折扣前的应付金额总值，借记有关科目，贷记“应付账款”科目。待实际发生现金折扣时，借记“应付账款”科目，贷记“银行存款”“财务费用”科目。

（2）应付账款偿还业务的账务处理。企业偿还应付账款或开出商业汇票抵付应付账款时，应借记“应付账款”科目，贷记“银行存款”“应付票据”等科目。

（3）应付账款转销业务的账务处理。企业转销确实无法支付的应付账款（如因债权人撤销等原因而产生无法支付的应付账款），应按其账面余额借记“应付账款”科目，贷记“营业外收入”科目。

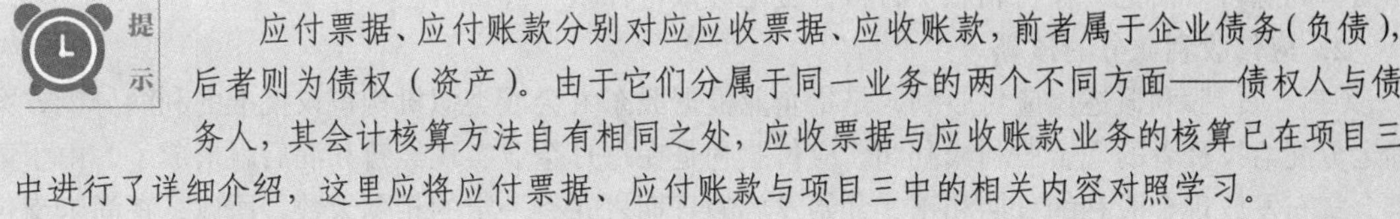

提示　应付票据、应付账款分别对应应收票据、应收账款，前者属于企业债务（负债），后者则为债权（资产）。由于它们分属于同一业务的两个不同方面——债权人与债务人，其会计核算方法自有相同之处，应收票据与应收账款业务的核算已在项目三中进行了详细介绍，这里应将应付票据、应付账款与项目三中的相关内容对照学习。

四、预收账款

1. 预收账款概述

预收账款，是指企业按照合同规定向购货单位预收的款项。预收账款是买卖双方协议商定，由购货方预先支付一部分货款给供货方而发生的一项负债。与应付账款不同的是，预收账款所形成的负债不是以货币偿付，而是以货物来偿付。

企业设置“预收账款”科目核算企业预收货款的收入、补付、退回和销售时的货款情况。“预收账款”科目属于负债类科目，其贷方登记企业发生的预收账款数额和购货单位补付账款的数额；借方登记企业向购货单位发货后冲销的预收账款数额和退回购货单位多付账款的数额；期末该科目的贷方余额，表示企业向购货单位预收款项但尚未向购货单位发货的数额；若为借方余额，则表示企业尚未转销的款项。“预收账款”科目应按购货单位名称设置明细账进行明细分类核算。

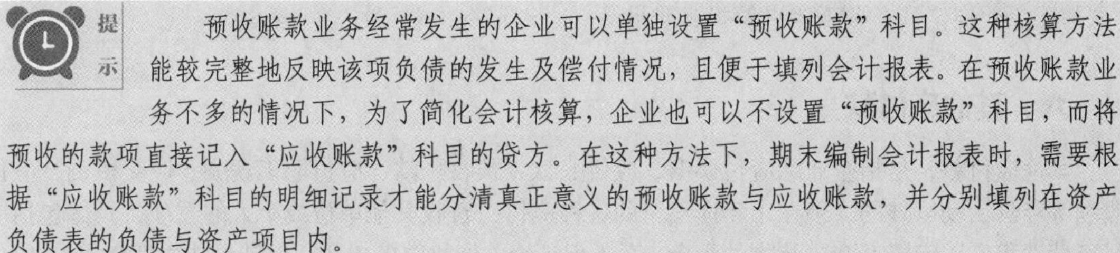

提示　预收账款业务经常发生的企业可以单独设置“预收账款”科目。这种核算方法能较完整地反映该项负债的发生及偿付情况，且便于填列会计报表。在预收账款业务不多的情况下，为了简化会计核算，企业也可以不设置“预收账款”科目，而将预收的款项直接记入“应收账款”科目的贷方。在这种方法下，期末编制会计报表时，需要根据“应收账款”科目的明细记录才能分清真正意义的预收账款与应收账款，并分别填列在资产负债表的负债与资产项目内。

2. 预收账款业务的核算

企业向购货单位预收款项时，借记“银行存款”科目，贷记“预收账款”科目；销售实现时，按实现的收入和应交的增值税销项税额，借记“预收账款”科目，按实现的营业收入，贷记“主营业务收入”科目，按增值税专用发票上注明的增值税，贷记“应交税费——应交增值税（销项税额）”等科目；企业收到购货单位补付的款项时，借记“银行存款”科目，贷记“预收账款”科目；向购货单位退回其多付的款项时，借记“预收账款”科目，贷记“银行存款”科目。

针对本书【例 3-7】，N 公司收到丙公司预付货款 20 000 元时的账务处理为（　　）；N 公司发出商品给丙公司，商品价款为 20 000 元，增值税税额为 32 000 元，收到剩余货款时的账务处理为（　　）。

五、应付利息与应付股利

1. 应付利息业务的核算

应付利息包括分期付息到期还本的长期借款、企业债券等应支付的利息。

企业应当设置"应付利息"科目核算按照合同约定计算的应付利息的发生、支付等情况。"应付利息"科目应按照债权人设置明细科目进行明细核算。该科目期末贷方余额表示企业按照合同约定应支付但尚未支付的利息。企业采用合同约定的名义利率计算确定利息费用时，应按合同约定的名义利率计算确定的应付利息金额，借记"财务费用"等科目，贷记"应付利息"科目；实际支付利息时，借记"应付利息"科目，贷记"银行存款"等科目。

2. 应付股利业务的核算

（1）应付股利概述。应付股利，是指企业根据股东大会或类似机构审议批准的利润分配方案确定分配给投资者的现金股利或利润。应付股利是在每月企业实现经营利润后就形成了，由于董事会宣布发放现金股利的日期和正式开始发放的日期之间有一定的相隔天数，所以，在尚未支付以前，暂时留在企业，形成企业的一项流动负债。

为了总括反映应付现金股利或利润的形成和支付情况，应设置"应付股利"科目，该科目属于负债类科目，贷方登记应支付的现金股利或利润数额；借方登记实际支付的现金股利或利润数额；期末余额在贷方，表示企业尚未支付的现金股利或利润数额。

（2）应付股利业务的账务处理。企业根据股东大会或类似机构审议批准的利润分配方案，确认应付给投资者的现金股利或利润时，借记"利润分配——应付现金股利或利润"科目，贷记"应付股利"科目；向投资者实际支付现金股利或利润时，借记"应付股利"科目，贷记"银行存款"等科目。

企业董事会或类似机构通过的利润分配方案中拟分配的现金股利或利润，不做账务处理，不需要通过"应付股利"科目核算，但应在附注中披露。企业分配的股票股利，在董事会或股东大会确定分配方案至正式办理增资手续之前，不需要做正式的账务处理，只在备查簿中做相应登记。

六、其他应付款

其他应付款，是指企业除应付票据、应付账款、预收账款、应付职工薪酬、应交税费、应付股利等经营活动以外的，须在 1 年内偿付的各种应付、暂收其他单位或个人的款项，具体包括应付经营性租入固定资产和包装物的租金，存入保证金（如收取的出租、出借包装物押金等），应付统筹退休金，职工未按时领取的工资，其他应付、暂收单位或个人的款项。

为了总括反映和监督企业其他应付、暂收款项的增减变动情况，应设置"其他应付款"科目，该科目属于负债类科目，贷方登记发生的各种应付、暂收款项；借方登记偿还或转销的各种应付、暂收款项；期末余额在贷方，表示尚未偿还的其他应付、暂收款项。"其他应付款"科目应按款项的类别和单位或个人设置明细账进行明细分类核算。

发生上述各种应付、暂收款项时，借记"银行存款"科目，贷记"其他应付款"科目；实际偿付时，再做与上述相反的账务处理。

【项目列报】

本项目流动负债核算内容在资产负债表上的信息列示如表 9-5 所示。

表 9–5　　流动负债项目内容在资产负债表中的信息列示　　单位：元

资产	期末余额	年初余额	负债和所有者权益	期末余额	年初余额
			短期借款（=“短期借款”）		
			应付票据及应付账款[=“应付票据”（=“应付票据”）+“应付账款”（=“应付账款”或“预付账款”明细账贷方余额）]		
			预收账款（=“应收账款”或“预收账款”明细账贷方余额）		
			应付职工薪酬（=“应付职工薪酬”期末转为债权的，以“-”号填列）		
			应交税费（=“应交税费”期末转为债权的，以“-”号填列）		
			其他应付款（=“应付利息”+“应付股利”+“其他应付款”）		
			……		

【拓展阅读】

《企业会计准则第 22 号——金融工具确认和计量》《企业会计准则第 9 号——职工薪酬》《企业会计准则第 17 号——借款费用》《企业会计准则——基本准则》《企业会计准则——应用指南》《中华人民共和国增值税暂行条例》《中华人民共和国消费税暂行条例》《中华人民共和国车船税法》《中华人民共和国企业所得税法实施条例》《关于全面推开营业税改征增值税试点的通知》（财税〔2016〕36 号）、《关于印发〈增值税会计处理规定〉的通知》（财会〔2016〕22 号）、《不动产进项税额分期抵扣暂行办法》（国家税务总局〔2016〕15 号）、《关于全面推开营业税改征增值税试点的通知》（财税〔2016〕36 号）、《中华人民共和国个人所得税法》《企业内部控制应用指引第 6 号——资金活动》。

项目训练

一、单项选择题

1. 应付账款按总价法核算时，如果在折扣期内付款，对所取得的现金折扣收入，正确的处理方法是（　　）。

A. 作为理财费用减少财务费用　　B. 作为理财费用增加财务费用
C. 直接计入管理费用　　D. 前三项均不正确

2. 资产负债表日，对预提的短期借款利息，贷记的科目是（　　）。

A. “短期借款”　　B. “其他应付款”　　C. “财务费用”　　D. “应付利息”

3. A 公司于 2019 年 5 月 25 日购入商品一批，进价 20 000 元，增值税税率为 16%，商品当日入库，付款条件为 2/10、1/30、*n*/60。采用净价法核算时，应付账款的入账金额为（　　）元。

A. 22 736　　B. 23 400　　C. 22 800　　D. 20 000

4. A 公司因采购商品开具面值 40 万元、票面利率 4%、期限 3 个月的商业汇票 1 张，该票据到期时，A 公司一共应支付（　　）元。

A. 400 000　　B. 404 000　　C. 412 000　　D. 440 000

5. B 公司是一般纳税人，将自产的洗衣机作为福利发放给职工，成本价为 55 000 元，售价

为 60 000 元，企业因此需要缴纳的增值税为（　　）元。

A. 9 350　　B. 9 600　　C. 8 718　　D. 9 775

6. 我国现行会计实务中，带息应付票据应付利息的核算科目是（　　）。

A. “应付票据”　　B. “应付利息”　　C. “其他应付款”　　D. “应付账款”

7. 商业承兑汇票到期无法偿还时，承兑企业应做的账务处理是（　　）。

A. 转作短期借款　　B. 转作应付账款　　C. 转作其他应付款　　D. 不进行账务处理

8. 下列各选项中，不属于职工薪酬内容的是（　　）。

A. 医疗保险费等社会保险费　　B. 住房公积金

C. 工会经费和职工教育经费　　D. 职工差旅费

9. 企业支付工会经费用于职工活动，借记的科目是（　　）。

A. “其他应付款”　　B. “其他应收款”　　C. “应付职工薪酬”　　D. “银行存款”

10. 银行承兑汇票到期无法偿还时，债务企业应进行的账务处理是（　　）。

A. 转作短期借款　　B. 转作应付账款

C. 转作其他应付款　　D. 不进行账务处理

11. 对于预收账款业务不多，不单设“预收账款”科目核算的企业，所发生的预收货款应计入的科目是（　　）。

A. “应收账款”　　B. “应付账款”　　C. “预收账款”　　D. “预付账款”

12. 下列有关负债的表述中，正确的是（　　）。

A. 职工薪酬包括提供给职工配偶、子女或其他被赡养人的福利

B. 附现金折扣的应付账款采用总价法核算时，应付账款的入账金额按发票记载的应付金额扣除最大的现金折扣后的净额记账

C. 对确实无法支付的应付账款，应将其账面余额转入资本公积

D. 购进货物发生的增值税进项税额一律计入“应交税费——应交增值税”科目的借方

13. 月末，增值税一般纳税人企业对本月未抵扣的增值税进项税额，正确的会计处理是（　　）。

A. 保留在“应交增值税”明细科目的借方　　B. 保留在“应交增值税”明细科目的贷方

C. 将其转入“未交增值税”明细科目的借方　　D. 将其转入“未交增值税”明细科目的贷方

14. 企业从应付职工薪酬中代扣代缴个人所得税额时，贷记的科目是（　　）。

A. “其他应收款”　　B. “应交税款——代交个人所得税”

C. “银行存款”　　D. “应付职工薪酬”

二、多项选择题

1. 对职工的下列各项支出中，属于职工薪酬的有（　　）。

A. 住房公积金　　B. 工资与津贴　　C. 出差补贴　　D. 养老保险费

2. 下列各选项中，属于其他应付款核算范围的有（　　）。

A. 出租包装物收取的押金　　B. 应付的短期借款利息

C. 应付赔偿款　　D. 职工未按时领取的工资

3. 工业企业发生下列（　　）业务时，对减少的货物应视同销售并计算缴纳增值税。

A. 销售代销货物　　B. 委托代销货物

C. 将购入货物用于集体福利　　D. 将自产货物分配给股东

4. 根据规定，企业职工包括（　　）。

A. 全职职工　　B. 兼职职工

C. 临时职工　　D. 董事会、监事会和内部审计委员会委员

5. 甲公司为增值税一般纳税人，适用的增值税税率为16%。2019年6月甲公司董事会决定将本公司生产的100件产品作为福利发放给100名管理人员，该批产品单件成本为1.2万元，市场销售价格为每件2万元（不含增值税），不考虑其他相关税费。下列有关会计处理的表述中正确的是（　　）。

A. 应计入管理费用的金额为232万元　B. 确认主营业务收入200万元
C. 确认主营业务成本120万元　D. 不通过“应付职工薪酬”科目核算

6. 企业缴纳的下列税费中，不通过“应交税费”科目核算的有（　　）。

A. 教育费附加　B. 印花税　C. 耕地占用税　D. 契税

7. 下列有关辞退福利的表述中，正确的有（　　）。

A. 确认为预计负债的辞退福利，应计入当期损益
B. 职工虽未与企业解除劳动关系，但未来不再为企业带来经济利益，企业承诺提供实质上具有辞退福利性质的经济补偿，比照辞退福利处理
C. 对于职工没有选择权的辞退计划，应根据拟辞退职工数量及每位职工的辞退补偿等，计量辞退福利负债
D. 对于自愿接受裁减建议的职工，应按照或有事项准则预计将接受裁减建议的职工数量及每位职工的辞退补偿等，计量辞退福利负债

8. 委托加工应税消费品，加工环节由受托方代扣代缴的消费税的列支方法包括（　　）。

A. 管理费用
B. 增加企业的生产成本
C. 计入委托加工产品的成本
D. 抵扣继续生产的应税产品在销售环节缴纳的消费税

9. 增值税一般纳税人企业发生下列业务支付的增值税，按规定，（　　）不予抵扣。

A. 购进在建办公楼工程物资
B. 2009年1月以前购进作为固定资产的机器设备
C. 购进用于免税项目的物资
D. 购进准备发放的奖品

10. 下列各项税费中，应计入管理费用的有（　　）。

A. 印花税　B. 房产税　C. 城市维护建设税　D. 车船税

11. 增值税一般纳税人企业“应交增值税”明细账户设置的专栏有（　　）。

A.“进项税额”　B.“已交税金”　C.“销项税额”　D.“出口退税”

12. 下列各项中，应计入税金及附加的有（　　）。

A. 处置无形资产应交的营业税　B. 销售商品应交的增值税
C. 销售应税产品的资源税　D. 销售应税消费品应交的消费税

13. 采用预收货款方式销售商品且会计上单设“预收账款”科目核算，当收到购货单位补付的货款时，不应做的账务处理是（　　）。

A. 贷记“应收账款”科目　B. 贷记“预付账款”科目
C. 贷记“预收账款”科目　D. 借记“预收账款”科目

14. 对小规模纳税企业，下列说法中正确的有（　　）。

A. 小规模纳税企业销售货物或者提供应税劳务，一般情况下，只能开具普通发票，不能开具增值税专用发票
B. 小规模纳税企业销售货物或提供应税劳务，实行简易办法计算应纳税额，按照销售额的一定比例计算征收

C. 小规模纳税企业的销售收入不包括其应纳增值税税额

D. 小规模纳税企业购入货物取得增值税专用发票，其支付的增值税税额可计入进项税额，并由销项税额抵扣，而不计入购入货物的成本

三、判断题

1. 从应付职工工资中代扣职工房租时，借记“管理费用”科目，贷记“其他应收款——职工房租”科目。（　）

2. 某企业与工商银行达成了借入 2 000 万元的借款意向书，形成该企业的负债。（　）

3. 企业到期无力偿付的商业承兑汇票，应按其账面余额转入“短期借款”科目。（　）

4. 对于带息的应付票据应于期末计息，增加票据的账面价值。（　）

5. 企业按规定计算的代收代缴的职工个人所得税，借记“应付职工薪酬”科目，贷记“应交税费——应交个人所得税”科目。（　）

6. 小规模纳税企业不仅需要在“应交税费”下设置“应交增值税”科目，还需要在“应交增值税”明细科目中设置专栏。（　）

7. 职工薪酬中的非货币性福利应当根据职工提供服务的受益对象分别计入成本费用。（　）

8. 生产经营期间的不符合资本化条件的借款利息计入管理费用。（　）

9. 企业为职工支付的社会保险费应计入“其他应付款”科目核算。（　）

10. 增值税一般纳税人企业购入货物支付的增值税，均应先通过“应交税费”科目进行核算，然后再将购入货物不能抵扣的增值税进项税额从“应交税费”科目中转出。（　）

11. 对以经营租赁方式租入的生产线进行改良，应付企业内部改良工程人员工资，应借记的会计科目是“在建工程”。（　）

12. 企业为鼓励生产车间职工自愿接受裁减而给予的补偿，应该计入“生产成本”科目。（　）

13. 应付股利的处理应该是在董事会或类似机构通过的利润分配方案中拟分配现金股利或利润时确认的企业负债，在股东大会通过后，如果不一致的，则按照股东大会的决议进行调整。（　）

四、不定项选择题

1. W 公司为增值税一般纳税人，适用的增值税税率为 16%，对原材料采用实际成本法进行日常核算。2019 年 6 月，W 公司发生如下涉及增值税的经济业务或事项。

（1）购入无需安装的生产经营用设备一台，增值税专用发票上注明的价款为 40 万元，增值税为 6.4 万元（增值税允许抵扣）。货款尚未支付。

（2）建造办公楼领用生产用库存原材料 5 万元，应由该批原材料负担的增值税为 0.8 万元。

（3）销售商品一批，增值税专用发票上注明的价款为 100 万元，增值税为 16 万元，提货单和增值税专用发票已交购货方，并收到购货方开出并承兑的商业承兑汇票。该批商品的实际成本是 80 万元。

（4）由于管理不善被盗原材料一批，价值 2 万元，应由该批原材料负担的增值税为 0.32 万元，尚未经批准处理。

（5）用银行存款 15 万元缴纳当期应交增值税。（金额单位用万元表示）

要求：根据上述资料，回答下列第（1）～（3）题。

（1）根据上述资料（1），下列说法中不正确的是（　）。

A. 资料（1）该设备入账价值为 46.4 万元

B. 资料（1）该设备入账价值为 40 万元

C. 资料（1）该设备应计入“在建工程”科目

D. 资料（1）该设备应计入“固定资产”科目

（2）关于上述资料，下列表述中正确的是（　　）。

A. 资料（2）增值税 0.8 万元应当转出计入在建工程

B. 资料（2）增值税 0.8 万元不用做转出处理

C. 资料（4）应计入管理费用

D. 资料（4）增值税进项税额不用做转出处理

（3）根据上述资料（3）～（5），下列会计处理中不正确的是（　　）。

A. 销售商品

借：应收票据　　1 160 000

　贷：主营业务收入　　1 000 000

　　应交税费——应交增值税（销项税额）　　160 000

借：主营业务成本　　800 000

　贷：库存商品　　800 000

B. 盘亏原材料

借：待处理财产损溢　　23 200

　贷：原材料　　20 000

　　应交税费——应交增值税（进项税额转出）　　3 200

C. 盘亏原材料

借：待处理财产损溢　　20 000

　贷：原材料　　20 000

D. 缴纳增值税

借：应交税费——应交增值税（已交税金）　　150 000

　贷：银行存款　　150 000

2. M 上市公司为增值税一般纳税人，适用的增值税税率为 16%。2019 年 3 月发生与职工薪酬有关的交易或事项如下。

（1）对行政管理部门使用的设备进行日常维修，应付企业内部维修人员工资 1.2 万元。

（2）对以经营租赁方式租入的生产线进行改良，应付企业内部改良工程人员工资 3 万元。

（3）为公司总部下属 25 位部门经理每人配备汽车一辆免费使用，假定每辆汽车每月计提折旧 0.08 万元。

（4）将 50 台自产的 V 形厨房清洁器作为福利分配给本公司行政管理人员。该厨房清洁器每台生产成本为 1.2 万元，市场售价为 1.5 万元（不含增值税）。

（5）月末，分配职工工资 150 万元，其中直接生产产品人员工资 105 万元，车间管理人员工资 15 万元，企业行政管理人员工资 20 万元，专设销售机构人员工资 10 万元。

（6）以银行存款缴纳职工医疗保险费 5 万元。

（7）按规定计算代扣代缴职工个人所得税 5 万元。

（8）以现金支付职工李某生活困难补助 0.1 万元。

要求：根据上述资料，不考虑其他因素，分析回答下列问题。

（答案中金额单位用万元表示）

（1）根据资料（1）～（4），下列各项中，账务处理正确的是（　　）。

A. 资料（1）的会计分录

借：管理费用　　　　　　　　　　　　12 000

　　贷：应付职工薪酬　　　　　　　　　　12 000

B. 资料（2）的会计分录

借：长期待摊费用　　　　　　　　　　30 000

　　贷：应付职工薪酬　　　　　　　　　　30 000

C. 资料（3）的会计分录

借：管理费用　　　　　　　　　　　　20 000

　　贷：累计折旧　　　　　　　　　　　　20 000

D. 资料（4）的会计分录

借：管理费用　　　　　　　　　　　　877 500

　　贷：应付职工薪酬　　　　　　　　　　877 500

借：应付职工薪酬　　　　　　　　　　870 000

　　贷：主营业务收入　　　　　　　　　　750 000

　　　　应交税费——应交增值税（销项税额）　　120 500

借：主营业务成本　　　　　　　　　　60 000

　　贷：库存商品　　　　　　　　　　　　60 000

（2）根据资料（5）～（8），下列各项中，账务处理正确的是（　　）。

A. 资料（5）的会计分录

借：生产成本　　　　　　　　　　　　1 050 000

　　制造费用　　　　　　　　　　　　150 000

　　管理费用　　　　　　　　　　　　200 000

　　销售费用　　　　　　　　　　　　100 000

　　贷：应付职工薪酬　　　　　　　　　　1 500 000

B. 资料（6）的会计分录

借：应付职工薪酬　　　　　　　　　　50 000

　　贷：银行存款　　　　　　　　　　　　50 000

C. 资料（7）的会计分录

借：应付职工薪酬　　　　　　　　　　50 000

　　贷：应交税费—应交个人所得税　　　　50 000

D. 资料（8）的会计分录

借：应付职工薪酬　　　　　　　　　　1 000

　　贷：库存现金　　　　　　　　　　　　1 000

五、实务题

完成不定项选择题中涉及的经济业务的账务处理。

项目十 非流动负债核算

学习要点

- 长期借款业务的核算
- 应付债券业务的核算
- 长期应付款业务的核算
- 非流动负债项目的列示

关键术语

- 非流动负债（Noncurrent Liabilities）
- 长期借款（Long-term Borrowings）
- 应付债券（Bonds Payable）
- 长期应付款（Long-term Payables）
- 实际利率法（Actucal Interest Method）

【项目引入及要求】

1. 项目引入

2019 年 1 月，假设您到 B 股份有限责任公司（以下简称“B 公司”）进行顶岗实习。公司经批准于 2019 年 1 月 1 日起发行两年期面值为 100 元的债券 100 000 张，债券年利率为 3%，每年 7 月 1 日和 12 月 31 日付息两次，到期时归还本金和最后一次利息。该债券发行收款为 980.96 万元，债券实际利率为年利率 4%。支付的发行费用与发行期间冻结资金产生的利息收入相等。该债券所筹资金全部用于新生产线的建设，该生产线于 2019 年 6 月月底完工交付使用。债券利息调整采用实际利率法摊销，每年 6 月 30 日和 12 月 31 日计提利息。

2. 项目要求

（1）请熟悉本项目内容在资产负债表中的位置。

非流动负债因长期性的理财活动而产生，如企业为了扩大经营规模而增加各种长期耐用的固定资产。上述业务的投资回收期较长，所需资金仅仅通过企业正常的经营资金或短期债务往往不能满足，筹措长期资金势在必行。企业筹措长期资金主要有两种方式，一是增发股票，由股东追加投资；二是举借非流动负债，由债权人提供资金，即举债经营。

企业究竟以何种方式筹集能够长期占用的资金是一项重要的财务决策。企业涉及的非流动负债项目往往数量多，金额庞大，应分别予以核算，并在资产负债表中按照长期借款、应付债券、长期应付款等项目分别反映。将于 1 年内到期的非流动负债应转入流动负债，在“被划分为持有待售的处置组中的负债”单列反映。本项目内容在资产负债表中的位置，如表 10-1 所示。

表 10-1　　非流动负债项目在资产负债表中的信息列示　　单位：万元

资产	期末余额	负债和所有者权益（或股东权益）	期末余额
		流动负债：	
		……	
		非流动负债：	
		长期借款	
		应付债券	
		长期应付款	
		专项应付款	
		……	

（2）请根据本项目内在知识点的逻辑关系，制作本项目思维导图。

（3）请搜集与本项目有关的企业真实案例。

（4）学完本项目，请完成项目引入中 B 公司发行债券、计提债券利息、支付债券利息以及债券到期偿还本金业务的账务处理，掌握长期借款和长期应付款业务的核算。

（5）学完本项目，请了解资产负债表中“长期借款”“应付债券”“长期应付款”等项目是如何填列的。

任务一　长期借款核算

任务调研：请了解企业长期借款的业务是如何产生的，相关的业务处理程序是怎样的。

一、长期借款概述

长期借款，是指企业向银行或其他金融机构借入的偿还期在1年以上（不含1年）的各种借款。长期借款是企业长期负债的重要组成部分，对长期借款的使用关系到企业的生产经营规模和效益。它一般用于固定资产的购建、改扩建工程、大修理工程、对外投资以及保持长期经营能力等方面，所以企业必须要加强管理与核算。企业除了要遵守借款规定，编制借款计划并要有不同形式的担保外，还应监督借款的使用，按期还本付息等。因此，长期借款核算的基本要求是反映和监督长期借款的借入、借款利息的结算和借款本息的归还情况，促使企业遵守信贷纪律、提高信用等级，同时也要确保长期借款发挥效益。

长期借款可以按不同的分类标准进行分类，一般有以下几种分类方法。

（1）按照借款用途的不同，可以将长期借款分为基本建设借款、技术改造借款和生产经营借款。

（2）按照偿还方式的不同，可以将长期借款分为定期一次性偿还的长期借款和分期偿还的长期借款。

（3）按照涉及货币种类的不同，可以将长期借款分为人民币长期借款和外币长期借款。

（4）按照来源的不同，可以将长期借款分为从银行借入的长期借款和从其他金融机构借入的长期借款等。

企业对于向银行或其他金融机构借入的长期借款，在会计核算中应设置"长期借款"科目核算。为反映企业长期借款的借入、借款利息的结算和借款本息的偿付情况，一般须在该科目下设置"本金""利息调整"明细科目。

二、长期借款业务的核算

长期借款业务的核算主要包括以下内容。

（1）企业借入长期借款，应按实际收到的金额，借记"银行存款"科目，贷记"长期借款——本金"科目，如有差额，还应借记"长期借款——利息调整"科目。

（2）在资产负债表日，企业应按长期借款的摊余成本和实际利率计算确定长期借款的利息费用，借记"在建工程""制造费用""财务费用"等科目，按借款本金和合同利率计算确定的应付未付利息，贷记"应付利息"科目，按其差额，贷记"长期借款——利息调整"科目。实际利率与合同利率差异较小的，也可以采用合同利率计算确定利息费用。

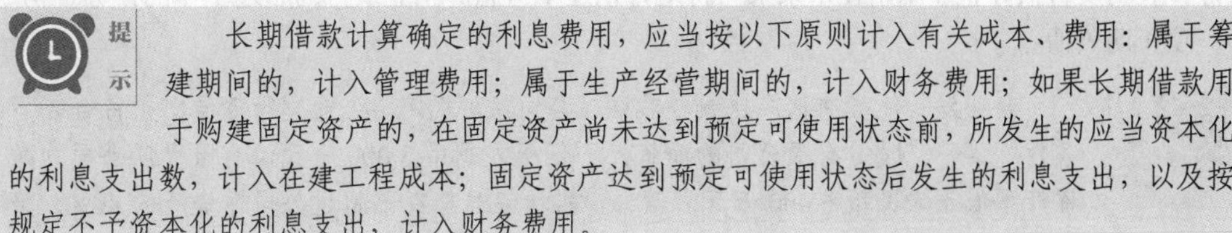

长期借款计算确定的利息费用，应当按以下原则计入有关成本、费用：属于筹建期间的，计入管理费用；属于生产经营期间的，计入财务费用；如果长期借款用于购建固定资产的，在固定资产尚未达到预定可使用状态前，所发生的应当资本化的利息支出数，计入在建工程成本；固定资产达到预定可使用状态后发生的利息支出，以及按规定不予资本化的利息支出，计入财务费用。

（3）企业归还长期借款，按归还的长期借款本金，借记"长期借款——本金"科目，按转销的利息调整金额，贷记"长期借款——利息调整"科目，按实际归还的款项，贷记"银行存款"科目，按借贷双方的差额，借记"在建工程""制造费用""财务费用"等科目。

【例10-1】 2019年1月1日，B公司为建造一栋新厂房，借入2年期的专门借款400万元，年利率为8%，每年年末付息一次，到期归还本金。新厂房于2019年1月1日动工兴建，并将专门借款400万元全部投入工程建造。工程于2019年12月31日完工，达到预定可使用状态。

B公司应做账务处理如下。

① 2019年1月1日，取得借款时。

借：银行存款　　4 000 000
　　贷：长期借款　　4 000 000

② 2019年1月1日，借款投入工程建造时。

借：在建工程　　4 000 000
　　贷：银行存款　　4 000 000

③ 2019年12月31日，计算应计入工程成本的利息、支付利息、结转工程成本时。

借：在建工程　　320 000
　　贷：应付利息　　320 000

借：应付利息　　320 000
　　贷：银行存款　　320 000

借：固定资产　　4 320 000
　　贷：在建工程　　4 320 000

④ 2020年12月31日，计算应计入财务费用的利息、支付利息时。

借：财务费用　　320 000
　　贷：应付利息　　320 000

借：应付利息　　320 000
　　贷：银行存款　　320 000

⑤ 2021年1月1日，到期归还本金时。

借：长期借款　　4 000 000
　　贷：银行存款　　4 000 000

任务二　应付债券核算

任务调研：请了解企业发行债券的业务是如何产生的，相关的业务处理程序是怎样的。

一、应付债券概述

应付债券，是企业筹集长期使用资金而发行的一种书面凭证。通过凭证上所记载的利率、期限等，表明发行债券企业承诺在未来某一特定日期还本付息。企业发行的超过1年的债券，构成了一项长期负债。

提示　企业发行债券有诸多限制，我国《公司法》规定，企业发行债券必须符合以下条件：第一，股份有限公司的净资产不低于人民币3 000万元，有限责任公司的净资产不低于人民币6 000万元；第二，累计债券总额不超过公司净资产的40%；第三，企业最近3年平均可分配利润足以支付公司债券1年的利息；第四，资金投向符合国家产业政策；第五，债券的利率不得超过国务院限定的利率水平；第六，国务院规定的其他条件。此外，我国《公司法》还就公司再次发行债券的条件做了限制性规定，即前一次发行的公司债券尚未募足，或已发行的公司债券或其他债务有违约或者延迟支付本息的事实，且仍处于继续状态的，不得再次发行公司债券。

企业发行的债券可按有无抵押担保、是否记名、是否可转换及偿还方式等进行分类。

（1）按有无抵押担保分类。根据有无抵押担保，可以将债券分为信用债券和担保债券。信用债券也称无担保债券，是仅凭债券发行者的信用而发行的，没有抵押品做担保的债券。

（2）按是否记名分类。根据在券面上是否记名，可以将债券分为记名债券和无记名债券。记名债券，是指在券面上注明债权人姓名，同时在发行公司的账簿上做同样登记的债券。转让记名债券时，除要交付票券外，还要在债券上背书和在公司账簿上更换债权人姓名。无记名债券，是指券面未注明债权人姓名，也不在公司账簿上登记其姓名的债券。现在市面上流通的一般都是无记名债券。

（3）按是否可转换分类。按是否可转换来分类，债券分为可转换债券与不可转换债券。可转换债券是能按一定条件转换为其他金融工具的债券；而不可转换债券就是不能转换为其他金融工具的债券。可转换债券一般指的都是可转换公司债券，这种债券的持有者可按一定的条件根据自己的意愿将持有的债券转换成股票。

（4）按偿还方式分类。企业发行的债券按偿还方式，可分为一次还本债券和分期还本债券。一次还本债券，是指本金在到期日一次偿还的债券；分期还本债券，是指本金分期偿还的债券。

企业发行的债券的价格，可以与债券的票面价值一致，也可以高于或低于债券的票面价值。这主要是因为债券的发行价格受同期银行存款利率的影响较大，一般情况下，若债券的票面利率高于银行利率，可按超过债券票面价值的价格发行，即溢价发行；溢价发行表明企业以后多付利息而事先得到的补偿。

如果债券的票面利率低于银行利率，可按低于债券票面价值的价格发行，即折价发行；折价发行表明企业以后少付利息而预先给投资者的补偿。

如果债券的票面利率与银行利率一致，可按票面价值发行，即按面值发行。溢价或折价是发行债券企业在债券存续期内对利息费用的一种调整。

二、一般公司债券业务的核算

企业对于为筹集长期资金而发行的债券，应设置“应付债券”科目核算。为反映长期债券的发行、利息的计提、本息的偿付等情况，可在该科目下设置“面值”“利息调整”“应计利息”等明细科目。

企业应按债券种类设置明细账，进行明细核算。另外，企业在发行债券时，应将待发行债券的票面金额、债券票面利率、还本期限与方式、发行总额、发行日期和编号、委托代售部门等情况在备查簿中进行登记。

一般公司债券业务的核算主要包括以下内容。

1. 债券发行业务的账务处理

无论是按面值发行，还是溢价发行或折价发行，均按债券面值记入“应付债券”科目的“面值”明细科目，实际收到的款项与面值的差额，记入“利息调整”明细科目。企业发行债券时，按实际收到的款项，借记“银行存款”“库存现金”等科目，按债券票面价值，贷记“应付债券——面值”科目，按其差额（即存在溢价、折价的情况），贷记或借记“应付债券——利息调整”科目。

关于债券发行费用，根据《企业会计准则——金融工具确认和计量》的规定，除以公允价值计量且其变动计入当期损益的金融负债之外，其他与金融负债相关的交易费用应当计入金融负债的初始确认金额。应付债券属于除以公允价值计量且其变动计入当期损益的金融负债之外的其他金融负债，因此，对于债券的发行直接产生的发行费用扣除发行期间冻结资金所产生的利息收入，应当作为“利息调整”的一部分计入债券的初始确认金额，在债券存续期间于计提利息时摊销，并按借款费用的处理原则予以资本化或费用化。

2. 利息调整摊销业务的账务处理

企业债券应按期计提利息。溢价或折价发行债券的，其债券发行价格与债券面值总额的差额即利息调整，应当在债券的存续期间内采用实际利率法进行摊销。

实际利率法，是指按照应付债券的实际利率计算其摊余成本及各期利息费用的方法，即各期的利息费用等于实际利率乘以期初应付债券的摊余成本；实际利率，是指将应付债券在债券存续期间的未来现金流量折现为该债券当前账面价值所使用的利率。

提示

实际利率一旦确定，在整个债券的存续期间内保持不变。当实际利率与合同约定的名义利率差异不大时，也可以采用合同约定的名义利率计算确定利息费用。

资产负债表日，对于分期付息、一次还本的债券，企业应按应付债券的摊余成本和实际利率计算确定的债券利息费用，借记“在建工程”“制造费用”“财务费用”等科目，按票面利率计算确定的应付未付利息，贷记“应付利息”科目，按其差额，借记或贷记“应付债券——利息调整”科目。

对于一次还本付息的债券，应于资产负债表日按摊余成本和实际利率计算确定的债券利息费用，借记“在建工程”“制造费用”“财务费用”等科目，按票面利率计算确定的应付未付利息，贷记“应付债券——应计利息”科目，按其差额，借记或贷记“应付债券——利息调整”科目。

3. 债券偿还业务的账务处理

对于分期付息、一次还本的债券，在每期支付利息时，借记“应付利息”科目，贷记“银行存款”科目；债券到期偿还本金并支付最后一期利息时，借记“应付债券——面值”“在建工程”“财务费用”等科目，贷记“银行存款”科目，如果存在利息调整，则还应按借贷双方之间的差额，借记或贷记“应付债券——利息调整”科目。

对于到期一次还本付息的债券，债券到期支付债券本息时，借记“应付债券——面值”“应付债券——应计利息”科目，贷记“银行存款”等科目。

【例 10-2】 2018 年 1 月 1 日，丁公司经批准发行 5 年期一次还本、分期付息的公司债券，面值为 60 000 000 元，债券利息在每年 12 月 31 日支付，票面利率为年利率 6%。假定债券发行时的市场利率为 5%，债券的发行价格为 62 596 200 元。债券已发行完毕，款项收入银行存款户。

债券溢价=62 596 200−60 000 000=2 596 200（元）

根据上述资料，时达公司有关利息费用的计算见表 10-2。

表 10-2　债券溢价摊销表（实际利率法）　单位：元

日期	现金流出 （*a*）	实际利息费用 （*b*）=（*d*）×5%	已偿还的本金 （*c*）=（*a*）−（*b*）	摊余成本余额 （*d*）=期初（*d*）+（*b*）−（*a*）
2018.01.01				62 596 200
2018.12.31	3 600 000	3 129 810	470 190	62 126 010
2019.12.31	3 600 000	3 106 300.50	493 699.50	61 632 310.50
2020.12.31	3 600 000	3 081 615.53	518 384.47	61 113 926.03
2021.12.31	3 600 000	3055 696.30	544 303.70	60 569 622.33
2022.12.31	3 600 000	3 030 377.67*	569 622.33	60 000 000
小计	18 000 000	15 403 800	2 596 200	60 000 000
2022.12.31	60 000 000	—	60 000 000	0
合计	78 000 000	15 403 800	62 596 200	—

*尾数调整：60 000 000+3 600 000−60 569 622.33=3 030 377.67（元）。

丁公司应做账务处理如下。

（1）2018 年 1 月 1 日，发行债券时。

借：银行存款　　62 596 200

　　贷：应付债券——面值　　60 000 000

　　　　　　　　——利息调整　　2 596 200

（2）2018 年 12 月 31 日，计算利息费用时。

借：财务费用（或在建工程）　　3 129 810

　　应付债券——利息调整　　470 190

　　贷：应付利息　　3 600 000

（3）2018 年 12 月 31 日，支付利息时。

借：应付利息　　3 600 000

　　贷：银行存款　　3 600 000

2019 年、2020 年、2021 年、2022 年确认利息费用的会计分录与 2018 年相同，金额与债券溢价摊销表（表 10-1）的对应金额一致。

（4）2022 年 12 月 31 日，归还债券本金及最后一期利息费用时。

借：财务费用（或在建工程）　　3 030 377.67

　　应付债券——面值　　60 000 000

　　　　　　——利息调整　　569 622.33

　　贷：银行存款　　63 600 000

企业发行的在一定期间内依据约定的条件转换成公司股份的公司债券，通常也称可转换公司债券。这种债券兼具债权和股权双重属性。我国发行可转换公司债券采取记名式无纸化发行方式，债券最短期限为 3 年，最长期限为 5 年。

在会计核算中，企业发行的可转换公司债券为长期负债，企业在“应付债券”科目中设置“可转换公司债券”明细科目进行核算。

任务三　长期应付款核算

任务调研：请了解企业融资租入固定资产的业务是如何产生的，相关的业务处理程序是怎样的。

微课：大唐集团发行债券

一、长期应付款概述

长期应付款，是指企业除了长期借款和应付债券以外的其他各种长期应付款项，主要包括应付融资租入固定资产的租赁费、以分期付款方式购入固定资产的应付款项等。长期应付款的特点在于数额较大、偿还期长，具有分期付款的性质，可以避免公司取得固定资产时一次性支付大量款项的困难。

为了核算企业长期应付款的发生和归还情况，企业应当设置“长期应付款”科目，该科目属于负债类科目，贷方反映企业发生的长期应付款，借方反映企业归还的长期应付款，期末贷方余额表示企业尚未归还的各种长期应付款。该科目可按长期应付款的种类和债权人进行明细核算。

为了核算企业分期计入利息费用的未确认融资费用情况，企业应设置“未确认融资费用”科目，该科目属于负债类科目，期末借方余额反映企业未确认融资费用的摊余价值。该科目可按债权人和长期应付款项目进行明细核算。

二、应付融资租赁款业务的核算

1. 融资租赁概述

租赁，是指在约定的期间内，出租人将资产使用权让给承租人以获取租金的行为。根据与租赁资产所有权有关的风险和报酬是否转移给承租人，可以将租赁分为融资租赁和经营租赁两类。

融资租赁，是指实质上转移了与资产所有权有关的全部风险和报酬的租赁。其所有权最终可能转移，也可能不转移。企业与出租人签订的租赁合同应否被认定为融资租赁合同，不在于租赁合同的形式，而应视出租人是否将租赁资产的风险和报酬转移给了承租人而定。如果实质上转移了与资产所有权有关的全部风险和报酬，则该项租赁应被认定为融资租赁；如果实质上并没有转移与资产所有权有关的全部风险和报酬，则该项租赁应被认定为经营租赁。

企业采用融资租赁方式租入的固定资产，虽然在法律形式上资产的所有权在租赁期间仍然属于出租人，但由于资产的租赁期基本上包括了资产的有效使用年限，承租企业实质上获得了租赁资产所能提供的主要经济利益，同时承担了与资产所有权有关的风险。因此，承租企业应将融资租入资产作为一项固定资产入账，同时确认相应的负债，并采用与自有应折旧资产相一致的折旧政策计提折旧。

下列各项中，属于融资租赁标准的有（　　）。

A. 租赁期占租赁资产使用寿命的大部分

B. 在租赁期届满时，租赁资产的所有权转移给承租人

C. 租赁资产性质特殊，如不做较大改造，只有承租人才能使用

D. 承租人有购买租赁资产的选择权，购价预计远低于行使选择权时租赁资产的公允价值

2. 应付融资租入固定资产租赁费的核算

应付融资租入固定资产租赁费的核算主要包括以下内容。

（1）租赁期开始日的账务处理。在租赁期开始日，承租人通常应当将租赁开始日租赁资产公允价值与最低租赁付款额现值两者中的较低者，加上发生的归属于租赁项目的手续费、律师费、差旅费、印花税等初始直接费用作为租入资产的入账价值，借记“在建工程”或“固定资产”科目，以最低租赁付款额作为长期应付款的入账价值，贷记“长期应付款”科目，按发生的初始直接费用，贷记“银行存款”科目，以其差额作为未确认融资费用，借记“未确认融资费用”科目。

最低租赁付款额，是指在租赁期内，承租人应支付或可能被要求支付的各种款项（不包括或有租金和履约成本），加上由承租人或与其相关的第三方担保的资产余值。履约成本，是指在租赁期内为租赁资产支付的各种使用费用，如技术咨询和服务费、人员培训费、维修费、保险费等。

担保余值，就承租人而言，是指由承租人或与其有关的第三方担保的资产余值；就出租人而言，是指就承租人而言的担保余值加上由独立于承租人和出租人，但在财务上有能力担保的第三方担保的资产余值。所谓资产余值，是指在租赁开始日估计的租赁期届满时租赁资产的公允价值；资产余值扣除就出租人而言的担保余值即为未担保余值。

最低租赁收款额，是指最低租赁付款额加上独立于承租人和出租人，但在财务上有能力担保的第三方对出租人担保的资产余值。最低租赁付（收）款额现值，是指将最低租赁付（收）款额按照一定的折现率进行折现的价值。

（2）按期支付租金及未确认融资费用分摊的账务处理。按期支付的租金，借记“长期应付款”科目，贷记“银行存款”等科目。未确认融资费用应当在租赁期内各个期间进行分摊，企业应当采用实际利率法计算确认当期的融资费用，借记“财务费用”“在建工程”等科目，贷记“未确认融资费用”科目。

（3）租赁资产计提折旧的账务处理。对于融资租入固定资产，承租人应对其计提折旧，折旧政策应与自有固定资产的折旧政策相一致。如果承租人或与其有关的第三方对租赁资产余值提供了担保，则应计提折旧总额为融资租入固定资产的入账价值扣除担保余值后的余额；如果承租人或与其有关的第三方未对租赁资产余值提供担保，则应计提折旧总额为融资租入固定资产的入账价值。

对于融资租入固定资产的折旧期间，一般应根据租赁合同的规定来确定：如果能够合理确定租赁期届满时承租人将会取得租赁资产所有权，即可认为承租人拥有该项资产的全部使用寿命，应以租赁开始日租赁资产的使用寿命作为折旧期间；如果无法合理确定租赁期届满时承租人能够取得租赁资产所有权，则应以租赁期与租赁资产寿命两者中的较短者作为折旧期间。

（4）租赁期满归还的账务处理。承租人对租赁资产的处理通常有 3 种情况：返还、优惠续租和留购。在判断租赁类型时，不应以租赁资产所有权是否转移给承租人为标准。

① 返还租赁资产。租赁期届满，承租人向出租人返还租赁资产时，如果存在承租人担保余值，则借记“长期应付款——应付融资租赁款”“累计折旧”等科目，贷记“固定资产——融资租入的固定资产”科目；如果不存在承租人担保余值，则借记“累计折旧”科目，贷记“固定资产——融资租入的固定资产”科目，如果还存在净残值，则还应借记“营业外支出——处置固定资产净损失”科目。

② 优惠续租租赁资产。如果承租人行使优惠续租选择权，则应视同该项租赁一直存在而做出相应的账务处理，如继续支付租金等。

③ 留购租赁资产。在承租人享有优惠购买选择权的情况下，支付购买价款时，借记“长期应付款——应付融资租赁款”科目，贷记“银行存款”等科目；同时，将固定资产从“融资租入固定资产”科目转入有关明细科目。

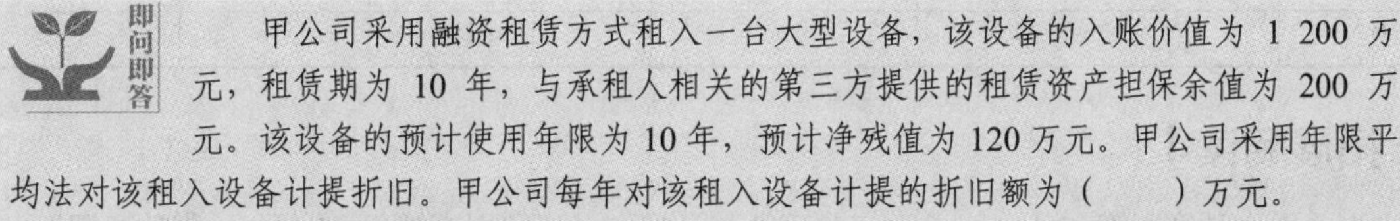

甲公司采用融资租赁方式租入一台大型设备，该设备的入账价值为 1 200 万元，租赁期为 10 年，与承租人相关的第三方提供的租赁资产担保余值为 200 万元。该设备的预计使用年限为 10 年，预计净残值为 120 万元。甲公司采用年限平均法对该租入设备计提折旧。甲公司每年对该租入设备计提的折旧额为（　　）万元。

A. 100　　B. 108　　C. 113　　D. 120

三、具有融资性质的延期付款业务的核算

企业购买资产如果超过正常信用条件支付价款，如采用分期付款方式购买资产，且在合同中规定的付款期限比较长，超过了正常信用条件（通常在 3 年及以上），在这种情况下，该项购货合同实质上具有融资性质，购入资产的成本不能以各期付款额之和确定，而应以各期付款额之和的现值确定。

提示　资产购买价款的现值，应当按照各期支付的价款选择恰当的折现率进行折现后的金额加以确定。折现率是反映当前市场货币时间价值和延期付款债务特定风险的利率。该折现率实质上是供货企业的必要报酬率。各期实际支付的价款之和与其现值之间的差额，应当在信用期间内采用实际利率法进行摊销，符合资本化条件的，应当计入固定资产成本，其余部分应当在信用期间内确认为财务费用，计入当期损益。

2019 年 1 月 1 日，甲公司采用分期付款方式购入大型设备一套，当日投入使用。合同约定的价款为 2 700 万元，分 3 年等额支付，该分期支付购买价款的现值为 2 430 万元。假定不考虑其他因素，甲公司该设备的入账价值为（　　）万元。

A. 810　　B. 2 430　　C. 900　　D. 2 700

企业购入资产超过正常信用条件延期付款实际上具有融资性质时，所购资产的成本应当以延期支付购买价款的现值为基础确定，借记“固定资产”“在建工程”等科目，按应支付的价款总额，贷记“长期应付款”科目，按其差额，借记“未确认融资费用”科目；在信用期间内采用实际利率法进行摊销未确认融资费用，借记“在建工程”“财务费用”等科目，贷记“未确认融资费用”科目。

【项目列报】

本项目非流动负债核算内容在资产负债表上的信息列示如表 10-3 所示。

表 10–3　非流动负债项目在资产负债表上的信息列示　单位：万元

资产	期末余额	年初余额	负债和所有者权益（或股东权益）	期末余额	年初余额
			流动负债：		
			……		
			非流动负债：		
			长期借款（=“长期借款”）		
			应付债券（=“应付债券”–“一年内到期的应付债券部分”）		
			长期应付款（=“长期应付款”–“未确认融资费用”–“一年内到期的长期应付款部分”）		
			专项应付款（=“专项应付款”）		
			……		

【拓展阅读】

《企业会计准则第 22 号——金融工具确认与计量》《企业会计准则第 17 号——借款费用》《企业会计准则第 21 号——租赁》《企业会计准则——基本准则》《企业会计准则——应用指南》《企业内部控制应用指引第 6 号——资金活动》。

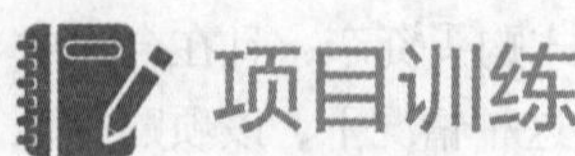

项目训练

一、单项选择题

1. 安泰公司于 2019 年 7 月 1 日按面值发行 3 年期、到期一次还本付息、年利率为 8%（不计复利）的债券，债券的面值总额为 500 万元。该公司所筹集的资金全部用于建造固定资产，至 2019 年 12 月 31 日工程尚未完工，计提本年长期债券利息。该期债券产生的实际利息费用全部符合资本化条件，作为在建工程成本。该公司 2019 年年末计提利息的会计分录为（　　）。

A. 借：在建工程　　200 000
　　贷：应付债券　　200 000

B. 借：在建工程　400 000
　　贷：应付债券　400 000
C. 借：在建工程　400 000
　　贷：应付利息　400 000
D. 借：在建工程　200 000
　　贷：应付利息　200 000

2. 某企业发行分期付息、到期一次还本的债券，按其票面利率计算确定的应付未付利息，应该记入（　　）科目。

A. “应付债券——应计利息”　B. “应付利息”
C. “应付债券——利息调整”　D. “应付债券——面值”

3. 甲企业 2019 年 7 月 1 日按面值发行 5 年期债券 200 万元。该债券到期一次还本付息，票面年利率为 6%。甲企业 2019 年 12 月 31 日应付债券的账面余额为（　　）万元。

A. 200　B. 206　C. 210　D. 250

4. 甲公司于 2019 年 1 月 1 日向 B 银行借款 1 000 000 元，为期 3 年，一次还本付息，合同利率为 3%，实际利率为 4%，为取得借款发生手续费 27 747 元，2019 年年末“长期借款”科目余额为（　　）元。

A. 1 011 143.12　B. 1 002 253　C. 981 143.12　D. 972 253

5. 某股份有限公司于 2019 年 1 月 1 日折价发行 4 年期、到期一次还本付息的公司债券，债券面值为 100 万元，票面年利率为 10%，发行价格为 90 万元。债券折价采用实际利率法摊销，假定实际利率是 12%。该债券 2019 年度确认的利息费用为（　　）万元。

A. 6.5　B. 10　C. 10.8　D. 7.5

6. 就发行债券的企业而言，所获债券溢价收入实质上是（　　）。

A. 为以后少付利息而付出的代价　B. 为以后多付利息而得到的补偿
C. 本期利息收入　D. 以后期间的利息收入

7. 2019 年 4 月 1 日，丙公司对其以经营租赁方式新租入的办公楼进行装修，发生以下有关支出：领用生产用原材料 50 万元，购进该批原材料时支付的增值税进项税额为 8.5 万元；辅助生产车间为该装修工程提供的劳务支出为 18 万元；有关人员工资等职工薪酬 43.5 万元。计入长期待摊费用的金额为（　　）元。

A. 102　B. 1 200 000　C. 68　D. 76.5

8. 某公司于 2019 年 1 月 1 日对外发行 3 年期、面值总额为 1 000 万元的公司债券，债券票面年利率为 7%，分期付息，到期一次还本，实际收到发行价款 1 054.47 万元。该公司采用实际利率法摊销债券溢折价，不考虑其他相关税费，经计算确定其实际利率为 5%。2019 年 12 月 31 日，该公司该项应付债券的“利息调整”明细科目余额为（　　）万元。

A. 54.47　B. 71.75　C. 37.19　D. 17.28

9. 下列对长期借款利息费用的会计处理中，不正确的有（　　）。

A. 筹建期间的借款利息计入管理费用
B. 筹建期间的借款利息计入长期待摊费用
C. 日常生产经营活动的借款利息计入财务费用
D. 符合资本化条件的借款利息计入相关资产成本

10. 企业长期借款的利息费用，不可能涉及的科目有（　　）。

A. “在建工程”　B. “管理费用”　C. “财务费用”　D. “固定资产”

11. 企业以折价方式发行债券时，每期实际负担的利息费用是（　　）。

A. 按票面利率计算的利息减去应摊销的折价

B. 按实际利率计算的利息减去应摊销的折价

C. 按实际利率计算的利息

D. 按实际利率计算的利息加上应摊销的折价

12. 某股份有限公司于 2018 年 1 月 1 日发行 3 年期、每年 1 月 1 日付息、到期一次还本的公司债券，债券面值为 200 万元，票面年利率为 5%，实际利率为 6%，发行价格为 194.65 万元。按实际利率法确认利息费用。该债券 2019 年度确认的利息费用为（　　）万元。

A. 11.78　　B. 12　　C. 10　　D. 11.68

13. 企业每期期末计提一次还本付息的长期借款利息，对其中应当予以资本化的部分，下列会计处理中正确的是（　　）。

A. 借记“财务费用”科目，贷记“长期借款”科目

B. 借记“财务费用”科目，贷记“应付利息”科目

C. 借记“在建工程”科目，贷记“长期借款”科目

D. 借记“在建工程”科目，贷记“应付利息”科目

14. 甲公司 2019 年 1 月 1 日发行 3 年期可转换公司债券，实际发行价款为 100 000 万元，其中负债成分的公允价值为 90 000 万元。假定发行债券时另支付发行费用 300 万元。甲公司发行债券时应确认的“应付债券”的金额为（　　）万元。

A. 9 970　　B. 10 000　　C. 89 970　　D. 89 730

15. 某公司计划于 2019 年 1 月 1 日发行公司债券，面值总额为 5 000 万元，期限为 3 年，每年年末付息一次，到期还本。票面年利率为 6%，市场利率为 4%，已知（*P*/*A*，4%，3）=2.775 1，（*P*/*F*，4%，3）=0.889 0，该公司债券的预定发行价格应为（　　）万元。

A. 5 277.53　　B. 5 000　　C. 5 136.16　　D. 5 030.62

二、多项选择题

1. 企业在生产经营期间按面值发行债券，按期计提利息时，可能涉及的会计科目有（　　）。

A.“财务费用”　　B.“在建工程”　　C.“短期借款”　　D.“管理费用”

2. 下列关于企业发行一般公司债券的会计处理中，正确的有（　　）。

A. 无论是按面值发行，还是溢价发行或折价发行，均应按债券面值记入“应付债券”科目的“面值”明细科目

B. 实际收到的款项与面值的差额，应记入“利息调整”明细科目

C. 对于利息调整，企业应在债券存续期间内选用实际利率法或直线法进行摊销

D. 资产负债表日，企业应按应付债券的面值和实际利率计算确定当期的债券利息费用

3. 下列关于可转换公司债券的说法或做法中，正确的有（　　）。

A. 企业发行的可转换公司债券，应当在初始确认时将其包含的负债成分和权益成分进行分拆，将负债成分确认为应付债券，将权益成分确认为资本公积

B. 可转换公司债券在进行分拆时，应当对负债成分的未来现金流量进行折现确定负债成分的初始确认金额

C. 发行可转换公司债券发生的交易费用，应当直接计入当期损益

D. 发行可转换公司债券发生的交易费用，应当在负债成分和权益成分之间按照各自的相对公允价值比例进行分摊

4. 长期借款一般用于（　　）。

A. 固定资产的购建　　B. 改扩建工程
C. 大修理工程　　D. 流动资产的正常需要

5. 长期借款计息所涉及的科目有（　　）。

A. “管理费用”　B. “财务费用”　C. “在建工程”　D. “应付利息”

6. 企业的下列筹资方式中，属于非流动负债的有（　　）。

A. 发行 3 年期公司债券　　B. 发行 9 个月的公司债券
C. 向银行借入 2 年期的借款　　D. 融资租入固定资产的融资租赁费

7. 企业发行的应付债券的利息调整金额，每期摊销时可能计入的科目有（　　）。

A. “在建工程”　B. “长期待摊费用”　C. “财务费用”　D. “待摊费用”

8. “应付债券”科目的贷方反映的内容有（　　）。

A. 溢价发行时产生的利息调整费用　　B. 折价发行时利息调整费用的摊销
C. 期末计提的应付债券利息　　D. 溢价发行时利息调整费用的摊销

9. 企业在计算最低租赁付款额的现值时，能够用来作为折现率的是（　　）。

A. 租赁内含利率　　B. 租赁合同规定的利率
C. 同期银行存款利率　　D. 同期银行贷款利率

10. 下列项目中，属于“长期应付款”科目核算内容的有（　　）。

A. 政府作为企业所有者投入的具有特定用途的款项
B. 以分期付款方式购入固定资产发生的应付款项
C. 应付经营租入固定资产租赁费
D. 企业采用补偿贸易方式引进国外设备发生的应付款项

11. “长期应付款”科目核算的主要内容有（　　）。

A. 应付经营租入固定资产的租赁费
B. 以分期付款方式购入固定资产发生的应付款项
C. 采用补偿贸易方式引进国外设备价款
D. 应付融资租入固定资产的租赁费

12. 关于应付债券，下列说法中正确的有（　　）。

A. 应按摊余成本和实际利率计算确定应付债券的利息费用
B. 应按合同约定的名义利率计算确定利息费用
C. 对于分期付息、一次还本的债券，应于资产负债表日按摊余成本和实际利率计算确定债券利息，其与按票面利率计算确定的应付利息的差额，借记或贷记“应付债券——利息调整”科目
D. 企业发行债券（非可转换公司债券）所发生的交易税费，计入应付债券初始确认金额

三、判断题

1. “长期借款”科目的月末余额，反映企业尚未支付的各种长期借款的本金。（　）

2. 债券溢价发行时，采用实际利率法对利息调整进行摊销，摊销的利息调整金额逐期减小，利息费用逐期增大。（　）

3. 当可转换公司债券持有人行使转换权利时，应减少“资本公积——其他资本公积”科目中属于该项可转换公司债券的权益成分的金额。（　）

4. 企业发行的应付债券的利息，均应通过“应付债券——应计利息”科目核算。（　）

5. 筹建期间长期借款的利息费用，计入管理费用，与开办费的处理一致。（　）

6. 长期借款用于购建固定资产的，在固定资产达到预定可使用状态之后发生的利息支出，计入“管理费用”科目。（　）

7. “应付债券——应计利息”科目核算的是分期付息债权的利息。（ ）

8. 债券溢价发行时，采用实际利率法对利息调整进行摊销，摊销的利息调整金额逐期增大，利息费用逐期减小。（ ）

9. 在可转换公司债券未转换为股份之前，其会计处理与一般债券的会计处理相同，并计提利息、摊销折（溢）价。（ ）

10. 企业进行债券溢价的摊销时，就债券发行企业而言是调整减少各期利息费用；就债券投资者而言是调整增加各期利息收入。（ ）

11. 债券溢价金额属于债券投资者给予债券发行人多付利息的一种补偿。（ ）

12. 债券票面利率低于金融市场利率可能导致债券折价。（ ）

四、不定项选择题

丁企业发生下列有关应付债券的经济业务。

1. 经批准，丁企业于2019年1月1日发行每张面值为100元、票面利率为6%（实际利率与票面利率一致）、期限为5年的债券20万张，该债券为一次还本付息债券，每年12月31日计提利息，发行收入已收到并存入银行（不考虑发行费用）。该企业发行债券筹集的资金当期全部用于某建设项目，该项目建造的是一栋厂房。该企业按年计提债券利息。该项目从2019年1月1日开始动工，于2019年12月31日完工并达到预定可使用状态。建造过程中还发生以下业务。

（1）领用自产产品一批，成本为2 000万元，由于市场销售状况不好，目前市场售价也为2 000万元，增值税税率为16%。

（2）用上述债券取得的款项购入建造厂房所用工程物资一批，购买价为2 000万元，增值税为340万元，用银行存款支付。

（3）建造厂房领用上述购入的全部工程物资。

（4）工程建造过程中发生的在建工程人员工资总额为1 800万元，尚未支付。

（5）企业的辅助生产车间提供相关的供电服务共计1 400万元。

（6）2019年12月31日厂房达到预定可使用状态。

2. 该厂房投入使用后，企业采用年限平均法计提折旧，预计使用年限为20年，无残值。

3. 2021年6月月末，由于企业经营不善，需要一批周转资金，于是将该厂房进行了处置，取得价款7 500万元，增值税款1 200万元，价款已经收到并存入银行。假定购入工程物资的增值税应计入工程物资成本，2019年应付债券利息应计入工程成本。

要求：根据上述资料，不考虑其他因素，回答下列第（1）～（5）题（答案中金额单位用万元表示）。

（1）不考虑上述资料，关于债券利息费用的账务处理，下列说法中正确的是（ ）。

A. 每期记入“财务费用”等科目的利息费用，按照票面利率核算

B. 每期记入“财务费用”等科目的利息费用，按照实际利率核算

C. 每期确认的“应付利息”或“应付债券——应计利息”科目的利息费用，按照票面利率核算

D. 每期确认的“应付利息”或“应付债券——应计利息”科目的利息费用，按照实际利率核算

（2）下列2019年有关应付债券的会计分录中，正确的是（ ）。

A. 借：银行存款 2 000
　　贷：应付债券——面值 2 000

B. 借：在建工程 120
　　贷：应付债券——应计利息 120

C. 借：在建工程　　120
　　贷：应付利息　　120
D. 借：财务费用　　120
　　贷：应付债券——应计利息　　120

（3）关于购入工程物资和建造厂房的会计处理，下列分录中正确的是（　　）。

A. 借：在建工程　　2 000
　　贷：库存商品　　2 000
B. 借：工程物资　　2 340
　　贷：银行存款　　2 340
C. 借：工程物资　　2 000
　　应交税费——应交增值税（进项税额）　　340
　　贷：银行存款　　2 340
D. 借：在建工程　　1 800
　　贷：应付职工薪酬　　1 800

（4）2020 年厂房应计提的折旧额为（　　）万元。

A. 394　　B. 400　　C. 377　　D. 360

（5）下列 2021 年 6 月月末厂房处置的会计分录中，正确的是（　　）。

A. 借：固定资产清理　　7 400
　　累计折旧　　600
　　贷：固定资产　　8 000
B. 借：银行存款　　7 500
　　贷：固定资产清理　　7 500
C. 借：固定资产清理　　1 200
　　贷：应交税费——应交增值税　　1 200
D. 借：营业外支出　　275
　　贷：固定资产清理　　275

五、实务题

1. A 企业 2019 年 1 月 1 日向银行借入资金 1 000 万元，用于某工程项目，借款期限为 2 年，借款利率为 10%，合同规定到期一次还本付息。该工程项目从 2019 年 1 月 1 日开始建设，并投入了所有借入的 1 000 万元资金，项目于 2020 年 6 月 30 日完工（达到预定可使用状态）。

要求：编制该借款业务的相关会计分录。（答案中的金额单位用万元表示）

2. 完成不定项选择题中涉及经济业务的账务处理。

项目十一 所有者权益核算

学习要点

- 所有者权益的构成
- 实收资本（或股本）业务的核算
- 资本公积业务的核算
- 盈余公积业务的核算
- 未分配利润业务的核算
- 弥补亏损业务的核算
- 所有者权益项目的列示

关键术语

- 所有者权益（Owner's Equity）
- 股东权益（Shareholder's Equity）
- 实收资本（Paid-in Capital）
- 资本公积（Additional Paid-in Capital）
- 盈余公积（Surplus Reserve）
- 未分配利润（Retained Earnings）

【项目引入及要求】

1. 项目引入

2019 年 1 月，假设您到 A 有限责任公司进行顶岗实习。设立时，收到 B 公司作为资本投入的 300 000 元，款项存入银行；收到 C 公司作为资本投入的一批甲材料，该批材料的投资合同中约定价值为 200 000 元（不含可抵扣的增值税进项税额），增值税进项税额为 32 000 元，C 公司已开具了增值税专用发票；收到 D 公司作为资本投入的不需要安装的机器设备一台，合同约定该机器设备的价值为 3 000 000 元，增值税进项税额为 480 000 元；收到 E 公司作为资本投入的一项土地使用权，投资合同中约定价值为 2 080 000 元。假设 A 公司接受该项土地使用权符合国家注册资本管理的有关规定，可按合同约定价值作为实收资本入账。上述收到的各项资产假设合同约定价值与公允价值相符，不考虑其他因素。

2. 项目要求

（1）请熟悉本项目内容在资产负债表中的位置。

所有者权益是一个涵盖了任何企业组织形式的净资产的广义概念，具体到某一特定形式的企业组织，所有者权益便以不同形式出现。从会计核算角度看，公司制企业中的股份有限公司对所有者权益的核算比其他类型的企业复杂。本项目最大的特点是涉及的法律、法规比较多。所有者权益的确认依赖于资产、负债的确认，并在资产负债表中按照实收资本、资本公积、其他综合收益、盈余公积、未分配利润项目分别反映。本项目内容在资产负债表中的位置，如表 11-1 所示。

表 11–1 所有者权益项目在资产负债表中的信息列示 单元：元

资产	期末余额	年初余额	负债和所有者权益（或股东权益）	期末余额	年初余额
流动资产：			流动负债：		
			……		
			非流动负债：		
			……		
			所有者权益（或股东权益）：		
			实收资本（或股本）		
			资本公积		
			减：库存股		
			其他综合收益		
			盈余公积		
			未分配利润		
			所有者权益（或股东权益）合计		
			负债和所有者权益（或股东权益）总计		

（2）请根据本项目内在知识点的逻辑关系，制作本项目思维导图。

（3）请搜集与本项目有关的真实案例。

（4）学完本项目，请完成项目引入中 A 公司所有者权益业务的账务处理，掌握所有者权益业务的核算。

（5）学完本项目，请了解资产负债表中“实收资本”“资本公积”“盈余公积”“未分配利润”等项目是如何填列的。

任务一 实收资本核算

任务调研：请了解企业实收资本的业务是如何产生的，相关的业务处理程序是怎样的。

一、实收资本概述

1. 实收资本的含义

实收资本，是指企业按照章程规定或合同、协议约定，接受投资者投入企业的资本。实收资本的构成比例或股东的股权比例，是确定所有者在企业所有者权益中份额的基础，也是企业进行利润或股利分配的主要依据。

企业收到投资者投入资本时，必须聘请注册会计师验资，出具验资报告，并由企业签发出资证明，以保护债权人和各方投资者的合法权益。投资者投入资金后，不允许随意抽回资金。在经营过程中，实收资本的变动受到法律法规的约束。如果出现实收资本比原注册资金数额增减超过20%的情况，应持资金使用证明或者验资证明，向原登记主管机关申请变更登记。投资者投入资本未经办理验资手续的，不得以任何形式减少或抽回。

提示

根据市场经济的要求，现代企业的主要组织形式按照财产的组织形式和所承担的法律责任划分。国际上通常分类为：独资企业、合伙企业以及公司制企业。不同组织形式的企业具有不同的特点。独资企业，即个人出资经营，归个人所有和控制，由个人承担经营风险和享有全部经营收益的企业。以独资经营方式经营的独资企业负有无限的经济责任，当企业的资产不足以清偿其债务时，业主以其个人财产偿付企业债务。有利于保护债权人利益，但独资企业不适宜风险大的行业，我国的个体户和私营企业很多属于此类企业；合伙企业的出资者通常称为合伙人，人数最少在两人以上，人数的多少视企业的性质和规模的大小而定。合伙人对企业进行共同的投资经营，对于企业的盈亏按照各合伙人的投资比例或合伙契约中规定的比例进行分配。当企业资不抵债时，各合伙人对企业的债务同样负有连带无限责任；公司制企业是按所有权和管理权分离，出资者按出资额对公司承担有限责任创办的企业，主要包括有限责任公司和股份有限公司。

2. 实收资本的分类

（1）按投资主体不同分类。实收资本按投资主体不同分为国家资本金、法人资本金、个人资本金和外商资本金。其中，国家资本金，是指有权代表国家投资的政府部门或机构以国有资产投入企业形成的资本；法人资本金，是指具有法人资格的经济组织以其依法可支配的资产投入企业形成的资本；个人资本金，是指我国企业职工或其他公民以其合法财产投入企业形成的资本；外商资本金，是指外国投资者以及我国香港特别行政区、澳门特别行政区和台湾地区的投资者以其资产投入企业形成的资本。

（2）按投入形态不同分类。实收资本按投入形态不同分为货币投资、实物投资和无形资产投资。其中，货币投资，是指投资人将货币资金投入被投资企业的方式；实物投资，是指投资人以被投资企业所需的厂房、设备等固定资产和材料、产品等流动资产进行投资的方式；无形资产投资，是指投资人以专利权、商标权、非专利技术、土地使用权和著作权等无形资产进行投资的方式。法律、行政法规规定不得作为出资的财产除外。

提示

企业应当对作为出资的非货币财产评估作价，核实财产，不得高估或者低估作价。法律、行政法规对评估作价有规定的，从其规定。全体股东的货币出资金额不得低于有限责任公司注册资本的30%。不论以何种方式出资，投资者如在投资过程中违反投资合约或协议约定，不按规定如期缴足出资额，企业可以依法追究投资者的违约责任。

二、实收资本（股本）业务核算的科目设置

1. 股份有限公司股本业务核算的科目设置

股份有限公司，又称股份公司，是指将公司全部资本分为等额股份，股东以其认购的股份为限对公司承担责任，公司以其全部财产对公司的债务承担责任的公司。

提示

股份有限公司是以发行股票的方式来筹集资本的，股票的面值与股份总额的乘积为股本，股本应等于股份有限公司的注册资本。从理论上讲，股票发行有3种情况：一是溢价发行，即公司发行股票所得收入大于股本总额；二是折价发行，即公司发行股票所得收入小于股本总额；三是面值发行，也称平价发行，即公司发行股票所得收入等于股本总额。我国有关法律规定，股份有限公司应在核定的股本总额及核定的股份总额范围内平价或溢价发行股票。

为了如实反映公司的股本数额，股份有限公司应设置“股本”科目，核算公司实际发行股票的面值总额。该科目为所有者权益类科目，其贷方登记因发行股票、可转换债券调换成股票和发放股票股利等而增加的股本，借方登记按法定程序报经批准减少注册资本时实际发还的股款数；期末贷方余额表示公司实际拥有的股本数额。为提供公司股份的构成情况，应在“股本”科目下，按普通股和优先股及股东单位或姓名设置明细账。

2. 除股份有限公司外，其他企业实收资本核算的科目设置

除股份有限公司外，其他企业应设置“实收资本”科目，核算投资者投入资本的增减变动情况。该科目为所有者权益类科目，其贷方登记公司实际收到的投资者交付的资本额，以及按规定用资本公积金、盈余公积金转增资本金的数额，借方登记公司按法定程序减资时减少的注册资本数额，或公司解散清算时注销的注册资本数额；期末贷方余额表示公司现有的资本金数额。

三、实收资本（股本）业务的核算

1. 接受现金资产投资

（1）股份有限公司接受现金资产投资。股份有限公司发行股票收到现金资产时，借记“银行存款”等科目，按每股股票面值和发行股份总额的乘积计算的金额，贷记“股本”科目，按实际收到的金额与该股本之间的差额，贷记“资本公积——股本溢价”科目。

股份有限公司发行股票发生的手续费、佣金等交易费用，应从溢价中抵扣，冲减资本公积（股本溢价）。

【例11-1】 2019年1月1日，甲股份有限公司发行普通股3 000万股，优先股500万股，普通股和优先股的每股面值均为1元，每股发行价格为3元。假定股票发行成功，全部股款已收妥入账，不考虑发行过程中的税费等因素。

甲公司应做账务处理如下。

借：银行存款	105 000 000	
贷：股本——普通股		30 000 000
——优先股		5 000 000
资本公积——股本溢价		70 000 000

（2）股份有限公司外的其他公司接受现金投资业务。公司接受现金资产投资时，应以实际收到的金额或存入公司开户银行的金额，借记“银行存款”等科目，按投资合同或协议约定的投资者在公司注册资本中所占份额的部分，贷记“实收资本”科目，公司实际收到或存入开户银行的金额超过投资者在公司注册资本中所占份额的部分，贷记“资本公积——资本溢价”科目。

【例 11-2】 甲、乙、丙共同投资设立丙有限责任公司，注册资本为 3 000 000 元，甲、乙、丙的持股比例分别为 60%、25%和 15%。按照章程规定，甲、乙、丙分别投入资本 1 800 000 元、750 000 元和 450 000 元。丙公司已如期收到各投资者一次缴足的款项。

丙公司应做账务处理如下。

	借方	贷方
借：银行存款	3 000 000	
贷：实收资本——甲		1 800 000
——乙		750 000
——丙		450 000

2. 接受非现金资产投资

公司收到投资者以实物、知识产权、土地使用权等可以用货币估价且能依法转让的非货币财产作价投入资本时，对作为出资的非货币财产应当评估作价，核实财产，不得高估或低估作价；法律、行政法规对评估作价有规定的，从其规定。不论以何种方式出资，投资者如在投资过程中违反投资合约，不按规定如期交足出资额，公司可以依法追究投资者的违约责任。

公司接受非现金资产投资时，应按投资合同或协议约定价值确定非现金资产价值（但投资合同或协议约定价值不公允的除外）和在注册资本中应享有的份额。

【例 11-3】 2018 年 8 月 1 日，公司 1、公司 2、公司 3 三家公司共同投资设立翔云有限责任公司，注册资本 10 000 000 元。其中：公司 1 认缴人民币 5 000 000 元，占注册资本的 50%，出资方式为货币 3 000 000 元，非专利技术一项，该非专利技术在投资合同中约定的价值为 2 000 000 元；公司 2 认缴人民币 2 500 000 元，占注册资本的 25%，出资方式为不需要安装的机器设备一批，合同约定该机器设备的价值为 2 500 000 元，增值税进项税额为 400 000 元；公司 3 认缴人民币 2 500 000 元，占注册资本的 25%，出资方式为原材料一批，该批原材料在投资合同或协议中的约定价值为 1 000 000 元，增值税进项税额为 160 000 元。出资货币 1 500 000 元。公司 2、公司 3 均已开具了增值税专用发票；公司 1 接受该非专利技术和国家注册资本管理的有关规定，可按合同约定作实收资本入账。假设上述合同约定的价值与公允价值相符，进项税额均允许抵扣。不考虑其他因素。

公司应做账务处理如下。

	借方	贷方
借：银行存款	4 500 000	
原材料	1 000 000	
固定资产	2 500 000	
应交税费——应交增值税（进项税额）	560 000	
无形资产——非专利技术	2 000 000	
贷：实收资本——公司 1		5 000 000
——公司 2		2 500 000
——公司 3		2 500 000
资本公积——资本溢价		560 000

3. 实收资本（或股本）增减变动

（1）实收资本（或股本）增加。企业在生产经营过程中需要增加注册资本时，应当由股东大会或董事会等企业最高权力机构通过增加资本或修改公司章程，办理了增资手续后才能增加股本或实收资本。

提示　一般情况下，企业的实收资本应相对固定不变，但在某些特定情况下，实收资本也可能发生增减变化。增加资本的途径主要有：股份有限公司增资扩股、分配股票股利、用盈余公积或资本公积转增资本；有限责任公司有新投资人介入，或投资人增加资本，用盈余公积或资本公积转增资本等。《中华人民共和国企业法人登记管理条例》中规定，除国家另有规定外，企业的注册资金应当与实收资本相一致，当实收资本比原注册资金增加或减少的幅度超过20%时，应持资金信用证明或验资证明，向原登记主管机关申请变更登记。如擅自改变注册资本或抽逃资金，要受到工商行政管理部门的处罚。

① 投资者追加投资。投资者追加投资的核算与初始投资的核算相同。须注意的是，有限责任公司有新投资者介入时，收到的出资额大于按约定的投资比例计算的金额的差额应记入“资本公积”科目。由于投资者追加投资的核算与初始投资相同，此处不再赘述。

② 公积金转增资本。用资本公积和盈余公积转增资本，须经股东大会或类似机构决议批转。独资企业比较简单，可直接进行结转。转增资本时，借记“资本公积”“盈余公积”科目，贷记“实收资本”科目。有限责任公司或股份有限公司转增资本时，应按照原投资者所持有的股份同比例增加各投资者的出资额。

【例 11-4】 A公司按有关规定办理增资手续后，将资本公积200 000元转增资本，将法定盈余公积600 000元用于增加资本。

A公司应做账务处理如下。

借：资本公积	200 000	
盈余公积——法定盈余公积	600 000	
贷：实收资本		800 000

③ 发行新股转增资本。股份有限公司为了满足开发新产品、引进新技术、进行设备更新改造以及扩大经营规模等资金需要，报经有关部门批准，符合增资条件的，经股东大会决议后，可以向外界公开发行增资股票。对于因公司增资需要而发行的新股票，除了由外界新股东认购外，公司的原股东具有优先认购权。

④ 发放股票股利增资。股票股利是股份有限公司以增发股票的方式向股东分派的股利。通常是按现有股东的持股比例，采用增发普通股的形式来分派给普通股股东。股票股利实质上是公司将留存收益的一部分予以资本化，它既不会影响公司的资产和负债，也不会影响股东权益总额。它只是在股东权益内部，一方面减少了留存收益，另一方面增加了股本。如果公司为简单资本结构类型（即公司的资本仅由普通股所构成），则按股东所持有的股份比例发放股票股利后，公司的股权结构不会发生变化。股东大会批准的利润分配方案中的股票股利，应在办理增资手续后，借记“利润分配”科目，贷记“股本”科目。

【例 11-5】 甲股份有限公司经股东大会决定，分派股票股利共计4 000 000元，股票股利的面值总额为1 500 000元。

甲公司应做账务处理如下。

借：利润分配——转作股本的普通股股利	4 000 000	
贷：股本		1 500 000
资本公积——股本溢价		2 500 000

⑤ 将可转换公司债券转换为股本。可转换公司债券持有人行使转换权利，将其持有的债券转换为股票时，应按可转换公司债券的余额，借记“应付债券——可转换公司债券（面值、利息调

整）”科目，按其权益成分的金额，借记“资本公积——其他资本公积”科目，按股票面值和转换的股数计算的股票面值总额，贷记“股本”科目，按其差额贷记“资本公积——股本溢价”科目。如有现金支付不可转换股票，还应贷记“银行存款”科目。

⑥ 将重组债务转为资本。公司应将重组债务的账面余额，借记“应付账款”等科目，按债权人因放弃债权而享有本企业股份的面值总额，贷记“实收资本（或股本）”科目，按股份的公允价值总额与相应的实收资本或股本之间的差额，贷记或借记“资本公积——资本溢价（或股本溢价）”科目，按其差额，贷记“营业外收入——债务重组利得”科目。

⑦ 以权益结算的股份支付在行权日增加实收资本。公司以权益结算的股份支付换取职工或其他地方提供服务的，应在行权日，按实际行权的权益工具数量计算确定的金额，借记“资本公积——其他资本公积”科目，按应计入实收资本的金额，贷记“实收资本”科目，按其差额贷记“资本公积——资本溢价（或股本溢价）”科目。

（2）实收资本（或股本）减少。

① 除股份有限公司以外其他公司的减资。股份有限公司以外其他公司因资本过剩而减资，一般要发还投资款，经公司登记机关批准后，向投资者发还投资款时，借记“实收资本”科目，贷记“银行存款”等科目。

② 股份有限公司回购本公司股票的减资。我国《公司法》设置了股份有限公司股东股权回购的请求权，在出现规定的有关情形时，股东可以要求公司按照合理价格收购其股权。为此，股份有限公司应设置“库存股”科目，核算公司收购的尚未转让或注销的本公司股份金额。

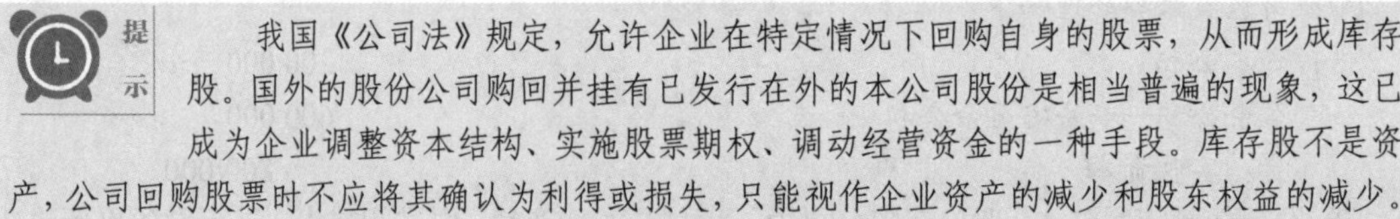

提示 我国《公司法》规定，允许企业在特定情况下回购自身的股票，从而形成库存股。国外的股份公司购回并挂有已发行在外的本公司股份是相当普遍的现象，这已成为企业调整资本结构、实施股票期权、调动经营资金的一种手段。库存股不是资产，公司回购股票时不应将其确认为利得或损失，只能视作企业资产的减少和股东权益的减少。

股份有限公司回购股份的全部支出转作库存股成本，回购的股份在注销或转让之前，作为库存股被管理。股份有限公司收购本企业股票，按实际回购价借记“库存股”科目，贷记“银行存款”等科目。

注销库存股时，按照注销的股份数量减少相应的股本，库存股本成本高于对应股本的部分，依次冲减资本公积金、盈余公积金、以前年度未分配利润；低于对应股本的部分，增加资本公积金。如果回购股票支付的价款高于其面值，应按股票面值总额，借记“股本”科目，贷记“库存股”科目，然后按库存股与股票面值之间的差额，依次借记“资本公积”“盈余公积”“利润分配——未分配利润”科目；如果回购股票支付的价款低于其面值，应按股票面值总额，借记“股本”科目，贷记“库存股”科目，按库存股成本与股票面值之间的差额，贷记“资本公积——股本溢价”科目。

企业转让库存股时，应按实际收到的金额，借记“银行存款”科目，按转让库存股的账面余额，贷记“库存股”科目，实际收到的金额与库存股成本的差额，贷记“资本公积——股本溢价”科目。如为借方差额的，借记“资本公积——股本溢价”科目，股本溢价不足以冲减的，应依次冲减盈余公积、未分配利润，借记“盈余公积”“利润分配——未分配利润”科目。

【例 11-6】 甲股份有限公司 2019 年 12 月 31 日股东权益的股本为 10 000 万元（面值为 1 元），资本公积——股本溢价为 3 000 万元，盈余公积为 4 000 万元，未分配利润为 0 万元。经董事会批准回购本公司股票并注销。经股东大会批准，甲公司以现金回购本公司股票 2 000 万股并予以注销。

甲公司应做账务处理如下。

情形一： 假设甲公司按每股 2 元的价格回购股票，不考虑其他因素。

① 回购本公司股票时。

库存股成本=20 000 000×2=40 000 000（元）。

借：库存股　　40 000 000
　贷：银行存款　　40 000 000

② 注销本公司股票时。

应冲减的资本公积=20 000 000×2−20 000 000×1=20 000 000（元）。

借：股本　　20 000 000
　资本公积——股本溢价　　20 000 000
　贷：库存股　　40 000 000

情形二： 假设甲公司按每股 3 元的价格回购股票，其他条件不变。

① 回购本公司股票时。

库存股成本=20 000 000×3=60 000 000（元）。

借：库存股　　60 000 000
　贷：银行存款　　60 000 000

② 注销本公司股票时。

应冲减的资本公积=20 000 000×3−20 000 000×1=40 000 000（元）。

借：股本　　20 000 000
　资本公积——股本溢价　　30 000 000
　盈余公积　　10 000 000
　贷：库存股　　60 000 000

即问即答

假设甲公司按每股 0.9 元的价格回购股票，其他条件不变。则回购本公司股票时，库存股成本为（　　）元，注销本公司股票时，应增加的资本公积为（　　）元。

③ 公司发生重大亏损减资。公司在经营中由于特殊原因发生了重大亏损，在短期内难以用利润和公积金弥补的，就不能发放股利，以后年度实现了利润，首先弥补亏损。如果一家公司长期不发放股利，就势必会动摇投资者的信心，影响其投资信誉，所以经股东大会决议，在履行减资手续后，可用实收资本弥补亏损，从而使公司能放下包袱转入正常经营。用实收资本弥补亏损时，借记“股本”或“实收资本”科目，贷记“利润分配——未分配利润”科目。

提示

公司的实收资本（或股本）在通常情况下不能随意减少，投资者在公司存续期间内，按照有关法律规定不能抽回资本（或股本）。但是，在公司发生缩小经营规模、资本过剩或发生重大亏损而短期内又无力弥补等特殊情况时，公司须减少注册资本。公司减少实收资本应按规定在原登记机关申请变更。

任务二　资本公积核算

任务调研：请了解企业资本公积的业务是如何产生的，相关的业务处理程序是怎样的。

一、资本公积概述

资本公积，是指企业收到的投资者出资金额超出其在注册资本（或股本）中所占份额的部分，以及其他资本公积等。其中，形成资本公积（或股本溢价）的原因有溢价发行股票、投资者超额缴入资本等。其他资本公积，是指除净损益、其他综合收益和利润分配以外的所有者权益的其他变动。如企业的长期股权投资采用权益法核算时，因被投资单位除净损益、其他综合收益和利润分配以外所有者权益的其他变动，投资企业应享有份额而增加或减少的资本公积。

企业根据国家有关规定实行股权激励的，如果在等待期内取消了授予的权益工具，企业应在进行权益工具加速行权处理时，将剩余等待期内应确认的金额立即计入当期损益，并同时确认资本公积。企业集团（由母公司和其余子公司构成）内发生的股份支付交易，如结算企业是接受服务企业的投资者，则应当按照授予日权益工具的公允价值或应承担的公允价值确认为对接受服务企业的长期股权投资，同时确认资本公积（其他资本公积）或负债。

下列属于利得或损失的有（　　）。

A. 处置交易性金融资产的收益

B. 对因被投资单位除净损益以外的所有者权益的其他变动

C. 按溢价发行股票

D. 出售固定资产、无形资产的损益

E. 出租固定资产、无形资产的收入

资本公积是所有者权益的组成部分，在企业创立时，投资者认缴的出资额与注册资本一致，一般不会产生资本溢价。它虽然不构成实收资本，不直接表明所有者对企业的基本产权关系，但就其实质来看，可以被视为一种准资本，是资本的一种储备形式。其主要用途就是根据企业经营、发展的需要，通过履行一定的法定程序后转增资本。资本公积由全体投资者共同享有，在转增资本时，按投资者在公司实收资本（或股本）中所占比例，分别转入各投资者名下。

二、资本公积业务核算的科目设置

资本公积的核算包括资本溢价（或股本溢价）、其他资本公积、资本公积转增资本的核算等内容。企业为了总括反映资本公积的增减变动情况，应设置“资本公积”科目。该科目属于所有者权益类科目，其贷方登记因投资者资本溢价（或股本溢价）、其他原因而增加的资本；借方登记资本公积的减少数；期末贷方余额表示资本公积的结余数。“资本公积”科目应按资本公积的内容设置明细分类账，进行明细分类核算。资本公积一般应当设置以下明细科目。

（1）“资本溢价”。该明细科目用来核算有限责任公司成立后，企业重组或有新的投资者介入时，投资者的出资额高于其享有的投资比例金额的部分。

（2）“股本溢价”。该明细科目用来核算股份有限公司溢价发行时，股票价格超过股本的溢价额以及与发行权益性证券直接相关的手续费、经纪人佣金等交易费用。

（3）“其他资本公积”。该明细科目用来核算除净损益、其他综合收益和利润分配以外所有者权益的其他变动。

三、资本公积业务的核算

1. 资本溢价

在企业重组或有新的投资者加入时，为了维护原有投资者的权益，新加入投资者的出资额并不一定全部被作为实收资本处理。这是因为，企业创建时的资金投入和企业已走向经营正轨时期的资金投入，即使在数量上相等，其盈利能力也不一样；企业在正常生产经营后，其资本利润率通常都要高于企业初创阶段，另外，企业可能有一定的内部积累，如从净利润中提取的盈余公积、未分配利润等，新投资者加入企业后，与原投资者一样有权参与原有留存收益的分配，所以，只有新的出资额大于实收资本，才能维护原投资者的已有权益。投资者多交的这部分就形成了资本溢价。

【例 11-7】 丁有限责任公司由 W、F、M 3 位投资者各出资 2 000 000 元设立，设立时的实收资本为 6 000 000 元。经过 3 年的经营，该公司留存收益为 3 000 000 元，此时，有 N 投资者愿意出资 3 600 000 元作为投资，占该公司股份的 25%。

丁公司应做账务处理如下。

借：银行存款　　3 600 000

　贷：实收资本——D 投资者　　2 000 000

　　资本公积——资本溢价　　1 600 000

2. 股本溢价

在股票溢价发行的情况下，作为股本入账的数额也只能按面值计算；溢价部分虽属于投入资本，构成所有者权益，但必须作为资本公积被单独反映。

股份有限公司在股票融资中必然要发生相应的支出，如发行股票支付的手续费或佣金、股票印制成本等。该类支出可分两种情况处理：在溢价发行的情况下，上述支出应从溢价中予以抵消，冲减资本公积（股本溢价）；在按面值发行或是溢价金额不足以抵扣的情况下，应将不足抵扣的部分冲减盈余公积和未分配利润。

【例 11-8】 甲股份有限公司委托乙证券公司发行普通股，股票面值总额 4 000 万元，发行总额 16 000 万元，发行费按发行总额的 2%计算（不考虑其他因素），股票发行净收入全部收到。

甲公司应做账务处理如下。

应增加的资本公积=16 000−4 000−16 000×2%=11 680（万元）。

借：银行存款　　156 800 000

　贷：股本——普通股　　40 000 000

　　资本公积——股本溢价　　116 800 000

3. 其他资本公积

本书主要介绍企业对被投资单位的长期股权投资采用权益法核算的，在持股比例不变的情况下，对因被投资单位除净损益、其他综合收益和利润分配以外的所有者权益的其他变动，应按持股比例计算应享有或应分担被投资单位所有者权益的增减数额，调整长期股权投资的账面价值同时确认其为“资本公积——其他资本公积”。在处置长期股权投资时，应转销与该笔投资相关的其他资本公积。详见本书项目六长期股权投资核算的相关内容。

任务三 留存收益核算

任务调研：请了解企业利润分配的业务是如何产生的，相关的业务处理程序是怎样的。

一、利润分配概述

1. 利润分配的顺序

利润分配，是将企业实现的净利润，按照国家规定的分配形式和分配顺序，在国家、企业和投资者之间进行的分配。利润分配的过程与结果是关系到所有者的合法权益能否得到保护，企业能否长期、稳定发展的重要问题，为此，企业必须加强对利润分配的管理和核算。

根据《公司法》等有关法规，企业对于当年实现的净利润，一般应当按照以下顺序进行分配。

（1）弥补公司以前年度亏损。公司的法定公积金不足以弥补以前年度亏损的，在依照规定提取法定公积金之前，应当先用当年利润弥补亏损。

（2）提取法定盈余公积。公司分配当年税后利润时，应当提取利润的10%（非公司制企业也可按照超过10%的比例提取）列入公司法定盈余公积。公司法定公积金累计额为公司注册资本的50%以上的，可以不再提取。

公司的法定盈余公积不足以弥补以前年度亏损的，在提取法定盈余公积之前，应当先用当年利润弥补亏损。

（3）经股东会或者股东大会决议提取任意盈余公积。公司从税后利润中提取法定盈余公积后，经股东会或者股东大会决议，还可以从税后利润中提取任意盈余公积。非公司制企业经权力机构批准，也可提取任意盈余公积。

任意盈余公积与法定盈余公积的区别在于，任意盈余公积的提取比例是由企业自行决定的，而法定盈余公积的提取比例则必须由国家有关法规决定。

（4）向投资者分配利润或支付股利。对于公司弥补亏损和提取公积金后所余税后利润，有限责任公司股东按照实交的出资比例分取红利；公司新增资本时，股东有权优先按照实交的出资比例认缴出资，但是，全体股东约定不按照出资比例分取红利或者不按照出资比例优先认缴出资的除外；股份有限公司按照股东持有的股份比例分配，但股份有限公司章程规定不按持股比例分配的除外。

股份有限公司还应按顺序进行分配。企业按照利润分配方案分配优先股现金股利，然后分配普通股现金股利，最后是分配普通股股票股利。如果企业以利润转增资本，也应按这一程序进行分配。

经过上述利润分配程序，企业剩余的利润就形成了企业未分配利润，滚存至下一年度，形成企业不规定用途的留存收益。

2. 利润分配业务核算的科目设置

企业应设置“利润分配”科目，进行利润分配的核算。该科目属于所有者权益类科目，核算企业利润的分配（或亏损的弥补）和历年分配（或弥补）后的余额。该科目的贷方反映年末从“本年利润”科目转入的本年净利润以及用盈余公积补亏的数额；借方反映按规定提取的盈余公积、向投资者分配的利润数额以及年末从“本年利润”科目转入的本年亏损数额。该科目年末余额反映企业历年的未分配利润（或未弥补亏损）。在“利润分配”科目下应当分别设置“提取法定盈余公积”“提取任意盈余公积”“应付现金股利或利润”“转作股本的股利”“盈余公积补亏”“未分配利润”等明细科目，进行明细核算。

二、留存收益概述

1. 留存收益的性质

留存收益，是指企业从历年实现的利润中提取或形成的留存于企业内部的积累，是企业税后利润减去所分派的股利后留存企业的部分。

投资者投入企业的资本，通过企业生产经营活动，不仅要保值，而且要力求增值，即获得盈利。企业的盈利在依法缴纳税费后，剩余部分为净利润。净利润属于所有者权益，本来可以作为一种投资回报全部向所有者进行分配，但出于增加资本、扩充营业规模、留作意外准备、平衡各年利润分配等原因的考虑，《公司法》要求企业必须留有一定积累，而将其中一部分留下不进行分配，作为股东原始投入资本的补充，以利于企业持续经营、维护债权人利益等。

2. 留存收益的构成

留存收益由盈余公积和未分配利润构成。企业历年实现的净利润中累计未分配出去的部分，形成留存收益，其中一部分是规定用途的，为盈余公积。盈余公积包括法定盈余公积和任意盈余公积；另一部分是未规定用途的，为未分配利润。

（1）盈余公积的组成及其用途。盈余公积，是指企业按照规定从净利润中提取的积累资金。企业对于盈利首先必须按规定提取盈余公积，然后才能在出资者之间进行分配。企业提取的盈余公积主要有以下几个方面的用途。

① 弥补亏损。根据企业会计制度和有关税法的规定，企业发生亏损时可以用缴纳所得税前的利润弥补；用所得税前利润弥补仍不足以弥补亏损的，可以用企业实现的净利润弥补亏损。如果企业发生特大亏损，用净利润仍不能弥补的，可以用提取的盈余公积弥补亏损。用盈余公积弥补亏损应当由董事会提议，股东大会或相应的权力机构批准后方可进行。

② 转增资本。企业提取的盈余公积较多时，可以将提取的盈余公积转增资本，但必须经过股东大会或类似机构批准。在将盈余公积转增资本时，应按投资者的持股比例进行结转。盈余公积在转增资本时，对用任意盈余公积转增资本的，法律没有限制，但用法定盈余公积转增资本时，转增后法定盈余公积的比例不得少于转增前企业注册资本的25%。

③ 扩大企业生产经营规模。盈余公积的用途并不是指其实际占用形态，提取盈余公积也并不是单独将这部分资金从企业资金周转过程中抽出。企业盈余公积的结存数实际上只表现为企业所有者权益的组成部分，表明企业生产经营资金的一个来源而已。其形成的资金可能表现为一定的货币资金，也可能表现为一定的实物资产，如存货和固定资产等，随同企业的其他来源所形成的资金进行循环周转，用于企业的生产经营。

（2）未分配利润的用途。未分配利润，是指企业实现的净利润经过弥补亏损、提取盈余公积和向投资者分配利润后留存在企业的、历年结存的利润。

未分配利润有两层含义：一是留待以后年度处理的利润；二是未指明特定用途的利润。相对于所有者权益的其他部分来说，企业对于未分配利润的使用有较大的自主权。从会计报表项目的勾稽关系来看，未分配利润是连接利润分配表和资产负债表的桥梁。

三、留存收益业务的核算

1. 盈余公积

为了正确核算盈余公积的形成及使用情况，企业应设置“盈余公积”科目，该科目属于所有者权益类科目，其贷方登记按一定标准提取的盈余公积数额；借方登记按规定用途使用的盈余公积数额；期末贷方余额表示盈余公积的结余数额。因法定盈余公积与任意盈余公积有着不同的用途，企业应当分别进行明细核算，设置“法定盈余公积”和“任意盈余公积”明细科目，详细记录盈余公积的增减变化及其结果。

（1）提取盈余公积。企业按规定提取盈余公积时，借记“利润分配——提取法定盈余公积”“利润分配——提取任意盈余公积”科目，贷记“盈余公积——法定盈余公积”“盈余公积——任

意盈余公积”科目。

【例 11-9】乙公司 2019 年实现净利润 8 000 000 元。公司董事会根据当年实现的净利润情况，提出“年度分红预案”：分别按当年净利润的 10%和 8%的比例提取法定盈余公积和任意盈余公积，分配现金股利 4 800 000 元。

乙公司应做账务处理如下。

借：利润分配——提取法定盈余公积　　800 000
　　　　　　——提取任意盈余公积　　640 000
　贷：盈余公积——法定盈余公积　　800 000
　　　　　　——任意盈余公积　　640 000

提示　按规定，企业对董事会或类似机构的利润分配方案中拟分配的现金股利或利润，不做账务处理，但应在附注中披露。董事会或类似机构通过的利润分配方案获得股东大会或类似机构审议批准后，企业方可按应支付的现金股利或利润，借记“利润分配——应付现金股利”科目，贷记“应付股利”科目；实际支付现金股利或利润时，借记“应付股利”科目，贷记“银行存款”科目。

（2）盈余公积弥补亏损。企业发生了亏损可以用以后年度实现的利润弥补，经过股东大会或相应的权力机构批准后，也可用提取的法定盈余公积弥补亏损。企业在用盈余公积补亏时，借记“盈余公积——法定盈余公积”科目，贷记“利润分配——盈余公积补亏”科目。

【例 11-10】甲公司以前年度累计的未弥补亏损为 600 000 元，按照规定已超过以税前利润弥补亏损的期间。本年度公司董事会决定并经股东大会批准，以法定盈余公积弥补以前年度未弥补的亏损 200 000 元。

甲公司应做账务处理如下。

① 用法定盈余公积弥补亏损时。

借：盈余公积——法定盈余公积　　200 000
　贷：利润分配——盈余公积补亏　　200 000

② 结转“利润分配”科目时。

借：利润分配——盈余公积补亏　　200 000
　贷：利润分配——未分配利润　　200 000

（3）盈余公积转增资本的核算。企业根据投资者的决议，用盈余公积转增资本时，应按投资者持有的比例进行转增资本，借记“盈余公积——法定盈余公积”科目，贷记“实收资本（或股本）”科目。

【例 11-11】因扩大经营规模需要，经股东大会批准，甲公司将法定盈余公积 1 000 000 元转增为股本。

甲公司应做账务处理如下。

借：盈余公积——法定盈余公积　　1 000 000
　贷：股本　　1 000 000

2. 未分配利润

未分配利润是在“利润分配”科目下设置“未分配利润”明细科目进行核算的。年度终了，企业应将全年实现的净利润，自“本年利润”科目转入“利润分配——未分配利润”科目，并将“利润分配”科目下的其他有关明细科目的余额，转入“未分配利润”明细科目。结转后，“未分配利润”明细科目的贷方余额，表示累积未分配的利润数额。如果出现借方余额，则表示累积未弥补亏损的数额。

【例 11-12】 乙股份有限公司 2018 年年初股本为 100 000 000 元，每股面值为 1 元，年初未分配利润为贷方 80 000 000 元，当年实现净利润 60 000 000 元。假定公司经批准的 2018 年度利润分配方案为：按照 2018 年实现净利润的 10%提取法定盈余公积，按 5%提取任意盈余公积，同时向股东按每股 0.2 元派发现金股利，按每 10 股送 3 股的比例派发股票股利。2019 年 3 月 15 日，公司以银行存款支付了全部现金股利，新增股本也已经办理完股权登记和相关增资手续。

乙公司应做账务处理如下。

（1）2018 年年末结转本年利润时。

借：本年利润　　60 000 000

　　贷：利润分配——未分配利润　　60 000 000

（2）提取法定盈余公积和任意盈余公积时。

借：利润分配——提取法定盈余公积　　6 000 000

　　　　　　——提取任意盈余公积　　3 000 000

　　贷：盈余公积——法定盈余公积　　6 000 000

　　　　　　　　——任意盈余公积　　3 000 000

（3）结转“利润分配”的明细科目时。

借：利润分配——未分配利润　　9 000 000

　　贷：利润分配——提取法定盈余公积　　6 000 000

　　　　　　　　——提取任意盈余公积　　3 000 000

公司 2018 年年底“利润分配——未分配利润”科目的余额=80 000 000+60 000 000−9 000 000=131 000 000（元），即贷方余额 131 000 000 元，反映企业的累计未分配利润为 131 000 000 元。

（4）批准发放现金股利时。

100 000 000×0.2=20 000 000（元）。

借：利润分配——应付现金股利　　20 000 000

　　贷：应付股利　　20 000 000

2019 年 3 月 15 日，实际发放现金股利时。

借：应付股利　　20 000 000

　　贷：银行存款　　20 000 000

（5）2015 年 3 月 15 日，发放股票股利时。

100 000 000×1×30%=30 000 000（元）。

借：利润分配——转作股本的股利　　30 000 000

　　贷：股本　　30 000 000

3．弥补亏损

企业在生产经营过程中可能获得盈利，也可能出现亏损。亏损作为净资产的减少，说明所有者权益因经营失败而遭到损失。企业在当年发生亏损的情况下，应当将本年发生的亏损自“本年利润”科目的贷方转入“利润分配——未分配利润”科目的借方，结转后“利润分配”科目的借方余额即为未弥补的亏损数额，然后通过“利润分配”科目核算有关亏损的弥补情况。

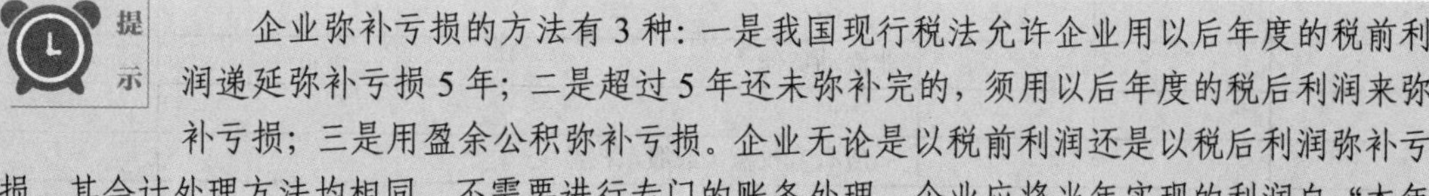

提示　企业弥补亏损的方法有 3 种：一是我国现行税法允许企业用以后年度的税前利润递延弥补亏损 5 年；二是超过 5 年还未弥补完的，须用以后年度的税后利润来弥补亏损；三是用盈余公积弥补亏损。企业无论是以税前利润还是以税后利润弥补亏损，其会计处理方法均相同，不需要进行专门的账务处理。企业应将当年实现的利润自“本年利润”科目，于年终转入“利润分配——未分配利润”科目的贷方，其贷方发生额与“利润分配——未分配利润”科目的借方余额自然抵补。但是，两者在计算缴纳所得税时的处理是不同的。在以税前利润弥补亏损的情况下，其弥补的数额可以抵减当期企业应纳税所得额，而以税后利润弥补的数额，则不能作为纳税所得扣除处理。

【例 11-13】丙公司 2014 年发生亏损 700 000 元，假设该公司 2015—2019 年每年均实现税前利润 100 000 元，2020 年实现税前利润 300 000 元，适用的所得税税率为 25%。假定无其他纳税调整事项，不考虑由未弥补亏损确认的递延所得税资产。

丙公司应做账务处理如下。

（1）2014 年年末结转本年度亏损时。

借：利润分配——未分配利润　　700 000
　　贷：本年利润　　700 000

（2）2015—2019 年每年年末，用税前利润弥补亏损时。

借：本年利润　　100 000
　　贷：利润分配——未分配利润　　100 000

（3）2020 年年末，计算并结转所得税时。

应交所得税=300 000×25%=75 000（元）。

借：所得税费用　　75 000
　　贷：应交税费——应交所得税　　75 000
借：本年利润　　75 000
　　贷：所得税费用　　75 000

（4）2020 年年末，结转本年利润，弥补以前年度未弥补的亏损时。

借：本年利润　　225 000
　　贷：利润分配——未分配利润　　225 000

（5）上述核算的结果表明，乙公司 2015 年“利润分配——未分配利润”科目的期末贷方余额为 25 000（即-200 000+225 000）元。

提示　本例中如考虑由未弥补亏损确认的递延所得税资产，应按《企业会计准则——所得税》的规定处理，即“企业对于能够结转以后年度的可抵扣亏损和税款抵减，应当以很可能获得用来抵扣亏损和税款抵减的未来应纳税所得额为限，确认相应的递延所得税资产。”

【项目列报】

本项目所有者权益核算内容在资产负债表上的信息列示如表 11-2 所示。

表 11-2　所有者权益项目在资产负债表上的信息列示　单位：元

资产	期末余额	年初余额	负债和所有者权益（或股东权益）	期末余额	年初余额
流动资产：			流动负债：		
			……		
			非流动负债：		
			……		
			所有者权益（或股东权益）：		

续表

资产	期末余额	年初余额	负债和所有者权益（或股东权益）	期末余额	年初余额
			实收资本（或股本）[="实收资本（或股本）"]		
			资本公积（="资本公积"，期末为负数的，以"-"号填列）		
			减：库存股（="库存股"）		
			其他综合收益（="其他综合收益"）		
			盈余公积（="盈余公积"）		
			未分配利润（="利润分配——未分配利润"明细科目的期末余额。期末余额为负数的，以"-"号填列）		
			所有者权益（或股东权益）合计		
			负债和所有者权益（或股东权益）总计		

【拓展阅读】

《企业会计准则——基本准则》《中华人民共和国公司法（2014）》《中华人民共和国企业法人登记管理条例施行细则（2016）》《企业会计准则——应用指南》。

项目训练

一、单项选择题

1. 下列各项中，不属于所有者权益的是（　　）。

A. 递延收益　　B. 盈余公积　　C. 未分配利润　　D. 资本公积

2. 下列各项中，不属于资本公积来源的是（　　）。

A. 资本溢价　　B. 股本溢价

C. 处置无形资产形成的利得　　D. 资本公积——其他资本公积

3. 某企业盈余公积年初余额为 50 万元，本年利润总额为 600 万元，所得税费用为 150 万元，按净利润的 10%提取法定盈余公积，并将盈余公积 10 万元转增资本。该企业盈余公积年末余额为（　　）万元。

A. 40　　B. 85　　C. 95　　D. 110

4. 下列各项中，能够引起负债和所有者权益项目总额同时发生变动的是（　　）。

A. 用盈余公积弥补亏损

B. 董事会宣告将提取的法定盈余公积用于发放现金股利

C. 为建造固定资产，按面值发行一次还本付息的三年期债券

D. 经股东大会批准宣告分配现金股利

5. 下列各项中，不属于所有者权益的是（　　）。

A. 资本溢价　　B. 计提的盈余公积

C. 投资者投入的资本　　D. 应付高管人员基本薪酬

6. 下列事项中，会导致留存收益总额发生增减变动的是（　　）。

A. 盈余公积转增资本　　B. 向投资者实际发放现金股利

C. 税前利润补亏　　D. 盈余公积弥补亏损

7. 某非上市公司为一般纳税人，于设立时接受商品投资，则实收资本入账金额为（　　）。

A. 评估确认的商品价值加上或减去商品进销差价

B. 商品的市场价值

C. 评估确认的商品价值

D. 商品的公允价值加上进项税额

8. 某公司委托证券公司发行股票 600 万股，每股面值 1 元，每股发行价格 8 元，向证券公司支付佣金 400 万元。该公司应贷记“资本公积——股本溢价”科目的金额为（　　）万元。

A. 4 200　　B. 4 800　　C. 3 800　　D. 4 400

9. 某企业年初未分配利润为 160 万元，本年度实现净利润 300 万元，以资本公积转增资本 50 万元，按 10%提取法定盈余公积，向投资者分配现金股利 20 万元，股票股利 10 万元。假设不考虑其他因素，该企业年末未分配利润为（　　）万元。

A. 410　　B. 400　　C. 440　　D. 350

10. 下列各项中，能够引起企业所有者权益减少的是（　　）。

A. 股东大会宣告派发现金股利　　B. 向投资者发放股票股利

C. 提取盈余公积　　D. 以资本公积转增资本

11. 某企业年初未分配利润为 1 100 万元，当年利润总额为 1 200 万元，所得税费用为 200 万元，该企业按 10%提取法定盈余公积。假定不考虑其他因素，则该企业可供投资者分配的利润为（　　）万元。

A. 180　　B. 1 000　　C. 2 000　　D. 1 450

12. 2019 年 1 月 1 日某企业所有者权益情况如下：实收资本 200 万元，资本公积 26 万元，盈余公积 28 万元，未分配利润 59 万元，则该企业 2019 年 1 月 1 日留存收益为（　　）万元。

A. 32　　B. 38　　C. 70　　D. 87

二、多项选择题

1. 企业增加实收资本或股本的途径有（　　）。

A. 接受固定资产捐赠　　B. 经批准用盈余公积转增

C. 发放股票股利　　D. 经批准用资本公积转增

2. “库存股”科目核算的内容有（　　）。

A. 企业转让库存股或注销库存股

B. 股东因对股东大会做出的公司合并、分立决议持有异议而要求公司收购其股份的，企业实际支付的金额

C. 将收购的股份奖励给本公司职工

D. 企业为奖励本公司职工而收购本公司股份

3. 下列各项中，年度终了需要转入“利润分配——未分配利润”科目的有（　　）。

A. 本年利润　　B. 利润分配——应付现金股利

C. 利润分配——盈余公积补亏　　D. 利润分配——提取法定盈余公积

4. 影响可供分配利润项目的因素有（　　）。

A. 资本公积转增资本 B. 年初未弥补亏损　　C. 其他转入　　D. 当年实现的净利润

5. 下列各项中，能够引起企业留存收益总额发生变动的有（　　）。

A. 以盈余公积补亏　　B. 提取任意盈余公积

C. 向投资者宣告分配现金股利　　D. 用盈余公积转增资本

6. 下列项目中，最终能引起资产和所有者权益同时减少的项目有（　　）。

A. 计提短期借款的利息 B. 计提行政管理部门固定资产折旧

C. 计提坏账准备 D. 管理用无形资产摊销

7. 下列各项中，通过“资本公积”科目核算的有（　　）。

A. 资本溢价 B. 股本溢价

C. 交易性金融资产公允价值增加 D. 向灾区捐赠现金

8. 下列各项中，能同时引起负债和所有者权益发生变动的有（　　）。

A. 发放股票股利 B. 宣告分配利润

C. 以盈余公积派发现金股利 D. 实际支付现金股利

9. 股份有限公司对于委托其他单位发行股票时支付的手续费或佣金等相关费用，在做账务处理时涉及的科目有（　　）。

A. “资本公积” B. “盈余公积”

C. “利润分配——未分配利润” D. “财务费用”

10. 所有者权益的来源包括（　　）。

A. 未分配利润 B. 所有者投入的资本

C. 借入的款项 D. 直接计入所有者权益的利得

11. 盈余公积可被用于（　　）。

A. 分配现金股利 B. 转增资本 C. 弥补亏损 D. 发放工资

12. 下列各项中，会影响企业资本公积总额的有（　　）。

A. 转销无法支付的应付账款 B. 接受固定资产捐赠

C. 经股东大会批准将资本公积转增资本 D. 权益法下被投资方回购股票

三、判断题

1. 长期股权投资采用权益法核算时，应按持股比例将被投资单位除净损益外的其他所有者权益增减变动记入“资本公积——其他资本公积”科目。（　　）

2. 企业当年的可供分配利润应该等于年初的未分配利润加上当年实现的净利润以及其他转入。（　　）

3. 股份有限公司以收购本企业股票方式减资的，按注销股票的面值总额减少股本，购回股票支付的价款小于面值总额的部分，依次冲减“资本公积”“盈余公积”和“利润分配——未分配利润”。（　　）

4. “未分配利润”科目年末余额应等于企业当年实现的税后利润加上年年初未分配利润（或减去年初未弥补亏损），再减去本年已分配的利润。（　　）

5. 在溢价发行股票的情况下，公司发行股票的溢价收入，直接冲减当期的财务费用。（　　）

6. 企业接受的投资者原材料投资，其增值税税额不能计入实收资本。（　　）

7. 非年末资产负债表中的未分配利润的金额是由“本年利润”及“利润分配”科目的余额合计填入的；年末，由于“本年利润”科目已转入“利润分配”科目，所以年末资产负债表中的未分配利润的金额等于“利润分配”科目的余额。（　　）

8. 企业不能将盈余公积用于扩大生产经营规模。（　　）

9. 不管企业期初是否存在未弥补的亏损，当期计提法定盈余公积的基数都是当期实现的净利润。（　　）

10. 以税前会计利润弥补亏损和以税后会计利润弥补亏损，对企业当期应交所得税的影响都是一样的。（　　）

11. 所有者权益和负债反映的都是企业全部资产的索取权。（　　）

四、不定项选择题

资料一：丁有限责任公司2019年发生的有关经济业务如下。

（1）按照规定办理增资手续后，将资本公积 90 000 元转增注册资本。该公司原有注册资本2 910 000元，其中A、B、C 3家公司各占1/3。

（2）用盈余公积50 000元弥补以前年度亏损。

（3）从税后利润中提取法定盈余公积153 000元。

（4）接受D公司投资，经投资各方协议，将D公司实际出资额中的1 000 000元作为新增注册资本，使投资各方在注册资本总额中均占1/4。D公司以银行存款1 200 000元缴付出资额。

资料二：F公司是2018年1月1日由投资者甲和投资者乙共同出资成立的，每人出资600 000元，各占50%的股份。该公司2019年10月31日"资本公积"贷方余额为6 000元。11月发生如下与资本公积有关的业务（所涉及款项全部以银行存款收支）。

（1）11月1日投资者甲和投资者乙决定吸收丙、戊两位新投资者加入F公司。经有关部门批准后，F公司实施增资，将实收资本增加到2 400 000元。经四方协商一致，完成下述投入后，各占F公司1/4的股份。丙、戊投资者的出资情况如下。

① 投资者丙以900 000元投入F公司作为增资，F公司11月11日收到此款项并存入银行。

② 投资者戊以一台生产用设备投入F公司作为增资，双方确认的价值为600 000元，税务部门认定应交增值税为96 000元，F公司收到后作为固定资产核算。投资者戊已开具了增值税专用发票。

（2）F公司于11月1日取得M公司30%的股权，作为长期股权投资核算，M公司11月30日其他资本公积金额增加15 000元。

假定：以上合同约定的价值均和公允价值相等。

要求：根据上述资料，不考虑其他因素，分析回答下列第（1）～（6）题。

（1）根据资料一业务（1），下列选项中正确的是（　　）。

A. "资本公积"减少90 000元　　B. "实收资本"增加90 000元

C. "股本"增加90 000元　　D. 对所有者权益的影响金额为0

（2）根据资料一业务（2）～（3），下列说法中错误的是（　　）。

A. 盈余公积补亏导致"盈余公积"减少50 000元

B. 盈余公积补亏不影响所有者权益总额

C. 提取法定盈余公积会使"未分配利润"减少

D. 提取法定盈余公积会使留存收益减少

（3）根据资料一业务（4），D公司投资后，丁公司的注册资本总额是（　　）元。

A. 4 000 000　　B. 4 090 000　　C. 4 800 000　　D. 4 890 000

（4）资料二中，关于投资者丙、戊的增资，F公司的处理错误的是（　　）。

A. 增加"实收资本"1 200 000元　　B. 对"资本公积"的影响金额是0

C. 固定资产的入账价值为702 000元　　D. 资本公积的入账金额为402 000元

（5）资料二中，对于M公司的其他资本公积变动，F公司的处理正确的是（　　）。

A. 确认"资本公积"4 500元　　B. 确认"投资收益"4 500元

C. 确认"营业外收入"4 500元　　D. 不需要做账务处理

（6）资料二中，2019年11月月末，F公司的"资本公积"余额为（　　）元。

A. 10 500　　B. 408 000　　C. 6 000　　D. 412 500

五、实务题

完成不定项选择题资料一和资料二中经济业务的账务处理。

项目十二 收入与费用核算

学习要点

- 销售商品收入的确认
- 销售商品收入业务的核算
- 提供劳务收入业务的核算
- 让渡资产使用权收入业务的核算
- 营业成本业务的核算
- 期间费用业务的核算
- 收入与费用项目的列示

关键术语

- 收入（Revenue）
- 销售商品收入（Sale of Goods）
- 提供劳务收入（Revenues from Rendering Services）
- 完工百分比法（Percentage of Completion Method）
- 让渡资产所有权收入（Income Transfer of Asset Ownership）
- 费用（Cost）
- 生产成本（Cost of Production）
- 主营业务成本（Main Business Costs）
- 其他业务成本（Other Operational Costs）
- 税金及附加（Tax and Surcharges）
- 销售费用（Selling Expenses）
- 管理费用（Management Fees）
- 财务费用（Finance Costs）

【项目引入及要求】

1. 项目引入

2019 年 12 月，某高等职业技术学院会计专业毕业生童丹到甲公司进行顶岗实习。甲公司为增值税一般纳税人，适用的增值税税率为 16%，所得税税率为 25%，假定销售商品、原材料售价中不含增值税。2019 年 12 月，公司实现销售商品、提供劳务和发生部分费用的资料如下。

（1）12 月 2 日，向乙公司销售商品一批，按商品标价计算的金额为 200 万元。该批商品实际成本为 150 万元。由于是成批销售，甲公司给予乙公司 10%的商业折扣并开具了增值税专用发票，并在销售合同中规定现金折扣条件为 2/10、1/20、*n*/30，甲公司已于当日发出商品，乙公司于 12 月 15 日付款，假定计算现金折扣时不考虑增值税。

（2）12 月 5 日，甲公司由于产品质量原因对上年出售给丙公司的一批商品按售价给予 10%的销售折让，该批商品售价为 300 万元。增值税税额为 48 万元。货款已结清。经认定，同意给予折让并以银行存款退还折让款，同时开具红字增值税专用发票。

（3）12 月 7 日，销售材料一批，增值税专用发票上注明的售价为 15 万元。增值税税额为 2.4 万元。款项已由银行收妥。该批材料的实际成本为 10 万元。

（4）12 月 9 日，承接一项设备安装劳务，合同期为 6 个月，合同总收入为 120 万元，已经预收 80 万元。余额在设备安装完成时收回。采用完工百分比法确认劳务收入。完工率按照已发生成本占估计总成本的比例确定，至 2019 年 12 月 31 日已发生的成本为 50 万元，预计完成劳务还将发生成本 30 万元。

（5）12 月 10 日，向本公司行政管理人员发放自产产品作为福利。该批产品的实际成本为 8 万元，市场售价为 10 万元。

（6）12 月 20 日，收到国债利息收入 59 万元，以银行存款支付销售费用 5.5 万元，支付税收滞纳金 2 万元。

2. 项目要求

请童丹完成甲公司上述收入和费用业务的账务处理，掌握收入与费用业务的核算。

任务一 收入核算

任务调研：企业销售商品业务是如何产生的，相关的业务处理程序是怎样的。

微课：完工百分比确认收入

收入，是指企业在日常活动中形成的，会导致所有者权益增加的，与所有者投入资本无关的经济利益的总流入。收入按照企业从事日常活动的性质的不同，分为销售商品收入、提供劳务收入、让渡资产使用权收入。收入按照企业经营业务主次的不同，分为主营业务收入和其他业务收入。

一、销售商品收入业务的核算

1. 销售商品收入确认条件

企业与客户之间的合同同时满足下列条件的，企业应当在客户取得相关商品控制权时确认收入。

（1）合同各方已批准该合同并承诺将履行各自义务；

（2）该合同明确了合同各方与所转让的商品（或提供的服务，以下简称转让的商品）相关的权利和义务；

合同约定的权利和义务是否具有法律约束力，需要根据企业所处的法律环境和实务操作进行判断，包括合同订立的方式和流程、具有法律约束力的权利和义务的时间等。对于合同各方均有权单方面终止完全未执行的合同，且无需对合同其他方作出补偿的，企业应当视为该合同不存在。其中，完全未执行的合同，是指企业尚未向客户转让任何合同中承诺的商品，也尚未收取且尚未有权收取已承诺商品的任何对价的合同。

（3）该合同有明确的与所转让的商品相关的支付条款；

（4）该合同具有商业实质，即履行该合同将改变企业未来现金流量的风险、时间分布或金额；

（5）企业因向客户转让商品而有权取得的对价很可能收回。

2. 一般销售商品收入业务的账务处理

企业销售商品满足确认条件时，应当按照已收或应收合同或协议价款的公允价值确定销售商品收入金额。通常情况下，购货方已收或应收的合同或协议价款即为其公允价值，应当以此确定销售商品收入的金额。企业销售商品所实现的收入以及结转的相关销售成本，通过“主营业务收入”“主营业务成本”等科目核算。

3. 销售商品涉及商业折扣、现金折扣和销售折让业务的账务处理

（1）销售商品涉及商业折扣、现金折扣业务。详见项目三应收及预付款项核算任务二应收账款核算的相关内容及【例 3-6】。

（2）销售商品涉及销售折让业务。销售折让，是指企业因售出商品的质量不符合要求而在售价上给予的减让。企业将商品销售给买方后，如买方发现商品在质量、规格等方面不符合要求，可能会要求卖方在价格上给予一定的减让。

销售折让如发生在确认销售收入之前，则应在确认收入时直接按扣除销售折让的金额确认；已确认销售收入的售出商品发生销售折让，且不属于资产负债表日后事项的，应在发生时冲减当期销售商品收入，如按规定允许扣减增值税税额的，还应冲减已确认的应交增值税销项税额。

【例 12-1】 2019 年 3 月 9 日，甲公司向丙公司销售 A 商品 5 000 件，单价为 20 元，每件商品的实际成本为 15 元，3 月 12 日货到后，丙公司发现商品质量不符合合同要求，要求在价格上给予 5%的折让。甲公司经审核后，同意办妥相关手续，开具了增值税红字专用发票。假定此前甲公司已确认该批商品的销售收入，销售款项尚未收到，发生的销售折让允许扣减当期增值税销项税额。

甲公司应做账务处理如下。

① 确认商品销售收入时。

借：应收账款——丙公司　116 000

　贷：主营业务收入　100 000

　　应交税费——应交增值税（销项税额）　16 000

同时，结转销售成本时。

借：主营业务成本　75 000

　贷：库存商品——A 商品　75 000

② 发生销售折让时。

借：主营业务收入　5 000

　应交税费——应交增值税（销项税额）　800

　贷：应收账款——丙公司　5 800

③ 收到货款时。

借：银行存款　　110 200

　贷：应收账款——丙公司　　110 200

4. 销售商品涉及销售退回业务的账务处理

销售退回，是指企业售出的商品由于质量、品种不符合要求等原因发生的退货。

企业售出商品发生销售退回的，应当分不同情况进行账务处理：一是尚未确认销售商品收入的售出商品，发生销售退回的应当冲减“发出商品”，同时增加“库存商品”；二是已确认销售商品收入的售出商品发生销售退回的，除属于资产负债表日后事项外，一般应在发生时冲减当期销售商品收入，同时冲减当期销售商品成本。如按规定允许扣减增值税税额的，应同时冲减已确认的应交增值税销项税额。如该项销售退回已发生现金折扣的，应同时调整相关财务费用的金额。

【例 12-2】 2019 年 4 月 8 日，甲公司向戊公司销售 A 商品，因商品质量出现严重问题，购货方戊公司将该批商品全部退回，数量为 20 000 件，单价为 20 元，每件商品的实际成本为 15 元。该批商品 3 月 3 日已发出，确认销售，并于 3 月 10 日收到戊公司的货款。甲公司已确认收入。4 月 8 日，经甲公司核实，该商品确实有质量问题，因此同意退货，支付退货款，并按规定向购货方开具了增值税专用发票（红字）。

甲公司应做账务处理如下。

（1）3 月 3 日，确认商品销售收入时。

借：应收账款——戊公司　　464 000

　贷：主营业务收入　　400 000

　　应交税费——应交增值税（销项税额）　　64 000

（2）3 月 3 日，结转销售成本时。

借：主营业务成本　　300 000

　贷：库存商品——A 商品　　300 000

（3）3 月 10 日，收到货款时。

借：银行存款　　464 000

　贷：应收账款——戊公司　　464 000

（4）4 月 8 日，销售退回时。

借：主营业务收入　　400 000

　应交税费——应交增值税（销项税额）　　64 000

　贷：银行存款　　464 000

（5）4 月 8 日，结转退货销售成本时。

借：库存商品　　300 000

　贷：主营业务成本　　300 000

如果甲公司尚未确认销售商品收入的售出商品，发生销售退回时的账务处理是怎样的？

5. 采用预收款方式销售商品的账务处理

采用预收款方式销售商品，是指购买方在商品尚未收到前按合同或协议约定分期付款，销售方在收到最后一笔款项后才将商品交付给购货方，表明商品所有权上的主要风险和报酬只有在收到最后一笔款项时才转移给购货方。企业通常在发出商品时确认收入，在此之前预收的货款应确认为负债。

【例 12-3】 承接项目三【例 3-7】，N 公司应做账务处理如下。

（1）收到预付货款时。

借：银行存款　　20 000
　　贷：预收账款——丙公司　　20 000

（2）发出商品并确认收入时。

借：预收账款　　23 200
　　贷：主营业务收入　　20 000
　　　　应交税费——应交增值税（销项税额）　　3 200

（3）收到补付货款时。

借：银行存款　　3 200
　　贷：预收账款——丙公司　　3 200

6. 采用支付手续费用方式委托代销商品的账务处理

支付手续费代销方式，是指委托方在发出商品时，商品所有权上的主要风险和报酬并未转移给受托方，委托方在发出商品时通常不应确认销售商品收入，而应在收到受托方开出的代销清单时确认销售商品收入，同时将应支付的代销手续费计入销售费用；受托方应在代销商品销售后，按合同或协议约定的方法计算确定代销手续费，确认劳务收入。

委托方通过“委托代销商品”“应收账款”等科目核算委托代销商品，受托方通过“受托代销商品”“受托代销商品款”“应付账款”等科目核算受托代销商品。确认代销手续费收入时，借记“应付账款”科目，贷记“其他业务收入”等科目。

【例 12-4】 2019 年 3 月 18 日，甲公司委托乙公司代销 D 商品 200 件，商品已经发出，每件成本为 40 元，合同约定乙公司按每件 60 元销售，甲公司按不含增值税的售价的 10%向乙公司支付手续费。至 3 月 31 日，乙公司对外实际销售 100 件，开出的增值税专用发票上注明价款为 6 000 元，增值税为 960 元，款项已收到。甲公司收到乙公司的代销清单时，向乙公司开具一张相同金额的增值税专用发票。假定甲公司发出商品的纳税义务尚未发生，甲公司采用实际成本核算，乙公司采用进价核算代销商品。

（1）甲公司应做账务处理如下。

① 发出商品时。

借：委托代销商品　　8 000
　　贷：库存商品　　8 000

② 收到代销清单时。

借：应收账款——乙公司　　6 960
　　贷：主营业务收入　　6 000
　　　　应交税费——应交增值税（销项税额）　　960

借：主营业务成本　　4 000
　　贷：委托代销商品　　4 000

借：销售费用　　600
　　贷：应收账款　　600

代销手续费金额=100×60×10%=600（元）。

（2）乙公司应做账务处理如下。

① 收到商品时。

借：受托代销商品　　12 000

　　贷：受托代销商品款　　12 000

② 对外销售时。

借：银行存款　　6 960

　　贷：受托代销商品　　6 000

　　　　应交税费——应交增值税（销项税额）　　960

③ 收到增值税专用发票。

借：应交税费——应交增值税（进项税额）　　960

　　贷：应付账款　　960

借：受托代销商品款　　6 000

　　贷：应付账款　　6 000

④ 支付货款并计算代销手续费时。

借：应付账款　　6 960

　　贷：银行存款　　6 360

　　　　其他业务收入　　600

提示　企业在日常活动中还可能发生对外销售不需要的原材料，随同商品对外销售单独计价的包装物等业务。企业销售原材料、包装物等存货也视同商品销售，其收入的确认和计量原则比照商品销售。企业销售原材料、包装物等存货等实现的收入，结转的相关业务成本，通过“其他业务收入”“其他业务成本”科目核算。

二、提供劳务收入业务的核算

企业提供劳务的种类很多，如旅游、运输、饮食、广告、咨询、代理、培训、产品安装等。有的劳务一次就能完成，且一般为现金交易，如饮食、理发、照相等；有的劳务需要花费一段较长的时间才能完成，如安装、旅游、培训、远洋运输等。

企业提供劳务收入的确认原则因劳务完成时间的不同而不同。

1. 劳务在同一会计期间内开始并完成的账务处理

企业对外提供劳务，如属于企业的主营业务，所实现的收入应作为主营业务收入处理，结转的相关成本应作为主营业务成本处理；如属于主营业务以外的其他经营活动，所实现的收入应作为其他业务收入处理，结转的相关成本应作为其他业务成本处理。企业对外提供劳务发生的支出一般先通过“劳务成本”科目予以归集，待确认为费用时，再由“劳务成本”科目转入“主营业务成本”或“其他业务成本”科目。

提示　对于一次就能完成的劳务，企业应在提供的劳务完成时确认收入及相关成本，确认的金额通常为从接受劳务方已收或应收的合同或协议价款，确认原则可参照销售商品收入的确认原则。对于持续一段时间但在同一会计期间内开始并完成的劳务，企业应在为提供劳务发生相关支出时确认劳务成本，劳务完成时再确认劳务收入，并结转相关劳务成本。

【例 12-5】 2019 年 3 月 15 日，甲公司接受一项设备安装任务，设该安装任务一次安装完成，合同总价款为100 000元，实际发生安装成本为60 000元，均为职工薪酬。假定安装业务属于甲公司的主营业务，不考虑相关税费。

甲公司在安装完成时应做账务处理如下。

（1）借：应收账款　　100 000

　　贷：主营业务收入　　100 000

（2）借：主营业务成本　　60 000

　　贷：应付职工薪酬　　60 000

2. 劳务在开始和完成分属不同会计期间的账务处理

（1）提供劳务交易结果能够可靠估计。如果劳务的开始和完成分属不同的会计期间，且企业在资产负债表日提供劳务交易的结果能够可靠估计，企业应采用完工百分比法确认提供劳务收入。同时满足下列条件的，提供劳务交易的结果能够可靠估计。

提示

完工百分比法，是指按照提供劳务交易的完工进度确认收入与费用的方法。完工百分比法下，本期应确认的劳务收入及费用的计算公式如下。

本期确认的收入=劳务总收入×至本期期末劳务的完工进度-以前期间已确认的收入。

本期确认的费用=劳务总成本×至本期期末劳务的完工进度-以前期间已确认的费用。

① 收入的金额能够可靠计量。具体地说，提供劳务收入的总额能够合理被估计。通常情况下，企业应当按照从接受劳务方已收或应收的合同或协议价款确定提供劳务收入总额。随着劳务的不断提供，可能会根据实际情况增加或减少已收或应收的合同或协议价款，此时，企业应及时调整提供劳务收入总额。

② 相关的经济利益很可能流入企业。相关的经济利益很可能流入企业，是指提供劳务收入总额收回的可能性大于不能收回的可能性。企业在确定提供劳务收入总额能否收回时，应当结合接受劳务方的信誉、以前的经验以及双方就结算方式和期限达成的合同或协议条款等因素，综合进行判断。通常情况下，企业提供的劳务符合合同或协议要求，接受劳务方承诺付款，就表明提供劳务收入总额收回的可能性大于不能收回的可能性。

③ 交易的完工进度能够可靠确定。企业可以根据提供劳务的特点，确定提供劳务交易的完工进度。

提示

企业可选择以下方法确定完工进度。

（1）已完工作的测量，这是一种比较专业的测量方法，由专业测量师对已经提供的劳务进行测量，并按一定的方法计算确定提供劳务交易的完工程度。

（2）已经提供的劳务占应提供劳务总量的比例，这种方法主要以劳务量为标准确定提供劳务交易的完工程度。

（3）已经发生的成本占估计总成本的比例，这种方法主要以成本为标准确定提供劳务交易的完工程度。只有反映已提供劳务的成本才能包括在已经发生的成本中，只有反映已提供或将提供劳务的成本才能包括在估计总成本中。

④ 交易中已发生和将发生的成本能够可靠计量。交易中已发生和将发生的成本能够可靠计量，是指交易中已经发生和将要发生的成本能够合理被估计。企业应当建立完善的内部成本核算制度和有效的内部财务预算及报告制度，准确地提供每期发生的成本，并对完成剩余劳务将要发生的成本做出科学、合理的估计；同时，应随着劳务的不断提供或外部情况的不断变化，随时

对将要发生的成本进行修订。

【例 12-6】 甲公司于 2019 年 12 月 1 日接受一项设备安装任务，安装期为 3 个月，合同总收入为 300 000 元，至年底已预收安装费 210 000 元，实际发生安装费用 120 000 元（假定均为安装人员薪酬），估计完成任务还须发生安装费用 80 000 元。假定甲公司按照实际发生的成本占估计总成本的比例确定劳务的完工进度。

甲公司应做账务处理如下。

实际发生的成本占估计总成本的比例=120 000÷（120 000+80 000）=60%。

2019 年 12 月 31 日确认的劳务收入=300 000×60%−0=180 000（元）。

2019 年 12 月 31 日确认的劳务成本=（120 000+80 000）×60%−0=120 000（元）。

a. 实际发生劳务成本 120 000 元时。

借：劳务成本　　　　120 000
　　贷：应付职工薪酬　　　　120 000

b. 预收劳务款 210 000 元时。

借：银行存款　　　　210 000
　　贷：预收账款　　　　210 000

c. 12 月 31 日确认提供的劳务收入并结转劳务成本。

借：预收账款　　　　180 000
　　贷：主营业务收入　　　　180 000
借：主营业务成本　　　　120 000
　　贷：劳务成本　　　　120 000

（2）提供的劳务交易结果不能可靠估计。如劳务的开始和完成分属不同的会计期间，且企业在资产负债表日提供的劳务交易结果不能可靠估计的，即不能同时满足上述 4 个条件的，不能采用完工百分比法确认提供劳务收入。

企业应当正确预计已经发生的劳务成本能否得到补偿，分下列情况进行处理。

（1）已经发生的劳务成本预计全部能够得到补偿的，应按已收或预计能够收回的金额确认提供劳务收入，并结转已经发生的劳务成本。

（2）已经发生的劳务成本预计部分能够得到补偿的，应按能够得到补偿的劳务成本金额确认提供劳务收入，并结转已经发生的劳务成本。

（3）已经发生的劳务成本预计全部不能得到补偿的，应将已经发生的劳务成本计入当期损益（主营业务成本或其他业务成本），不确认提供劳务收入。

【例 12-7】 甲公司于 2018 年 12 月 20 日接受丙公司委托，为其培训一批学员，培训期为 3 个月，2019 年 1 月 1 日开学，协议规定，丙公司应向甲公司支付培训费总额为 30 000 元，分 1 月 1 日、2 月 1 日、培训结束日 3 次等额付款。

2019 年 1 月 1 日，丙公司预付了第一次培训费，至 1 月 31 日为止，甲公司共发生培训成本 12 000 元（假设均为培训人员薪酬）。2019 年 2 月 1 日，得知丙公司经营困难，后两次培训费能否收到难以确定，假设不考虑相关税费。

甲公司应做账务处理如下。

① 2019 年 1 月 1 日收到丙公司预付的培训费时。

借：银行存款　　　　10 000
　　贷：预收账款　　　　10 000

② 实际发生培训成本 12 000 元时。

借：劳务成本　　12 000

　　贷：应付职工薪酬　　12 000

借：主营业务成本　　12 000

　　贷：劳务成本　　12 000

三、让渡资产使用权收入业务的核算

让渡资产使用权收入包括利息收入和使用费收入。使用费收入主要指让渡无形资产等资产使用权的使用费收入，出租固定资产取得的租金、进行债权投资收取的利息、进行股权投资取得的现金股利等，也构成让渡资产使用权收入。这里主要介绍让渡无形资产等资产使用权的使用费收入业务的核算。

1. 让渡资产使用权的使用费收入的确认和计量原则

让渡资产使用权的使用费收入同时满足下列条件的，才能予以确认。

（1）相关的经济利益很可能流入企业。企业在确定让渡资产使用权的使用费收入金额是否很可能收回时，应当根据对方企业的信誉和生产经营情况、双方就结算方式和期限等达成的合同或协议条款等因素，综合进行判断。如果企业估计使用费收入金额收回的可能性不大，就不应确认收入。

（2）收入的金额能够可靠计量。当让渡资产使用权的使用费收入金额能够可靠估计时，企业才能确认收入。

让渡资产使用权的使用费收入金额，应按照有关合同或协议约定的收费时间和方法计算确定。不同的使用费收入，收费时间和方法各不相同。

提示　如果合同或协议规定一次性收取使用费，且不提供后续服务，企业应当视同销售该项资产一次性确认收入；若提供后续服务，企业应在合同或协议规定的有效期内分期确认收入。如果合同或协议规定分期收取使用费，企业应按合同或协议规定的收款时间和金额或规定的收费方法计算确定的金额，分期确认收入。

2. 让渡资产使用权收入业务的账务处理

企业让渡资产使用权的使用费收入，一般被作为其他业务收入处理；让渡资产所计提的摊销额等，一般被作为其他业务成本处理。

企业确认让渡资产使用权的使用费收入时，按确认的收入金额，借记“银行存款”等科目，贷记“其他业务收入”科目。企业对所让渡资产计提摊销以及所发生的与让渡资产有关的支出等，借记“其他业务成本”科目，贷记“累计摊销”科目。

【例 12-8】 甲公司向丁公司转让某专利使用权，一次性收取使用费 50 000 元，不提供后续服务，款项已经收回。假定不考虑相关税费。

甲公司应做账务处理如下。

借：银行存款　　50 000

　　贷：其他业务收入　　50 000

【例 12-9】 甲公司于 2019 年 1 月 1 日向丙公司转让某项专利使用权，协议约定转让期为 5 年，每年年末收取使用费 200 000 元。2019 年该专利权计提的摊销额为 120 000 元，每月计提金额为 10 000 元。假定不考虑其他因素和相关税费。

甲公司应做账务处理如下。

（1）2019年年末确认使用费收入。

借：应收账款　　　　200 000

　　贷：其他业务收入　　　　200 000

（2）2019年每月计提专利权摊销额。

借：其他业务成本　　　　10 000

　　贷：累计摊销　　　　10 000

如果甲公司不向丙公司提供后续服务，则甲公司在收取使用费收入时应如何做账务处理？

任务二　费用核算

任务调研：企业销售费用业务是如何产生的，相关的业务处理程序是怎样的。

费用，是指企业在日常活动中发生的，会导致所有者权益减少的，与向所有者分配利润无关的经济利益的总流出。考虑到收入与费用的关系，可将费用按经济用途划分为营业成本和期间费用。

一、营业成本业务的核算

按照配比原则，企业实现的销售收入应与相应的成本费用相匹配，即企业实现的销售收入要结转营业成本。营业成本包括与收入相匹配的主营业务成本、其他业务成本，同时还要计算税金及附加等。

1. 主营业务成本

主营业务成本，是指企业销售商品、提供劳务等经常性活动所发生的成本。企业一般在确认销售商品、提供劳务等主营业务收入时，或在月末，将已销售商品、已提供劳务的成本结转入主营业务成本。

企业应当设置“主营业务成本”科目，按主营业务的种类进行明细分类核算。企业因销售商品、提供劳务或让渡资产使用权等日常活动而发生的实际成本，借记“主营业务成本”科目，贷记“库存商品”“劳务成本”等科目。期末，将主营业务成本的余额转入“本年利润”科目，借记“本年利润”科目，贷记“主营业务成本”科目，结转后“主营业务成本”科目无余额。

2. 其他业务成本

其他业务成本，是指企业因除主营业务活动以外的企业经营活动所发生的成本。其他业务成本包括销售材料的成本、出租固定资产的折旧额、出租无形资产的摊销额、出租包装物的成本和摊销额。采用成本模式计量投资性房地产的，其投资性房地产计提的折旧额或摊销额，也构成其他业务成本。

企业应当设置“其他业务成本”科目，核算企业确认的除主营业务活动以外的其他经营活动所发生的支出，包括销售材料的成本、出租固定资产的折旧额、出租无形资产的摊销额、出租包装物的成本或摊销额等。企业发生的其他业务成本，借记本科目，贷记“原材料”“周转材料”“累计折旧”“累计摊销”“应付职工薪酬”“银行存款”等科目。本科目按其他业务成本的种类进行明细核算。期末，本科目余额转入“本年利润”科目，结转后本科目无余额。

3. 税金及附加

税金及附加，是指企业经营活动应负担的相关税费，包括消费税、城市维护建设税、教育费附加、资源税、房产税、车船税、城镇土地使用税、印花税等。

二、期间费用业务的核算

期间费用，是指企业日常活动发生的不能计入特定核算对象的成本，而应计入发生当期损益的费用。

期间费用是企业日常活动中所发生的经济利益的流出。其不计入特定的成本核算对象，主要是因为期间费用是企业为组织和管理整个经营活动所发生的费用，与可以确定特定成本核算对象的材料采购、产品生产等没有直接关系，因而期间费用不计入有关核算对象的成本，而是直接计入当期损益。

期间费用包括销售费用、管理费用和财务费用。

1. 销售费用

销售费用，是指企业在销售商品和材料、提供劳务过程中发生的各项费用，包括企业在销售商品过程中发生的包装费、保险费、展览费和广告费、商品维修费、预计产品质量保证损失、运输费、装卸费等，以及为销售本企业商品而专设的销售机构的职工薪酬、业务费、折旧费。企业发生的与专设销售机构相关的固定资产修理费等后续支出也属于销售费用。

销售费用是与企业销售商品活动有关的费用，但不包括销售商品本身的成本和劳务成本。销售商品的成本属于“主营业务成本”，提供劳务的成本属于“劳务成本”。

企业应通过“销售费用”科目，核算销售费用的发生和结转情况。该科目借方登记企业所发生的各项销售费用，贷方登记期末转入“本年利润”科目的销售费用，结转后该科目应无余额。该科目应按销售费用的费用项目进行明细核算。

2. 管理费用

管理费用，是指企业为组织和管理生产经营活动而发生的各种管理费用，包括企业在筹建期间发生的开办费、董事会和行政管理部门在企业的经营管理中发生的或者应由企业统一负担的公司经费（包括行政管理部门职工薪酬、物料消耗、低值易耗品摊销、办公费和差旅费等）、行政管理部门负担的工会经费、董事会费（包括董事会成员津贴、会议费和差旅费等）、聘请中介机构费、咨询费（含顾问费）、诉讼费、业务招待费、技术转让费、矿产资源补偿费、研究费用、排污费以及企业生产车间（部门）和行政管理部门发生的固定资产修理费等。

企业应通过“管理费用”科目，核算管理费用的发生和结转情况。该科目借方登记企业发生的各项管理费用，贷方登记期末转入“本年利润”科目的管理费用，结转后该科目应无余额。该科目应按管理费用的费用项目进行明细核算。商品流通企业管理费用不多的，可以不设本科目，相关核算内容可并入“销售费用”科目核算。

3. 财务费用

财务费用，是指企业为筹集生产经营所需资金等而发生的筹资费用，包括利息支出（减利息收入）、汇兑损益以及相关的手续费、企业发生的现金折扣或收到的现金折扣等。

企业应通过“财务费用”科目，核算财务费用的发生和结转情况。该科目借方登记已发生的各项财务费用，贷方登记期末结转入“本年利润”科目的财务费用。结转后该科目应无余额。该科目应按财务费用的费用项目进行明细核算。

【项目列报】

本项目收入与费用核算内容在利润表上的信息列示如表 12-1 所示。

表 12–1　　收入与费用在利润表上的信息列示　　单位：万元

项目	本期金额	上期金额
营业收入（=“主营业务收入”和“其他业务收入”的发生额分析填列）		
营业成本（=“主营业务成本”和“其他业务成本”的发生额分析填列）		
税金及附加（=“税金及附加”的发生额分析填列）		
销售费用（=“销售费用”的发生额分析填列）		
管理费用（=“管理费用”的发生额分析填列）		
财务费用（=“财务费用”的发生额分析填列）		
……		

【拓展阅读】

《企业会计准则第 14 号——收入》《企业会计准则——基本准则》《企业会计准则——应用指南》《企业产品成本核算制度》《企业内部控制应用指引第 9 号——销售业务》。

项目训练

一、单项选择题

1. 下列各选项中，不属于企业“收入”核算范围的有（　　）。

A. 保温杯生产企业销售保温杯　　B. 防盗门生产企业销售边角废料

C. 大润发商场销售电视机　　D. 固定资产出售净收益

2. 对收入确认时间，下列说法中错误的是（　　）。

A. 采用预收货款方式销售商品的，在预收货款时确认收入

B. 采用托收承付方式销售商品的，在发出商品办妥托收手续时确认收入

C. 采用交款提货方式销售商品的，在开出发票账单收到货款时确认收入

D. 采用支付手续费委托代销方式销售商品的，收到代销清单时确认收入

3. 企业销售商品，商品已经发出，但不满足收入确认条件，则应借记的会计科目是（　　）。

A.“在途物资”　B.“主营业务成本”　C.“库存商品”　D.“发出商品”

4. 企业销售商品确认收入后，对于客户享受的现金折扣，应当（　　）。

A. 确认财务费用　　B. 冲减主营业务收入

C. 确认销售费用　　D. 增加主营业务成本

5. 采用支付手续费的方式委托代销商品，受托方在商品销售后应按（　　）确认收入。

A. 销售价款　　B. 销售价款和增值税之和

C. 销售价款和手续费之和　　D. 收取手续费

6. 企业 2018 年 10 月售出的产品在 2019 年 7 月被退回时，其冲减的销售收入应在退回当期记入（　　）科目的借方。

A. “其他业务收入”　　B. “以前年度损益调整”
C. “主营业务收入”　　D. “本年利润”

7. 甲企业 2019 年 8 月 1 日销售商品一批，增值税专用发票注明价款 500 000 元，增值税 80 000 元，为购买方垫付运杂费 20 000 元，款项尚未收回，双方约定的现金折扣条件为（2/10，*n*/30），假设折扣不含增值税。该企业应确认的应收账款和主营业务收入分别为（　　）元。

A. 580 000 和 500 000　　B. 605 000 和 500 000
C. 575 000 和 520 000　　D. 585 000 和 520 000

8. 甲公司于 2019 年 7 月 12 日与客户签订一项工程的劳务合同，合同期为 9 个月，合同总收入为 800 万元，预计合同总成本为 640 万元；至 2019 年 12 月 31 日，实际发生成本为 320 万元。在年末确认收入时，甲公司发现，客户已经发生严重的财务危机，估计只能从工程款中收回成本 350 万元。甲公司 2019 年度应确认的劳务收入为（　　）万元。

A. 400　　B. 320　　C. 350　　D. 420

9. 甲企业 2019 年 3 月承接一项设备安装劳务，劳务合同总收入为 200 万元，合同价款在签订合同时已收取，采用完工百分比法确认劳务收入。2019 年已确认劳务收入 80 万元，截至 2020 年 12 月 31 日，该劳务的累计完工进度为 60%。2020 年该企业应确认的劳务收入为（　　）万元。

A. 40　　B. 36　　C. 72　　D. 120

10. 甲企业本年度委托乙商店代销零配件，代销价款为 400 万元。本年度收到乙商店交来的代销清单，代销清单列明已销代销零配件的 60%，甲企业收到代销清单时向乙商店开具增值税专用发票。乙商店按代销价款的 5%收取手续费。该批零配件的实际成本为 300 万元。甲企业本年度应确认的销售收入为（　　）万元。

A. 400　　B. 380　　C. 240　　D. 228

11. 下列有关费用的说法中，不正确的是（　　）。

A. 费用会导致经济利益总流出，与向所有者进行利润分配无关
B. 费用是在企业日常活动中形成的
C. 费用会导致所有者权益的减少
D. 企业在筹建期间发生的支出不属于费用

12. 下列各项中，不应被列入“利润表”营业成本项目的是（　　）。

A. 销售商品成本　　B. 提供劳务成本
C. 让渡资产使用权成本　　D. 处置固定资产净损失

13. 企业销售商品时缴纳的下列税费中，不通过“税金及附加”科目核算的是（　　）。

A. 消费税　　B. 增值税　　C. 教育费附加　　D. 印花税

14. 企业发生的各项税费，不应记入“税金及附加”科目的有（　　）。

A. 与投资性房地产有关的房产税　　B. 处置固定资产缴纳的增值税
C. 销售应税消费品缴纳的消费税　　D. 销售商品缴纳的教育费附加

15. 企业预计的产品质量保证损失应计入（　　）。

A. 销售费用　　B. 管理费用　　C. 营业外支出　　D. 资产减值损失

二、多项选择题

1. 下列关于收入的说法中，正确的有（　　）。

A. 收入在企业日常活动中形成
B. 收入会导致所有者权益增加

C. 收入与所有者投入资本无关

D. 企业出售生产线的净收益不属于企业的收入

2. 下列各项中，工业企业应确认为其他业务收入的有（　　）。

A. 销售材料收入　　B. 出售商标权收入
C. 出售旧设备的净收益　　D. 随同产品出售单独计价的包装物

3. 下列各项中，可用于确定所提供劳务完工进度的方法有（　　）。

A. 根据专业测量师测量的已完成工作量加以确定

B. 按已经发生的成本占估计总成本的比例计算确定

C. 按已经收到的金额占合同总金额的比例计算确定

D. 按已经提供的劳务占应提供劳务总量的比例计算确定

4. 下列各项中，关于采用支付手续费方式委托代销商品的会计处理，表述正确的有（　　）。

A. 委托方通常在收到受托方开出的代销清单时确认销售商品收入

B. 委托方发出商品时应按约定的售价记入“委托代销商品”

C. 受托方应在代销商品销售后按照双方约定的手续费确认劳务收入

D. 受托方一般应按其与委托方约定的售价总额确认受托代销商品款

5. 下列各项中不满足收入确认条件，一般不应当被确认企业收入的有（　　）。

A. 售出商品后得知购买方陷入财务困难　　B. 已售商品成本无法取得
C. 商品销售时价格变动很大，售价很难确定　　D. 寄存本公司的已售商品

6. 下列各项中，符合费用定义的有（　　）。

A. 销售费用　　B. 税金及附加　　C. 管理费用　　D. 营业外支出

7. 下列各项中，应计入销售费用的是（　　）。

A. 已售商品预计保修费用　　B. 为推广新产品而发生的广告费
C. 随同产品出售且单独计价的包装物成本　　D. 随同产品出售不单独计价的包装物成本

8. 下列各项中应当在企业“财务费用”科目中核算的有（　　）。

A. 贴现手续费　　B. 现金折扣
C. 汇兑收益　　D. 短期借款发生的利息

9. 下列关于费用特征的表述正确的有（　　）。

A. 会导致经济利益流出企业　　B. 费用包括销售产品的成本
C. 所有者权益的减少一定伴随着费用的增加　　D. 费用是在企业日常活动中发生的

10. 下列关于甲企业发生的各项支出，表述正确的有（　　）。

A. 聘请中介机构费计入管理费用

B. 企业研究开发费计入管理费用

C. 企业财务部门人员工资计入财务费用

D. 企业销售机构固定资产折旧费计入销售费用

11. 下列关于税金及附加的表述正确的是（　　）。

A. 税金及附加是企业经营活动中负担的相关税费

B. 税金及附加与取得的收入有关

C. 与投资性房地产有关的房产税、城镇土地使用税计入税金及附加

D. 税金及附加影响企业的营业利润

12. 工业企业支付的下列税金应通过“税金及附加”科目核算的有（　　）。

A. 车船税　　B. 房产税　　C. 印花税　　D. 资源税

13. 下列资产的折旧费用应直接计入当期损益的有（　　）。

A. 生产部门固定资产折旧　　B. 销售部门固定资产折旧

C. 管理部门固定资产折旧　　D. 研究阶段研发部门固定资产折旧

14. 下列各项中应通过“管理费用”科目核算的有（　　）。

A. 筹建期间借款的利息　　B. 企业发生的开办费

C. 企业支付的矿产资源补偿费　　D. 企业支付的技术转让费

15. 下列各项中，应列入利润表“营业成本”项目的有（　　）。

A. 销售商品成本　　B. 销售材料成本

C. 出租非专利技术的摊销额　　D. 经营性租赁租出设备的折旧额

三、判断题

1. 采用预收货款方式销售商品的，在收到全部货款时确认收入。（　　）

2. “发出商品”科目的期末余额应并入资产负债表“存货”项目中反映。（　　）

3. 销售商品计算现金折扣时，如果不考虑增值税，则直接按确认收入的金额乘以折扣率计算确认现金折扣额。（　　）

4. 在支付手续费委托方式下，委托方在收到代销清单时确认销售收入。（　　）

5. 企业让渡资产使用权，如果合同协议规定一次性收取使用费，且不提供后续服务的，应当视同销售该项资产一次性确认收入。（　　）

6. 企业资产负债表日提供劳务交易结果不能可靠估计时，已经发生的劳务成本预计部分能够得到补偿的，就按照能够得到部分补偿的劳务成本金额确认提供劳务收入，并按照得到补偿的金额结转劳务成本。（　　）

7. 企业资产负债表日提供劳务交易结果不能可靠估计时，已经发生的劳务成本预计全部不能得到补偿的，应按已经发生的劳务成本金额确认收入。（　　）

8. 企业向所有者分配利润虽会导致经济利益的流出，但不能确认为费用。（　　）

9. 利润表中的“营业成本”项目反映的是企业日常活动中形成的经济利益的流出，包含主营业务成本和其他业务成本。（　　）

10. 与投资性房地产有关的房产税、城镇土地使用税通过“税金及附加”科目核算。（　　）

11. 本期发生的制造费用，应计入当期损益。（　　）

12. 企业专设销售机构固定资产的日常修理费应计入销售费用。（　　）

13. 企业发生的商业折扣和现金折扣均属于期间费用，计入财务费用。（　　）

14. 企业缴纳的消费税一定通过“税金及附加”科目核算。（　　）

15. 企业费用的增加会导致所有者权益的减少，所以所有者权益减少一定会使费用增加。（　　）

四、不定项选择题

针对“走进企业”涉及的经济业务进行相应的账务处理，并完成以下选择。

（1）根据资料（1），下列各项中，账务处理结果正确的是（　　）。

A. 12月2日，甲公司应确认销售商品收入180万元

B. 12月2日，甲公司应确认销售商品收入176万元

C. 12月15日，甲公司应确认财务费用2万元

D. 12月15日，甲公司应确认财务费用1.8万元

（2）根据资料（2）～（5），下列各项中，账务处理正确的是（　　）。

A. 12月5日，甲公司发生销售折让时。

借：主营业务收入　　30
　　应交税费——应交增值税（销项税额）　　4.8
　　贷：银行存款　　34.8

B. 12 月 7 日，甲公司销售材料时。

借：银行存款　　17.4
　　贷：其他业务收入　　15
　　　　应交税费——应交增值税（销项税额）　　2.4
借：其他业务成本　　10
　　贷：原材料　　10

C. 12 月 10 日，甲公司向本公司行政管理人员发放自产产品时。

借：管理费用　　11.6
　　贷：应付职工薪酬　　11.6
借：应付职工薪酬　　11.6
　　贷：主营业务收入　　10
　　　　应交税费——应交增值税（销项税额）　　1.6
借：主营业务成本　　8
　　贷：库存商品　　8

D. 12 月 31 日，甲公司确认劳务收入，结转劳务成本时。

借：预收账款　　75
　　贷：主营业务收入　　75
借：主营业务成本　　50
　　贷：劳务成本　　50

（3）根据资料（1）～（5），甲公司 2019 年年度利润表中“营业收入”的金额是（　　）万元。

A. 225　　B. 235　　C. 250　　D. 280

（4）根据资料（1）～（5），甲公司 2019 年年度利润表中“营业成本”的金额是（　　）万元。

A. 168　　B. 200　　C. 208　　D. 218

五、实务题

丁公司为增值税一般纳税人，适用的增值税税率为 16%，所得税税率为 25%，假定销售商品、原材料和提供劳务均符合收入确认条件，其成本在确认收入时逐笔结转，商品、原材料售价中不含增值税。2019 年 12 月，公司实现销售商品、提供劳务和发生部分费用的资料如下。

（1）12 月 1 日，对 A 公司销售商品一批，增值税专用发票上的销售价格为 100 万元，增值税税额为 16 万元。提货单和增值税专用发票已交 A 公司，A 公司已承诺付款。为及时收回货款，给予 A 公司的现金折扣条件如下：2/10，1/20，*n*/30（假设计算现金折扣时不考虑增值税因素）。该批商品的实际成本为 85 万元。12 月 19 日，收到 A 公司支付的扣除所享受现金折扣金额后的款项，并存入银行。

（2）12 月 1 日，承接 G 公司一项设备安装劳务，合同期为 6 个月，合同总收入为 120 万元，已经预收 80 万元。余额在设备安装完成时收回。采用完工百分比法确认劳务收入。完工率按照已发生成本占估计总成本的比例确定，至 2019 年 12 月 31 日已发生的成本为 50 万元，预计完成劳务还将发生成本 30 万元。

（3）12 月 2 日，收到 B 公司来函，要求对当年 11 月 2 日所购商品在价格上给予 5%的折让（丁公司在该批商品售出时，已确认销售收入 200 万元，并收到款项）。经查核，该批商品外观存在质量问题。丁公司同意了 B 公司提出的折让要求。当日，收到 B 公司交来的税务机关开具的索取折让证明单，并出具红字增值税专用发票和支付折让款项。

（4）12 月 10 日，向本公司行政管理人员发放自产产品作为福利。该批产品的实际成本为 8 万元，市场售价为 10 万元。

（5）12 月 14 日，与 D 公司签订合同，以现销方式向 D 公司销售商品一批。该批商品的销售价格为 120 万元，实际成本为 75 万元，提货单已交 D 公司。款项已于当日收到，存入银行。

（6）12 月 15 日，与 E 公司签订一项设备维修合同。该合同规定，该设备维修总价款为 60 万元（不含增值税税额），于维修完成并验收合格后一次结清。12 月 31 日，该设备维修任务完成并经 E 公司验收合格。康达公司实际发生的维修费用为 20 万元（均为维修人员工资）。12 月 31 日，鉴于 E 公司发生重大财务困难，丙公司预计很可能收到的维修款为 17.55 万元（含增值税税额）。

（7）12 月 20 日，收到国债利息收入 59 万元，以银行存款支付销售费用 5.5 万元，支付税收滞纳金 2 万元。

（8）12 月 25 日，与 F 公司签订协议，委托其代销商品一批。根据代销协议，康达公司按代销协议价收取所代销商品的货款，商品实际售价由受托方自定。该批商品的协议价为 200 万元（不含增值税税额），实际成本为 180 万元。商品已运往 F 公司。12 月 31 日，丁公司收到 F 公司开来的代销清单，列明已售出该批商品的 20%，款项尚未收到。

（9）12 月 31 日，与 G 公司签订一件特制商品的合同。该合同规定，商品总价款为 80 万元（不含增值税税额），自合同签订日起 2 个月内交货。合同签订日，收到 C 公司预付的款项 40 万元，并存入银行。商品制造工作尚未开始。

（10）12 月 31 日，收到 A 公司退回的当月 1 日所购全部商品。经查核，该批商品存在质量问题，丁公司同意了 A 公司的退货要求。当日，收到 A 公司交来的税务机关开具的进货退出证明单，并开具红字增值税专用发票和支付退货款项。

（11）本月发生无形资产研究费用 30 万元，支付业务招待费 18 万元，发生专设销售部门人员工资 22 万元。

要求：根据上述经济业务进行相应的账务处理。

项目十三
利润核算

学习要点

- 营业外收入业务的核算
- 政府补助业务的核算
- 营业外支出业务的核算
- 结转本年利润业务的核算
- 应交所得税的计算
- 所得税费用业务的核算
- 利润项目的列示

关键术语

- 利润（Profit）
- 营业利润（Operating Profit）
- 税前利润总额（Total Profit）
- 应纳税所得额（Taxable Income）
- 净利润（Net Profit）
- 营业外收入（Non-Operating Revenues）
- 政府补助（Government Grants）
- 营业外支出（Non-Operating Expenses）
- 本年利润（Profit for the Year）
- 所得税（Income Tax）
- 所得税费用（Income Tax Expense）
- 资产负债表债务法（The Balance Sheet Liability Method）

【项目引入及要求】

1. 项目引入

2019 年 1 月，假设您即将到甲公司进行顶岗实习。甲公司为增值税一般纳税人，适用的增值税税率为 16%，所得税税率为 25%，按净利润的 10%提取法定盈余公积。2019 年度甲公司发生如下经济业务。

（1）经批准，甲公司接受乙公司投入库存商品一批，合同约定的价值为 2 000 万元（与公允价值相符），增值税税额为 320 万元；同时甲公司增加实收资本 1 000 万元，相关法律手续已办妥。

（2）出售一台设备，售价 50 万元，增值税税额为 8 万元，款项存入银行。该设备实际成本 60 万元，累计折旧额 15 万元，未计提减值准备。

（3）甲公司持有丙公司 30%的股份，对丙公司具有重大影响。丙公司可供出售金融资产的公允价值净增加 250 万元，不考虑相关税费。

（4）交易性金融资产公允价值上升 50 万元。

（5）生产设备摊销递延收益 10 万元（计入其他收益）。

（6）研发项目完成并形成无形资产，该项目研发支出资本化金额为 150 万元。

（7）除上述经济业务外，甲公司当年其他业务共实现营业收入 10 000 万元，发生营业成本 8 000 万元、税金及附加 400 万元、销售费用 100 万元、管理费用 200 万元、财务费用 50 万元。

（8）本年计入所得税费用的递延所得税负债贷方发生额为 12.5 万元；按税法规定当年准予税前扣除的职工福利费 75 万元；实际发生并计入当年利润总额的职工福利费 80 万元；公允价值变动损益不得计入应纳税所得额。除此之外，不存在其他纳税调整项目，也未发生其他递延所得税。

2. 项目要求

（1）请熟悉本项目内容在利润表中的位置，如表 13-1 所示。

表 13–1　　利润项目在利润表中的信息列示　　单位：万元

项目	本期数	上年同期数
一、营业收入		
……		
二、营业利润（亏损以“–”号填列）		
加：营业外收入		
减：营业外支出		
其中：非流动资产处置损失		
三、利润总额（亏损总额以“–”号填列）		
减：所得税费用		
四、净利润（净亏损以“–”号填列）		
……		

（2）请根据本项目内在知识点的逻辑关系，制作本项目思维导图。

（3）请搜集与本项目有关的企业真实案例。

（4）学完本项目，请完成项目引入中甲公司 2019 年年度利润表中“所得税费用”和“净利润”项目的金额，掌握所得税业务及利润业务的核算。

（5）学完本项目，请了解利润表中本项目内容是如何填列的。

任务一　利润认知

任务调研：请了解企业利润的构成情况。

利润，是指企业在一定会计期间的经营成果。利润包括收入减去费用后的净额、直接计入当期利润的利得和损失等。直接计入当期利润的利得和损失，是指在企业非日常活动中形成，会导致所有者权益发生增减变动的，与所有者投入资本或者向所有者分配利润无关的经济利益流入或流出。

与利润相关的计算公式如下。

1. 营业利润

营业利润=营业收入-营业成本-税金及附加-销售费用-管理费用-财务费用-资产减值损失+公允价值变动收益（-公允价值变动损失）+投资收益（-投资损失）+资产处置收益（-资产处置损失）+其他收益

资产减值损失是指企业计提各项资产减值准备所形成的损失。

公允价值变动收益（或损失）是指企业交易性金融资产等公允价值变动形成的应计入当期损益的利得（或损失）。

投资收益（或损失）是指企业以各种方式对外投资所取得的收益（或发生的损失）。

2. 利润总额

利润总额=营业利润+营业外收入-营业外支出

3. 净利润

净利润=利润总额-所得税费用

其中，所得税费用是指企业确认的应从当期利润总额中扣除的所得税费用。

任务二　营业外收支核算

任务调研：请了解企业营业外收支业务是如何产生的，相关的业务处理程序是怎样的。

一、营业外收入

1. 营业外收入概述

营业外收入，是指企业发生的与其日常活动无直接关系的各项利得。营业外收入并不是企业经营资金耗费所产生的，不需要企业付出代价，实际上是经济利益的净流入，不需要与有关的费用进行配比。营业外收入主要包括债务重组利得、与企业日常活动无关的政府补助、盘盈利得、捐赠利得等。

非流动资产处置利得包括固定资产处置利得和无形资产出售利得。

政府补助，是指企业从政府无偿取得货币性资产或非货币性资产形成的利得，不包括政府作为所有者对企业的资本投入。

盘盈利得，主要指对于现金等清查盘点中盘盈的现金等，报经批准后计入营业外收入的金额。

罚没利得，指企业取得的各项罚款，在弥补由于对违反合同或协议而造成的经济损失后的罚款净收益。

捐赠利得，指企业接受捐赠产生的利得。

2. 营业外收入业务的核算

企业应通过“营业外收入”科目，核算企业发生的营业利润以外的收益。该科目贷方登记企业确认的各项营业外收入，借方登记期末结转入本年利润的营业外收入。结转后该科目应无余额。该科目应按照营业外收入的项目进行明细核算。

二、营业外支出

1. 营业外支出概述

营业外支出，是指企业发生的与其日常活动无直接关系的各项损失，主要包括债务重组损失、罚款支出、公益性捐赠支出、非常损失、盘亏损失、非流动资产毁损报废损失等。

非流动资产处置损失包括固定资产处置损失和无形资产出售损失。

盘亏损失，主要指对财产清查盘点中盘亏的资产，查明原因处理时按确定的损失计入营业外支出的金额。

罚款支出，指企业支付的行政罚款、税务罚款，以及因其他违反法律法规、合同协议等而支付的罚款、违约金、赔偿金等支出。

公益性捐赠支出，指企业对外进行公益性捐赠发生的支出。

非常损失，指企业对于因客观因素（如自然灾害等）造成的损失，扣除保险公司赔偿后应计入营业外支出的净损失。

2. 营业外支出业务的核算

企业应通过“营业外支出”科目，核算营业外支出的发生及结转情况。该科目借方登记企业发生的各项营业外支出，贷方登记期末结转入本年利润的营业外支出。结转后该科目应无余额。该科目应按照营业外支出的项目进行明细核算。

任务三 本年利润核算

任务调研：请了解企业年末本年利润的结转情况，相关的业务处理程序是怎样的。

微课：一分耕耘，一分收获

一、结转本年利润的方法

会计期末结转本年利润的方法有表结法和账结法两种。

1. 表结法

表结法下，各损益类科目每月月末只需结计出本月发生额和月末累计余额，不结转到“本年利润”科目，只有在年末时才将全年累计余额结转入“本年利润”科目，但每月月末要将损益类科目的本月发生额合计数填入利润表中的本月数栏，同时要将本月末累计余额填入利润表中的本年累计数栏，通过利润表计算反映各期的利润（或亏损）。表结法下，年中损益类科目无须结转入“本年利润”科目，从而减少了转账环节和工作量，同时并不影响利润表的编制及有关损益指标的利用。

2. 账结法

账结法下，每月月末均需编制转账凭证，将在账上结计出的各损益类科目的余额结转入“本年利润”科目。结转后“本年利润”科目的本月余额反映当月实现的利润或发生的亏损，“本年利润”科目的本年余额反映本年累计实现的利润或发生的亏损。账结法在各月均通过“本年利润”

科目提供当月及本年累计的利润（或亏损）额，增加了转账环节和工作量。

二、结转本年利润业务的核算

企业应设置“本年利润”科目，核算企业本年度实现的净利润（或发生的净亏损）。

会计期末，企业应将“主营业务收入”“其他业务收入”“营业外收入”等科目的余额分别转入“本年利润”科目的贷方，将“主营业务成本”“其他业务成本”“税金及附加”“销售费用”“管理费用”“财务费用”“资产减值损失”“营业外支出”“所得税费用”等科目的余额分别转入“本年利润”科目的借方。企业还应将“公允价值变动损益”“投资收益”科目的净收益转入“本年利润”科目的贷方，将“公允价值变动损益”“投资收益”科目的净损失转入“本年利润”科目的借方。结转后“本年利润”科目如为贷方余额，表示当年实现的净利润；如为借方余额，表示当年发生的净亏损。

年度终了，企业还应将“本年利润”科目的本年累计余额转入“利润分配——未分配利润”科目。如为借方余额，做相反的账务处理。结转后“本年利润”科目应无余额。

【例 13-1】 甲公司 2019 年有关损益类科目的年末余额如表 13-2 所示（该企业采用表结法年末一次结转损益类科目，所得税税率为 25%）。

表 13-2　　损益类科目的年末余额　　单位：元

科目名称	余额方向	结账前余额
主营业务收入	贷方	9 000 000
其他业务收入	贷方	700 000
公允价值变动损益	贷方	150 000
投资收益	贷方	1 000 000
营业外收入	贷方	50 000
主营业务成本	借方	6 200 000
其他业务成本	借方	400 000
税金及附加	借方	80 000
销售费用	借方	500 000
管理费用	借方	770 000
财务费用	借方	200 000
资产减值损失	借方	500 000
营业外支出	借方	250 000

甲公司 2019 年年末将各损益类科目年末余额转入“本年利润”科目的账务处理如下。

（1）结转各项收入、利得类科目时。

借：主营业务收入　　9 000 000
　　其他业务收入　　700 000
　　公允价值变动损益　　150 000
　　投资收益　　1 000 000
　　营业外收入　　50 000
　贷：本年利润　　10 900 000

（2）结转各项费用、损失类科目时。

借：本年利润　　8 900 000
　贷：主营业务成本　　6 200 000
　　　其他业务成本　　400 000
　　　税金及附加　　80 000

销售费用	500 000
管理费用	770 000
财务费用	200 000
资产减值损失	500 000
营业外支出	250 000

经上述结转后，甲公司 2015 年的税前会计利润为（　　）。

任务四 所得税费用核算

任务调研：请了解企业所得税费用业务是如何产生的，相关业务程序是怎样的。

微课：不可不说之企业所得税

所得税是以税法为依据，以课税为目的，以企业在一定期间内的生产经营所得和其他所得为课税对象的税种。在我国境内的所有企业，只要有应税所得，都应按规定缴纳企业所得税。它是企业的一项资产流出，因此，所得税属于企业的一项费用。由于资产、负债的账面价值与计税基础不同，形成了影响企业未来应税金额的暂时性差异，以及由于会计准则和税法在计算收益、费用和损失时计算的口径不同所产生的永久性差异，导致企业利润总额和应纳税所得额不一致。因此，所得税费用的核算产生于会计处理与税收处理对所得认定上的差异。《企业会计准则——所得税》规定采用资产负债表债务法进行所得税费用的核算。在采用资产负债表债务法进行核算的情况下，利润表中的所得税费用由两个部分组成：当期所得税和递延所得税。其中，当期所得税是指当期应交所得税。递延所得税包括递延所得税资产和递延所得税负债。

【例 13-2】 承接【例 13-1】，甲公司 2019 年的税前会计利润为 2 000 000 元，所得税税率为 25%，甲公司的“递延所得税资产”科目借方余额为 100 000 元，“递延所得税负债”科目贷方余额为 0 元。2019 年发生的有关交易和事项中，会计处理与税收处理不一致的事项主要如下。

（1）2018 年 12 月购进一项固定资产，成本为 1 000 000 元，使用年限为 10 年，净残值为 0 元。会计处理按直线法计提折旧，税收处理按双倍余额递减法计提折旧。假定税法规定的使用年限及净残值与会计规定相同。

（2）本期收到国债利息收入 30 000 元。

（3）期末交易性金融资产的公允价值为 950 000 元，投资成本为 800 000 元。

（4）期末存货的账面价值为 3 500 000 元，其中对持有的存货计提了 500 000 元的存货跌价准备。

（5）本期销售一项新产品，实行保修服务 3 年，因售后服务预计销售费用 100 000 元，本年未发生实际的修理费用。

（6）全年实发工资总额为 1 500 000 元，标准计税工资为 1 260 000 元。

假设除以上事项外，没有发生其他纳税调整事项。

下面以【例 13-2】说明资产负债表债务法的一般核算程序。

1. 从资产负债表出发，确定每项资产和负债的账面价值

资产和负债的账面价值，是指企业资产负债表日资产负债表中列示的金额，而非原账面余额。例如，【例 13-2】中 2019 年交易性金融资产的账面价值为 950 000 元。

2. 从资产负债表出发，确定每项资产或负债的计税基础

资产的计税基础，是指企业收回资产账面价值的过程中，计算应纳税所得额时按照税法规定可以自税前经济利益中抵扣的金额，即某一项资产在未来期间计税时可以税前扣除的金额。用计算公式表示如下。

资产的计税基础=资产未来期间计税时可税前扣除的金额

通常情况下，企业以各种方式取得的资产，初始确认时按照会计准则规定确定的入账价值基本上是被税法认可的，即其计税基础一般等于取得时的成本；但在资产持续持有的过程中，后续计量因会计准则规定与税法规定不同，使得资产的账面价值与计税基础之间产生差异。

例如，【例 13-2】中按照税法规定，计提的资产减值损失在提取时不允许从应纳税所得额中扣除，而只有在实际发生时才能加以扣除，因此，存货的计税基础为 4 000 000 元。

常见资产计税基础与账面价值的差异分析

（1）固定资产账面价值与计税基础产生差异的原因。

一般而言，固定资产的初始计量在税法上是认可的，因此固定资产的起始计量标准不存在差异。二者的差异均来自于以下两个方面：一是折旧方法、折旧年限；二是资产减值准备的计提。

（2）无形资产账面价值与计税基础产生差异的原因。

① 对于内部研究开发形成的无形资产，企业会计准则规定有关研究开发的支出分为两个阶段，研究阶段的支出应当费用化计入当期损益，开发阶段符合资本化条件的支出应当资本化作为无形资产的成本；税法规定，企业发生的研究开发费用在据实扣除的基础上，允许按照 50%加计扣除；形成无形资产的，按照无形资产成本的 150%摊销。

② 无形资产后续计量时，会计与税收的差异主要产生于对无形资产是否需要摊销及无形资产减值准备的计提。例如，企业会计准则规定，使用寿命不确定的无形资产不要求摊销，税法则要求在不少于 10 年的期限内摊销；会计上提取的减值准备在税法上是不承认的。

（3）以公允价值计量且其变动计入当期损益的金融资产账面价值与计税基础的差异分析。

按照《企业会计准则第 22 号——金融工具确认和计量》的规定，对于以公允价值计量且其变动计入当期损益的金融资产，其于某一会计期末的账面价值为公允价值，税法则对此公允价值通常不承认，只承认其原始入账成本。

（4）其他资产。

① 投资性房地产。企业持有的投资性房地产进行后续计量时，企业会计准则规定可以采用两种模式：一种是成本模式，采用该种模式计量的投资性房地产其账面价值与计税基础的确定与固定资产、无形资产相同；另一种是在符合规定条件的情况下，采用公允价值模式对投资性房地产进行后续计量。对于采用公允价值模式进行后续计量的投资性房地产，其计税基础的确定类似于以公允价值模式计量且其变动计入当期损益的金融资产。

② 其他计提了资产减值准备的各项资产。减值准备在税法上一概不予承认。

负债的计税基础，是指负债的账面价值减去未来期间计算应纳税所得额时按照税法规定可予抵扣的金额。用计算公式表示如下。

负债的计税基础=账面价值-未来期间按照税法规定可予税前扣除的金额

一般情况下，负债的确认和偿还通常不会对当期损益和应纳税所得额产生影响，未来期间计算应纳税所得额时按照税法规定可予抵扣的金额为零，其计税基础即为账面价值，如企业的短期借款、应付票据、应付账款等。但在某些情况下，负债的确认可能会影响损益，并影响不同期间的应纳税所得额，使其计税基础与账面价值之间产生差额。

例如，【例 13-2】中公司因产品质量担保计提的预计负债形成年末余额为 100 000 元，此预计负债的账面价值为 100 000 元，由于税法上不认可产品质量担保费用的提取，因此，预计负债的计税基础为 0 元，即

该项预计负债的计税基础=账面价值-未来期间计算应纳税所得额时按照税法规定可予抵扣的金额
=100 000-100 000
=0（元）

常见负债计税基础与账面价值的差异分析

（1）企业因销售商品提供售后服务等原因确认的预计负债账面价值与计税基础的差异分析。

此类预计负债通常在支付时允许扣税，其计税基础一般为 0 元（此类预计负债的计税基础=账面价值-未来兑付时允许扣税的全部账面价值=0 元）。

（2）预收账款账面价值与计税基础的差异分析。

① 如果税法与会计的收入确认时间均为发出商品时，预收账款的计税基础为账面价值，即会计上未确认收入时，计税时一般也不计入应纳税所得额，该部分经济利益在未来期间计税时可予税前扣除的金额为 0 元，计税基础等于账面价值。

② 如果税法确认收入的时间为收预收账款时，预收账款的计税基础为 0 元，即因其产生时已经计算缴纳所得税，未来期间可予全额税前扣除，计税基础为账面价值减去在未来期间可予全额税前扣除的金额，即其计税基础为 0 元。

3. 从资产负债表出发，确定资产或负债的账面金额与其计税基础之间的差额，计算暂时性差异

对于存在差异的，区分应纳税暂时性差异和可抵扣暂时性差异，按资产负债表日所得税税率计算该差异产生的递延所得税负债和递延所得税资产。

递延所得税资产和递延所得税负债的确认和计量如图 13-1 所示。

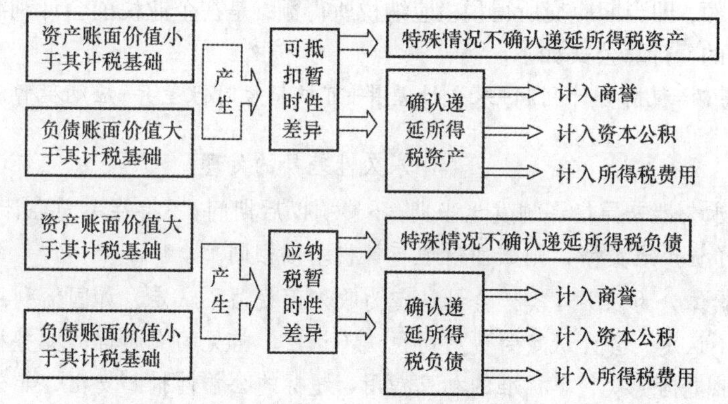

图 13-1　递延所得税资产和递延所得税负债的确认和计量

递延所得税负债，是根据应纳税暂时性差异计算的未来期间应付所得税的金额。企业应设置“递延所得税负债”科目，该科目属于负债类科目，增加额记贷方，减少额记借方。

递延所得税资产，是指以未来期间很可能取得用来抵扣暂时性差异的应纳税所得额为限确认的一项资产。企业应设置“递延所得税资产”科目，该科目属于资产类科目，增加额记借方，减少额记贷方。

递延所得税资产的发生额（增加额或减少额）
=递延所得税资产的期末余额-递延所得税资产的期初余额

递延所得税负债的发生额（增加额或减少额）

=递延所得税负债的期末余额−递延所得税负债的期初余额

例如，【例 13-2】中，比较资产、负债的账面价值和计税基础，确定暂时性差异，如表 13-3 所示。

表 13–3　确定暂时性差异　单位:元

项目	账面价值	计税基础	暂时性差异	
			应纳税差异	可抵扣差异
交易性金融资产	950 000	800 000	150 000	
存货	3 500 000	4 000 000		500 000
固定资产	900 000	800 000	100 000	
预计负债	100 000	0		100 000
合计			250 000	600 000

计算本期递延所得税资产与递延所得税负债如下。

期末递延所得税资产=600 000×25%=150 000（元）。

本期递延所得税资产=递延所得税资产期末余额−递延所得税资产期初余额=150 000−100 000=50 000（元）。

期末递延所得税负债=250 000×25%=62 500（元）。

本期递延所得税负债=递延所得税负债期末余额−递延所得税负债期初余额=62 500−0=62 500（元）。

4. 计算应交所得税

企业按照税法规定对会计利润进行调整，计算企业应纳税所得额，按适用税率计算企业应交所得税。

应交所得税，是指企业按照税法规定计算确定的针对当期发生的交易和事项，应当缴纳给税务部门的所得税金额，即当期应交所得税。应纳税所得额，是在企业税前会计利润（即利润总额）的基础上调整确定的，计算公式如下。

应纳税所得额=税前会计利润±永久性差异+可抵扣暂时性差异−应纳税暂时性差异

永久性差异的处理

永久性差异仅影响发生当期，不影响以后期间，不存在不同会计期间摊配问题，如果此差异对应了资产或负债，则账面价值与计税基础相同。

永久性差异具体分为以下 4 类：会计认定为收入而税法不认定，如国债利息收入；税法认定为费用而会计不认定；会计认定为费用而税法不认定，常见的有超标的业务招待费、罚没支出、超过同期金融机构贷款利率标准的利息费用、超标的公益性捐赠支出、非公益性捐赠支出等；税法认定为收入而会计不认定。

企业当期应交所得税的计算公式如下。

当期应交所得税=应纳税所得额×所得税税率

例如，计算本例中公司应交所得税如下。

税前会计利润　　2 000 000

永久性差异

减：国债利息　　（30 000）

加：超标准工资　　240 000

暂时性差异

交易性金融资产 （150 000）

存货 500 000

固定资产 （100 000）

预计负债 100 000（下划线代表计算到这里的结果）

应纳税所得额 2 560 000

税率 25%

应交所得税

甲公司应交所得税为（ ）。

5．确认利润表中的当期所得税费用

根据当期应交所得税和当期进一步确认或转销的递延所得税负债和递延所得税资产计算当期所得税费用，即为应从当期利润总额中扣除的所得税费用。

计算公式如下。

递延所得税费用=（期末递延所得税负债-期初递延所得税负债）
-（期末递延所得税资产-期初递延所得税资产）

当期所得税费用=当期应交所得税税额+递延所得税费用

例如，【例 13-2】中，甲公司递延所得税负债年初数为 0，年末数为 62 500 元，递延所得税资产年初数为 100 000 元，年末数为 150 000 元。

甲公司所得税费用的计算如下。

递延所得税费用=（62 500-0）-（150 000-100 000）=12 500（元）。

当期所得税费用=640 000+12 500=652 500（元）。

甲公司应做确认所得税费用的账务处理如下。

借：所得税费用 652 500

递延所得税资产 50 000

贷：应交税费——应交所得税 640 000

递延所得税负债 62 500

资产负债表债务法，是从暂时性差异产生的本质出发，分析暂时性差异产生的原因及其对期末资产负债表的影响。其特点是：当税率变动或税基变动时，必须按预期税率对“递延所得税负债”和“递延所得税资产”账户余额进行调整。也就是说，首先确定资产负债表上期末递延所得税资产（负债），然后，倒挤出利润表项目当期所得税费用。资产负债表债务法体现“资产/负债观”，是以估计转销年度的所得税税率为依据，计算递延所得税款的一种所得税会计处理方法。

【例 13-3】 承接【例 13-2】，期末，公司将“所得税费用”科目的余额转入“本年利润”科目，结转后“所得税费用”科目无余额。

借：本年利润 652 500

贷：所得税费用 652 500

【例 13-4】 承接【例 13-1】和【例 13-3】，期末结转甲公司“本年利润”科目余额到“利润分配——未分配利润”科目。结转后“本年利润”科目无余额，待年末进行利润分配。

经上述结转后，甲公司 2019 年的净利润为（　　）。

借：本年利润　　1 347 500

　　贷：利润分配——未分配利润　　1 347 500

【项目列报】

利润是企业在一定会计期间的经营成果。本项目利润核算在利润表上的信息列示如表 13-4 所示。

表 13-4　利润项目在利润表上的信息列示　单位：元

项目	本期金额	上期金额
一、营业收入		
……		
二、营业利润		
加：营业外收入（="营业外收入"的发生额分析填列）		
减：营业外支出（="营业外支出"的发生额分析填列）		
三、利润总额（反映企业实现的利润；如为亏损总额，以"-"号填列）		
减：所得税费用（="所得税费用"的发生额分析填列）		
四、净利润（反映企业实现的净利润；净亏损以"-"号填列）		
……		

【拓展阅读】

《企业会计准则第 16 号——政府补助》《企业会计准则第 18 号——所得税》《企业会计准则——基本准则》《企业会计准则——应用指南》《中华人民共和国企业所得税法实施条例》《中小企业划型标准规定》《小企业会计准则》。

项目训练

一、单项选择题

1. 下列各项中，应当计入营业外收入的有（　　）。
   A. 存货盘盈　　B. 固定资产出租
   C. 固定资产盘盈　　D. 无法查明原因的现金溢余
2. 下列不能计入营业利润的有（　　）。
   A. 销售商品收入　　B. 销售材料收入
   C. 支付的咨询费　　D. 无形资产出售净收益
3. 下列各项中，不会影响营业利润的有（　　）。
   A. 营业外支出　　B. 公允价值变动收益　　C. 资产减值损失　　D. 投资收益
4. 下列各项中，应当计入营业外支出的有（　　）。
   A. 固定资产出售净损失　　B. 固定资产出售净收益
   C. 计提存货跌价准备　　D. 固定资产减值损失
5. 甲企业 2019 年度发生主营业务收入 3 000 万元，其他业务收入 200 万元，营业外收入 200 万元，主营业务成本 1 500 万元，其他业务成本 120 万元，税金及附加 30 万元，管理费用 100 万元，资产减值损失 15 万元，营业外支出 10 万元。甲企业 2019 年的营业利润为（　　）万元。

A. 1 605　　B. 1 625　　C. 1 435　　D. 1 650

6. 甲企业报废旧设备一台，该设备的原始价值为 60 万元，已计提折旧 55 万元，发生清理费用 1 万元，报废残料价值为 0.8 万元，假定不考虑其他因素，出售该设备影响当期损益的金额为（　　）万元。

A. 5.2　　B. 5.8　　C. 4.2　　D. 4.8

7. 甲企业 2019 年度利润总额为 1 500 万元，其中本年度的国债利息收入为 200 万元，税收滞纳金 5 万元已计入营业外支出，企业的所得税税率为 25%，假定不考虑其他因素，该企业 2019 年度的应纳所得税费用为（　　）万元

A. 375　　B. 326.25　　C. 423.75　　D. 425

8. 下列关于结转本年利润账结法的表述中，不正确的有（　　）。

A. “本年利润”科目本年余额反映本年累计实现的净利润或发生的亏损

B. 各月均可通过“本年利润”科目提供当月及本年累计的利润或（亏损）

C. 年末须将各损益类科目的全年累计余额结转入“本年利润”科目

D. 每月月末各损益类科目须将本月的余额结转入“本年利润”科目

9. 2019 年 3 月甲企业自行研发一项非专利技术，至 2019 年 12 月 31 日研发成功并达到预定可使用状态，累计研究支出为 120 万元，累计开发支出为 600 万元（其中符合资本化条件支出为 500 万元），该非专利技术的使用寿命不能合理确定，假定不考虑其他因素，该业务导致该企业 2019 年年度利润总额减少（　　）万元。

A. 220　　B. 120　　C. 720　　D. 100

10. 甲企业为增值税一般纳税人，增值税税率为 16%，本月销售材料，取得含税收入 4 640 元，该批材料的计划成本为 2 500 元，材料成本差异率为 4%，该企业销售材料确认的损益为（　　）元。

A. 2 180　　B. 1 400　　C. 1 500　　D. 4 000

11. 企业发生的下列交易或事项不会影响利润总额项目的有（　　）

A. 销售商品结转的成本　　B. 捐赠利得

C. 固定资产盘盈　　D. 计提固定资产减值准备

12. 甲企业 2019 年度应纳税所得额为 2 000 万元，递延所得税资产期初余额为 50 万元，期末余额为 20 万元，递延所得税负债期初余额为 100 万元，期末余额为 80 万元，甲企业适用的所得税税率为 25%，则甲企业 2019 年度确认的所得税费用为（　　）万元。

A. 520　　B. 510　　C. 530　　D. 540

13. 甲企业本期营业利润为 200 万元，资产减值损失为 20 万元，营业外收入为 25 万元，营业外支出为 15 万元，所得税费用为 40 万元，则甲企业本期的净利润为（　　）万元。

A. 150　　B. 120　　C. 170　　D. 190

14. 甲企业当期利润总额为 200 万元，所得税费用为 50 万元，年初未分配利润为 50 万元，则甲企业当年应计提的法定盈余公积（按 10%提取）为（　　）万元。

A. 15　　B. 20　　C. 25　　D. 10

二、多项选择题

1. 下列关于利润的表述中，正确的有（　　）。

A. 利润是指企业在一定会计期间的经营成果

B. 利润包括收入减去费用后的净额、直接计入当期利润的利得和损失等

C. 企业利得增加一定会增加企业当期利润

D. 利润增加一般会导致企业所有者权益的增加

2. 下列应当计入营业外收入的有（　　）。

A. 固定资产盘盈利得　　B. 接受捐赠利得

C. 非货币性资产交换利得　　D. 债务重组利得

3. 下列各项中，影响当期营业利润的有（　　）。

A. 销售材料收入　　B. 固定资产减值损失

C. 所得税费用　　D. 投资性房地产公允价值变动损益

4. 下列各项中，影响利润表中"所得税费用"项目金额的有（　　）。

A. 当期应交所得税　　B. 递延所得税费用

C. 递延所得税收益　　D. 代扣代缴个人所得税

5. 下列应当计入营业外支出的有（　　）。

A. 非货币性资产交换的损失　　B. 非常损失

C. 债务重组损失　　D. 固定资产报废净损失

6. 年度终了，需要转入"利润分配——未分配利润"科目的有（　　）。

A. 本年利润　　B. 利润分配——应付现金股利

C. 利润分配——盈余公积补亏　　D. 利润分配——提取法定盈余公积

7. 期末结转到"本年利润"科目的有（　　）。

A. 所得税费用　　B. 投资收益

C. 公允价值变动损益　　D. 资产减值损失

8. 下列关于所得税费用的表述中，不正确的有（　　）。

A. 企业所得税费用即为当期应缴纳的企业所得税

B. 递延所得税一定影响当期所得税费用

C. 企业所得税费用等于当期会计利润乘以所得税税率

D. 所得税费用科目余额应结转至利润分配

9. 计算应交所得税时，要考虑纳税调整额，下列属于纳税调增项目的有（　　）。

A. 超过标准的广告费　　B. 国债利息收入

C. 税收滞纳金　　D. 5 年内未弥补的亏损

10. 下列损益类科目期末结转时，借记本科目，贷记"本年利润"科目的有（　　）。

A. "主营业务收入"　　B. "公允价值变动损益（指收益）"

C. "投资收益（指收益）"　　D. "营业外收入"

11. 下列有关递延所得税的说法中，正确的是（　　）。

A. 递延所得税分为递延所得税资产和递延所得税负债

B. 递延所得税负债属于负债类科目

C. 递延所得税资产属于资产类科目

D. 所得税费用=当期所得税费用+递延所得税

12. 计算应交所得税时，要考虑纳税调整额，下列属于纳税调减项目的有（　　）。

A. 超过标准的广告费　　B. 国债利息收入

C. 财政拨款　　D. 5 年内未弥补的亏损

13. 下列有关本年利润结转的说法中，正确的是（　　）。

A. 期末结转本年利润的方法有账结法和表结法

B. 无论采用表结法还是账结法，期末都要编制结转损益类科目的余额到"本年利润"科目

C. 账结法下，每月月末均须编制转账凭证，将在账上结计出的各损益类科目的余额转入“本年利润”科目

D. 表结法下，各损益类科目每月月末只需结计出本月发生额和月末累计余额，不结转到“本年利润”科目

14. 下列损益类科目期末结转时，借记“本年利润”科目，贷方可能涉及的科目有（　　）。

A. “主营业务成本”　　B. “投资收益（指损失）”

C. “税金及附加”　　D. “其他业务收入”

15. 核算所得税费用时，借记“所得税费用”，贷方可能涉及的科目有（　　）。

A. “应交税费——应交所得税”　　B. “递延所得税资产”

C. “递延所得税负债”　　D. “本年利润”

三、判断题

1. “所得税费用”科目的本期借方发生额反映本期按利润总额计算的应纳所得税税额。（　　）

2. 企业已计入营业外支出的税收滞纳金应调整增加企业的应纳税所得额。（　　）

3. 企业期末进行库存现金清查时发现无法查明原因的现金短缺应计入营业外支出。（　　）

4. 企业当期所得税费用一定等于当期应交所得税。（　　）

5. 年度终了，无论盈余或亏损，都需要将“本年利润”科目的本年累计余额转入“利润分配——未分配利润”科目。（　　）

6. 在表结法下，对于各损益类科目的余额，只有在年末时才将全年累计余额结转入“本年利润”科目。（　　）

7. 企业必须在每月月末将本年利润的余额结转至利润分配。（　　）

8. 企业根据会计准则的规定，计算确定的当期所得税和递延所得税之和，即为应当从当期利润总额中扣除的所得税费用。（　　）

9. 营业外支出是指企业发生的与其日常活动无直接关系的各项损失。（　　）

10. 企业取得的与收益相关的政府补助，在取得时直接记入“营业外收入”科目中。（　　）

11. 企业出售房屋建筑物缴纳的营业税一律记入“固定资产清理”科目中。（　　）

12. 月份终了时，“本年利润”科目无余额。（　　）

13. 企业出售长期股权投资发生的净损益不会影响营业利润。（　　）

14. 企业应纳税所得额是在企业税前会计利润（即利润总额）的基础上调整确定的。（　　）

15. 计算应纳税所得额时，应考虑纳税调整事项，如公益性捐赠支出时纳税调整增加额、国债利息收入时纳税调整减少额。（　　）

四、不定项选择题

承接项目十二收入与费用核算中“项目引入”涉及的经济业务，继续完成以下选择。

（1）根据资料（1）～（6），下列各项中，关于甲公司 2019 年期间费用和营业利润的计算结果正确的是（　　）。

A. 期间费用为 7.3 万元　　B. 期间费用为 19 万元

C. 营业利润为 13 万元　　D. 营业利润为 72 万元

（2）根据资料（1）～（6），下列各项中，关于甲公司 2019 年年度利润表中“所得税费用”和“净利润”的计算结果正确的是（　　）。

A. 所得税费用为 3.25 万元　　B. 净利润为 66.75 万元

C. 所得税费用为 17.5 万元　　　　　　D. 净利润为 52.5 万元

五、实务题

1. 甲公司 2019 年度实现利润总额为 150 万元，递延所得税资产年初数为 10 万元，年末数为 8 万元，递延所得税负债年初数为 30 万元，年末数为 35 万元，当年按税法规定的税前可列支的捐赠支出为 12 万元，实际在营业外支出中列支的捐赠支出为 22 万元，当年支付的广告费中有 9 万元不能在税前列支，支付的税收滞纳金为 2 万元，投资收益中有国库券利息收入 6 万元，所得税税率为 25%，假定甲公司未结算和预缴过企业所得税。

要求：根据资料，计算确定下列项目，并进行必要的账务处理。

（1）全年应纳税所得额。

（2）当期（本年）应交所得税。

（3）递延所得税费用。

（4）本年所得税费用。

（5）对当年应交所得税、结转递延所得税费用进行账务处理。

（6）将本年度的所得税费用转入“本年利润”科目。

（7）以银行存款缴纳当期（本年）所得税。

2. 2019 年度，乙公司取得主营业务收入 4 000 万元，其他业务收入 800 万元，主营业务成本为 2 500 万元，其他业务成本为 500 万元，税金及附加 100 万元，管理费用 150 万元（其中业务招待费 10 万元），销售费用 30 万元（其中广告费 20 万元），财务费用 15 万元，资产减值损失 20 万元，公允价值变动收益 30 万元，营业外收入 100 万元，营业外支出 50 万元（其中工商罚款 23.1 万元）。乙公司适用的企业所得税税率为 25%，递延所得税资产期初余额为 10 万元，期末余额为 20 万元，递延所得税负债期初余额为 20 万元，期末余额为 40 万元，税法规定业务招待费的抵扣比率为实际发生额的 60%，但不得超过当年营业收入的 0.5%。除以上资料外，不考虑其他相关因素。假设乙公司采用表结法结转本年利润。

要求：对乙公司结转损益类账户、计算所得税费用、结转本年利润进行账务处理。

3. 丙公司 2019 年度的有关资料如下。

（1）2019 年年初未分配利润为 200 万元（不存在未弥补亏损），本年利润总额为 410 万元，适用的企业所得税税率为 25%。按税法规定本年度准予扣除的业务招待费为 20 万元，实际发生业务招待费 30 万元；国库券利息收入为 20 万元；企业债券利息收入为 25 万元。除此之外，不存在其他纳税调整因素。

（2）2019 年 2 月 6 日，董事会提请股东大会 2019 年利润分配议案：按 2019 年税后利润的 10%提取法定盈余公积；向投资者宣告分配现金股利 40 万元。

（3）2019 年 3 月 6 日，股东大会批准董事会提请股东大会 2019 年利润分配方案：按 2019 年税后利润的 10%提取法定盈余公积；向投资者宣告分配现金股利 50 万元。

要求：（1）计算丙公司本期所得税费用，并对结转所得税及本年利润进行账务处理。

（2）根据 2019 年 3 月 6 日股东大会批准的利润分配议案，对丙公司提取法定盈余公积和结转利润分配进行账务处理。

（3）根据 2019 年 3 月 6 日股东大会批准的利润分配方案，对丙公司向投资者宣告分配现金股利和结转利润分配进行账务处理。

（4）计算年末未分配利润。除“所得税费用”和“应付股利”科目外，其他科目均需要有二级明细科目。

（答案中的金额单位用万元表示）

项目十四 财务报表编制

学习要点

- 财务报表概述
- 资产负债表的结构及编制
- 利润表的结构及编制
- 现金流量表的结构及编制
- 所有者权益变动表的结构及编制
- 附注披露的要求及相关内容

关键术语

- 财务报告（Financial Reports）
- 财务报表（Financial Statements）
- 资产负债表（Balance Sheet）
- 利润表（Income Statement）
- 现金流量表（Cash flow Statements）
- 直接法（Direct Method）
- 间接法（Indirect Method）
- 所有者权益变动表（Statement of Changes in Equity）
- 附注（Remarks）

【项目引入及要求】

1. 项目引入

2020年1月，假设您即将到甲公司报表总账岗位进行顶岗实习。甲公司为增值税一般纳税人，其2019年12月31日的有关资料如下。

（1）科目余额表如表14-1所示。

表14-1 科目余额表 单位：元

科目名称	借方余额	贷方余额
库存现金	9 000	
银行存款	56 000	
应收票据	55 000	
应收账款	80 000	
预付账款		20 000
坏账准备——应收账款		5 000
原材料	60 000	
低值易耗品	10 000	
发出商品	35 000	
库存商品	110 000	
交易性金融资产	4 000	
固定资产	1 000 000	
累计折旧	500 000	
在建工程	45 000	
无形资产	150 000	
短期借款		11 000
应付账款		80 000
预收账款		10 000
应付职工薪酬	4 000	
应交税费		12 000
长期借款		80 000
实收资本		600 000
盈余公积		100 000
未分配利润		200 000

（2）债权债务明细科目余额。

“应收账款——A公司”借方余额90 000元，“应收账款——B公司”贷方余额10 000元；“预付账款——C公司”借方余额30 000元，“预付账款——D公司”贷方余额50 000元；“应付账款——E公司”贷方余额100 000元，“应付账款——F公司”借方余额20 000元；“预收账款——G公司”贷方余额50 000元，“预收账款——H公司”借方余额40 000元。

（3）长期借款共2笔，均为到期一次性还本付息，金额及期限如下。

① 从工商银行借入20 000元（本利和），期限从2018年8月1日至2020年8月1日。

② 从建设银行借入60 000元（本利和），期限从2019年3月1日至2021年3月1日。

2. 项目要求

财务报告，是指企业对外提供的反映企业某一特定日期的财务状况和某一会计期间的经营成果、现金流量等会计信息的文件。财务报告包括财务报表和其他应当在财务报告中披露的相关信息和资料，主要由财务报表和财务情况说明书等内容组成，是企业会计工作的最终成果，是输出企业会计信息的主要形式，是企业与外部联系的桥梁。

企业的交易和事项最终通过财务报表进行列示，通过附注进行披露。为了达到财务报表有关决策有用和评价企业管理层受托责任的目标，一套完整的财务报表至少应当包括“四表一注”，即资产负债表、利润表、现金流量表、所有者权益变动表以及附注。

高质量的会计信息是保证会计决策有用的基石。从诸多企业经营的历史来看，不讲究诚信原则的企业，虽然可能暂时成功，但是无法长期保持竞争力。所以，财务报表所揭示的会计信息应遵循会计准则和公认会计原则的基本要求。为了充分发挥会计信息的作用，确保信息质量，各会计主体单位必须按照一定的程序、方法和要求，编报合法、真实和公允的财务报表。

（1）请根据本项目内在知识点的逻辑关系，制作本项目思维导图。

（2）请了解我国上市公司对外披露哪些财务报表，它们之间的勾稽关系以及财务报表的编制要求。

（3）请搜集与本项目有关的企业真实案例。

（4）学完本项目，请编制项目引入中甲公司 2019 年 12 月 31 日的资产负债表，掌握财务报表的编制方法。

（5）学完本项目，请按照筹资、供应、生产、销售、利润、分配、报表进行相应业务处理的归纳总结。

微课：不简单的财务报表

任务一　资产负债表编制

任务调研：请搜集一上市公司年末资产负债表，了解该公司当年的财务状况。

微课：同福财务大摸底

一、资产负债表概述

1. 资产负债表的概念和作用

资产负债表，是反映企业在某一特定日期（月末、季末、半年末、年末）财务状况的财务报表。它根据资产、负债、所有者权益 3 个会计要素的相互关系，依据一定的分类标准和顺序，将企业在一定日期的资产、负债、所有者权益项目予以排列，并根据账户资料编制而成。

资产负债表主要提供有关企业财务状况方面的信息，即某一特定日期企业的资产、负债、所有者权益及其相互关系。其作用主要包括：可以提供某一日期资产的总额及其结构，表明企业拥有或控制的资源及其分布情况，使用者可以一目了然地从资产负债表上了解企业在某一特定日期所拥有的资产总量及其结构；可以提供某一日期的负债总额及其结构，表明企业未来需要用多少资产或劳务清偿债务以及清偿时间；可以反映所有者所拥有的权益，据以判断资本保值、增值的情况以及对负债的保障程度。此外，资产负债表还可以提供进行财务分析的基本资料，如将流动资产与流动负债进行比较，计算出流动比率等指标，可以反映企业的变现能力、偿债能力和资金周转能力，从而有助于报表使用者做出经济决策。

2. 资产负债表列报的总体要求

（1）分类列报。资产负债表应当按照资产、负债和所有者权益 3 个类别分类列报，左方列报的资产项目反映资产的构成；右方列报的负债和所有者权益项目反映权益结构，即资产的来源渠道。

（2）资产和负债按流动性列报。资产和负债类项目应当按照流动性，分为流动资产和非流动资产列报、流动负债和非流动负债列报。流动性通常按照资产的变现或耗用时间长短或者负债的偿还时间长短来确定。

（3）所有者权益类按先后次序列报。对所有者权益类项目应当以资本的永久性高低为依据进行先后次序的排列，永久性高者在前，低者在后。

（4）列报相关的合计、总计项目。资产负债表中的资产类应当列示流动资产和非流动资产的合计项目及资产总计项目；负债类至少应当列示流动负债、非流动负债以及负债的合计项目；所有者权益类应当列示所有者权益的合计项目；负债类和所有者权益类还要列示总计项目。

3．资产负债表的结构

在我国，资产负债表为账户式结构，通常包括表头、表身和表尾 3 个部分。表头主要包括资产负债表的名称、编制单位、编制日期和金额单位；表身主要包括资产、负债和所有者权益各项目的年初余额和期末余额，是资产负债表的主要部分；表尾主要包括附注资料等。资产负债表的表身部分分为左右两部分，左边列示资产，右边列示负债和所有者权益。每个项目又分“年初余额”和“期末余额”两栏分别填列，其格式如表 14-2 所示。

表 14-2　　资产负债表　　会企 01 表

编制单位：H 公司　　2019 年 12 月 31 日　　金额单位：元

资产	期末余额	年初余额	负债和所有者权益（或股东权益）	期末余额	年初余额
流动资产：			流动负债：		
货币资金	23 436 512.51		短期借款	43 196 019.80	
交易性金融资产			交易性金融负债		
应收票据及应收账款	88 686 681.76		应付票据及应付账款	139 573 450.60	
预付款项	38 714 700.45		预收款项	5 243 722.01	
其他应收款			合同负债		
存货	4 596 432.16		应付职工薪酬	9 986 680.23	
合同资产	85 244 074.38		应交税费	-7 048 039.69	
持有待售资产			其他应付款	3 0077 045.91	
一年内到期的非流动资产			持有待售负债		
其他流动资产			一年内到期的非流动负债	14 024 640.00	
流动资产合计	240 678 401.26		其他流动负债		
非流动资产：			流动负债合计	208 053 518.86	
债权投资			非流动负债：		
其他债权投资			长期借款	16 033 110.00	
长期应收款			应付债券		
长期股权投资	1 000 000.00		其中：优先股		
其他权益工具投资			永续债		
其他非金融流动资产			长期应付款	800 000.00	
投资性房地产			预计负债		
固定资产	89 871 411.34		递延收益		
在建工程	2 519 095.54		递延所得税负债		
生产性生物资产			其他非流动负债		

续表

资产	期末余额	年初余额	负债和所有者权益（或股东权益）	期末余额	年初余额
油气资产			非流动负债合计	16 833 110.00	
无形资产	8 120 137.61		负债合计	224 886 628.86	
开发支出			所有者权益（或股东权益）：		
商誉			实收资本（或股本）	56 280 000.00	
长期待摊费用			其他权益工具		
递延所得税资产	1 559 445.81		其中：优先股		
其他非流动资产			永续债		
非流动资产合计	103 070 090.30		资本公积	167 844.25	
			减：库存股		
			其他综合收益		
			盈余公积	9 203 030.41	
			未分配利润	53 210 988.04	
			所有者权益（或股东权益）合计	118 861 862.70	
资产总计	343 748 491.56		负债和所有者权益（或股东权益）总计	343 748 491.56	

法定代表人：赵祥铭　　主管会计工作的负责人：王宇林　　会计机构负责人：王宇林

二、资产负债表编制方法

资产负债表是反映企业某一特定日期财务状况的报表。资产、负债和所有者权益各项目列报的数据有两项：年初数和期末数，因此，在编制时，应根据对应于列报项目账户的年初余额和期末余额分别填列。其中，资产项目应根据资产类账户年初借方余额和期末借方余额填列，负债及所有者权益项目应根据负债及所有者权益类账户年初贷方余额和期末贷方余额填列。

1."年初余额"栏的填列

资产负债表"年初余额"栏内的各项数字应根据上年年末资产负债表"期末余额"栏内所列数字填列。如果本年度资产负债表规定的各个项目的名称和内容与上年度不一致，应对上年年末资产负债表各项目的名称和数字按照本年度的规定进行调整，填入本年度资产负债表"年初余额"栏内。

2."期末余额"栏的填列

资产负债表各项目"期末余额"栏的填列主要有以下几种方法。

（1）根据总账账户余额填列。如"递延所得税资产""短期借款""应付职工薪酬""应交税费""专项应付款""递延所得税负债""实收资本（或股本）""资本公积""库存股""其他综合收益""盈余公积"等项目，应根据有关总账账户的余额填列。

（2）根据几个总账账户的期末余额计算填列。在资产负债表中某些项目涵盖范围广，须根据几个总账账户的期末余额计算填列。例如，"货币资金"项目，应根据"库存现金""银行存款""其他货币资金"3 个总账账户的期末余额的合计数填列；"其他应付款"项目，应根据"应付股利""应付利息"和"其他应付款"3 个总账科目的期末余额汇总填列；"其他非流动资产""其他流动负债"项目，应根据有关账户的期末余额分析填列。

（3）根据明细账账户余额计算填列。部分项目涉及不同总账账户的内容，要根据相应几个总账账户所属部分明细账账户余额计算填列。例如，“预收款项”项目，应根据“预收账款”和“应收账款”账户所属明细账的期末贷方余额合计填列；“应付票据及应付账款”项目中的“应付账款”金额，应根据“应付账款”和“预付账款”账户所属明细账的期末贷方余额合计填列；“开发支出”项目，应根据“研发支出”账户中所属的“资本化支出”明细账户的期末余额填列；“一年内到期的非流动资产”“一年内到期的非流动负债”项目，应根据有关非流动资产或负债项目的明细账户余额分析填列；“长期借款”“应付债券”项目，应分别根据“长期借款”“应付债券”账户的明细账户余额分析填列；“未分配利润”项目，应根据“利润分配”账户中所属的“未分配利润”明细账户的期末余额填列。

（4）根据总账账户余额和所属明细账账户余额分析计算填列。部分项目按性质只反映某总分类账户余额的一部分，应该根据明细账余额做相应扣减后填列。例如，“长期借款”项目，须根据“长期借款”总分类账户余额扣除“长期借款”账户所属明细账户中将在资产负债表日起1年内到期且企业不能自主地将清偿义务展期的长期借款后的金额计算填列；“长期待摊费用”项目，应根据“长期待摊费用”账户的期末余额减去将于1年内（含1年）摊销的数额后的金额填列；“其他非流动负债”项目，应根据有关账户的期末余额减去将于1年内（含1年）到期偿还数后的金额填列。

（5）根据有关账户余额减去其备抵账户余额后的净额填列。“债权投资”“其他债权投资”“长期股权投资”等项目，应根据相关账户的期末余额填列，已计提减值准备的，还应扣减相应的减值准备；“固定资产”“无形资产”“投资性房地产”“生产性生物资产”“油气资产”项目，应根据相关账户的期末余额扣减相关的累计折旧（累计摊销、折耗）填列，已计提减值准备的，还应扣减相应的减值准备，采用公允价值计量的上述资产，应根据相关账户的期末余额填列；“长期应收款”项目，应根据“长期应收款”账户的期末余额减去相应的“未实现融资收益”账户和“坏账准备”账户所属相关明细账户期末余额后的金额填列；“长期应付款”项目，应根据“长期应付款”账户的期末余额减去相应的“未确认融资费用”账户期末余额后的金额填列。

（6）综合运用上述填列方法分析填列。“应收票据及应收账款”应根据“应收票据”期末余额加上“应收账款”和“预收账款”账户所属明细账的期末借方余额合计数，减去“坏账准备”账户中有关应收账款计提的坏账准备期末余额后的金额填列；“预付款项”项目，应根据“预付账款”和“应付账款”账户所属明细账的期末借方余额合计数，减去“坏账准备”账户中有关预付账款计提的坏账准备期末余额后的金额填列；“其他应收款”项目，应根据相关账户的期末余额，减去“坏账准备”账户中有关坏账准备期末余额后的金额填列；“存货”项目，须根据“材料采购”（或“在途物资”）“原材料”“库存商品”“委托加工物资”“周转材料”“发出商品”“受托代销商品”等账户的期末余额合计，减去“受托代销商品款”“存货跌价准备”账户期末余额后的金额填列，材料采用计划成本核算，以及库存商品采用计划成本核算或售价核算的企业，还应按加或减材料成本差异、商品进销差价后的金额填列。

三、资产负债表编制应用

1. 报表编制案例基本资料

（1）企业基本情况介绍。H股份有限公司于2006年5月成立，属机械制造行业，是一家主要从事微型、小型水泵和园林机械的研发、设计、制造和销售的高新技术企业，生产销售的主要产品为除草机、碎枝机等园林机械。其所生产的产品以外销为主，出口销售的比例在95%以上，其中自营出口的比例为70%左右。

（2）2018年12月31日资产负债表如表14-2所示。

（3）2019 年 H 公司发生的经济业务及其账务处理（含填制凭证、登记账簿等）（略）。

（4）2019 年 12 月 31 日账户余额表如表 14-3 所示。

表 14-3 账户余额表

2019 年 12 月 31 日 单位：元

账户	借方余额	贷方余额
库存现金	16 267.00	
银行存款	117 623 988.49	
其他货币资金	6 365 776.26	
应收票据	4 000 000.00	
应收账款	129 683 543.22	
坏账准备		7 548 672.79
预付账款	30 460 751.81	
其他应收款	4 384 516.20	
原材料	28 731 788.09	
生产成本	20 059 606.00	
自制半成品	26 926 761.19	
库存商品	41 408 558.29	
委托加工物资	12 485 700.35	
周转材料——包装物	1 965 841.92	
周转材料——低值易耗品	2 181 017.45	
存货跌价准备		386 374.63
长期股权投资	19 600 000.00	
固定资产	188 791 308.21	
累计折旧		37 084 697.70
固定资产减值准备		926 490.98
在建工程	5 242 208.91	
无形资产	47 925 015.43	
累计摊销	1 396 016.16	
长期待摊费用	1 278 333.33	
递延所得税资产	1 791 728.50	
短期借款		21 161 698.02
应付票据		88 007 638.80
应付账款		113 190 014.68
预收账款		9 417 196.00
应付职工薪酬		5 018 021.74
应交税费		−12 181 159.21
应付利息		41 930.11
其他应付款		5 073 992.41
长期应付款		800 000.00
股本		75 280 000.00
资本公积		221 195 772.25
盈余公积		20 292 29.22
利润分配——未分配利润		96 283 024.37

2．资产负债表的编制

根据以上资料，编制的资产负债表如表 14-4 所示。

表 14-4　　　　　　　　资产负债表　　　　　　　　会企 01 表

编制单位：H 公司　　　　　　2019 年 12 月 31 日　　　　　　金额单位：元

资产	期末余额	年初余额	负债和所有者权益（或股东权益）	期末余额	年初余额
流动资产：			流动负债：		
货币资金	124 006 031.75	23 436 512.51	短期借款	21 161 698.02	43 196 019.80
交易性金融资产			交易性金融负债		
应收票据及应收账款	126 254 586.11	88 686 681.76	应付票据及应付账款	201 197 653.48	139 573 450.60
预付款项	30 460 751.81	38 714 700.45	预收款项	9 417 196.00	5 243 722.01
其他应收款	4 264 800.52	4 596 432.16	合同负债		
存货			应付职工薪酬	5 018 021.74	9 986 680.23
合同资产	133 372 898.66	85 244 074.38	应交税费	−12 181 159.21	−7 048 039.69
持有待售资产			其他应付款	5 115 922.52	3 077 045.91
一年内到期的非流动资产			持有待售负债		
其他流动资产			一年内到期的非流动负债		14 024 640.00
流动资产合计	418 359 068.85	240 678 401.26	其他流动负债		
非流动资产：			流动负债合计	229 729 332.55	208 053 518.86
债权投资			非流动负债：		
其他债权投资			长期借款		16 033 110.00
长期应收款			应付债券		
长期股权投资	19 600 000.00	1 000 000.00	其中：优先股		
其他权益工具投资			永续债		
其他非流动金融资产			长期应付款	800 000.00	800 000.00
投资性房地产			预计负债		
固定资产	150 780 119.53	89 871 411.34	递延收益		
在建工程	5 242 208.91	2 519 095.54	递延所得税负债		
生产性生物资产			其他非流动负债		
油气资产			非流动负债合计	800 000.00	16 833 110.00
无形资产	46 528 999.27	8 120 137.61	负债合计	230 529 332.55	224 886 628.86
开发支出			所有者权益（或股东权益）：		
商誉			实收资本（或股本）	75 280 000.00	56 280 000.00
长期待摊费用	1 278 333.33		其他权益工具		
递延所得税资产	1 791 728.50	1 559 445.81	其中：优先股		
其他非流动资产			永续债		
非流动资产合计	225 221 389.54	103 070 090.30	资本公积	221 195 772.25	167 844.25
			减：库存股		

续表

资产	期末余额	年初余额	负债和所有者权益（或股东权益）	期末余额	年初余额
			其他综合收益		
			盈余公积	20 292 329.22	9 203 030.41
			未分配利润	96 283 024.37	53 210 988.04
			所有者权益（或股东权益）合计	413 051 125.84	118 861 862.70
资产总计	643 580 458.39	343 748 491.56	负债和所有者权益（或股东权益）总计	643 580 458.39	343 748 491.56

法定代表人：赵祥铭　　　　主管会计工作的负责人：王宇林　　　　会计机构负责人：王宇林

其中，资产负债表主要项目的计算过程如下。

“货币资金”项目=“库存现金”账户余额+“银行存款”账户余额+“其他货币资金”账户余额=16 267.00+117 623 988.49+6 365 776.26=124 006 031.75（元）。

“应收票据及应收账款”中的“应收账款”金额=“应收账款”账户余额-与应收账款有关的“坏账准备”提取数= 129 683 543.22-7 428 957.11=122 254 586.11（元）。

其中，“坏账准备”账户期末余额为 7 548 672.79 元，与“应收账款”有关所提取的坏账准备数为 7 428 957.11 元，与“其他应收款”有关所提取的坏账准备数为 119 715.68 元。

“其他应收款”项目=“应收利息”账户余额+“应收股利”账户余额+“其他应收款”账户余额-与其他应收款有关的“坏账准备”提取数= 4 384 516.20-119 715.68=4 264 800.52（元）。

“存货”项目=“原材料”账户余额+“生产成本”账户余额+“自制半成品”账户余额+“库存商品”账户余额+“委托加工物资”账户余额+“周转材料——包装物”账户余额+“周转材料——低值易耗品”账户余额-“存货跌价准备”账户余额=28 731 788.09+20 059 606.00+26 926 761.19+41 408 558.29+12 485 700.35+1 965 841.92+2 181 017.45-386 374.63=133 372 898.66（元）。

“固定资产”项目=“固定资产”账户余额-“累计折旧”账户余额-“固定资产减值准备”账户余额+“固定资产清理”账户余额=188 791 308.21-37 084 697.70-926 490.98=150 780 119.53（元）。

“应交税费”项目列报金额根据“应交税费”账户各明细账户余额汇总填列，期末余额合计为-1 218 159.21 元，主要系增值税期末留抵税额高于本期应交税额以及该公司本期国产设备抵免企业所得税数额增加所致。

提示　关于资产负债表重要项目如货币资金的具体构成、存货的具体构成和应收账款、其他应收款分别计提的坏账准备，以及应交税费的明细情况等应在附注中列表予以充分反映。

任务二　利润表编制

任务调研：请搜集一上市公司年末利润表，了解该公司当年的经营成果情况。

微课：佟掌柜的良苦用心

一、利润表概述

1. 利润表的概念和作用

利润表，是反映企业在一定会计期间生产经营成果的财务报表。

通过利润表可以反映企业经营业绩的主要来源和构成，反映企业在一定会计期间收入、费用、利润（或亏损）的数额、构成情况，帮助报表使用者全面了解企业的经营成果，判断净利润的质量及其风险，分析企业的盈利能力，预测净利润的持续性等。例如，将赊销收入净额与应收账款平均余额进行比较，计算出应收账款周转率；将销货成本与存货平均余额进行比较，计算出存货周转率；将净利润与资产总额进行比较，计算出资产收益率等，可以反映企业资金周转情况及企业的盈利能力和水平，便于报表使用者判断企业未来的发展趋势，做出经济决策。

2. 利润表的结构

利润表通常有单步式和多步式两种结构。单步式利润表是将当期所有的收入列在一起，然后将所有的费用列在一起，两者相减得出当期净损益。多步式利润表是通过对当期的收入、费用、支出项目按性质加以归类，按利润形成的主要环节列示一些中间性利润指标，分步计算当期净损益。

财务报表列报准则规定，企业应当采用多步式列报利润表，将不同性质的收入和费用类别进行对比，这些中间性的利润数据有助于使用者正确理解企业经营成果的不同来源。

提示

企业可以按照下列4个步骤来编制利润表。

第一步，以营业收入为基础，减去营业成本、税金及附加、销售费用、管理费用、研发费用、财务费用、资产减值损失、信用减值损失，加上其他收益、投资收益（减去投资损失）净敞口套期收益、公允价值变动收益（减去公允价值变动损失）和资产处置收益（减去资产处置损失），计算出营业利润。

第二步，以营业利润为基础，加上营业外收入，减去营业外支出计算出利润总额。

第三步，以利润总额为基础，减去所得税费用，计算出净利润（或净亏损）。

普通股或潜在股已公开交易的企业，以及正处于公开发行普通股或潜在普通股过程中的企业，还应当在利润表中列示每股收益信息。

第四步，以净利润为基础，加上其他综合收益各项目分别扣除所得税影响后的净额，计算出综合收益总额。

所有者权益变动表在一定程度上体现了企业综合收益。综合收益，是指企业在某一期间与所有者之外的其他方面进行交易或发生其他事项所引起的净资产变动。综合收益的构成包括两部分：净利润和直接计入所有者权益的利得和损失。其中，前者是企业已实现并已确认的收益，后者是企业未实现但根据会计准则已确认的收益。用公式表示如下。

综合收益=收入-费用+直接计入当期损益的利得和损失

同时，根据财务报表列报准则的规定，企业需要提供比较利润表，以使报表使用者通过比较不同期间利润的实际情况，判断企业经营成果的未来发展趋势。所以，利润表还就各项目再分为“本期金额”和“上期金额”两栏分别填列。

下列各项中，会对利润表中的营业利润产生影响的有（　　）。

A. 处置长期股权投资　　B. 转销盘亏的固定资产

C. 转让无形资产的所有权　　D. 交易性金融资产公允价值下降

二、利润表编制方法

利润表各项目均须填列“本期数”和“上期同期数”两栏。其中“上期同期数”栏内各项数字，应根据上年该期利润表的“本期数”栏内所列数字填列。“本期数”栏内各期数字，除“基本每股收益”和“稀释每股收益”项目外，应当按照相关账户的发生额填列。具体各项目的填列方法如下。

（1）“营业收入”项目，反映企业经营主要业务和其他业务所确认的收入总额。本项目应根据“主营业务收入”和“其他业务收入”账户的发生额分析计算填列。

（2）“营业成本”项目，反映企业经营业务和其他业务所发生的成本总额。本项目应根据“主营业务成本”和“其他业务成本”账户的发生额分析计算填列。

（3）“税金及附加”项目，反映企业经营活动应负担的消费税、城市建设维护税、资源税、土地增值税和教育费附加等。本项目应根据“税金及附加”账户的发生额分析填列。

（4）“销售费用”项目，反映企业在销售商品过程中发生的包装费、广告费等费用和为销售本企业商品而专设的销售机构的职工薪酬、业务费等经营费用。本项目应根据“销售费用”账户的发生额分析填列。

（5）“管理费用”项目，反映企业为组织和管理生产经营发生的管理费用。本项目应根据“管理费用”账户的发生额分析填列。

（6）“研发费用”项目，反映企业为组织和管理生产经营发生的管理费用。本项目应根据“研发费用”账户的发生额分析填列。

（7）“财务费用”项目，反映企业筹集生产经营所需资金等而发生的筹资费用。本项目应根据“财务费用”账户的发生额分析填列。“其中：利息费用”行项目，反映企业为筹集生产经营所需资金等而发生的应予费用化的利息支出。该项目应根据“财务费用”科目的相关明细科目的发生额分析填列。“利息收入”行项目，反映企业确认的利息收入。该项目应根据“财务费用”科目的相关明细科目的发生额分析填列。

（8）“资产减值损失”项目，反映企业除金融资产以外的各项资产发生的减值损失。本项目应根据“资产减值损失”账户的发生额分析填列。

（9）“信用减值损失”项目，反映企业按照《企业会计准则第 22 号——金融工具确认和计量》（2017 年修订）的要求计提的各项金融工具减值准备所形成的预期信用损失。该项目应根据“信用减值损失”账户的发生额分析填列。

（10）“其他收益”项目，反映与企业日常活动相关的政府补助，按照经济业务实质，计入其他收益。本项目应根据“其他收益”账户的发生额分析填列。

（11）“投资收益”项目，反映企业以各种方式对外投资所取得的利益。本项目应根据“投资收益”账户的发生额分析填列。如为投资损失，本项目以“-”号填列。

（12）“公允价值变动收益”项目，反映企业应当计入当期损益的资产或负债公允价值变动收益。本项目应根据“公允价值变动损益” 账户的发生额分析填列，如为净损失，本项目以“-”号填列。

（13）“资产处置损益”项目，反映企业出售划分为持有待售的非流动资产（金融工具、长期股权投资和投资性房地产除外）或处置组（子公司和业务除外）时确认的处置利得或损失，以及处置未划分为持有待售的固定资产、在建工程、生产性生物资产及无形资产而产生的处置利得或损失。债务重组中因处置非流动资产产生的利得或损失和非货币性资产交换中换出非流动资产产生的利得或损失也包括在本项目内。该项目应根据“资产处置损益”科目的发生额分析填列；如为处置损失，以“-”号填列。

（14）“营业利润”项目，反映企业实现的营业利润。根据利润表确定的营业利润构成项目及勾稽关系依序计算求得。如为亏损，本项目以“-”号填列。

（15）“营业外收入”项目，反映企业发生的除营业利润以外的收益，主要包括债务重组利得、与企业日常活动无关的政府补助、盘盈利得、捐赠利得（企业接受股东或股东的子公司直接或间接的捐赠，经济实质属于股东对企业的资本性投入的除外）等。该项目应根据“营业外收入”科目的发生额分析填列。

（16）“营业外支出”项目，反映企业发生的除营业利润以外的支出，主要包括债务重组损失、公益性捐赠支出、非常损失、盘亏损失、非流动资产毁损报废损失等。该项目应根据“营业外支出”科目的发生额分析填列。

（17）“利润总额”项目，反映企业实现的利润。本项目应根据利润表确定的利润总额构成项目及勾稽关系依序计算求得。如为亏损，本项目以“-”号填列。

（18）“所得税费用”项目，反映企业应从利润总额中扣除的所得税费用。本项目应根据“所得税费用”账户的发生额分析填列。

（19）“净利润”项目，反映企业实现的净利润。本项目应根据利润表确定的净利润构成项目及勾稽关系依序计算求得。如为亏损，本项目以“-”号填列。其中，（一）持续经营净利润”和“（二）终止经营净利润”行项目，分别反映净利润中与持续经营相关的净利润和与终止经营相关的净利润；如为净亏损，以“-”号填列。该两个项目应按照《企业会计准则第 42 号——持有待售的非流动资产、处置组和终止经营》的相关规定分别列报。

（20）“基本每股收益”和“稀释每股收益”项目。基本每股收益是用归属于普通股股东的当期净利润除以当期发行在外普通股的加权平均数计算求得并填报的；稀释每股收益是将我国企业目前发行的潜在普通股如可转换公司债券、认股权证、股份期权等考虑在内，以计算基本每股收益时的普通股的加权平均数与假定稀释性潜在普通股转换为已发行普通股而增加的普通股股数的加权平均数之和作为分母，同时，分子也将涉及归属于普通股股东的当期净利润的增减变动事项：①当期已确认为费用的稀释性潜在普通股的利息；②稀释性潜在普通股转换时将产生的收益或费用包含进来作为分子，从而计算求得稀释每股收益。

（21）“其他综合收益的税后净额”项目，反映企业根据其他会计准则规定未在当期损益中确认的各项利得和损失。其他综合收益项目应根据其他相关会计准则的规定分为下列两类填报：①以后会计期间不能重分类进损益的其他综合收益项目，主要包括重新计量设定受益计划净负债或净资产导致的变动、按照权益法核算的在被投资单位以后会计期间不能重分类进损益的其他综合收益所享有的份额等；②以后会计期间在满足规定条件时将重分类进损益的其他综合收益项目，主要包括权益法核算的在被投资单位以后会计期间在满足规定条件时重分类进损益的其他综合收益所享有的份额、可供出售金融资产公允价值变动形成的利得或损失，持有至到期投资重分类为可供出售金融资产形成的利得或损失、现金流量套期工具产生的利得或损失中属于有效套期的部分、外币报表折算等。

（22）“综合收益总额”项目，反映企业净利润与其他综合收益扣除所得税后的净额相加后的合计金额。综合收益是指企业在某一会计期间除与所有者以其所有者身份进行的交易之外的其他交易或事项所引起的所有者权益变动。

提示　年度利润表中的综合收益总额应与后述所有者权益变动表中的综合收益总额数额一致。

三、利润表编制应用

1. 报表编制资料简介（同上例）

（1）H 股份有限公司利润表上年同期数（略）。

（2）H 股份有限公司 2019 年 1～12 月损益类账户的累计发生额如表 14-5 所示。

表 14-5　　H 公司 2019 年损益类账户累计发生额　　单位：元

账户	借方发生额	贷方发生额
主营业务收入		770 521 806.04
其他业务收入		12 505 869.36
主营业务成本	619 125 658.94	
其他业务成本	14 099 106.40	
税金及附加	2 550 720.65	
销售费用	46 719 056.36	
管理费用	28 325 883.65	
研发费用	314 881.60	
财务费用	7 389 036.46	
资产减值损失	2 759 680.38	
信用减值损失	443 433.41	
投资收益	4 117 708.61	
营业外收入		5 741 289.19
营业外支出	1 988 396.40	
所得税费用	13 392 465.19	

2. 利润表的编制

根据以上资料，编制该公司 2019 年度的利润表，如表 14-6 所示。

表 14-6　　利润表

编制单位：H 股份有限公司　　2019 年度　　金额单位：元

项目	本期数	上年同期数
一、营业收入	783 027 675.40	618 087 467.27
减：营业成本	633 224 765.34	500 938 948.94
税金及附加	2 550 720.65	1 753 126.38
销售费用	46 719 056.36	28 541 170.02
管理费用	28 011 002.05	21 121 111.10
研发费用	314 881.60	7 800 030.09
财务费用	7 389 036.46	5 641 656.50
资产减值损失	2 759 680.38	1 484 899.07
信用减值损失	443 433.41	
加：其他收益		
投资收益（损失以“-”号填列）	−4 117 708.61	180 787.23
其中：对联营企业和合营企业的投资收益		
公允价值变动收益（损失以“-”号填列）		
资产处置收益（损失以“-”号填列）		
二、营业利润（亏损以“-”号填列）	57 497 390.58	50 987 312.40
加：营业外收入	5 741 289.19	1 395 776.51
减：营业外支出	1 988 396.40	1 210 782.10
其中：非流动资产处置损失		
三、利润总额（亏损总额以“-”号填列）	61 250 283.37	51 172 306.81
减：所得税费用	13 392 465.19	14 009 085.25
四、净利润（净亏损以“-”号填列）	47 857 818.18	37 163 221.56
（一）持续经营净利润	47 857 818.18	37 163 221.56
（二）终止经营净利润		
五、其他综合收益的税后净额	略	略
（一）以后不能重分类进损益的其他综合收益	略	略

续表

项目	本期数	上年同期数
1. 重新计量设定受益计划净负债或净资产的变动	略	略
2. 权益法下在被投资单位不能重分类进损益的其他综合收益中享有的份额	略	略
……		
（二）以后将重分类进损益的其他综合收益	略	略
1. 权益法下在被投资单位以后将重分类进损益的其他综合收益中享有的份额	略	略
2. 可供出售资产公允价值变动损益	略	略
3. 持有至到期投资重分类为可供出售金融资产损益	略	略
4. 现金流量套期损益的有效部分	略	略
5. 外向财务报表拍片差额	略	略
……		
六、综合收益总额	47 857 818.18	37 163 221.56
七、每股收益：		
（一）基本每股收益	0.69	0.66
（二）稀释每股收益	0.69	0.66

法定代表人：赵祥铭　　主管会计工作的负责人：王宇林　　会计机构负责人：王宇林

任务三　现金流量表编制

任务调研：请搜集一上市公司年末现金流量表，了解该公司当年现金和现金等价物流入流出情况。

一、现金流量表概述

1. 现金流量表的概念和作用

现金流量表，是反映企业一定会计期间现金和现金等价物流入流出的财务报表。从编制原则上看，现金流量表按照收付实现制原则编制，将权责发生制下的赢利信息调整为收付实现制下的现金流量信息，便于信息使用者了解企业净利润的质量。从内容上看，现金流量表被划分为经营活动、投资活动和筹资活动3个部分，每类活动又分为各具体项目，这些项目从不同角度反映企业业务活动的现金流入和流出，弥补了资产负债表和利润表提供信息的不足。通过现金流量表，报表使用者可以了解现金流量的影响因素，评价企业的支付能力、偿债能力和周转能力，预测企业未来现金流量，为其决策提供有力依据。

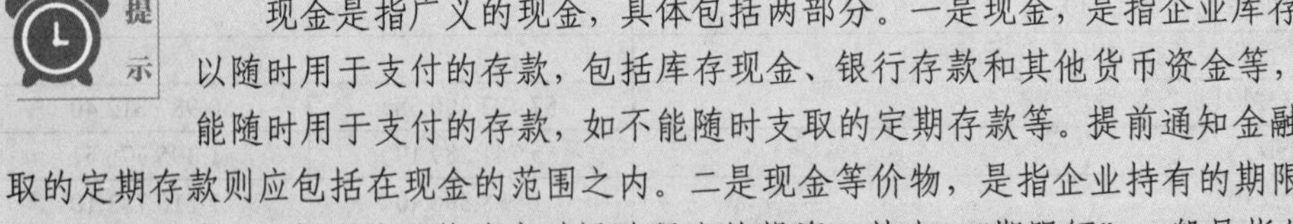

提示　现金是指广义的现金，具体包括两部分。一是现金，是指企业库存现金以及可以随时用于支付的存款，包括库存现金、银行存款和其他货币资金等，但不包括不能随时用于支付的存款，如不能随时支取的定期存款等。提前通知金融机构便可支取的定期存款则应包括在现金的范围之内。二是现金等价物，是指企业持有的期限短、流动性强、易于转换为已知现金、价值变动风险很小的投资。其中，“期限短”一般是指从购买日起3个月内到期，如可在证券市场上流通的3个月内到期的短期债券投资。不同企业现金及现金等价物的范围可能不同。企业应当根据经营特点等具体情况，确定现金及现金等价物的范围。

2. 现金流量表的分类列示

现金流量，是指企业现金和现金等价物的流入和流出，可以分为3类：经营活动现金流量、投资活动现金流量和筹资活动现金流量。

（1）经营活动产生的现金流量。经营活动，是指企业投资活动和筹资活动以外的所有交易和事项。经营活动产生的现金流量主要包括销售商品或提供劳务、购买商品、接受劳务、支付工资和缴纳税款等流入和流出的现金和现金等价物。

（2）投资活动产生的现金流量。投资活动，是指企业长期资产的购建和不包括在现金等价物范围内的投资及其处置活动。投资活动产生的现金流量主要包括购建固定资产、处置子公司及其他营业单位等流入和流出的现金和现金等价物。

（3）筹资活动产生的现金流量。筹资活动，是指导致企业资本及债务规模和构成发生变化的活动。筹资活动产生的现金流量主要包括吸收投资、发行股票、分配利润、发行债券、偿还债务等流入和流出的现金和现金等价物。偿付应付账款、应付票据等商业应付款等属于经营活动，不属于筹资活动。

3. 现金流量表的结构

现金流量表采用报告式结构，通过主表和附注两部分进行完整、详细的列报。

（1）现金流量表主表。现金流量表的主表主要列报经营活动产生的现金流量、投资活动产生的现金流量、筹资活动产生的现金流量，最后汇总反映企业现金及现金等价物净增加额。在有外币现金流量及境外子公司的现金流量折算为人民币的企业，还应单设“汇率变动对现金及现金等价物的影响”项目。

（2）现金流量表附注。现金流量表附注是对现金流量表主表的补充说明，主要披露企业的重大投资及筹资活动情况，并对主表中所披露的“经营活动产生的现金流量净额”的数额进行验证，同时使“现金及现金等价物净增加额情况”与资产负债表中“货币资金”的数额相核对。现金流量表补充资料主要包括 3 个部分的内容：一是将净利润调整为经营活动的现金流量；二是不涉及当期现金收支的重大投资、筹资活动；三是现金及现金等价物净变动情况等项目（格式略）。

二、现金流量表编制方法及程序

1. 直接法和间接法

编制现金流量表时，列报经营活动现金流量的方法有两种：一是直接法；二是间接法。这两种方法通常也被称为编制现金流量表的方法。

（1）直接法。直接法是指按现金收入和现金支出的主要类别直接反映企业经营活动产生的现金流量，如销售商品、提供劳务收到的现金；购买商品、接受劳务支付的现金等就是按现金收入和支出的类别直接反映的。在直接法下，一般是以利润表中的营业收入为起算点，调节与经营活动有关的项目的增减变动，然后计算出经营活动产生的现金流量。

（2）间接法。间接法是指以净利润为起算点，调整不涉及现金的收入、费用、营业外收支等有关项目，剔除投资活动、筹资活动对现金流量的影响，据此计算出经营活动产生的现金流量。由于净利润是按照权责发生制原则确定的，且包括了与投资活动和筹资活动相关的收益和费用，将净利润调节为经营活动现金流量，实际上就是将按权责发生制原则确定的净利润调整为现金净流入，并剔除投资活动和筹资活动对现金流量的影响。

提示

采用直接法编报现金流量表，便于分析企业经营活动产生的现金流量的来源和用途，预测企业现金流量的未来前景；采用间接法编报现金流量表，便于将净利润与经营活动产生的现金流量净额进行比较，了解净利润与经营活动产生的现金流量存在差异的原因，从现金流量的角度分析净利润的质量。所以，我国企业会计准则规定企业应当采用直接法编报现金流量表，同时要求在附注中提供以净利润为基础调节经营活动现金流量的信息，即报表附注通常采用间接法来编制。

2. 工作底稿法、T 型账户法和分析填列法

在具体编制现金流量表时，可以采用工作底稿法或 T 型账户法，也可以根据有关账户记录分析填列。

（1）工作底稿法。工作底稿法，是以工作底稿为手段，以资产负债表和利润表数据为基础，对每个项目进行分析并编制调整分录，从而编制现金流量表的方法。采用工作底稿法编制现金流量表的程序如下。

第一步，将资产负债表的期初数和期末数过入工作底稿的期初数栏和期末数栏。

第二步，对当期业务进行分析并编制调整分录。编制调整分录时，要以利润表项目为基础，从“营业收入”开始，结合资产负债表项目逐一进行分析。在调整分录中，有关现金和现金等价物的事项，并不直接借记或贷记现金，而是分别计入“经营活动产生的现金流量”“投资活动产生的现金流量”“筹资活动产生的现金流量”有关项目，借记表示现金流入，贷记表示现金流出。

第三步，将调整分录过入工作底稿中的相应部分。

第四步，核对调整分录，借方、贷方合计数均已相等，资产负债表项目期初数加减调整分录中的借贷金额以后，也等于期末数。

第五步，根据工作底稿中的现金流量表项目部分编制正式的现金流量表。

（2）T 型账户法。T 型账户法，是以 T 型账户为手段，以资产负债表和利润表数据为基础，对每个项目进行分析并编制调整分录，从而编制现金流量表的方法。采用 T 型账户法编制现金流量表的程序如下。

第一步，为所有的非现金项目（包括资产负债表项目和利润表项目）分别开设 T 型账户，并将各自的期末期初变动数过入该账户。如果项目的期末数大于期初数，则将差额过入和项目余额相同的方向；反之，过入相反的方向。

第二步，开设一个大的“现金及现金等价物”T 型账户，每边分为经营活动、投资活动和筹资活动 3 个部分，左边记现金流入，右边记现金流出。与其他账户一样，过入期末期初变动数。

第三步，以利润表为基础，结合资产负债表分析每一个非现金项目的增减变动，并据此编制调整分录。

第四步，将调整分录过入各 T 型账户，并进行核对，该账户借贷相抵后的余额与原先过入的期末期初变动数应当一致。

第五步，根据大的“现金及现金等价物”T 型账户编制正式的现金流量表。

（3）分析填列法。分析填列法，是直接根据资产负债表、利润表和有关会计账户明细账的记录，分析计算出现金流量表各项目的金额，并据以编制现金流量表的一种方法。具体编制方法如下。

① 经营活动所产生的现金流量有关项目的编制。

a. 销售商品、提供劳务收到的现金。本项目反映企业销售商品、提供劳务实际收到的现金，包括销售收入和应向购买者收取的增值税销项税额，具体包括本期销售商品、提供劳务收到的现金，以及前期销售商品、提供劳务收到的现金的本期预收的存款，减去本期销售本期退回的商品和前期销售本期退回的商品支付的现金。企业因销售材料和代购代销业务收到的现金，也在本项目反映。本项目可以根据“库存现金”“银行存款”“应收票据”“应收账款”“预收账款”“主营业务收入”“其他业务收入”账户的记录分析填列，也可根据下列公式计算填列。

销售商品、提供劳务收到的现金=本期销售商品、提供劳务实际收到的现金（含增值税销项税额）+前期销售商品、提供劳务本期实际收到现金的应收款项（含应收账款、应收票据）+本期实际收到现金的预收账款+本期收回前期核销的坏账损失-前期销售本期退回而支付的现金-以非现金资产清偿债务减少的应收款项（含应收账款、应收票据）

b. 收到的税费返还。本项目反映企业收到返还的各种税费，如收到的增值税、营业税、所得税、消费税、关税和教育费附加返还款等。本项目可以根据“库存现金”“银行存款”“税金及附加”“营业外收入”等账户的记录分析填列。

c. 收到的其他与经营活动有关的现金。本项目反映企业除上述各项目外，收到的其他与经营活动有关的现金，如罚款收入、经营租赁固定资产收到的现金、流动资产损失中由个人赔偿的现金收入、除税费返还外的其他政府补助收入等。其他与经营活动有关的现金，如果价值较大的，应单列项目反映。本项目可以根据“库存现金”“银行存款”“管理费用”“销售费用”等账户的记录分析填列。

d. 购买商品、接受劳务支付的现金。本项目反映企业购买材料、商品，接受劳务实际支付的现金，包括支付的贷款以及与货款一起支付的增值税进项税额，具体包括本期购买商品、接受劳务支付的现金，以及本期支付前期购买商品、接受劳务的未付款项和本期预付款项，减去本期发生的购货退回收到的现金。为购置存货而导致的借款利息资本化部分，应在“分配股利、利润或偿付利息支付的现金”项目中反映。本项目可以根据“库存现金”“银行存款”“应付票据”“应付账款”“预付账款”“主营业务成本”“其他业务成本”等账户的记录分析填列，也可根据下列公式计算填列。

购买商品、接受劳务支付的现金=本期购买商品、接受劳务实际支付的现金（含增值税进项税额）+前期购买商品、接受劳务本期支付现金的应付款项（含应付账款、应付票据）+本期实际支付现金的预付账款-本期销售退货收到的现金

e. 支付给职工以及为职工支付的现金。本项目反映企业实际支付给职工的现金以及为职工支付的现金，包括企业为获得职工提供的服务，本期实际给予各种形式的报酬以及其他相关支出，如支付给职工的工资、奖金、各种津贴和补贴等，以及为职工支付的其他费用，不包括支付给在建工程人员的工资。支付给在建工程人员的工资，在“购建固定资产、无形资产和其他长期资产所支付的现金”项目中反映。

企业为职工支付的医疗、养老、失业、工伤、生育等社会保险基金、补充养老保险、住房公积金，企业为职工缴纳的商业保险金，因解除与职工的劳动关系给予的补偿，现金结算股份支付，以及支付给职工或为职工支付的其他福利费用等，应根据职工的工作性质和服务对象，分别在“购建固定资产、无形资产和其他长期资产所支付的现金”和“支付给职工以及为职工支付的现金”项目中反映。

本项目可以根据“库存现金”“银行存款”“应付职工薪酬”等账户的记录分析填列。

f. 支付的各项税费。本项目反映企业按规定支付的各项税费，包括本期发生并支付的税费，以及本期支付以前各期发生的税费和预交的税金，如支付的教育费附加、印花税、房产税、土地增值税、车船使用税、营业税、增值税（不包括支付的增值税进项税额）、所得税等，不包括本期退回的增值税、所得税。本期退回的增值税、所得税等，在“收到的税费返还”项目中反映。本项目可以根据“应交税费”“库存现金”“银行存款”等账户的记录分析填列。

g. 支付的与其他活动有关的现金。本项目反映企业除上述各项目外，支付的其他与经营活动有关的现金，如罚款支出、支付的差旅费、业务招待费、保险费、经营租赁支付的现金等。其他与经营活动有关的现金，如果金额较大的，应单列项目反映。本项目可以根据有关账户的记录分析填列。

② 投资活动产生的现金流量有关项目的编制。

a. 收回投资收到的现金。本项目反映企业出售、转让或到期收回除现金等价物以外的交易性金融资产、持有至到期投资、可供出售金融资产、长期股权投资、投资性房地产而收到的现金，

不包括债券性投资收回的利息、收回的非现金资产，以及处置子公司及其他营业单位收到的现金净额。债券性投资收回的本金在本项目中反映，债券性投资收回的利息不在本项目中反映，而在“取得投资收益收到的现金”项目中反映。处置子公司及其他营业单位收到的现金净额单列项目反映。本项目可以根据“交易性金融资产”“投资性房地产”“库存现金”“银行存款”等账户的记录分析填列。

b. 取得投资收益收到的现金。本项目反映企业因股权性投资而分得的现金股利，从子公司、联营企业或合营企业分回利润而收到的现金，因债券性投资而取得的现金利息收入。股票股利不在本项目中反映；包括在现金等价物范围内的债券性投资，其利息收入在本项目中反映。本项目可以根据“应收股利”“应收利息”“投资收益”“库存现金”“银行存款”等账户的记录分析填列。

c. 处置固定资产、无形资产和其他长期资产收回的现金净额。本项目反映企业出售固定资产、无形资产和其他长期资产所取得的现金，减去为处置这些资产而支付的有关费用后的净额。处置固定资产、无形资产和其他长期资产所收到的现金，与处置活动支付的现金，两者在时间上比较接近，以净额反映更能准确反映处置活动对现金流量的影响。由于自然灾害等原因所造成的固定资产等长期资产报废、毁损而收到的保险赔偿收入，也在本项目中反映。如处置固定资产、无形资产和其他长期资产所收回的现金净额为负数，则应作为投资活动产生的现金流量，在“支付其他与投资活动有关的现金”项目中反映。本项目可以根据“固定资产清理”“库存现金”“银行存款”等账户的记录分析填列。

d. 处置子公司及其他营业单位收到的现金净额。本项目反映企业处置子公司及其他营业单位所取得的现金减去子公司或其他营业单位持有的现金和现金等价物以及相关处置费用后的净额。本项目可以根据有关账户的记录分析填列。

处置子公司及其他营业单位收到的现金净额如为负数，则将该金额填列至“支付其他与投资活动有关的现金”项目中。

e. 收到的其他与投资活动有关的现金。本项目反映企业除上述各项目外，收到的其他与投资活动有关的现金。其他与投资活动有关的现金，如果价值较大的，应单列项目反映。本项目可以根据有关账户的记录分析填列。

f. 购建固定资产、无形资产和其他长期资产支付的现金。本项目反映企业购买、建造固定资产，取得无形资产和其他长期资产支付的现金，包括购买机器设备所支付的现金及增值税税款、建造工程支付的现金、支付在建工程的人员工资等现金支出，不包括为购建固定资产、无形资产和其他长期资产而发生的借款利息资本化部分，以及融资租入固定资产所支付的租赁费。为购建固定资产、无形资产和其他长期资产而发生的借款利息资本化部分，在“分配股利、利润或偿付利息支付的现金”项目中反映；融资租入固定资产所支付的租赁费，在“支付的其他与筹资活动有关的现金”项目中反映，不在本项目中反映。本项目可以根据“固定资产”“在建工程”“工程物资”“无形资产”“库存现金”“银行存款”等账户的记录分析填列。

g. 投资支付的现金。本项目反映企业进行权益性投资和债权性投资所支付的现金，包括企业取得的除现金等价物以外的交易性金融资产、持有至到期投资、可供出售金融资产而支付的现金，以及支付的佣金、手续费等交易费用。企业在购买债券的价款中含有债券利息的，以及溢价或折价购入的，均按实际支付的现金反映。

企业在购买股票和债券时，实际支付的价款中包含的已宣告但尚未领取的现金股利或已到付息期但尚未领取的债券利息，应在“支付的其他与投资活动有关的现金”项目中反映；收回购买股票和债券时支付的已宣告但尚未领取的现金股利或已到付息期但尚未领取的债券利息，应在“收到的其他与投资活动有关的现金”项目中反映。本项目可以根据“交易性金融资产”“持有至到期投资”“可供出售金融资产”“投资性房地产”“长期股权投资”“库存现金”“银行存款”等账户的记录分析填列。

h. 取得子公司及其他营业单位支付的现金净额。本项目反映企业取得子公司及其他营业单位购买出价中以现金支付的部分，减去子公司或其他营业单位持有的现金和现金等价物后的净额。本项目可以根据“长期股权投资”“库存现金”“银行存款”有关账户的记录分析填列。

取得子公司及其他营业单位支付的现金净额如为负数，应在“收到的其他与投资活动有关的现金”项目中反映。

i. 支付的其他与投资活动有关的现金。本项目反映企业除上述各项目外，支付的其他与投资活动有关的现金。其他与投资活动有关的现金，如果价值较大的，应单列项目反映。本项目可以根据有关账户的记录分析填列。

③ 筹资活动产生的现金流量有关项目的编制。

a. 吸收投资收到的现金。本项目反映企业以发行股票、债券等方式筹集资金实际收到的款项净额（发行收入减去支付的佣金等发行费用后的净额）。以发行股票等方式筹集资金而由企业直接支付的审计、咨询等费用不在本项目中反映，而在“支付的其他与筹资活动有关的现金”项目中反映。本项目可以根据“实收资本（或股本）”“资本公积”“库存现金”“银行存款”等账户的记录分析填列。

b. 取得借款收到的现金。本项目反映企业举借各种短期、长期借款而收到的现金。本项目可以根据“短期借款”“长期借款”“交易性金融负债”“应付债券”“库存现金”“银行存款”等账户的记录分析填列。

c. 收到的其他与筹资活动有关的现金。本项目反映企业除上述各项目外，收到的其他与筹资活动有关的现金。如果价值较大的，应单列项目反映。本项目可以根据有关账户的记录分析填列。

d. 偿还债务支付的现金。本项目反映企业以现金偿还债务的本金，包括归还金融企业的借款本金、偿付企业到期的债券本金等。企业偿还的借款利息、债券利息，在“分配股利、利润或偿付利息支付的现金”项目中反映。本项目可以根据“短期借款”“长期借款”“交易性金融负债”“应付债券”“库存现金”“银行存款”等账户的记录分析填列。

e. 分配股利、利润或偿付利息支付的现金。本项目反映企业实际支付的现金股利、支付给其他投资单位的利润或用现金支付的借款利息、债券利息。不同用途的借款，其利息的开支渠道不一样，如在建工程、财务费用等，均在本项目中反映。本项目可以根据“应付股利”“应付利息”“利润分配”“财务费用”“制造费用”“在建工程”“研发支出”“库存现金”“银行存款”等账户的记录分析填列。

f. 支付的其他与筹资活动有关的现金。本项目反映企业除上述各项目外，支付的其他与筹资活动有关的现金，如以发行股票债券等方式筹集资金而由企业直接支付的审计、咨询等费用，融资租赁所支付的现金，以分期付款方式购建固定资产以后各期支付的现金等。其他与筹资活动有关的现金，如果价值较大的，应单列项目反映。本项目可以根据有关账户的记录分析填列。

④ 汇率变动对现金的影响。编制现金流量表时，应当将企业外币现金流量以及境外子公司的现金流量折算成记账本位币。根据企业会计准则，应当采用现金流量发生日的即期汇率或按照系统、合理的方法确定的，与现金流量发生日即期汇率近似的汇率折算。汇率变动对现金的影响额应当作为调节项目，在现金流量表中单独列报。

汇率变动对现金的影响，指企业外币现金流量以及境外子公司的现金流量折算成记账本位币时，所采用的现金流量发生日的汇率或按照系统、合理的方法确定的，与现金流量发生日即期汇

率近似的汇率，而现金流量表“现金及现金等价物净增加额”项目中外币现金净增加额是按资产负债表日的即期汇率折算的。这两者的差额即为汇率变动对现金的影响。

3．现金流量表补充资料的编制——间接法

企业应当采用间接法在现金流量表附注中披露将净利润调节为经营活动现金流量的信息。各项目的具体编制如下。

（1）资产减值准备，可根据“资产减值损失”账户的记录分析填列。

（2）固定资产折旧、油气资产折耗、生产性生物折旧，可根据“累计折旧”“累计折耗”等账户的贷方发生额分析填列。

（3）无形资产摊销和长期待摊费用的摊销，可根据“累计摊销”“长期待摊费用”账户的贷方发生额分析填列。

（4）处置固定资产、无形资产和其他长期资产的损失（减：收益），可根据“营业外收入”“营业外支出”等账户所属的有关明细账户的记录分析填列；如为净收益，以“-”号填列。

（5）固定资产报废损失，可根据“营业外收入”“营业外支出”等账户所属的有关明细账户的记录分析填列。

（6）公允价值变动损失，可根据“公允价值变动损益”账户的发生额分析填列。如为持有损失，在将净利润调节为经营活动现金流量时，应当加回；如为持有利得，在将净利润调节为经营活动现金流量时，应当扣除。

（7）财务费用，可根据“财务费用”账户的借方发生额分析填列；如为收益，以“-”号填列。

（8）投资损失（减：收益），可根据利润表中“投资收益”项目的数字填列；如为投资收益，以“-”号填列。

（9）递延所得税资产减少（减：增加），可根据资产负债表“递延所得税资产”项目期初、期末余额分析填列。

（10）递延所得税负债增加（减：减少），可根据资产负债表“递延所得税负债”项目期初、期末余额分析填列。

（11）存货的减少（减：增加），可根据资产负债表中“存货”项目的期初数、期末数之间的差额填列；期末数大于期初数的差额，以“-”号填列。

（12）经营性应收项目的减少（减：增加），可根据有关账户的期初、期末余额分析填列；如为增加，以“-”号填列。

（13）经营性应付项目的增加（减：减少），可根据有关账户的期初、期末余额分析填列；如为增加，以“-”号填列。

（14）不涉及现金收支的重大投资和筹资活动的披露，该项目反映企业在一定期间内影响资产或负债但不形成该期现金收支的所有投资和筹资活动的信息。这些投资和筹资活动虽然不涉及当期现金收支，但对以后各期的现金流量有重大影响。例如，企业融资租入设备，将形成的负债计入“长期应付款”账户，当期并不支付设备款及租金，但以后各期必须为此支付现金，从而在一定时期内形成了一项固定的现金支出。因此，按规定企业应当在附注中披露不涉及当期现金收支，但影响企业财务状况或在未来可能影响企业现金流量的重大投资和筹资活动，主要包括：①债务转为资本，反映企业本期转为资本的债务金额；②1 年内到期的可转换公司债券，反映企业 1 年内到期的可转换公司债券的本息；③融资租入固定资产，反映企业本期融资租入的固定资产。

三、现金流量表编制应用

根据前述有关资料，采用分析填列法编制 H 公司现金流量表，如表 14-7 所示。

表 14–7　　现金流量表　　会企 03 表

编制单位：H 股份有限公司　　2019 年度　　金额单位：元

项目	本期金额	上年同期金额
一、经营活动产生的现金流量		
销售商品、提供劳务收到的现金	793 626 195.61	635 778 331.73
收到的税费返还	62 531 381.20	23 736 275.95
收到的其他与经营活动有关的现金	53 432 632.43	25 045 191.80
经营活动现金流入小计	909 590 209.24	684 559 799.48
购买商品、接受劳务支付的现金	713 988 981.98	521 857 913.41
支付给职工以及为职工支付的现金	55 361 569.82	38 405 408.81
支付的各项税费	45 047 454.80	15 207 155.54
支付的其他与经营活动有关的现金	81 701 358.90	62 438 374.10
经营活动现金流出小计	896 099 365.50	637 908 851.86
经营活动产生的现金流量净额	13 490 843.74	46 650 947.62
二、投资活动产生的现金流量		
收回投资收到的现金	27 802 291.39	3 083 999.67
取得投资收益收到的现金	180 000.00	180 000.00
处置固定资产、无形资产和其他长期资产收回的现金净额	783 576.25	996 799.24
处置子公司及其他营业单位收到的现金净额		
收到的其他与投资活动有关的现金		
投资活动现金流入小计	28 765 867.64	4 260 798.91
购建固定资产、无形资产和其他长期资产支付的现金	72 678 156.29	66 331 071.41
投资支付的现金	32 100 000.00	500 000.00
取得子公司及其他营业单位支付的现金净额	18 600 000.00	
支付的其他与投资活动有关的现金		
投资活动现金流出小计	123 378 156.29	66 831 071.41
投资活动产生的现金流量净额	−94 612 288.65	−62 570 272.50
三、筹资活动产生的现金流量		
吸收投资收到的现金	246 104 500.00	
取得借款收到的现金	182 088 321.78	330 501 188.20
收到的其他与筹资活动有关的现金		
筹资活动现金流入小计	428 192 821.78	330 501 188.20
偿还债务支付的现金	234 180 393.56	310 005 147.40
分配股利、利润或偿付利息支付的现金	1 580 569.44	3 557 783.93
支付的其他与筹资活动有关的现金	6 076 572.00	
筹资活动现金流出小计	241 837 535.00	313 562 931.33
筹资活动产生的现金流量净额	186 355 286.78	16 938 256.87
四、汇率变动对现金及现金等价物的影响	−4 827 412.56	−2 160 471.54
五、现金及现金等价物净增加额	100 406 429.31	−11 441 539.55
加：期初现金及现金等价物余额	11 461 802.51	12 603 342.06
六、期末现金及现金等价物余额	111 868 231.82	11 461 802.51

法定代表人：赵祥铭　　主管会计工作的负责人：王宇林　　会计机构负责人：王宇林

H 公司 2019 年度现金流量表主要项目金额分析如下。

（1）本期销售商品、提供劳务收到的现金。

本期销售商品收到的现金	916 142 380.21（783 027 675.40+133 114 704.81）
加：本期收到前期的应收账款	−33 567 904.35（88 686 681.76−122 254 586.11）
本期收到前期的应收票据	−4 000 000.00（0−4 000 000.00）
本期预收款项	4 173 473.99（9 417 196.00−5 243 722.01）
减：本期因销售退回支付的现金	89 114 719.05
本期实际核销的坏账损失	7 035.19

因此，本期销售商品、提供劳务收到的现金为 793 626 195.61 元。

其中："本期因销售退回支付的现金"和"本期实际核销的坏账损失"的数据来源于对"主营业务收入"账户和"坏账准备"账户本期借方发生额的数据分析。

（2）购买商品、接受劳务支付的现金。

购买商品、接受劳务支付的现金=本期销售成本+本期发生的增值税进项税额+（存货期末余额-存货期初余额）+（应付账款期初余额-应付账款期末余额）+（应付票据期初余额-应付票据期末余额）+（预付账款期末余额-预付账款期初余额）-购货退回收到的现金-当期列入生产成本、制造费用的职工薪酬-当期列入生产成本、制造费用的非现金支出-本期以非现金资产清偿债务减少的应付账款、应付票据=633 224 765.34+135 673 935.03+（133 372 898.66−85 244 074.38）+（79 894 849.41−113 190 014.68）+（59 678 601.19−88 007 638.80）+（30 460 751.81−38 714 700.45）−0−3 968 715.08−0−0=633 224 765.34+135 673 935.03+48 128 824.28−33 295 165.27−28.329.037.61−8 253 948.64−3 968 715.08−29 191 676.07=713 988 981.98（元）。

因此，购买商品、接受劳务支付的现金为 713 988 981.98 元。

（3）购建固定资产、无形资产和其他长期资产支付的现金。根据"固定资产""在建工程""无形资产""银行存款"等账户资料分析得知，H 公司 2019 年度购建固定资产、无形资产和其他长期资产支付的现金=本期固定资产增加数（"固定资产"期末余额-"固定资产"期初余额）+本期在建工程增加数（"在建工程"期末余额-"在建工程"期初余额）+本期无形资产增加数（"无形资产"期末余额-"无形资产"期初余额）-本期未用现金支付和其他来源的款项（通过对"银行存款"等账户分析计算求得）=（188 791 308.21−114 931 774.87）+（5 242 208.91−2 519 095.54）+（47 925 015.43−8 516 370.28）−43 313 135.57=73 859 533.34+2 723 113.37+39 408 645.15−43 313 135.57=72 678 156.29（元）。

（4）吸收投资收到的现金。根据资产负债表以及"股本""资本公积"等相关账户资料分析得知，H 公司 2019 年度吸收投资收到的现金=（"股本"期末余额-"股本"期初余额）+（"资本公积"期末余额-"资本公积"期初余额）+支付给上市发行中介机构的费用（从"资本公积"账户分析得出）=（75 280 000.00−56 280 000.00）+（221 195 772.25−167 844.25）+6 076 572.00= 19 000 000.00+221 027 928.00+6 076 572.00=246 104 500.00（元）。

（5）支付的其他与筹资活动有关的现金。根据对"资本公积"账户的发生额分析计算得出，H 公司 2019 年度支付其他与筹资活动有关的现金=支付给上市发行中介机构的费用=6 076 572.00（元）。

其他项目的计算填列方法以此类推。

注：上述各项目计算的数据来源于相关账户的期初余额、期末余额。为不占篇幅，在此不一一列出相关账户的余额及发生额数据。

提示

现金流量表补充资料应在后述附注中被披露。

任务四 所有者权益变动表编制

任务调研：请搜集一上市公司年末所有者权益变动表，了解公司所有者权益各组成部分当期增减变动情况。

一、所有者权益变动表概述

1. 所有者权益变动表的概念和作用

所有者权益变动表，是指反映构成所有者权益各组成部分当期增减变动情况的财务报表。所有者权益变动表应当全面反映一定时期所有者权益变动的情况，不仅包括所有者权益总量的增减变动，还包括所有者权益增减变动的重要结构性信息，特别是要反映直接计入所有者权益的利得和损失，让报表使用者准确理解所有者权益增减变动的根源。

在所有者权益变动表中，企业至少应当单独列示反映下列信息的项目：①净利润；②直接计入所有者权益的利得和损失项目及其总额；③会计政策变更和差错更正的累积影响金额；④所有者投入资本和向所有者分配利润等；⑤提取的盈余公积；⑥实收资本或股本、资本公积、其他综合收益、盈余公积、未分配利润的期初和期末余额及其调节情况。因此，所有者权益变动表具有以下作用。

（1）所有者权益变动表提供更加全面的财务信息。所有者权益变动表既能反映企业以历史成本计价已确认实现的收入、费用、利得和损失，又能反映以多种计量属性计价的已确认但未实现的利得和损失，有利于全方面反映企业的经营业绩，进而满足报表使用者对企业会计信息披露多样化的需求。所有者权益变动表的综合收益观，符合综合收益改革的国际趋势。对强调以资产、负债确认和公允价值计量为基础的所有者权益变动表的分析，可以从综合收益角度为企业的股东和投资者提供更加全面的财务信息。

所有者权益变动表在一定程度上体现了企业综合收益。综合收益，是指企业在某一期间与所有者之外的其他方面进行交易或发生其他事项所引起的净资产变动。综合收益由净利润和其他综合收益两部分构成。其中，前者是企业已实现并已在当期损益中确认的收益，后者是企业根据企业会计准则规定未在当期损益确认而计入到所有者权益中来的利得和损失。综合收益用公式表示如下。

综合收益＝净利润＋其他综合收益扣除所得税影响后的净额

（2）所有者权益变动表有利于全方面反映企业的经营业绩。所有者权益变动表的出现使得会计报告的内容更丰富，反映企业经营业绩的信息更加广泛和真实，进而满足报表使用者对企业会计信息披露多样化的需求。

（3）所有者权益变动表为公允价值的广泛运用创造了条件。公允价值的引入是我国新企业会计准则最大的亮点，公允价值的运用能反映在物价、利率、汇率波动情况下的企业资产、负债和所有者权益的真实价值，突出体现以公允价值为基础的“资产负债观”的新会计理念，从而也不可避免地产生未实现的利得或损失。

2. 企业所有者权益变动表的结构

为了清楚地表明构成所有者权益的各组成部分当期的增减变动情况，所有者权益变动表以矩阵的形式列示：一方面，列示导致所有者权益变动的交易或事项，改变了以往仅仅按照所有者的各组成部分反映所有者变动情况的模式，而是按所有者权益变动的来源对一定时期所有者权益的变动情况进行全面反映；另一方面，按照所有者权益各组成部分（包括实收资本、资本公积、其他综合收益、盈余公积、未分配利润和库存股）及其总额列示交易或事项对所有者权益的影响。

此外，企业还需要提供比较所有者权益变动表，因此，所有者权益变动表就各项目再分为“本年金额”和“上年金额”两栏分别填列。

二、所有者权益变动表编制方法

1．所有者权益变动表各项目的列报说明

（1）“上年年末余额”项目，反映企业上年资产负债表中实收资本（或股本）、资本公积、库存股、其他综合收益、盈余公积、未分配利润的年末余额。

（2）“会计政策变更”“前期差错更正”项目，分别反映企业采用追溯调整法处理的会计政策变更的累积影响金额和采用追溯重述法处理的会计差错更正的累积影响金额。

为了体现会计政策变更和前期差错更正的影响，企业应当在上期期末所有者权益余额的基础上进行调整得出本期期初所有者权益，根据“盈余公积”“利润分配”“以前年度损益调整”等账户的发生额分析填列。

（3）“本年增减变动额”项目分别反映如下内容。

①“综合收益总额”项目，反映企业当年实现的净利润（或净亏损）和其他综合收益扣除所得税影响后的净额相加后的合计金额。

②“所有者投入和减少资本”项目，反映企业当年所有者投入和减少的资本。其中，“所有者投入资本”项目，反映企业接受投资者投入形成的实收资本（或股本）和资本溢价或股本溢价，并对应列在“实收资本”和“资本公积”栏；“股份支付计入所有者权益的金额”项目，反映企业处于等待期中的权益结算的股份支付当年计入资本公积的金额，并对应列在“资本公积”栏。

③“利润分配”项目，反映企业当年的利润分配金额。其中，“提取盈余公积”栏目，反映企业按照规定提取的盈余公积；“对所有者（或股东）的分配”栏目，反映对所有者（或股东）分配的利润（或股利）金额。

④“所有者权益内部结转”下各项目，反映不影响当年所有者权益总额的所有者权益各组成部分之间当年的增减变动，包括资本公积转增资本（或股本）、盈余公积转增资本（或股本）、盈余公积弥补亏损等项金额。为了全面反映所有者权益各组成部分的增减变动情况，所有者权益内部结转也是所有者权益变动表的重要组成部分，主要指不影响所有者权益的各组成部分当期的增减变动。其中，“资本公积转增资本（或股本）”项目反映企业以资本公积转增资本（或股本）的金额；“盈余公积转增资本（或股本）”项目反映企业以盈余公积转增资本（或股本）的金额；“盈余公积弥补亏损”项目反映企业以盈余公积弥补亏损的金额。

2．“上年金额”栏的填列方法

所有者权益变动表“上年金额”栏内各项数字，应根据上年度所有者权益变动表“本年金额”栏内所列数字填列。如果上年度所有者权益变动表规定的各个项目的名称和内容同本年度不相一致，应对上年度所有者权益变动表各项目的内容和数字按本年度的规定进行调整，填入所有者权益变动表“上年金额”栏内。

3．“本年金额”栏的填列方法

所有者权益变动表“本年金额”栏内各项数字一般应根据“实收资本（或股本）”“资本公积”“其他综合收益”“盈余公积”“利润分配”“库存股”“以前年度损益调整”等科目的发生额分析填列。

企业的净利润及其分配情况作为所有者权益变动的组成部分，不需要单独设置利润分配表列示。

三、所有者权益变动表编制应用

根据前述有关资料，编制 H 公司所有者权益变动表，如表 14-8 所示。

表 14-8 所有者权益变动表

会企 04 表

编制单位：H 股份有限公司　　2019 年度　　金额单位：元

项目	本年金额						
	实收资本	资本公积	减：库存股	其他综合收益	盈余公积	未分配利润	总计
一、上年年末余额	56 280 000.00	110 566.63		2 056 215.50	7 204 092.51	53 210 988.04	118 861 862.68
加：会计政策变更							
前期差错更正							
二、本年年初余额	56 280 000.00	110 566.63		2 056 215.50	7 204 092.51	53 210 988.04	118 861 862.68
三、本年增减变动额（减少以“-”号填列）	19 000 000.00	221 027 928.00		6 303 517.00	4 785 781.81	43 072 036.33	294 189 263.14
（一）综合收益总额				6 303 517.00		47 857 818.14	54 161 335.14
（二）所有者投入和减少资本	19 000 000.00	221 027 928.00					240 027 928.00
1. 所有者投入资本	19 000 000.00	221 027 928.00					240 027 928.00
2. 股份支付计入所有者权益的金额							
3. 其他							
（三）利润分配					4 785 781.81	-4 785 781.81	
1. 提取盈余公积					4 785 781.81	-4 785 781.81	
2. 向所有者（或股东）的分配							
3. 其他							
（四）所有者权益内部结转							
1. 资本公积转增资本（或股本）							
2. 盈余公积转增资本（或股本）							
3. 盈余公积弥补亏损							
4. 其他							
四、本年年末余额	75 280 000.00	221 195 772.25		8 359 732.50	11 989 874.32	96 283 024.37	413 051 125.82

续表

项目	上年金额						
	实收资本（或股本）	资本公积	减：库存股	其他综合收益	盈余公积	未分配利润	所有者权益合计
一、上年年末余额	56 280 000.00	110 566.63			3 322 204.99	18 825 828.28	78 538 599.90
加：会计政策变更							
前期差错更正							
二、本年年初余额	56 280 000.00	110 566.63			3 322 204.99	18 825 828.28	78 538 599.90
三、本年增减变动金额（减少用“–”号表示）				2 056 215.50	3 716 312.16	33 446 899.40	39 219 427.06
（一）综合收益总额				2 056 215.50		37 163 211.56	39 219 427.06
（二）所有者投入和减少资本							
1. 所有者投入资本							
2. 股份支付计入所有者权益的金额							
3. 其他							
（三）利润分配					3 716 312.16	–3 716 312.16	
1. 提取盈余公积					3 716 312.16	–3 716 312.16	
2. 对所有者（或股东）的分配							
3. 其他							
（四）所有者权益内部结转							
1. 资本公积转增资本（或股本）							
2. 盈余公积转增资本（或股本）							
3. 盈余公积弥补亏损							
4. 设定受益计划变动额结转留存收益							
5. 其他							
四、本年年末余额	56 280 000.00	110 566.63		2 056 215.50	7 204 092.51	53 210 988.04	118 861 862.68

法定代表人：赵祥铭　　主管会计工作的负责人：王宇林　　会计机构负责人：王宇林

任务五 附注编写

任务调研：请搜集一上市公司的财务报表附注，了解公司附注披露的主要内容。

一、附注概述

1. 附注的定义

附注，是财务报表不可或缺的组成部分，是对资产负债表、利润表、现金流量表和所有者权益变动表等报表中列示项目的文字描述或明细资料，以及对未能在这些报表中列示项目的说明等。

财务报表中的数字是经过分类与汇总后的结果，是对企业发生的经济业务的高度简化和浓缩。如果没有形成这些数字所使用的会计政策，如果没有形成这些数字所使用的会计政策和理解这些数字所必需的披露，财务报表就不可能充分发挥效用。因此，附注与资产负债表、利润表、现金流量表和所有者权益变动表等报表具有同等的重要性，是财务报表的重要组成部分。报表使用者了解企业的财务状况、经营成果和现金流量，应当全面阅读附注。

2. 附注披露的基本要求

（1）附注披露的信息应是定量、定性信息的结合，因而能从量和质两个角度对企业经济事项完整地进行反映，也能满足信息使用者的决策需求。

（2）对附注应当按照一定的结构进行系统、合理的排列和分类，有顺序地披露信息。由于附注的内容繁多，因此，更应按逻辑顺序排列，分类披露，条理清晰，具有一定的组织结构，以便于使用者理解和掌握，同时也更好地实现财务报表的可比性。

（3）附注相关信息应当与资产负债表、利润表、现金流量表和所有者权益变动表等报表列示的项目相互参照，以有助于使用者联系相关联的信息，并由此从整体上更好地理解财务报表。

二、附注披露的相关内容

编写附注时应当按照如下顺序披露相关内容。

1. 企业基本情况

（1）企业注册地、组织形式和总部地址。

（2）企业的业务性质和主要经营活动，如企业所处的行业、所提供的主要产品或服务、客户的性质、销售策略、监管环境的性质等。

（3）母公司以及集团最终母公司的名称。

（4）财务报告的批准报出者和财务报告批准报出日，或者以签字人及其签字日期为准。

（5）营业期限有限的企业，还应当披露有关其营业期限的信息。

2. 财务报表的编制基础

3. 遵循企业会计准则的声明

企业应当声明编制的财务报表符合企业会计准则的要求，真实、完整地反映企业的财务状况、经营成果和现金流量等有关信息，以此明确企业编制财务报表所依据的制度基础。

如果企业编制的财务报表只是部分遵循了企业会计准则，则附注中不得做出这种表述。

4. 重要会计政策和会计估计

重要会计政策的说明，包括财务报表项目的计量基础和在运用会计政策过程中所做的重要判断等。重要会计估计的说明包括可能导致下一会计期间内资产、负债账面价值重大调整的会计估计的确定依据等。

企业应当披露采用的重要会计政策和会计估计，并结合企业的具体实际披露其重要会计政策

的确定依据和财务报表项目的计量基础，及其会计估计所采用的关键假设和不确定因素。

（1）重要会计政策的说明。由于企业经济业务的复杂性和多样性，某些经济业务可以有多种会计处理方法，即存在不止一种可供选择的会计政策。例如，存货的计价可以有先进先出法、加权平均法、个别计价法等；固定资产的折旧，可以有平均年限法、工作量法、双倍余额递减法、年数总和法等。企业在发生某项经济业务时，必须从允许的会计处理方法中选择适合本企业特点的会计政策，企业选择不同的会计处理方法，可能极大地影响企业的财务状况和经营成果，进而编制出不同的财务报表。为了有助于报表使用者理解，有必要对这些会计政策加以披露。

需要特别指出的是，说明会计政策时还需要披露下列两项内容。

① 财务报表项目的计量基础。会计计量属性包括历史成本、重置成本、可变现净值、现值和公允价值，这直接显著影响报表使用者的分析，这项披露要求便于使用者了解企业财务报表中的项目是按何种计量基础予以计量的，如存货是按成本还是可变现净值计量等。

② 会计政策的确定依据。会计政策的确定依据主要是指企业在运用会计政策过程中所做的对报表中确认的项目金额最具影响的判断。例如，企业如何判断持有的金融资产是持有至到期的投资而不是交易性投资；又如，对于拥有的持股不足50%的关联企业，企业如何判断自身所拥有的控制权因此将其纳入合并范围；再如，企业如何判断与租赁资产相关的所有风险和报酬已转移给企业，从而符合融资租赁的标准；以及投资性房地产的判断标准是什么等，这些判断对在报表中确认的项目金额具有重要影响。因此，这项披露要求有助于使用者理解企业选择和运用会计政策的背景，增加财务报表的可理解性。

（2）重要会计估计的说明。财务报表列报准则强调了对会计估计不确定因素的披露要求，企业应当披露会计估计中所采用的关键假设和不确定因素的确定依据，这些关键假设和不确定因素在下一会计期间内很可能导致对资产、负债账面价值进行重大调整。

在确定报表中确认的资产和负债的账面价值金额的过程中，企业有时需要对不确定的未来事项在资产负债表日对这些资产和负债的影响加以估计。例如，固定资产可收回金额的计算需要根据其公允价值减去处置费用后的净额与预计未来现金流量的现值两者之间的较高者确定，在计算资产预计未来现金流量的现值时需要对未来现金流量进行预测，并选择适当的折现率，应当在附注中披露未来现金流量预测所采用的假设及其依据、所选择的折现率为什么是合理的等。这些假设的变动对这些资产和负债项目金额的确定影响很大，有可能会在下一个会计年度内做出重大调整。因此，强调这一披露要求，有助于提高财务报表的可理解性。

5. 会计政策和会计估计变更以及差错更正的说明

企业应当按照《企业会计准则第28号——会计政策、会计估计变更和差错更正》及其应用指南的规定，披露会计政策和会计估计变更以及差错更正的有关情况。

6. 报表重要项目的说明

企业应当将文字和数字描述相结合，尽可能地以列表形式披露报表重要项目的构成或当期增减变动情况，并且报表重要项目的明细金额合计应当与报表项目金额相衔接。在披露顺序上，一般应当按照资产负债表、利润表、现金流量表和所有者权益变动表的顺序及其项目列示的顺序。披露费用时按照性质分类的利润表补充资料，可将费用分为耗用的原材料费用、职工薪酬费用、折旧费用、摊销费用等。

7. 其他需要说明的重要事项

这些事项主要包括或有和承诺事项、资产负债表日后非调整事项、关联方关系及其交易等，具体的披露要求须遵循相关准则的规定。

8. **有助于报表使用者评价企业管理资本的目标、政策及程序的信息**

(1)企业应当在附注中披露下列关于其他综合收益各项目的信息:①其他综合收益各项目及其所得税影响;②其他综合收益各项目原计入其他综合收益、当期转出计入当期损益的金额;③其他综合收益各项目的期初、期末余额及其调节情况。

(2)企业应当在附注中披露终止经营的收入、费用、利润总额、所得税费用和净利润,以及归属于母公司所有者的终止经营利润。

(3)企业应当在附注中披露在资产负债表日后,财务报告批准报出日前提议或宣布发放的股利总额和每股股利金额(或向投资者分配的利润总额)。

【拓展阅读】

《企业会计准则第 30 号——财务报表列报》《企业会计准则第 31 号——现金流量表》《企业会计准则第 32 号——中期财务报告》《企业内部控制应用指引第 14 号——财务报告》《企业会计准则——基本准则》《企业会计准则——应用指南》《关于修订印发 2018 年度一般企业财务报表格式的通知》(财会〔2018〕15 号)。

项目训练

一、单项选择题

1. 下列不属于财务报告的是(　　)。

A. 资产负债表　B. 利润表　C. 附注　D. 审计报告

2. 企业收益的主要来源是(　　)。

A. 投资活动　B. 经营活动　C. 筹资活动　D. 投资收益

3. 下列各资产负债表项目中,应根据有关科目余额减去其备抵科目余额后的净额填列的项目是(　　)。

A. 预收款项　B. 应付股利　C. 货币资金　D. 固定资产

4. 资产负债表中资产的排列依据是(　　)。

A. 项目的重要性　B. 项目的流动性　C. 项目的时间性　D. 项目的收益性

5. 某企业 2019 年 12 月 31 日固定资产账户余额为 6 000 万元,累计折旧账户余额为 1 800 万元,固定资产减值准备账户余额为 200 万元,工程物资账户余额为 200 万元。该企业 2019 年 12 月 31 日资产负债表"固定资产"项目的金额应为(　　)万元。

A. 6 400　B. 6 000　C. 4 400　D. 4 000

6. "应收账款"科目明细账中若有贷方余额,应被计入资产负债表中的(　　)项目。

A. "应收账款"　B. "预收款项"　C. "预付款项"　D. "其他应收款"

7. 甲企业采用计划成本法核算材料,2019 年 12 月 31 日结账后有关科目的余额如下:"材料采购"科目借方余额为 100 万元,"原材料"科目借方余额为 2 600 万元,"周转材料"科目借方余额为 200 万元,"库存商品"科目借方余额为 5 000 万元,"发出商品"科目借方余额为 300 万元,"委托代销商品"科目借方余额为 400 万元,"生产成本"科目借方余额为 1 000 万元,"材料成本差异"科目贷方余额为 600 万元,"存货跌价准备"科目贷方余额为 400 万元,"受托代销商品"科目借方余额为 123 万元,"受托代销商品款"科目贷方余额为 123 万元。2019 年 12 月 31

日，甲企业资产负债表中的“存货”项目的金额是（　　）万元。

A. 8 600　　B. 8 723　　C. 7 600　　D. 9 800

8. 下列资产负债表项目，需要根据相关总账所属明细账户的期末余额分析填列的是（　　）。

A. “应付账款”　　B. “应收票据”　　C. “应付票据”　　D. “应付职工薪酬”

9. 某企业“应付账款”科目月末贷方余额为 40 000 元，其中，“应付甲公司账款”明细科目贷方余额为 25 000 元，“应付乙公司账款”明细科目贷方余额为 25 000 元，“应付丙公司账款”明细科目借方余额为 10 000 元；“预付账款”科目月末贷方余额为 20 000 元，其中，“预付 A 工厂账款”明细科目贷方余额为 40 000 元，“预付 B 工厂账款”明细科目借方余额为 20 000 元。该企业月末资产负债表中“预付款项”项目的金额为（　　）元。

A. 20 000　　B. 30 000　　C. -30 000　　D. −10 000

10. 某企业 2019 年 12 月 31 日“无形资产”科目余额为 500 万元，“累计摊销”科目余额为 200 万元，“无形资产减值准备”科目余额为 100 万元。该企业 2019 年 12 月 31 日资产负债表中“无形资产”项目的金额为（　　）万元。

A. 500　　B. 300　　C. 400　　D. 200

11. 在下列各项税金中，可以在利润表的“税金及附加”项目中反映的是（　　）。

A. 土地使用税　　B. 教育费附加　　C. 增值税　　D. 房产税

12. 编制利润表的主要依据是（　　）。

A. 资产、负债及所有者权益各账户的本期发生额

B. 资产、负债及所有者权益各账户的期末余额

C. 损益类各账户的本期发生额

D. 损益类各账户的期末余额

13. 某企业 2019 年 11 月“主营业务收入”科目贷方发生额为 700 万元，借方发生额为 50 万元，主营业务成本为 300 万元，发生现金折扣 50 万元，管理费用为 60 万元，资产减值损失为 50 万元，公允价值变动损失为 25 万元，投资收益为 15 万元。假定不考虑其他因素，该企业当月的营业利润为（　　）万元。

A. 280　　B. 230　　C. 150　　D. 180

14. 某企业 2019 年实际支付工资 50 万元，各种奖金 5 万元，其中经营人员工资 40 万元，奖金 3 万元；在建工程人员工资 10 万元，奖金 2 万元。该企业 2019 年现金流量表中“支付给职工以及为职工支付的现金”项目的金额为（　　）万元。

A. 43　　B. 38　　C. 50　　D. 55

15. 支付的在建工程人员的薪酬属于（　　）产生的现金流量。

A. 投资活动　　B. 不属于现金流量表中的内容

C. 筹资活动　　D. 经营活动

16. 下列经济业务所产生的现金流量中，属于“经营活动产生的现金流量”的是（　　）。

A. 变卖固定资产所产生的现金流量　　B. 偿还债务所产生的现金流量

C. 支付经营租赁费用所产生的现金流量　　D. 取得债券利息收入所产生的现金流量

17. 下列各项中，会引起现金流量净额发生变动的是（　　）。

A. 从银行提取现金　　B. 生产领用原材料

C. 以银行存款偿还应付账款　　D. 用设备抵偿债务

18. A 公司 2019 年购买商品支付 500 万元（含增值税），支付 2019 年接受劳务的未付款项 50 万元，2019 年发生的购货退回 15 万元，假设不考虑其他条件，A 公司 2019 年现金流量表“购

买商品、接受劳务支付的现金”项目中应填列（　　）万元。

A. 535　　B. 465　　C. 435　　D. 500

19. 某企业于 2018 年 12 月 31 日分别借入 2 年期 150 000 元借款，5 年期 480 000 元借款。两项借款均为单利计算利息，分次付息，到期还本，年利率为 6%。该企业在 2019 年度资产负债表中，“长期借款”项目应为（　　）元。

A. 630 000　　B. 508 800　　C. 667 800　　D. 480 000

20. 下列各项中，不影响企业营业利润的是（　　）。

A. 营业外支出　　B. 财务费用

C. 资产减值损失　　D. 公允价值变动损益

二、多项选择题

1. 下列交易和事项中，不影响当期经营活动产生的现金流量的有（　　）。

A. 用产成品偿还短期借款　　B. 支付管理人员薪酬

C. 收到被投资单位分配的利润　　D. 支付各项税费

2. 下列交易或事项中，属于投资活动产生的现金流量的有（　　）。

A. 为购建固定资产支付的耕地占用税

B. 为购建固定资产支付的已经资本化的利息费用

C. 因火灾造成的固定资产损失收到的保险赔款

D. 最后一次支付分期付款购买固定资产的价款

3. 下列选项中，应在“分配股利、利润或偿付利息支付的现金”项目中反映的有（　　）。

A. 企业实际支付的现金股利　　B. 支付给其他投资单位的利润

C. 支付用于生产经营借款的利息　　D. 为构建固定资产支付的专门借款利息

4. 不涉及现金收支的投资和筹资活动的项目有（　　）。

A. 发放股票股利　　B. 公司发行的债券计提的利息

C. 用固定资产对外投资　　D. 以现金偿还长期借款

5. 下列项目中，上市公司应在其财务报表附注中披露的有（　　）。

A. 重要会计政策和会计估计　　B. 报表重要项目的说明

C. 与关联方交易的定价政策规定　　D. 企业的业务性质和主要经营活动

6. 下列项目中，会影响企业利润表中“营业利润”项目填列金额的有（　　）。

A. 对外投资取得的投资收益　　B. 出租无形资产取得的租金收入

C. 计提固定资产减值准备　　D. 缴纳所得税

7. 下列资产减值准备相关科目的余额中，不在资产负债表上单独列示的有（　　）。

A. 长期股权投资减值准备　　B. 存货跌价准备

C. 坏账准备　　D. 固定资产减值准备

8. 下列各项交易或事项所产生的现金流量中，不属于现金流量表中“投资活动产生的现金流量”的是（　　）。

A. 融资租入固定资产支付的租赁费

B. 为构建固定资产支付的专门借款利息

C. 企业以融资租入方式购建固定资产各期支付的现金

D. 因固定资产毁损而收取的保险公司赔偿款

9. 资产负债表的数据可以（　　）。

A. 根据几个总账科目的余额合计获得

B. 根据有关科目的余额减去其备抵科目余额后的净额获得
C. 根据明细科目的余额分析获得
D. 直接从总账科目的余额获得

10. 企业对外报送的财务报表主表包括（　　）。
A. 资产负债表　　B. 利润表　　C. 利润分配表　　D. 现金流量表
E. 所有者权益变动表　　F. 附注

11. 大明企业 2019 年发生的营业收入为 2 000 万元，营业成本为 1 200 万元，销售费用为 40 万元，管理费用为 100 万元，财务费用为 20 万元，投资收益为 80 万元，资产减值损失为 140 万元（损失），公允价值变动损益为 160 万元（收益），营业外收入为 50 万元，营业外支出为 30 万元。该企业 2019 年的营业利润和利润总额分别为（　　）万元。
A. 660　　B. 740　　C. 640　　D. 760

12. A 企业 2019 年年初未分配利润为借方余额 50 万元（该企业未弥补亏损已经超过 5 年），本年度实现净利润 200 万元，分别按 10%和 5%提取法定盈余公积和任意盈余公积。假定不考虑其他因素，A 企业 2019 年年末未分配利润的贷方余额不应为（　　）万元。
A. 127.5　　B. 212.5　　C. 220　　D. 250

13. 下列各项中，影响工业企业营业利润的有（　　）。
A. 计提的工会经费　　B. 发生的业务招待费
C. 收到退回的所得税　　D. 处置投资取得的净收益

14. 下列各项中，属于筹资活动产生的现金流量的有（　　）。
A. 支付的现金股利　　B. 取得短期借款
C. 增发股票收到的现金　　D. 偿还公司债券支付的现金

15. 现金流量表中现金包括（　　）。
A. 库存现金　　B. 银行存款　　C. 发行的 3 个月到期的债券
D. 发行股票　　E. 其他货币资金

16. 下列各项中，在资产负债表中的“货币资金”项目中反映的有（　　）。
A. 库存现金　　B. 银行结算户存款　　C. 信用卡存款　　D. 外埠存款

17. 下列各项中，应在资产负债表“预收款项”项目中列示的有（　　）。
A. “预收账款”科目所属明细科目的贷方余额
B. “应收账款”科目所属明细科目的贷方余额
C. “应付账款”科目所属明细科目的借方余额
D. “预收账款”总账科目贷方余额

18. 下列各项中，不会引起现金流量总额变动的项目有（　　）。
A. 将现金存入银行　　B. 用银行存款购买 1 个月到期的债券
C. 用固定资产抵偿债务　　D. 用银行存款清偿 20 万元的债务

19. 下列会计科目中，期末余额反映在“固定资产”项目中的有（　　）。
A. 在建工程　　B. 工程物资　　C. 固定资产减值准备　　D. 累计折旧

三、判断题

1. 一套完整的财务报表至少应当包括资产负债表、利润表、现金流量表和附注。（　　）
2. 在资产负债表中存货跌价准备应作为存货的抵减额在“存货”项目中列示。（　　）
3. 企业编制财务报表的时候如果没有需要可以不编制报表附注。（　　）
4. “购买商品、接受劳务支付的现金”项目，反映企业本期购买商品、接受劳务实际支付的

现金（包括增值税进项税额），本期支付前期购买商品、接受劳务的未付款项和本期预付款项，不在该项目中反映。（ ）

5. 利润表中“税金及附加”项目应根据该科目的本期发生额填列。（ ）

6. 企业以现金支付给职工的工资、奖金、各种津贴和补贴等职工薪酬均应反映在“支付给职工以及为职工支付的现金”项目中。（ ）

7. 企业出售无形资产形成的净损失，应列入利润表中的“营业外支出”项目，使得企业的营业利润增加。（ ）

8. 筹资决策的关键是决定各种资金来源在总资金中所占的比重，以使筹资风险和筹资成本相配合。（ ）

9. 将于1年内到期的应付债券，按照规定，应在资产负债表中作为流动负债反映。（ ）

10. “货币资金”项目反映企业库存现金、银行结算户存款、外埠存款、银行汇票存款、银行本票存款、信用证保证金存款等的合计数。本项目应根据“库存现金”“银行存款”科目期末余额的合计数填列。（ ）

11. 所有者权益变动表是反映构成所有者权益各组成部分当期增减变动情况的报表。（ ）

12. 发行债券收到的现金属于投资活动产生的现金流量。（ ）

13. 财务报表提供的信息仅对外部的投资者和债权人有用。（ ）

14. 用银行存款偿还应付账款属于筹资活动的现金流出。（ ）

15. 资产负债表中的“无形资产”项目是根据“研发支出”科目中所属的资本化支出明细科目的期末余额填列的。（ ）

16. 资产负债表是指反映企业在某一特定日期的财务状况的报表。资产负债表主要反映资产、负债和所有者权益3个方面的内容，并满足“资产=负债+所有者权益”平衡式。（ ）

17. 资产负债表中的“在建工程”项目应该根据“在建工程”科目的期末余额填列。（ ）

18. 如果“应交税费”科目期末为借方余额，则应在资产负债表“应交税费”项目中以负数列示。（ ）

19. 企业年末“长期待摊费用”科目的余额为200万元，其中将于1年内摊销完的为50万元，那么资产负债表中的“长期待摊费用”项目的金额为200万元。（ ）

20. 如果“固定资产清理”科目出现借方余额，应在资产负债表“固定资产清理”项目中以负数填列。（ ）

四、不定项选择题

1. 甲股份有限公司2019年有关资料如下。

（1）当期销售商品实现收入100 000元；应收账款期初余额20 000元，期末余额50 000元；预收账款期初余额10 000元，期末余额30 000元。假定不考虑坏账准备和增值税因素。

（2）当期用银行存款支付购买原材料货款48 000元；当期支付前期的应付账款12 000元；当期购买原材料预付货款15 000元；当期因购货退回现金6 000元。

（3）当期实际支付职工工资及各种奖金 44 000 元。其中，生产经营人员工资及奖金 35 000元，在建工程人员工资及奖金9 000元。另外，用现金支付离退休人员退休金7 000元。

（4）当期购买工程物资预付账款22 000元；向承包商支付工程款16 000元。

（5）当期购入某公司股票1 000股，实际支付全部价款145 000元。其中，相关税费200元，已宣告但尚未领取的现金股利300元。

（6）当期发行面值为80 000元的企业债券，扣除支付的佣金等发行费用8 000元后，实际收到款项72 000元。另外，为发行企业债券实际支付审计费用3 000元。

（7）当期用银行存款偿还借款本金 60 000 元，偿还借款利息 6 000 元。

（8）当期用银行存款支付分配的现金股利 30 000 元。

要求：根据上述资料，回答下列第（1）～（4）题。

（1）销售商品、提供劳务收到的现金项目的金额是（　　）元。

A. 90 000　　B. 149 000　　C. 109 000　　D. 49 000

（2）购买商品、接受劳务支付的现金项目的金额是（　　）元。

A. 75 000　　B. 69 000　　C. 60 000　　D. 54 000

（3）购买固定资产、无形资产和其他长期资产所支付的现金项目的金额是（　　）元。

A. 47 000　　B. 38 000　　C. 22 000　　D. 16 000

（4）偿还债务所支付的项目的金额是（　　）元。

A. 60 000　　B. 66 000　　C. 36 000　　D. 96 000

2. 甲有限责任公司（以下简称“甲公司”）为一家从事机械制造的增值税一般纳税企业。2019 年 1 月 1 日所有者权益总额为 5 400 万元，其中实收资本 4 000 万元，资本公积 400 万元，盈余公积 800 万元，未分配利润 200 万元。2019 年度甲公司发生如下经济业务。

（1）经批准，甲公司接受乙公司投入不需要安装的设备一台并交付使用，合同约定的价值为 3 500 万元（与公允价值相符），增值税税额为 590 万元；同时甲公司增加实收资本 2 000 万元，相关法律手续已办妥。

（2）出售一项专利技术，售价 25 万元，款项存入银行，不考虑相关税费。该项专利技术实际成本 50 万元，累计摊销额 38 万元，未计提减值准备。

（3）被投资企业丙公司可供出售金融资产的公允价值净值增加 300 万元，甲公司采用权益法按 30%持股比例确认应享有的份额。

（4）结转固定资产清理净收益 50 万元。

（5）接受固定资产捐赠，不考虑相关税费，价值为 31 万元。

（6）年末某研发项目完成并形成无形资产，该项目研发支出资本化金额为 200 万元。

（7）除上述经济业务外，甲公司当年实现营业收入 10 500 万元，发生营业成本 4 200 万元、税金及附加 600 万元、销售费用 200 万元、管理费用 300 万元、财务费用 200 万元，经计算确定营业利润为 5 000 万元。

按税法规定当年准予税前扣除的职工福利费 120 万元，实际发生并计入当年利润总额的职工福利费 150 万元。除此之外，不存在其他纳税调整项目，也未发生递延所得税。所得税税率为 25%。

（8）确认并结转全年所得税费用。

（9）年末将“本年利润”科目贷方余额 3 813 万元结转至“未分配利润”科目。

（10）年末提取法定盈余公积 381.3 万元，提取任意盈余公积 360 万元。

（11）年末将“利润分配——提取法定盈余公积”“利润分配——提取任意盈余公积”明细科目余额结转至“未分配利润”科目。

假定除上述资料外，不考虑其他相关因素。

要求：根据上述资料，不考虑其他因素，分析回答下列第（1）～（3）题。

（1）关于资料（1）～（6）的会计处理，下列表述中正确的是（　　）。

A. 甲公司接受乙公司投入不需要安装的设备入账价值是 3 500 万元

B. 资料（2）出售专利技术应确认营业外收入 13 万元

C. 被投资企业丙公司可供出售金融资产的公允价值净值增加 300 万元，将导致投资单位资本公积增加 30 万元

D. 年末某研发项目完成并形成无形资产，该项目研发支出资本化金额 200 万元应当计入无形资产成本

（2）根据资料（2）～（7），甲公司 2019 年度利润总额和全年应交所得税分别是（　　）万元。

A. 5 094 和 1 281　　B. 5 094 和 1 273.5　　C. 5 124 和 1 281　　D. 5 124 和 1 273.5

（3）甲公司 2019 年 12 月 31 日资产负债表中下列项目填列正确的是（　　）。

A. “实收资本”项目的期末余额为 6 000 万元

B. “资本公积”项目的期末余额为 2 585 万元

C. “盈余公积”项目的期末余额为 1 541.3 万元

D. “未分配利润”项目的期末余额为 3 271.7 万元

3. 某公司 2019 年 12 月 31 日有关资料如下。

（1）长期借款资料如表 14-9 所示。

表 14-9　某公司长期借款资料

借款起始日期	借款期限（年）	金额（万元）
2015 年 6 月 1 日	4	450
2016 年 1 月 1 日	5	600
2018 年 1 月 1 日	3	300

（2）“长期待摊费用”项目的期末余额为 50 万元，其中，将于 1 年内摊销的金额为 20 万元。

要求：根据上述资料，不考虑其他因素，分析回答下列第（1）～（2）题。

（1）关于 2019 年 12 月 31 日资产负债表中下列项目的金额填列，表述正确的是（　　）。

A. “长期借款”项目的金额为 900 万元

B. “长期借款”项目的金额为 1 350 万元

C. “长期借款”中应列入“1 年内到期的非流动负债”项目的金额为 450 万元

D. “长期借款”中应列入“1 年内到期的非流动负债”项目的金额为 0 万元

（2）关于 2019 年 12 月 31 日资产负债表中下列项目的填列金额，表述不正确的是（　　）。

A. “长期待摊费用”项目金额为 30 万元

B. “长期待摊费用”项目金额为 50 万元

C. “长期待摊费用”中应列入“1 年内到期的非流动资产”项目的金额为 20 万元

D. “长期待摊费用”中应列入“1 年内到期的非流动资产”项目的金额为 0 万元

4. 大明有限责任公司（以下简称“大明公司”）为增值税一般纳税人，适用的增值税税率为 16%。2019 年 11 月 30 日的科目余额表（部分科目）如表 14-10 所示。

表 14-10　大明有限责任公司 2019 年 11 月 30 日科目余额表　单位：元

科目名称	借方余额	贷方余额	科目名称	借方余额	贷方余额
银行存款	27 000		短期借款		17 500
交易性金融资产	800		应付账款		10 000
应收账款	20 000		预收账款		25 600
坏账准备		80	应交税费	1 250	
预付账款	3 500		应付利息		3 920
原材料	10 000		实收资本		120 000
库存商品	45 000		资本公积		9 000
持有至到期投资	27 000		盈余公积		5 500
固定资产	64 000		利润分配		4 950
累计折旧		13 000	本年利润		10 000
在建工程	21 000				

假定坏账准备均为应收账款计提。

大明公司 2019 年 12 月的有关资料如下。

（1）本月销售商品不含税售价为 25 000 元，增值税为 4 000 元，款项尚未收到。商品成本为 21 000 元。

（2）收回以前年度已核销的坏账 4 800 元。

（3）向承包商支付部分工程款 6 500 元，工程尚未完工。

（4）计提本月管理用固定资产折旧 1 250 元，另用银行存款支付其他管理费用 2 000 元。

（5）购入交易性金融资产，买价为 5 000 元，另支付交易费用 60 元，款项用银行存款支付。

（6）本月支付已计提的短期借款利息 3 500 元。

（7）用银行存款偿还短期借款 5 500 元。

（8）发生财务费用 283 元，均以银行存款支付。

（9）企业经过对应收账款风险的分析，决定年末按应收账款余额的 1%计提坏账准备。

（10）公司所得税税率为 25%，1～11 月的所得税费用已转入本年利润。本月应交所得税为 1 198.63 元，已用银行存款缴纳，假定不存在纳税调整事项。

（11）按规定计提的法定盈余公积和任意盈余公积的金额均为 1 359.59 元。

要求：根据上述资料，不考虑其他因素，分析回答下列第（1）～（6）题。（小数点后保留两位小数。）

（1）根据资料（1）～（3），下列说法中正确的是（　　）。

A. 资料（1）应确认的应收账款是 29 250 元

B. 资料（1）中对营业利润的影响金额是 25 000 元

C. 收回已核销的坏账，使应收账款账面价值减少 4 800 元

D. 资料（3）的会计分录是借记“预付账款”，贷记“银行存款”，金额为 6 500 元

（2）根据资料（4）～（6），下列说法中正确的是（　　）。

A. 管理费用的发生额是 2 000 元

B. 交易性金融资产的入账价值是 5 060 元

C. 因购买交易性金融资产发生的交易费用应冲减投资收益

D. 计提短期借款利息的会计分录是借记“财务费用”，贷记“应付利息”

（3）大明公司本期坏账准备应有余额是（　　）万元。

A. 4 880　　B. 492.5　　C. 4 387.5　　D. 4 370.5

（4）根据上述资料，大明公司 2019 年 12 月 31 日资产负债表中下列项目的金额，填列不正确的是（　　）。

A. “货币资金”项目金额为 8 041.37 元　　B. “交易性金融资产”项目金额为 5 800 元

C. “应收账款”项目金额为 48 757.5 元　　D. “存货”项目金额为 34 000 元

（5）根据上述资料，大明公司 2019 年 12 月 31 日资产负债表中下列项目的金额，填列正确的是（　　）。

A. “固定资产”项目金额为 49 750 元　　B. “在建工程”项目金额为 27 500 元

C. “短期借款”项目金额为 12 000 元　　D. “应付利息”项目金额为 420 元

（6）根据上述资料，大明公司 2019 年 12 月 31 日资产负债表中下列项目的金额，填列正确的是（　　）。

A. “应交税费”项目金额为 3 000 元　　B. “资本公积”项目金额为 9 000 元

C. “未分配利润”项目金额为 17 186.28 元　　D. “未分配利润”项目金额为 15 826.69 元

五、实务题

1. B公司2019年8月有关账户余额如表14-11所示。

表14-11　　账户余额表　　单位：元

科目名称	期末借方余额	期末贷方余额
库存现金	5 200	
银行存款	532 800	
其他货币资金	61 000	
固定资产	360 800	
累计折旧		73 000
固定资产减值准备		5 800

要求：计算填列资产负债表中“货币资金”“固定资产”项目的金额。

2. C公司2019年3月31日有关账户的余额如表14-12所示。

表14-12　　账户余额表　　单位：元

月份	科目名称	期末借方余额	期末贷方余额
3月	应收账款——甲	15 230	
	应收账款——乙		10 000
	预收账款——A	20 000	
	预收账款——B		30 000
	坏账准备	2 031	

要求：计算填列当年3月资产负债表资产方“应收账款”项目的金额。

3. D公司2019年8月有关账户的期末余额如表14-13所示。

表14-13　　账户余额表　　单位：元

科目名称	期末借方余额	期末贷方余额
原材料	55 240	
生产成本	22 350	
库存商品	50 380	
长期借款		280 000
其中：一年内到期的长期借款		60 000
本年利润		31 750
利润分配		8 000

要求：计算填制资产负债表中“存货”“长期借款”和“未分配利润”3个项目的金额。

4. E公司2019年9月有关账户的期末余额如表14-14所示。

表 14-14　　　　　　　　　　　　账户余额表　　　　　　　　　　　　单位：元

科目名称	总账余额	明细账借方余额	明细账贷方余额
应收账款	11 040（借方）		
——A 单位		12 340	
——B 单位		6 000	
——C 工厂			7 300
应付账款	10 200（贷方）		
——甲公司			15 600
——乙公司			3 800
——丙企业		1 200	
——丁企业		8 000	

要求：计算填制该公司 9 月月末资产负债表中“应收账款”“预付款项”“应付账款”“预收款项”4 个项目的金额。

5. F 公司 2019 年年度利润表上“营业收入”项目为 2 050 000 元，“营业成本”项目为 1 200 000 元。资产负债表上有关项目如下：“应收账款”期初余额为 450 000 元，期末余额为 700 000 元；“应收票据”期初余额为 150 000 元，期末余额为 550 000 元；“存货”期初余额为 1 268 000 元，期末余额为 1 500 000 元；“应付票据”期初余额为 200 000 元，期末余额为 350 000 元；“应付账款”期初余额为 1 000 000 元，期末余额为 1 500 000 元；“预付账款”期初余额为 80 000 元，期末余额为 60 000 元；“应交税费”明细账上本期发生的销项税额为 180 000 元，进项税额为 80 000 元；“坏账准备”明细账上当期提取的坏账准备为 1 000 元；“应收票据”明细账上票据贴现利息为 2 000 元；“生产成本”“制造费用”明细账中当期列入生产成本、制造费用的工资等薪酬费用为 800 000 元，当期列入生产成本、制造费用的折旧为 180 000 元。

要求：根据上述资料，分别计算本期“销售商品、提供劳务收到的现金”和“购买商品、接受劳务支付的现金”项目的金额。

参考文献

[1] 陈强. 财务会计实务（第3版）. 北京：高等教育出版社，2017.
[2] 陈强. 财务会计实务（第3版）. 北京：清华大学出版社，2017.
[3] 财政部会计资格评价中心. 初级会计实务. 北京：中国财政经济出版社，2018.
[4] 财考网.
[5] 东奥会计在线.